Flüchtlinge im sozialen Raum

Felix Leßke verfasste die vorliegende Studie als Dissertation am Institut für Politische Wissenschaft und Soziologie der Universität Bonn.

Felix Leßke

Flüchtlinge im sozialen Raum

Eine empirische Studie zu Migration und Integration nach Pierre Bourdieu

Campus Verlag
Frankfurt/New York

ISBN 978-3-593-51901-2 Print
ISBN 978-3-593-45768-0 E-Book (PDF)
ISBN 978-3-593-45769-7 E-Book (EPUB)

Das Werk einschließlich aller seiner Teile ist urheberrechtlich geschützt. Jede Verwertung ist ohne Zustimmung des Verlags unzulässig. Das gilt insbesondere für Vervielfältigungen, Übersetzungen, Mikroverfilmungen und die Einspeicherung und Verarbeitung in elektronischen Systemen.
Trotz sorgfältiger inhaltlicher Kontrolle übernehmen wir keine Haftung für die Inhalte externer Links. Für den Inhalt der verlinkten Seiten sind ausschließlich deren Betreiber verantwortlich.
Copyright © 2024. Alle Rechte bei Campus Verlag GmbH, Frankfurt am Main.
Umschlaggestaltung: Campus Verlag GmbH, Frankfurt am Main.
Satz: le-tex xerif
Gesetzt aus der Alegreya
Druck und Bindung: Beltz Grafische Betriebe GmbH, Bad Langensalza
Beltz Grafische Betriebe ist ein klimaneutrales Unternehmen (ID 15985-2104-1001).
Printed in Germany

www.campus.de

Inhalt

Danksagung 9
Vorwort 11
1. Einleitung 13
2. Flucht und Migration in der Bundesrepublik Deutschland 21
   2.1 Rechtliche Einordnung der Kategorie »Flüchtling« 24
   2.2 Der Spätsommer 2015 und seine rechtlichen Folgen 30
   2.3 Geschichte der deutschen Integrationspolitik 32
3. Theorie und Forschungsstand 41
   3.1 »Fremdheit« und soziale Distanz 42
   3.2 Die Theorie Ethnischer Bedrohung 45
   3.3 Abbau von Vorurteilen: Die Kontakthypothese 50
   3.4 Islam und Integration 54
   3.5 Integration und Assimilation 58
   3.6 Die Perspektive der Migranten und Flüchtlinge 60
   3.7 Staatliche, administrative und öffentliche Ebene – Ergebnisse aus den Kölner Flüchtlings-Studien 66
   3.8 Synopse des Forschungsstandes und Folgerungen für die Analyse 71
4. Die Theorie Pierre Bourdieus 77
   4.1 Epistemologie 77
   4.2 Sozialer Raum und Kapital 79

4.3	Habitus	87
4.4	Soziale Felder	91
5.	»Flüchtling« als soziale Kategorie	99
5.1	Der relationale Migrationsbegriff nach Sayad	99
5.2	Ankunft und soziale Bewertung der Flüchtlinge	111
5.3	Die Geschichte der Migration in der Bundesrepublik Deutschland	126
5.4	Die staatliche Zuteilung von Integrationschancen	130
5.5	Feld des medialen öffentlichen Diskurses	138
5.6	Migration und Integration im sozialen Raum – eine neue Perspektive mit Bourdieu	149
6.	Methode und Daten	159
6.1	Die relationale Methodologie und die multiple Korrespondenzanalyse	159
6.2	Daten	162
7.	Ergebnisse	165
7.1	Perspektive der Flüchtlinge	165
7.2	Perspektive der autochthonen Bevölkerung	207
8.	Synthese und Interpretation	235
8.1	Sozialräumliche Integration	237
8.2	Zuschreibung des (Flüchtlings-)Status	241
8.3	Symbolische Differenzierung von Flüchtlingen nach objektiver und subjektiver sozialer Distanz	253
8.4	Hysteresis-Effekt, Deprivation und Anomie	264
9.	Schlussbetrachtung	271
Abbildungen		279
Tabellen		281

Literatur 283

Danksagung

Es gibt einige Menschen, ohne die diese Arbeit niemals zustande gekommen wäre und denen ich an dieser Stelle von Herzen Danken möchte. Da ist zunächst meine Frau Anja, die mich über Jahre des Schreibens und Recherchierens unterstützt und so manches Mal aufgebaut hat, wenn die Fertigstellung in weiter Ferne schien. Da sind meine Eltern, mein Bruder und meine Großeltern, ohne deren stete Unterstützung und Förderung ich wahrscheinlich niemals auch nur daran gedacht hätte, jemals eine Dissertation zu verfassen. Gleiches gilt für meine engsten Freunde, die immer für mich da waren, wenn ich sie gebraucht habe.

In der akademischen Welt gibt es drei herausragende Professoren aus verschiedenen Generationen von Wissenschaftlern, die meine bisherige Laufbahn erst ermöglicht haben und deren tiefe Spuren sich in dieser Arbeit an zahlreichen Stellen wiederfinden lassen. Zunächst ist mein Doktorvater Jörg Blasius zu nennen, der mich seit dem ersten Semester im Bachelor durch mein gesamtes Studium begleitet und mit dessen Vertrauen in mich als seine studentische Hilfskraft alles angefangen hat. Ohne ihn hätte ich wohl niemals den Weg in die empirische Sozialforschung oder die akademische Welt gefunden. Zudem Andreas Schmitz, der maßgeblich dazu beigetragen hat, mich für Bourdieu zu begeistern und der mich stets dazu ermunterte, kritisch zu bleiben und die relationale Perspektive konsequent anzuwenden. Seine Magisterarbeit ist zudem ein wichtiger Ausgangspunkt dieser Arbeit. Und da ist der großartige, leider 2019 verstorbene, Jürgen Friedrichs, der mich 2016 in die Kölner Flüchtlings-Studien an die Universität zu Köln holte und mir damit den Weg in die Migrationsforschung ebnete. Allen dreien bin ich zu tiefem Dank verpflichtet, denn Sie haben meine Begeisterung für das wunderbare Fach der Soziologie stets noch weiter angefacht und mir viel mehr beigebracht, als ich an dieser Stelle anführen kann.

Darüber hinaus möchte ich den Mitgliedern meiner Prüfungskommission Professor Clemens Albrecht und Professor Wendelin Strubelt danken. Beide begleiten mich als Kollegen ebenfalls seit vielen Jahren.

Zudem haben zahlreiche weitere Personen maßgeblichen Anteil an dieser Arbeit. Durch eine Vielzahl an Diskussionen und Kommentierungen haben sie dazu beigetragen, den Fokus der Arbeit zu schärfen und Unklarheiten auszuräumen. Da wären meine Kolleg*innen aus Bonn: Alice Barth, Miriam Trübner, Yvonne Scheit, Andreas Mühlichen und Anno Esser, von denen ich wichtige Kommentare und Anmerkungen erhalten habe, sowie Susanne Bell, die die Arbeit akribisch korrekturgelesen hat. Ferner ist meinen Kolleg*innen aus Köln zu danken: Vera Schwarzenberg, Kim Elaine Singfield und Malte Grönemann, mit denen ich einen wunderbare Zeit in den Kölner Flüchtlings-Studien hatte, sowie Simon Micken, mit dem ich stets in die Untiefen der theoretischen und empirischen Soziologie abtauchen konnte. Ferner danke ich Frédéric Lebaron für wichtige Anmerkungen und Literaturhinweise.

Die Liste lässt sich an dieser Stelle noch lange fortführen, denn auch den großen Vordenkern der Soziologie bin ich zum Dank verpflichtet. Insbesondere Durkheim, Bourdieu, Simmel, Elias und Schütz haben mein soziologisches Denken tiefgreifend geprägt. Zudem würde es diese Arbeit ohne die großartige Musik von Beethoven, Corelli, Pachelbel, Bach, Buxtehude, Haydn, Händel, BAP, Nirvana, Foo Fighters, Queen, Metallica, Red Hot Chili Peppers, Pascow, Bob Dylan, The Offspring, Sum 41, Oxo86, Johnny Cash, Bad Religion, Konstantin Wecker, Funny van Dannen und vielen anderen nicht geben, denn diese gab mir immer wieder die nötige Energie, um mich täglich aufs Neue an die Arbeit zu setzen.

Vorwort

Die vorliegende Studie ist im Rahmen der Projektarbeit der Kölner Flüchtlings-Studien entstanden. Diese untersuchten unter der Leitung von Professor Dr. Jürgen Friedrichs an der Universität zu Köln im Zeitraum vom Frühjahr 2016 bis März 2020 die Integration von Flüchtlingen. Die Idee für das Projekt war entstanden, nachdem Anwohner einer Flüchtlingsunterkunft im Hamburger Stadtteil Harvestehude gegen die Einrichtung einer Flüchtlingsunterkunft in einem ehemaligen Kreiswehrersatzamt in ihrem Wohngebiet geklagt hatten. Es war insbesondere der gehobene Status des Wohngebietes, der das Forschungsinteresse weckte. Neben Hamburg Harvestehude sollten in der Folge noch der Hamburger Stadtteil Bergedorf, die Kölner Stadtteile Ostheim und Rondorf sowie Saarn und die Stadtmitte von Mülheim als Untersuchungsgebiete ausgewählt werden. Gefördert wurde das Projekt von der Fritz Thyssen Stiftung, der Körber-Stiftung und dem Forschungsinstitut für gesellschaftliche Weiterentwicklung (FGW). Das Projektteam bestand aus Jürgen Friedrichs, Vera Schwarzenberg und Felix Leßke. Unterstützt wurden sie durch die studentischen Hilfskräfte Kim Elaine Singfield und Malte Grönemann. In Hamburg wurde die Feldarbeit von Dr. Pamela Kerschke-Risch geleitet.

1. Einleitung

Nur wenige Tatbestände offenbaren die Mechanismen des Sozialen in einer derartigen Schärfe wie Migration und Integration. Beide Phänomene befinden sich an Schnittpunkten der großen Fragen »Was ist Gesellschaft?«, »Gibt es gesellschaftliche Identität und Solidarität?«, »Wer sind wir, wer die Anderen?« und »Wann gehört man eigentlich zu einer Gesellschaft dazu?«.
In Zeiten der Globalisierung sind nahezu alle Gesellschaften durch Migration geprägt. Die sozialen Auswirkungen können sich deutlich unterscheiden, je nachdem, ob die Gesellschaften eher von Zuwanderung, Abwanderung oder gar von beiden Migrationsbewegungen betroffen sind. Zugleich ist es sozial bedeutsam, welche Gruppen migrieren. Die Emigration einer hochgebildeten jungen Subpopulation hat ganz andere Auswirkungen auf das gesellschaftliche Gefüge als die Emigration oder Immigration geringqualifizierter Gruppen, die sich durch die Migration Arbeit und ein höheres Einkommen versprechen.
Aufgrund der gesamtgesellschaftlichen Bedeutung von Migration und Integration ist ein breites Forschungsfeld entstanden, welches die sozialen, politischen, psychischen und wirtschaftlichen Folgen von Migration zum Gegenstand hat. Zahlreiche Studien beleuchten das Phänomen aus unterschiedlichen theoretischen Perspektiven und beschäftigen sich z.B. mit den Ursachen von Migration (für einen Überblick siehe: Aigner 2017), den unterschiedlichen Stufen oder Phasen des Integrations- oder Assimilationsprozesses (Berry 1980, 1997; Esser 1980, 2000, 2009), der gesellschaftlichen Bedeutung von Vorurteilen (Allport 1954), der Wirkung interethnischer Kontakte auf Vorurteile (Allport 1954; Pettigrew 1998; Pettigrew und Tropp 2006),

oder der Wahrnehmung von Bedrohung durch die Migranten[1] (Blalock 1967, 1982; Stephan und Stephan 1985, 2000). Die unterschiedlichen theoretischen Ansätze tragen jeweils einzelne Mosaikstücke zum Verständnis der unterschiedlichen sozialen Mechanismen bei, die durch Migration und Integration in Gang gesetzt werden. In einer Vielzahl von empirische Analysen haben sich diese Theorien bewährt und gehören heute zum Basiswissen der (empirischen) Migrationsforschung.

Die Forschung zu Migrationsprozessen blickt in der Soziologie auf eine lange Tradition zurück. Schon Georg Simmel, einer der Gründerväter der modernen Soziologie, stellte sich der Frage nach dem Fremden, in dem er jemanden sah, der »heute kommt und morgen bleibt« (Simmel 1992a [1908], S. 764) und durch ein besonderes Verhältnis von Nähe und Distanz charakterisiert werden kann. Nach Alfred Schütz ist der Fremde zudem in der Lage, die Gewissheiten und die Ordnung eines gesamten sozialen Gefüges in Frage zu stellen (Schütz 1944, S. 502).

Beide Ansätze offenbaren zwei wichtige Elemente der Forschung zu Migration und Integration. Zum einen begeben sich Migranten in ein bestehendes Gefüge sozialer Beziehungen. Die physische Nähe zu den Fremden korrespondiert mit einem Gefühl der Ferne: sie sind da, obwohl sie (noch) nicht wirklich dazugehören. Zum anderen verändern Migration und Integration das bestehende Gesellschaftsgefüge und damit auch die Wahrnehmung der sozialen Wirklichkeit. Dies kann Konflikte hervorrufen, da soziale Tatbestände in Frage gestellt werden, die vorher als Gewissheiten galten. Identitäten geraten ins Wanken und werden im Rahmen sozialer Aushandlungsprozesse neu geschaffen. Dies gilt sowohl für die Gesamtgesellschaft als auch für einzelne Gruppen und Akteure.

Einen weiteren Zugang, der die gesamtgesellschaftlichen Veränderungen durch Migration ebenso berücksichtigt wie die Veränderungen auf der Akteursebene, findet sich in den Ausarbeitungen zur Migration zwischen Algerien und Frankreich Abdelmalek Sayads (2004b). Seine Darlegungen berufen sich zudem auf die umfassende Gesellschaftstheorie Pierre Bourdieus und sind somit in eine »Grand Theory« der Gesellschaft eingebettet. Dabei werden vor allem die Auswirkungen der Emigration auf die Ursprungsgesellschaft, die Historie zwischen Algerien und Frankreich, die

---

1 Aus Gründen der besseren Lesbarkeit wird auf die gleichzeitige Verwendung männlicher und weiblicher Sprachformen verzichtet. Sämtliche Personenbezeichnungen gelten gleichwohl für jederlei Geschlecht.

Veränderungen des sozialen Raumes durch die Migration und die Abwertung der Migranten in der französischen Gesellschaft in den Fokus gerückt. Vor diesem theoretischen Hintergrund unterliegen die Migranten zahlreichen Zuschreibungen, die mit ihrer Herkunft verbunden sind und Einfluss auf ihre Integrationschancen haben. Die Ansätze von Bourdieu und Simmel haben gemein, dass sie auf einem relationalen Gesellschaftsverständnis beruhen, nach dem sich die sozialen Gegebenheiten vor allem durch die Beziehungen der einzelnen Elemente untereinander begreifen lassen. Bezogen auf den bisherigen Forschungsstand in der empirischen Migrations- und Integrationsforschung ergeben sich daraus interessante Ansätze, die in dieser Arbeit weiterverfolgt werden sollen. Zum einen ermöglicht das Denken in Relationen, die bisherigen Theorien zu integrieren und ggf. zu modifizieren. Darüber hinaus lassen sich die machttheoretischen Erwägungen Bourdieus, in denen Hierarchien zwischen Nationen und Gruppen beschrieben werden, auf die Themenbereiche Migration und Integration übertragen. Nach diesem Ansatz verfügen nicht alle Migranten(-gruppen) über die gleichen Integrationschancen, sondern sind mit unterschiedlichen »sozialen Handicaps« ihrer Herkunft belastet (Bourdieu 2010 [1997], S. 275 f.). Diese wirken bereits, bevor sie überhaupt migriert sind.

Migration kann aber nicht nur anhand der Migranten beschrieben werden. Auch die Ursprungsgesellschaft wird durch die Migration beeinflusst und trägt zur Klassifizierung der Migranten bei. Bourdieu beschreibt Gesellschaften über eine mehrdimensionale gesellschaftliche Hierarchie, die er als sozialen Raum bezeichnet. Der soziale Raum stellt dabei die gesellschaftliche Struktur dar, die sich aus der für eine Gesellschaft relevanten Kapitalzusammensetzung ergibt. In westlichen Gegenwartsgesellschaften kann dieser vorrangig über das ökonomische und das kulturelle Kapital beschrieben werden. Der soziale Raum stellt dabei nicht nur eine Hierarchie anhand des Besitzes dar. Vielmehr unterscheiden sich je nach sozialräumlicher Position die Lebenslagen der Akteure und Akteursklassen. Dies hat tiefgreifende Auswirkungen auf die Art zu leben und zu denken, so dass sich Personengruppen über ihre sozialräumliche(n) Lage(n) beschreiben lassen.

Im Rahmen der Bourdieuschen Theorie kann davon ausgegangen werden, dass Einstellungen zu Migranten und Migration zwischen den unterschiedlichen Positionen des sozialen Raumes variieren. Zudem wird die Legitimitätshierarchie unterschiedlicher Migrantengruppen gesellschaftlich verhandelt und diskursiv hervorgebracht. Die sozialräumlichen

Lagen strukturieren diesen Diskurs und die mit ihnen verbundenen unterschiedlichen (unbewussten) Interessen. So könnte es z.B. sein, dass sich Personen der oberen Mittelschicht für eine liberale Migrationspolitik einsetzen, wobei die Gruppe der Spitzenverdiener konservativere Ansichten vertritt. Die Theorie des sozialen Raumes ermöglicht es, die Eigenheiten von spezifischen Gruppen bei der Analyse zu berücksichtigen und dabei Zusammenhänge von sehr unterschiedlicher Gestalt sowie die Dialektik zwischen unterschiedlichen Merkmalen abzubilden.

Neben diesen theoretischen Erwägungen fußen die Arbeiten Pierre Bourdieus auf einem umfassenden empirischen Methodenkonzept. Im Rahmen des von ihm postulierten Methodenpluralismus lassen sich zahlreiche methodische Zugänge aufzeigen, die in der Lage sind, das relationale Gesellschaftsgefüge und die Beziehungen zwischen den unterschiedlichen sozialen Entitäten empirisch zu erfassen und zu beschreiben. Eine herausgestellte Bedeutung kommt dabei der (multiplen) Korrespondenzanalyse zu, die nach Bourdieus Auffassung die soziale Realität in besonderem Maße widerzugeben vermag (Bourdieu und Wacquant 2006 [1992], S. 125 f.; siehe auch: Bourdieu und Krais 1991, S. 277). Sie ermöglicht es, analytisch einen sozialen Raum zu konstruieren und die Beziehungen unterschiedlicher Variablen(-ausprägungen) oder von Akteuren und Akteursklassen sozialräumlich darzustellen. Das Verfahren trägt damit dem Grundgedanken der Relationalität in besonderer Weise Rechnung.

Diese kurzen Überlegungen offenbaren, dass die Theorie des sozialen Raumes nach Pierre Bourdieu sowohl theoretisch als auch methodisch einen fruchtbaren Beitrag zur Analyse von Migrations- und Integrationsmechanismen leisten kann. Umso bemerkenswerter erscheint es, dass bisher kaum systematische, quantitativ-empirische Umsetzungen des relationalen Konzepts in diesem Themenfeld vorliegen. Eine der wenigen quantitativen Studien auf Grundlage des relationalen Theoriekonzeptes und der Bourdieuschen Epistemologie findet sich in der bislang unveröffentlichten Magisterarbeit »Modellierung sozialer Distanz« von Schmitz (2006), der das Konzept sozialer Distanz nach Simmel in die Habitus-Feld-Theorie Bourdieus integriert und empirisch anhand von ethnischen Kategorien und Relationen validiert. Zudem wendet die Studie von Lesske et al. (2018) die relationale Theorie im Rahmen einer multiplen Korrespondenzanalyse auf dem Gebiet der Flüchtlingsintegration an. Neben diesen Ansätzen sollen in der folgenden Arbeit weitere Perspektiven einer relationalen Migrations- und Integrationssoziologie erarbeitet und empirisch geprüft werden.

Ziel dieser Studie ist es daher, das theoretische und methodische Instrumentarium Bourdieus auf dem Feld von Integration und Migration anzuwenden. Dabei wird vor allem der Frage nachgegangen, welche sozialen Mechanismen Migrations- und Integrationsprozesse kennzeichnen. Da Integrationsprozesse stets von Wechselwirkungen zwischen Migranten und Ursprungsbevölkerung geprägt sind, ist es ein besonderes Anliegen dieser Studie, keine einseitige Betrachtung vorzunehmen. Aus diesem Grund werden sowohl Befragungsdaten von Migranten als auch der Ursprungsbevölkerung in die Analyse miteingehen. Die empirische Betrachtung erfolgt anhand der Entwicklungen im Anschluss an die steigende Fluchtmigration um den Spätsommer 2015, als mehr als eine Millionen Flüchtlinge, vor allem aus dem Nahen und Mittleren Osten (insb. Syrien) und Nordafrika, nach Deutschland kamen[2]. Aus einer analytischen Sicht bietet sich die Betrachtung der Gruppe der Geflüchteten gleichsam an. Zunächst handelt es sich um einen sehr aktuellen Fall von Migration, so dass auch frühe Phasen des Integrationsprozesses gut beschrieben werden können. Zudem kamen die Flüchtlinge zahlreich, so dass eine Analyse einen Zugriff auf gruppeninterne Differenzierungsmechanismen ermöglicht. Aufgrund der aktuellen Datenlage setzt die Analyse dabei einen Fokus auf den Integrationsprozess und seine Ausgangsbedingungen.

Für die Analyse der autochthonen Bevölkerung werden Daten aus den Kölner Flüchtlings-Studien verwendet, die unter der Leitung von Prof. Dr. Jürgen Friedrichs zwischen 2016 und 2020 die sozialräumliche Integration von Flüchtlingen in Hamburg, Köln und Mülheim an der Ruhr untersuchten. Dabei kam ein dreigliedriges Studiendesign zur Anwendung. Im ersten Modul wurden im Rahmen von qualitativen Experteninterviews die kommunalen Integrationsstrukturen und -voraussetzungen untersucht. Im zweiten Modul erfolgte ein Befragung von Flüchtlingen anhand eines halb-standardisierten Befragungsdesigns. Das Dritte Modul war auf die Perspektive der autochthonen Bevölkerung gerichtet. Hierzu wurde in sechs ausgewählten Stadtteilen (Hamburg-Harvestehude, Hamburg-Bergedorf, Köln-Ostheim, Köln-Rondorf, Mülheim-Saarn und Mülheim-Mitte), in denen mindestens eine Flüchtlingsunterkunft eingerichtet worden war, eine Befragung unter

---

2 Kurz vor Fertigstellung dieser Arbeit im Frühjahr 2022 begann Russland einen Krieg in der Ukraine, der abermals eine große Flüchtlingsbewegung in Gang setzte. Leider konnten diese Entwicklungen aus zeitlichen Gründen nicht mehr in die vorliegende Arbeit integriert werden.

den Anwohnern mittels standardisierter quantitativer Interviews durchgeführt. Die Erhebung erfolgte in zwei Wellen.

Da die Befragung der Flüchtlinge in den Kölner-Flüchtlingsstudien vorwiegend qualitativ erfolgte und die Daten daher für die quantitative Analyse nicht verwendet werden können, wird die Perspektive der Flüchtlinge in dieser Arbeit über die Daten der Geflüchtetenbefragung abgebildet, die durch eine Kooperation des Instituts für Arbeitsmarkt- und Berufsforschung (IAB), des Bundesamtes für Migration und Flüchtlinge (BAMF) und des Deutschen Instituts für Wirtschaftsforschung (DIW) im Rahmen des Sozioökonomischen Panels (SOEP) seit 2016 erhoben werden (Kroh et al. 2016).

Bei der Fluchtmigration handelt es sich um einen Sonderfall der Migration. Hervorzuheben ist die besondere völkerrechtlichen Legitimierung, die der Fluchtmigration durch die Genfer Flüchtlingskonvention zugestanden wird. Zudem sind die Migrationsursachen zumeist akute Krisen oder Kriege, während andere Migrationsbewegungen verschiedene, vor allem wirtschaftliche, Gründe haben. Dieser Sonderstatus der Flüchtlinge drückt sich in den verwendeten Begrifflichkeiten aus. In der folgenden Studie wird der Begriff »Migranten« als übergeordnete Kategorie verwendet, die Flüchtlinge mit einschließt. Die Bezeichnung »Flüchtlinge« steht hingegen explizit für die Gruppe der Flüchtlinge. Zudem ist von Ingroup oder auch Majorität die Rede, wenn die Ursprungsbevölkerung gemeint ist. Demgegenüber beschreiben die Begriffe Minorität oder Outgroup die Gruppe der Migranten, die in der Analyse betrachtet wird.

Die Bedingungen von Migranten, Migration und Integration lassen sich nur für einen spezifischen Fall und zu einem gegebenen Zeitpunkt bestimmen. Dies schließt jedoch nicht aus, dass sich durch die Betrachtung spezifischer Fälle grundlegende oder verallgemeinerbare Mechanismen von Migration und Integration ausmachen lassen. Sayad geht bspw. in seinem Aufsatz »An Exemplary Immigration« (Sayad 2004 [1985/1986]) auf die Einzigartigkeit der Immigration von Algeriern nach Frankreich ein und betont, dass es gerade die Spezifika sind, die diesen Fall für die Analyse interessant erscheinen lassen.

»Because it is extraordinary, this immigration seems to contain the truth of all other immigrations and of immigration in general, and it appears to display, as clearly as possible and with the highest degree of ›exemplariness‹, attributes that we find dispersed and diffused in other emigrations« (Sayad 2004 [1985/1986], S. 63).

Und auch Bourdieu verweist in Anlehnung an Husserl darauf, man solle sich im besonderen Fall versenken, um in ihm das Invariante zu entdecken (Bourdieu und Krais 1991, S. 278).

Der empirische Gegenstand dieser Studie, die Fluchtmigration aus dem Nahen und Mittleren Osten und Nordafrika um das Jahr 2015, muss vor diesem Hintergrund ebenfalls als spezifischer Fall von Migration betrachtet werden. Die Flüchtlingsgruppen hatten eine hohe innere Diversität, so dass die zahlreichen kulturellen, ökonomischen und sozialen Konstellationen der Flüchtlinge sowohl untereinander als auch in Relation zur deutschen Ursprungsbevölkerung betrachtet werden können. Dennoch kann angenommen werden, dass eine Analyse dieser Migrationskonstellation dazu beitragen kann, grundlegende Mechanismen zu beschreiben, die sich von dem spezifischen Fall auf eine allgemeine Ebene abstrahieren lassen. In diesem Sinne plädieren auch Kogan und Kalter (2020) dafür, die Flüchtlingsmigration, trotz ihres Status als Sonderfall der Migration, mit den gleichen theoretischen und analytischen Werkzeugen zu betrachten, wie sie für andere Formen von Migration und Integration zum fachlichen Standard gehören.

Im Rahmen der vorliegenden Arbeit soll eine Bourdieusche Migrations- und Integrationstheorie entwickelt und empirisch geprüft werden. Die Studie beginnt mit einer Darlegung der Bedeutung von Flucht und Migration für die Bundesrepublik Deutschland. Dazu werden zunächst die Entwicklungen der Flüchtlingsmigration seit dem Spätsommer 2015 aufgearbeitet. Zudem erfolgt eine Darlegung der zentralen (rechtlichen) Begriffe der (Flucht-)Migration. Durch ihren Sonderstatus greifen für Flüchtlinge z.T. andere rechtliche Kategorien, als es für andere Migrantengruppen der Fall ist. Diese übersetzen sich in die Integrationschancen und die soziale Klassifizierung von Flüchtlingen, weshalb die rechtlichen Besonderheiten und Unterscheidungen der Flüchtlingsgruppe (Abschnitt 2.1), sowie die rechtlichen und politischen Veränderungen, die sich im Nachgang des Spätsommers 2015 ergeben haben (Abschnitt 2.2), nachgezeichnet werden. Die gesetzlichen Bestimmungen sind dabei auch ein Ausdruck der Migrationshistorie in Deutschland. Soziale Zuschreibungen und Klassifikationen sind das Ergebnis einer historischen Genese, die ebenfalls in die Analyse miteingeht. Daher erfolgt in Abschnitt 2.3 eine Aufarbeitung der unterschiedlichen Phasen der Migration, wie sie sich für die Bundesrepublik Deutschland seit dem Ende des Zweiten Weltkrieges abgezeichnet haben. Daraufhin werden Theorie und Forschungsstand referiert (Kapitel 3). Aufgrund des schieren

Umfangs der Literatur- und Studienlage zu Migration und Integration konzentriert sich diese Arbeit auf theoretische Erwägungen zur sozialen Distanz, die Theorie der Ethnischen Bedrohung bzw. die Intergrated Threat Theory, die Kontakthypothese, sowie Ansätze der Integrations- und Assimilationstheorie. Damit legt die Arbeit einen besonderen Fokus auf die integrationstheoretische Perspektive von (Flucht-)Migration. Zudem werden die Ergebnisse der qualitativen Expertenbefragungen der Kölner Flüchtlings-Studien, insbesondere aus der Publikation »Fremde Nachbarn« (Friedrichs et al. 2019), für eine weiterführende Interpretation referiert (Abschnitt 3.7). Das Kapitel schließt mit einer Synopse und Reflektion des Forschungsstandes (Abschnitt 3.8).

Im Anschluss an die Aufarbeitung des Forschungsstandes erfolgt eine theoretische Einführung in die Arbeit Pierre Bourdieus (Kapitel 4). Dabei werden zunächst die zentralen Begriffe geklärt und losgelöst vom empirischen Gegenstand vorgestellt. Eine Ausarbeitung eines theoretischen Rahmens für Migration und Integration aus einer Bourdieuschen Perspektive erfolgt in Kapitel 5. Dabei sollen auch die Geschichte der Migration in der Bundesrepublik (Abschnitt 5.3) und die Ergebnisse der Expertenbefragungen aus den Kölner Flüchtlings-Studien (Abschnitt 5.4) erneut aufgegriffen und vor dem Hintergrund der Theorie Bourdieus interpretiert werden. Zudem wird der mediale öffentliche Diskurs aufgearbeitet (Abschnitt 5.5), da sich hier unterschiedliche Meinungsdispositionen gegenüberstehen und maßgeblich daran beteiligt sind, jene Zuschreibungen hervorzubringen, welche die Flüchtlinge in der öffentlichen Wahrnehmung charakterisieren und klassifizieren. In Kapitel 6 werden die Methode der multiplen Korrespondenzanalyse und die verwendeten Daten vorgestellt. Die Darlegung der Ergebnisse folgt in Kapitel 7. Zunächst werden die Analysen aus der Perspektive der Flüchtlinge referiert (Abschnitt 7.1), dann die Ergebnisse aus der Ursprungsbevölkerung (Abschnitt 7.2). Im Anschluss erfolgt in Kapitel 8 eine gemeinsame Betrachtung der Analysen und ihre Interpretation im Kontext der Theorie Bourdieus. Zudem soll dargestellt werden, welcher zusätzliche Beitrag durch die Theorie des sozialen Raumes gegenüber den klassischen Theorien der Migrations- und Integrationsforschung geleistet werden kann.

2. Flucht und Migration in der Bundesrepublik Deutschland

Ausgangspunkt der Studie ist die gesteigerte Einreise von Flüchtlingen nach Deutschland in der Mitte der 2010er Jahre, die besonders um den Spätsommer 2015 kulminierte[1]. Schon vor 2015 zeichnete sich ab, dass es zu einem Anstieg der Flüchtlingszahlen kommen würde. Seit 2008 ist ein stetiger Anstieg der Asylantragszahlen in Deutschland zu beobachten (Bundesamt für Migration und Flüchtlinge 2020, S. 5). Dennoch waren der Anstieg der Flüchtlingszahlen und die aufkommende Flüchtlingsproblematik in Deutschland lange Zeit innen- wie außenpolitisch kein bedeutsames Thema. Durch die Regelungen des Dublin-II- und Dublin-III-Abkommens, welche die Zuständigkeit für Migranten und Flüchtlinge den Ländern zuweisen, in dem sie die EU betreten, waren anfangs vor allem Griechenland und Italien von einer verstärkten Zuwanderung von Flüchtlingen betroffen, die ihren Weg über das Mittelmeer in die EU suchten. Zunehmend nahmen Flüchtlinge aber auch lange Reisen über Umwege in die EU auf sich. Dabei gab es verschiedene Fluchtrouten, die bspw. über Slowenien und Ungarn führten. Je nach aktueller Frequentierung verschoben sich die humanitären Brennpunkte entlang dieser Fluchtrouten (Lehmann 2015). Besonders durch die Grenzschließung der serbisch-ungarischen Grenze im August 2015 wurde die Flüchtlingsmigration für die Bundesrepublik Deutschland zu einem virulenten Thema. Zahlreiche Flüchtlinge strandeten damals vor den Toren Ungarns, worauf sich Deutschland und Österreich bereiterklärten, diese Flüchtlinge aufzunehmen. Am 31. August 2015 sprach die damalige Bundeskanzlerin Angela Merkel in einem Sommerpressekonferenz jene ikonischen Worte, die den humanitären Anspruch der Flüchtlingshilfe in

---

[1] Teile dieses Kapitels wurden in Anlehnung an Friedrichs et al. (2019) verfasst.

der Folgezeit für Deutschland unterstreichen sollten: »Wir schaffen das!« (Bundesregierung der Bundesrepublik Deutschland 2020b).
Die große Anzahl an Flüchtlingen, die 2015 Deutschland erreichte, war somit absehbar. Die Anzahl der Asylanträge stieg ab 2008 (28.018 Asylanträge) stetig und erreichte 2015 (476.649 Asylanträge) und 2016 (745.545 Asylanträge) ihren Höhepunkt. In der Zeit nach 2015 wurden Maßnahmen ergriffen, die den weiteren Zustrom an Flüchtlingen in die EU verringern sollten. Danach nahm die Zahl der Asylanträge wieder ab, lag 2019 mit 165.938 Asylanträgen aber immer noch auf einem deutlich höheren Niveau als 2008 (Bundesamt für Migration und Flüchtlinge 2020, S. 5). Im gleichen Zeitraum stieg die Anzahl der von der UNHCR im weitesten Sinne als Flüchtlinge gezählten Personen weltweit (auch innerhalb ihres Heimatlandes) von etwa 34 Millionen auf knapp 82 Millionen (UNHCR 2020). Nur ein Bruchteil dieser Flüchtlinge machte sich auf den Weg nach Europa bzw. Deutschland.

Der Anstieg der weltweiten Flüchtlingszahlen um 2015 hängt maßgeblich mit dem Krieg in Syrien und den Destabilisierungen der syrischen Nachbarstaaten zusammen (Lehmann 2015). So machten Syrer auch den größten Anteil der Flüchtlinge aus, die zwischen 2015 und 2020 in Deutschland einen Antrag auf Asyl gestellt haben. Sie bilden zudem seither jährlich die größte Flüchtlingsgruppe, wobei die Zahlen seit 2016 rückläufig sind. 2015 stellten insgesamt 158.657 Syrer einen Asylantrag in Deutschland, 2016 waren es 266.250. 2019 haben indes nur noch 39.270 Syrer einen Antrag auf Asyl in Deutschland gestellt. Weitere große Flüchtlingsgruppen kamen seit 2015 zudem aus Afghanistan, Irak, Eritrea und Iran (Bundeszentrale für politische Bildung 2018). In den Jahren 2015 und 2016 stellten, neben den Flüchtlingen aus dem Nahen und Mittleren Osten und Nordafrika, zudem zahlreiche Migranten aus den Balkanstaaten einen Antrag auf Asyl in Deutschland. Seit der Deklarierung von Bosnien-Herzegowina, Mazedonien und Serbien im Jahr 2014 und Albanien, Montenegro und Kosovo im Oktober 2015 als »sichere Herkunftsstaaten« haben Antragsteller aus diesen Ländern jedoch kaum noch eine Chance auf die Gewährung von Asyl. Dies führte dazu, dass die Antragszahlen aus den Ländern des Balkans deutlich zurückgingen.

Insgesamt lässt sich schwerlich von »den Flüchtlingen« sprechen, da es sich um eine sehr heterogene Gruppe handelt. Sie unterscheiden sich deutlich in Bildung, sozialer Herkunft und Alphabetisierungsgrad. So konnte bspw. die IAB-BAMF-SOEP Befragung von Geflüchteten für die Befragungswelle 2016 zeigen, dass gerade einmal 61 Prozent der Flüchtlinge über einen Schulabschluss verfügten, während 17 Prozent gar keine Schule besucht hatten. Die Heterogenität besteht insbesondere auch zwischen den Bildungsquoten der Flüchtlinge nach Herkunftsstaaten. Während von den syrischen Flüchtlingen 8 Prozent keinen Schulabschluss hatten, waren es aus Afghanistan 34 Prozent. Die Akademikerquote lag für syrische Flüchtlinge bei 17 Prozent, für Afghanen bei 4 Prozent (Brücker et al. 2018, S. 31). Insgesamt gab fast ein Drittel der volljährigen Asylantragsteller aus dem Jahr 2017 an, keinen formalen Schulabschluss oder nur die Grundschule abgeschlossen[2] zu haben, was einer Beschulung von maximal vier Jahren entspricht (Schmidt 2018, S. 6). Die Gruppe der Flüchtlinge lässt sich zudem hinsichtlich der Integrationsaspirationen und -bemühungen differenzieren. Entscheidend ist dafür nicht nur die Herkunft, sondern z.b. der Urbanisierungsgrad oder die Flucht- /Migrationsursache (Friedrichs et al. 2019, S. 155).

Im Anschluss an die Aufnahme der Flüchtlinge entbrannte eine breite Debatte zwischen Befürwortern und Gegnern der Flüchtlingspolitik der Bundesregierung. Als einzige größere Partei, die sich offensiv gegen die Flüchtlingspolitik stellte, erstarkte in diesem Zuge die rechts-konservative Partei »Alternative für Deutschland« (AfD) (Decker 2017, S. 102). Andererseits zeigte sich ein breites zivilgesellschaftliches Engagement. Fast zehn Prozent der gesamtdeutschen Bevölkerung engagierte sich in der Zeit von November 2015 bis April 2017 aktiv für die Flüchtlinge (Ahrens 2017, S. 19; Jacobsen et al. 2017). Diese polarisierte Stimmungslage zeigte sich auch in den Umfragen zur Flüchtlingspolitik. Nach dem ARD-Deutschlandtrend vom September 2015 sprachen sich ca. 37 Prozent der Befragten für eine gleichbleibende Aufnahme von Flüchtlingen aus, 33 Prozent forderten, dass weniger, und 22 Prozent, dass mehr Flüchtlinge aufgenommen werden sollten (Tagesschau.de 2020). Auch fünf Jahre später spaltete diese Frage die Gesellschaft. Aus dem ARD-Deutschlandtrend von Januar 2020 geht hervor, dass 42 Prozent für eine gleichbleibende Aufnahme von Flüchtlingen plädierten. 40 Prozent gaben hingegen an, dass fortan weniger Flüchtlinge aufgenommen werden sollten. Und nur noch 11 Prozent forderten, dass Deutschland mehr Flüchtlinge aufnehmen solle (Tagesschau.de 2020).

Trotz der stark polarisierten Debatte um die Aufnahme von Flüchtlingen im Anschluss an den Spätsommer 2015 können Schmidt und Weick (2017)

---

2 Die Erhebung der Qualifikationen basiert auf einer Selbstauskunft der Flüchtlinge und erfolgte unabhängig davon, ob ein Abschluss erworben wurde bzw. ob der Schulbesuch, bspw. durch Zeugnisse, nachgewiesen werden konnte.

für den Zeitraum von 2006 bis 2016 zeigen, dass die Einstellungen gegenüber Asylsuchenden insgesamt positiver geworden sind. Während 2006 noch 16 % der Befragten in Ostdeutschland und 14 % der Befragten in Westdeutschland den Zuzug von Asylsuchenden völlig unterbinden wollten, waren dies 2016 nur noch 8 % in Ostdeutschland und 7 % in Westdeutschland (Schmidt und Weick 2017, S. 3). Somit hat sich trotz (oder möglicherweise gerade wegen) der Aufnahme von Flüchtlingen in großer Anzahl, sowie dem breiten gesellschaftlichen Diskurs, der damit verbunden war, die allgemeine Einstellung zur Aufnahme von Flüchtlingen verbessert.

2.1 Rechtliche Einordnung der Kategorie »Flüchtling«

Fluchtmigration ist rechtlich gesehen eine Sonderform der Migration. Gegenüber anderen Migrationsformen genießt das Recht auf Asyl Verfassungsrang. Es findet seinen Niederschlag im deutschen Asylrecht, welches sich aus dem internationalen Völkerrecht, genauer gesagt der Genfer Flüchtlingskonvention von 1951, ableitet. Die Genfer Flüchtlingskonvention stellt ein internationales Abkommen für den Umgang mit Flüchtlingen dar. Nach den Erfahrungen des zweiten Weltkrieges und dem Leid, welches durch die Flucht von mehreren Millionen Menschen hervorgerufen wurde, sollte mit der Genfer Flüchtlingskonvention ein international gültiges Regelwerk geschaffen werden, mit dem der humanitäre Umgang mit Flüchtlingen institutionalisiert und das »Recht auf Flucht« in den Rang eines Menschenrechts erhoben wird. Die Konvention definiert einen Flüchtling als Person, die

»aus der begründeten Furcht vor Verfolgung wegen ihrer Rasse, Religion, Nationalität, Zugehörigkeit zu einer bestimmten sozialen Gruppe oder wegen ihrer politischen Überzeugung sich außerhalb des Landes befindet, dessen Staatsangehörigkeit sie besitzt [...]« (UNHCR 2004 [1951/1967]).

Das Recht auf Asyl steht somit jedem zu, der nach den Kriterien der Konvention Schutz sucht und es gilt weltweit in den 149 Unterzeichnerstaaten.

Über Artikel 16a des Grundgesetzes findet die Genfer Flüchtlingskonvention ihren verfassungsrechtlichen Ausdruck im deutschen Recht. Nach Absatz 1 heißt es dort: »Politisch Verfolgte genießen Asylrecht« (Bundesministerium der Justiz und Verbraucherschutz 2020a, Artikel 1). Eine Einschränkung dieses Rechts wurde in Absatz 2 mit dem Asylkompromiss von

SPD und CDU aus dem Jahre 1992 eingeführt (Herbert 2001, S. 299). Personen, die aus Mitgliedsstaaten der Europäischen Union oder einem anderen Drittstaat einreisen, in dem die Wahrung der Genfer Flüchtlingskonvention sichergestellt ist, werden demnach von dem Asylrecht ausgeschlossen. Absatz 3 ermöglicht zudem die Deklarierung von sogenannten »sicheren Herkunftsländern«. Auch für Personen aus diesen Ländern ist die Möglichkeit auf Asyl weitgehend eingeschränkt, da dort »weder politische Verfolgung noch unmenschliche oder erniedrigende Bestrafung oder Behandlung stattfindet« (Bundesministerium der Justiz und Verbraucherschutz 2020a, Artikel 3).

Die Verteilung von Flüchtlingen im Raum der Europäischen Union ist ebenfalls rechtlich geregelt. Die »Dublin-III-Verordnung«, die in ihrer aktuellen Fassung im Juni 2013 verabschiedet wurde, benennt die »Asylpolitik einschließlich eines Gemeinsamen Europäischen Asylsystems (GEAS) [als] wesentliche[n] Bestandteil des Ziels der Europäischen Union« (Europäische Union, Artikel 2). Nach der Dublin-III-Verordnung haben sich Flüchtlinge in dem Land zu registrieren, in dem sie zum ersten Mal die EU betreten. Diesem Land obliegt zudem die Verantwortung für den Flüchtling und seinen Asylantrag. In Kapitel 3, Artikel 13, Absatz 1 heißt es zudem:

»Wird auf der Grundlage von Beweismitteln oder Indizien gemäß den beiden in Artikel 22 Absatz 3 dieser Verordnung genannten Verzeichnissen, einschließlich der Daten nach der Verordnung (EU) Nr. 603/2013 festgestellt, dass ein Antragsteller aus einem Drittstaat kommend die Land-, See- oder Luftgrenze eines Mitgliedstaats illegal überschritten hat, so ist dieser Mitgliedstaat für die Prüfung des Antrags auf internationalen Schutz zuständig. Die Zuständigkeit endet zwölf Monate nach dem Tag des illegalen Grenzübertritts« (Europäische Union, S. 10).

Dies bedeutet für die Anrainerstaaten des Mittelmeers eine besondere Belastung, da ihnen in den meisten Fällen die rechtliche Verantwortung für die eingereisten Flüchtlinge zufällt. In den vergangenen Jahren waren im Raum der EU besonders Italien und Griechenland von der verstärkten Flüchtlingsmigration betroffen.

Im öffentlichen und wissenschaftlichen Diskurs wird der Flüchtlingsbegriff zumeist weitergefasst, als die Definition der Genfer Flüchtlingskonvention nahelegt (Düvell 2011). Die Genfer Konvention umfasst nur Personen, die aufgrund ihrer Rasse, Religion, Nationalität, Gruppenzugehörigkeit oder ihrer politischen Überzeugung verfolgt werden. Kriegsflüchtlinge zählen bspw. nicht zu dieser Gruppe, werden in der Regel aber als Flüchtlinge angesehen. Die Zuteilung des Status »Flüchtling« bzw. die Anerkennung als »legitimer Flüchtling« innerhalb der Gesellschaft ist also nicht nur vom rechtlichen Status im internationalen Völkerrecht abhängig. Vielmehr sind es die gesellschaftlichen Aushandlungsprozesse, welche die Kategorie »Flüchtling« mit Inhalten füllen und in die Praxis übersetzen (Scherr 2015).

Die Chance, einen Flüchtlingsstatus zu erhalten und damit als »legitimer Flüchtling« in Deutschland bleiben zu dürfen ist eng verbunden mit diesen gesellschaftlichen Zuschreibungsprozessen. Sie schlagen sich in der Rechtsordnung und im politischen Diskurs nieder und beeinflussen so die Anerkennungspraxis. Für die Bleibeperspektive entscheidend ist dabei vor allem der Rechtsstatus, der im Asylverfahren zuerkannt wird.

Insgesamt ist das deutsche Asylrecht sehr komplex und es gibt zahlreiche Faktoren, die bei der Anerkennung des Flüchtlingsstatus eine Rolle spielen. Diese reichen von der Herkunftsregion, über die Anerkennungspraxis im jeweiligen Bundesland oder den Kommunen bis hin zu den Sachbearbeitern, die sich mit dem jeweiligen Asylantrag beschäftigen. Für die Zuteilung des Schutzstatus ist das Bundesamt für Migration und Flüchtlinge (BAMF) zuständig. Dieses unterscheidet zunächst nach drei Personengruppen: 1. *Asylsuchende* sind Personen, die bisher noch keinen Asylantrag gestellt haben, dies aber beabsichtigen. Es ist der erste Status, den Flüchtlinge nach der Einreise in die Bundesrepublik zugewiesen bekommen. Nachdem der Antrag auf Asyl beim BAMF eingereicht ist, handelt es sich 2. um *Asylantragstellende*. Zu diesem Zeitpunkt ist der Asylantrag eingereicht, das Asylverfahren läuft, ist jedoch noch nicht entschieden. Nachdem das Asylverfahren abgeschlossen und positiv beschieden ist, handelt es sich um 3. *Schutzberechtigte* sowie *Bleibeberechtigte* (Bundesamt für Migration und Flüchtlinge 2019a).

Der Aufenthaltsstatus von Personen, denen ein Bleiberecht in Deutschland eingeräumt wird, kann vier verschiedene Formen annehmen. Auf Grundlage der Genfer Flüchtlingskonvention kann der *Flüchtlingsschutz* als humanitäre Flüchtlingshilfe zugeteilt werden. In Paragraph 3 des Asylgesetzes (AsylG) heißt es:

»Ein Ausländer ist Flüchtling im Sinne des Abkommens vom 28. Juli 1951 über die Rechtsstellung der Flüchtlinge (BGBl. 1953 II S. 559, 560), wenn er sich 1. aus begründeter Furcht vor Verfolgung wegen seiner Rasse, Religion, Nationalität, politischen Überzeugung oder Zugehörigkeit zu einer bestimmten sozialen Gruppe; 2. außerhalb des Landes (Herkunftsland) befindet, a) dessen Staatsangehörigkeit er besitzt und dessen Schutz er nicht in Anspruch nehmen kann oder wegen dieser Furcht nicht in Anspruch nehmen will oder b) in dem er als Staatenloser seinen vorherigen gewöhnlichen Aufenthalt hatte und in das er nicht zurückkehren kann oder wegen dieser Furcht nicht zurückkehren will« (Bundesministerium der Justiz und Verbraucherschutz 2020b, § 3).

Die Verfolgung im Heimatland kann durch staatliche oder nicht-staatliche Akteure erfolgen. Darunter fallen bspw. politische Verfolgung oder die Bedrohung durch physische, psychische oder sexuelle Gewalt. Mit dem Flüchtlingsschutz wird eine Aufenthaltserlaubnis für drei Jahre erteilt. Zudem besteht ein unbeschränkter Zugang zum Arbeitsmarkt und die Möglichkeit des privilegierten Familiennachzugs (Bundesamt für Migration und Flüchtlinge 2019d).

Der Flüchtlingsschutz wird weiter ausgelegt als der Status der *Asylberechtigung*, der ebenfalls auf der Genfer Flüchtlingskonvention basiert. Eine Asylberechtigung wird nur vergeben, sofern eine Verfolgung aus politischen Gründen erfolgt und bei Rückkehr in das Heimatland schwerwiegende Menschenrechtsverletzungen drohen. Zudem darf keine Fluchtalternative im Herkunftsland oder anderweitiger Schutz bestehen (Bundesamt für Migration und Flüchtlinge 2019c). Durch seine Niederschrift in Artikel 16a (Bundesministerium der Justiz und Verbraucherschutz 2020a) des Grundgesetzes hat die Asylberechtigung zwar Verfassungsrang, sie gilt jedoch ausschließlich bei Verfolgung durch staatliche Akteure, so dass andere humanitäre Notlagen nicht darunterfallen. Rechtlich haben also Flüchtlinge, die aus Gründen wie Krieg, Armut oder Naturkatastrophen nach Deutschland kommen, keinen verfassungsmäßigen Anspruch auf Asyl. In solchen Fällen kommt allenfalls ein humanitärer Flüchtlingsschutz in Betracht. Wie beim Flüchtlingsschutz haben Asylberechtigte in der Regel zunächst eine Aufenthaltserlaubnis für drei Jahre. Zudem besteht auch hier ein unbeschränkter Zugang zum Arbeitsmarkt, sowie die Möglichkeit des privilegierten Familiennachzugs (Bundesamt für Migration und Flüchtlinge 2019c). Als dritter Schutzstatus kann nach Paragraph 4 des Asylgesetzes der Asylantrag auch mit einem *subsidiären Schutz* beschieden werden. Hier heißt es:

»1) Ein Ausländer ist subsidiär Schutzberechtigter, wenn er stichhaltige Gründe für die Annahme vorgebracht hat, dass ihm in seinem Herkunftsland ein ernsthafter Schaden droht. Als ernsthafter Schaden gilt: 1. die Verhängung oder Vollstreckung der Todesstrafe, 2. Folter oder unmenschliche oder erniedrigende Behandlung oder Bestrafung oder 3. eine ernsthafte individuelle Bedrohung des Lebens oder der Unversehrtheit einer Zivilperson infolge willkürlicher Gewalt im Rahmen eines internationalen oder innerstaatlichen bewaffneten Konflikts« (Bundesministerium der Justiz und Verbraucherschutz 2020b, 4).

Der subsidiäre Schutz wird folglich vergeben, wenn im Herkunftsland ein »ernsthafter Schaden« droht, das Recht auf Flüchtlingsschutz oder Asylberechtigung jedoch nicht greifen. Die Bedrohung kann dabei durch staatliche und nicht-staatliche Akteure gegeben sein. Im Falle der Flüchtlinge aus Syrien kann somit auch die Bedrohung durch den Islamischen Staat im Zuge des Syrienkonfliktes als eine solche Bedrohung angesehen werden. Beim subsidiären Schutzstatus besteht zunächst eine Aufenthaltserlaubnis von einem Jahr, die um jeweils zwei weitere Jahre verlängert werden kann. Subsidiär Geschützte haben zwar einen unbeschränkten Arbeitsmarktzugang, jedoch keinen Anspruch auf privilegierten Familiennachzug (Bundesamt für Migration und Flüchtlinge 2019e).

Der vierte Status des *nationalen Abschiebungsverbotes* kann zur Anwendung kommen, wenn weder die Kriterien des Flüchtlingsschutzes oder der Asylberechtigung noch des subsidiären Schutzes erfüllt sind. Voraussetzung hierfür ist, dass eine Abschiebung gegen die europäische Konvention zum Schutz der Menschenrechte und Grundfreiheiten verstoßen würde (Bundesministerium der Justiz und Verbraucherschutz 2020c, 60, V) und eine »konkrete Gefahr für Leib, Leben oder Freiheit besteht« (Bundesministerium der Justiz und Verbraucherschutz 2020c, 60, VII). Bei Zuweisung eines nationalen Abschiebungsverbotes besteht zunächst eine Aufenthaltserlaubnis von einem Jahr, die wiederholt verlängert werden kann. Für die Aufnahme einer regulären Beschäftigung ist die Genehmigung durch die Ausländerbehörde erforderlich (Bundesamt für Migration und Flüchtlinge 2019b).

Bei ausreisepflichtigen Personen kann die Ausländerbehörde zudem eine *Duldung* aussprechen, wodurch die Abschiebung vorübergehend ausgesetzt wird. Dabei handelt es sich nicht um einen Aufenthaltstitel, sondern sie legalisiert den Aufenthalt in Deutschland. Die Ausreisepflicht besteht fort und die Duldung erlischt, sobald Deutschland verlassen wird. Ferner besteht für geduldete Personen in den ersten drei Monaten und auf Anordnung Residenzpflicht, was bedeutet, dass sie sich nur innerhalb des zuständigen Bundeslandes aufhalten dürfen. Beschäftigungen bedürfen einer Arbeitserlaubnis (Informationsverbund Asyl & Migration 2020). Wird keine der genannten Aufenthaltstitel oder eine Duldung ausgesprochen, so droht mit der *Ausreisepflicht* den eingereisten Migranten die Abschiebung. Faktisch bleiben jedoch geduldete und z. T. auch ausreisepflichtige Migranten häufig viele Jahre in Deutschland (Statista 2021a).

Wie lange die Asylverfahren dauern, ist zumeist abhängig von der Herkunft der Asylantragsteller und der bearbeitenden Kommune. Besonders ab 2015 zog sich die Dauer der hochbürokratischen Asylverfahren häufig in die Länge. Nach einem Artikel von Zeit-Online warteten Ende 2016 insgesamt 60.000 Antragsteller länger als 18 Monate auf ihren Asylbescheid (Zeit Online 2019). 2017 lag die durchschnittliche Dauer zwischen Antragstellung und Asylbescheid bei etwa 10,7 Monaten, wobei die Dauer je nach Herkunftsländern der Antragsteller stark variierte (Deutscher Bundestag 2019). Mit sinkendem Aufkommen an Asylanträgen sank auch die Bearbeitungszeit, so dass 2019 die durchschnittliche Bearbeitungszeit nur noch etwa ein halbes Jahr betrug (Zeit Online 2019).

Trotz der umfassenden Rechtsordnung im Asylrecht kommt es in der sozialen Praxis häufig zu unterschiedlichen Rechtsauslegungen. Dies zeigt sich beispielsweise in der föderalen Struktur der Bundesrepublik anhand der unterschiedlichen Schutzquoten von Afghanen zwischen den Bundesländern. Während 2017 in Bremen 65,2 Prozent der Afghanen einen Schutzstatus zuerkannt bekamen, waren es in Brandenburg gerade einmal 32,4 Prozent. Bundesweit lag die Schutzquote von Afghanen im Durchschnitt bei 47,4 Prozent (Kastner 2018; Deutscher Bundestag 2018, S. 13; Riedel und Schneider 2017). Diese Schwankungen lassen sich nicht anhand von Kompositions- oder Auswahleffekten erklären, da die Verteilung der Flüchtlinge auf die Bundesländer gleichmäßig über den Königsteiner-Schlüssel erfolgt, so dass sich die Flüchtlinge zwischen den Bundesländern höchstens marginal anhand asylrelevanter Merkmale unterscheiden sollten. Vielmehr zeigt sich, dass die staatliche Ordnung durch verschiedene Umsetzungen oder Übersetzungen (Mautz 2015) der geltenden Rechtslage zu unterschiedlichen Ergebnissen führt. Die divergierenden Schutzquoten müssen auf unterschiedliche Anwendung der gleichen Gesetze zurückgeführt werden, die nicht zuletzt auch über unterschiedliche politische Mehrheiten und Programme in den jeweiligen Bundesländern zustande kommen.

Deutschland verfügt bis heute nicht über ein umfassendes Zuwanderungsgesetz, so dass die Kriterien der Zuwanderung, trotz des Bedarfs an Facharbeitern, nur unzureichend geregelt sind. Grundsätzlich stellt die Anerkennung als Flüchtling heute einen der wenigen Wege der Migration nach Deutschland dar. Eine reguläre Zuwanderung steht vorrangig hochqualifizierten Migranten zu, die über ein überdurchschnittliches Einkommen verfügen (Hamann und Karakayali 2016, S. 73). So liegt es nahe, dass auch Personen einen Antrag auf Asyl stellen, welche die Kriterien für einen Schutzstatus nur unzureichend erfüllen, da sie sich auf diesem Wege eine Zukunft in Deutschland versprechen.

2.2 Der Spätsommer 2015 und seine rechtlichen Folgen

Da die Strukturen der Bundesrepublik für die Integration von Flüchtlingen nicht auf eine so große Anzahl an Asylsuchenden ausgelegt war, geriet die Bundesregierung in der Folge des Spätsommers 2015 unter Handlungsdruck. Sie regierte mit dem Integrationsgesetz vom 31. Juli 2016 (Bundesregierung der Bundesrepublik Deutschland 2016). Dies unterliegt dem Leitgedanken des »Fördern und Forderns« und soll durch gezielte Anreize die Integrationsbemühungen der Flüchtlinge verstärken (Bundesregierung der Bundesrepublik Deutschland 2020a). Maßnahmen hierzu sind die Ausweitung des Bleiberechts auf die gesamte Zeit einer Ausbildung und der anschließenden Beschäftigung, mehr Kapazitäten bei den Integrationskursen, die Einführung einer Wohnsitzauflage und ein Verzicht für drei Jahre auf die bis dahin gültige Vorrangprüfung, nach der bei der Vermittlung von Arbeit durch die Bundesagentur für Arbeit deutsche Staatsbürger bevorzugt werden (Bundesregierung der Bundesrepublik Deutschland 2020a).

Zudem wurden mit dem im Oktober 2015 verabschiedeten Asylverfahrensbeschleunigungsgesetz (Bundesregierung der Bundesrepublik Deutschland 2015) Regelungen geschaffen, nach der Asylsuchende, die aus einem Land mit sog. »guter Bleibeperspektive« kommen, schneller integriert werden sollen. Ländern wird dieser Status zuerkannt, sofern mehr als 50 % der Asylanträge von Personen aus diesen Ländern positiv beschieden werden[3]. Asylsuchende mit guter Bleibeperspektive genießen z.B. Privilegien bei der Aufnahme einer Arbeit und bekommen früher die Möglichkeit, an einem Integrationskurs teilzunehmen. Diejenigen Gruppen, die nicht aus einem dieser Länder stammen, müssen dagegen länger auf ihre Integrations- und Sprachkurse warten (Aumüller 2018, S. 178).

Insgesamt lässt sich das Integrationsgesetz und auch weitere Maßnahmen, die im Nachgang des Spätsommers 2015 getroffen wurden, als

---

3 Anfang 2022 (Stand: 17.01.2022) galten Eritrea, Syrien, Somalia und Afghanistan als Länder mit guter Bleibeperspektive

Verschärfung des Asylrechts lesen. Flüchtlinge haben bspw. zwar kein Anrecht auf einen Integrationskurs, können jedoch zu der Teilnahme daran verpflichtet werden. Sollten sie dieser Verpflichtungen nicht nachkommen, drohen Kürzungen der staatlichen Leistungen (Deutscher Gewerkschaftsbund 2016, S. 3 f.). Für Geduldete wird das Bleiberecht bei einer Ausbildung und anschließenden Beschäftigung prinzipiell ausgeweitet, so dass eine Aufenthaltserlaubnis für die Zeit der Berufsausbildung und zwei Jahre im Anschluss besteht, sofern eine (Weiter-)Beschäftigung nachgewiesen werden kann. Falls die Ausbildung jedoch vorzeitig beendet wird, ist dies durch den Arbeitgeber zu melden. Arbeitgebern droht bei Nichtbeachten dieser Vorgabe eine Strafe von bis zu 30.000 Euro. Die Geduldeten können nach dem Abbruch der Ausbildung einmalig eine Verlängerung der Duldung um 6 Monate beantragen, ansonsten erlischt die Duldung durch den Abbruch der Ausbildung (Deutscher Gewerkschaftsbund 2016, S. 5; Bundesregierung der Bundesrepublik Deutschland 2016, S. 1944 f.). Ferner können Flüchtlinge zu Arbeitsgelegenheiten verpflichtet werden. Kommen sie dieser Verpflichtung nicht nach, droht die Streichung der Grundleistungen (Deutscher Gewerkschaftsbund 2016, S. 8).

Neben diesen Verschärfungen der geltenden Rechtsordnung wurden die bestehenden Gesetze zur Aufnahme von Flüchtlingen zeitweise strenger ausgelegt. So lässt sich beobachten, dass ab dem Spätsommer 2015 häufiger nur ein subsidiärer Schutzstatus an die Flüchtlinge vergeben wurde. Während 2015 nur bei 0,6 % der Asylanträge der subsidiäre Schutzstatus vergeben und 48,5 % als Flüchtlinge anerkannt wurden, stieg der Anteil des subsidiären Schutzstatus 2016 auf 22,1 %, wohingegen nur noch 36,8 % einen regulären Flüchtlingsstatus zugestanden bekamen. In den folgenden Jahren sank die Quote des subsidiären Schutzstatus wieder und lag 2019 bei 10,1 % (Bundesamt für Migration und Flüchtlinge 2020, S. 11).

Ein subsidiärer Schutz ist gegenüber dem regulären Asylstatus mit einigen Nachteilen für die Flüchtlinge verbunden. So wird die Aufenthaltserlaubnis zunächst nur für ein Jahr (gegenüber 3 Jahren) gewährt und kann danach jeweils um zwei Jahre verlängert werden Dies führt nicht nur zu einer geminderten Motivation, sich in die deutsche Gesellschaft zu integrieren, die Sprache zu lernen und Kontakte aufzubauen. Es ist auch ein Hindernis bei der Integration auf dem Arbeitsmarkt, da für Arbeitgeber weniger Planungssicherheit herrscht. Ein eingestellter Flüchtling muss womöglich nach einem Jahr das Land wieder verlassen. Es lohnt sich dementsprechend weniger für das Unternehmen, in seine Ausbildung zu investieren. Zudem war bereits vor dem Integrationsgesetz mit einer Übergangsregelung des § 104 Abs. 13 AufenthG am 17. März 2016 der Familiennachzug für subsidiär Schutzberechtigte für zwei Jahre ausgesetzt worden (Wissenschaftlicher Dienst des Deutschen Bundestages, S. 3). Aufgrund dieser Unsicherheiten über die eigene Zukunft und die der eigenen Familie werden die Integrationsperspektiven und -bemühungen der Flüchtlinge weiter eingeschränkt (Friedrichs et al. 2019, S. 266). Seit August 2018 ist der Familiennachzug für die engsten Familienangehörigen von subsidiär Schutzberechtigten wieder möglich, allerdings ist eine Obergrenze von 1.000 Personen pro Monat festgelegt. Auch die Wohnsitzauflage hat sich als problematisch erwiesen. Diese schreibt für die Dauer von drei Jahren oder bis zu der Aufnahme einer sozialversicherungspflichtigen Beschäftigung von mindestens 15 Stunden pro Woche vor, dass anerkannte Flüchtlinge im zugewiesenen Bundesland ihres Asylverfahrens wohnhaft sein müssen. Wird dies nicht beachtet drohen gravierende Kürzungen der Sozialleistungen. Das Grundrecht auf Freizügigkeit ist für Flüchtlinge somit weitgehend eingeschränkt (Deutscher Gewerkschaftsbund 2016, S. 10 f.).

2.3 Geschichte der deutschen Integrationspolitik

Die Geschichte von Migration und Integration der Bundesrepublik ist durch sehr unterschiedliche Migrantengruppen geprägt, die je ihre eigene Geschichte und Spezifika aufwiesen. Nach dem Krieg waren es zunächst die Kriegsvertriebenen Deutschen, die in ihrem eigenen Land integriert werden mussten. Ab den 1950er Jahren folgte die Anwerbung von Gastarbeitern. Weitere Gruppen waren die (Spät-)Aussiedler, die jüdischen Kontingentflüchtlinge und Flüchtlinge aus dem früheren Jugoslawien. Und auch die innerdeutsche Grenze zwischen DDR und BRD brachte vor und nach der Wiedervereinigung Migrationsbewegungen in der Bundesrepublik hervor.

All diese Gruppen und Migrationsbewegungen haben die Migrations- und Asylpolitik sowie die juristische Auslegung der Rechtsordnung geprägt. Von der Nachkriegszeit über das Wirtschaftswunder und die Wiedervereinigung bis heute haben sich die Vorstellungen von Migranten und die ihnen zugeschriebenen Eigenschaften stets mit den zeitlichen und kulturellen Kontextfaktoren gewandelt. Die Flüchtlingsmigration der vergangenen Jahre reiht sich ein in diese Entwicklungen, welche die Wahrnehmung und die Integrationschancen von Migranten prägen. Die Geschichte der großen

Migrationsbewegungen in der Bundesrepublik soll daher im Folgenden kurz aufgearbeitet werden[4].

2.3.1 Flüchtlinge und Vertriebene

Die erste große Migrationsphase fällt direkt mit dem Ende des Zweiten Weltkrieges zusammen. In Folge des Potsdamer Abkommens, welches die Alliierten 1945 getroffen hatten, kam es zu Flucht und Vertreibung aus den ehemaligen deutschen Ostgebieten, Ungarn und der Tschechoslowakei. Diese Phase der Migration fand unter dem Vorzeichen großer wirtschaftlicher Not und zerstörter Städte statt. Als Kriegsverlierer spielte Deutschland international keine bedeutende Rolle und hatte sich den Entscheidungen der Alliierten zu fügen. Darüber hinaus entwickelte sich mit der Deutschen Demokratischen Republik ein zweiter deutscher Staat, der weitere Gebietsverluste für die Bundesrepublik zur Folge hatte.

Die Schätzungen über die Vertriebenen, die in Folge des Zweiten Weltkrieges in das Gebiet der heutigen Bundesrepublik migrierten, gehen zum Teil weit auseinander und reichen von etwa 11 Millionen Vertriebenen bis hin zu ca. 18 Millionen. So sollen ca. 10,6 Millionen Menschen in die drei westlichen Zonen, zunächst vor allem Bayern, Niedersachsen und Schleswig-Holstein gekommen sein. Etwa 3,5 Mio. gingen in die sowjetisch besetzte Zone, aus der später die Deutsche Demokratische Republik hervorgehen sollte (Plato 2005, S. 26 f.). Die Volkszählung von 1950 weist hingegen eine geringere Zahl von knapp 8 Mio. Vertriebenen aus (Reichling 1989, S. 14). Die Vertreibungen waren zumeist mit großem persönliches Leid verbunden und von massiver Gewalt geprägt. Nach Schätzungen verloren etwa 2 Millionen Menschen durch die Vertreibungen ihr Leben (Plato 2005, S. 26).

Die Rahmenbedingungen für die Integration waren ausgesprochen gut. Es handelte sich um Deutsche, die, abgesehen von regionalen Dialekten und kulturellen Eigenheiten, in ihr eigenes Heimatland integriert werden mussten. Doch auch die Vertriebenen waren in vielen Fällen von Ausgrenzung und Diskriminierung betroffen. Sie wurden z. B. als »Pollacken« oder »Rucksackdeutsche« bezeichnet (Kift 2005, S. 45). Außerdem waren sie nahezu besitzlos und hatten ihre Vermögen, Ländereien und Immobilien verloren. Durch

---

4 Der Folgende Abschnitt ist eine verkürzte und überarbeitete Fassung der Darlegungen in Abschnitt 1.1 von Friedrichs et al. (2019).

die Wohnungsnot in der Nachkriegszeit wurden die Vertriebenen in zahlreichen Fällen in bestehenden Haushalten einquartiert. Dies führte häufig zu Spannungen, da die Unterbringungen nicht freiwillig erfolgten und die Menschen ihre Wohnungen und Häuser fortan mit fremden Vertriebenen teilen mussten (Turner 2020). Die Eingliederung der Vertriebenen in den Arbeitsmarkt des zerstörten Deutschlands mit einer am Boden liegenden Wirtschaft war zumeist mit Statusabstiegen und Einkommenseinbußen verbunden. Viele konnten nicht mehr in dem von ihnen gelernten Beruf tätig sein. In einer Zeit, in der ein Großteil der Deutschen im Status abgestiegen war, waren es die Vertriebenen, die wohl die stärksten Statustransformationen durchmachen mussten.

Mit dem deutschen Wirtschaftswunder in den 1950er Jahren kam auch für zahlreiche Vertriebene ein wirtschaftlicher Aufschwung. Im wissenschaftlichen Diskurs sehen daher einige Beiträge die Integration der Vertriebenen bereits in den 1950er Jahren als erfolgreich an (vgl. die Beiträge in Lemberg und Eding 1959). Andere Studien hingegen deuten auf eine längere Phase der Integration hin (vgl. exemplarisch: Gerhardt 2009).

2.3.2 Gastarbeiter

Der Wirtschaftsaufschwung brachte nicht nur wirtschaftliche Prosperität und Vollbeschäftigung mit sich, er führte gar zu einem zunehmenden Mangel an (Fach-)Arbeitern, so dass die Bundesregierung beschloss, ausländische Gastarbeiter anzuwerben (Oltmer et al. 2012). Diese zweite Migrationsphase der Bundesrepublik begann mit den ersten Anwerbeverträgen mit Italien ab 1955. Eine rechtliche Grundlage für den Aufenthalt von Ausländern in Deutschland folgte jedoch erst 1965 mit dem Ausländergesetz.

Die Anwerbeverträge und die Aufnahme von Gastarbeitern wurden ursprünglich als temporäre Arbeitsmigration geplant. Die Anwerbung sollte für einen begrenzten Zeitraum die fehlende Arbeitskraft in der Bundesrepublik ausgleichen. Nach Beendigung ihrer Tätigkeiten sollten die Arbeiter wieder in ihre Heimatländer zurückkehren, weshalb auch nur wenig (bis gar nicht) in die Integration dieser Gruppe investiert wurde. Mit dem Anwerbestopp von 1973 wurde den Gastarbeitern jedoch ermöglicht, ihre Familien nach Deutschland zu holen, wodurch zahlreiche Gastarbeiterfamilien dauerhaft nach Deutschland migrierten. Hierzu trug wohl auch bei, dass die Bundesregierung ab 1975 das Kindergeld für im Ausland lebende Kinder reduzierte. Für die Gastarbeiter war dies ein weiterer Anreiz, ihre Familien nach Deutschland zu holen, anstatt in ihre Heimatländer, in denen große Arbeitslosigkeit herrschte, zurückzugehen (Höhne et al. 2014, S. 7). Von den ca. 14 Millionen Gastarbeitern, die durch die Anwerbeabkommen nach Deutschland gekommen waren, blieben etwa 2 Millionen dauerhaft in der Bundesrepublik (Richter 2015). Dennoch wurden die Gastarbeiter lange Zeit als temporäre Migranten angesehen, obwohl der wissenschaftliche Diskurs nahelegte, dass sie in Deutschland bleiben würden (Heckmann 2013). Die fehlende Anerkennung als dauerhafte Einwanderer führte dazu, dass von staatlicher Seite keine Integrationsmaßnahmen ausgearbeitet wurden, die sich an den Bedürfnissen dieser Zielgruppe orientierten. Zwar gab es die ersten Sprachkurse bereits in den 1960er Jahren, der Großteil der Gastarbeiter nahm diese aber nicht wahr (Richter 2015).

Die Integration der Gastarbeiter und ihrer Nachkommen wurde in zahlreichen Studien untersucht (Bundesanstalt für Arbeit 1973; König et al. 1986; Mehrländer et al. 1981; Höhne et al. 2014; Die Beauftragten der Bundesregierung für Migration, Flüchtlinge und Integration 2011). Ob und wie die Integration gelang, hing demnach von einer Vielzahl von Faktoren ab, darunter die Nationalität und der schulische Erfolg (Kristen und Granato 2007; Strobel und Seuring 2016). Alba et al. (1994) konnten bspw. zeigen, dass griechische Schüler erfolgreicher waren als türkische. Die Gastarbeiter aus Spanien und Griechenland kamen zudem mit einer im Durchschnitt höheren Schulbildung nach Deutschland als Italiener und Türken. Dies hing auch mit den unterschiedlichen Gruppen zusammen, die in den jeweiligen Ländern angeworben wurden (Richter 2015). Es herrschte somit auch unter den Gastarbeitergruppen eine hierarchische Differenzierung, die die Integrationschancen der Migranten beeinflusste. Diese Differenzierung schreibt sich bis heute fort, so dass die Integration und die Diskriminierung von der zweiten oder dritten Nachfolgegeneration der Gastarbeiter immer noch nach Nationalitäten variiert (Babka von Gostomski 2007; Kalter et al. 2007). Zudem sind die Gastarbeiter und ihre Nachfahren gegenüber der Ursprungsbevölkerung weiterhin sozial schlechter gestellt. Sie beziehen im Vergleich zu Deutschen niedrigere Renten (Höhne et al. 2014, S. 14 ff.), müssen aber im Schnitt höhere Mieten zahlen (Winke 2016; Höhne et al. 2014, S. 18 ff.).

2.3.3 (Spät-)Aussiedler

Ab 1973 begann die Migrationsphase der (Spät-)Aussiedler. Die rechtliche Grundlage für diese Kategorisierung bilden das Bundesvertriebenengesetz von 1953 (Bundesministerium der Justiz 2023a) und § 116 des Grundgesetzes (Bundesministerium der Justiz 2023b). Hierin werden die Begriffe »deutsche Volkszugehörigkeit« und »Vertriebener« geregelt, die für die Aufnahme der (Spät-)Aussiedler maßgeblich sind (Panagiotidis 2021). Vertriebener ist nach Absatz 3 demnach auch:

> »wer als deutscher Staatsangehöriger oder deutscher Volkszugehöriger [...] nach Abschluss der allgemeinen Vertreibungsmaßnahmen vor dem 1. Juli 1990 oder danach im Wege des Aufnahmeverfahrens vor dem 1. Januar 1993 die ehemals unter fremder Verwaltung stehenden deutschen Ostgebiete, Danzig, Estland, Lettland, Litauen, die ehemalige Sowjetunion, Polen, die Tschechoslowakei, Ungarn, Rumänien, Bulgarien, Jugoslawien, Albanien oder China verlassen hat oder verlässt, es sei denn, dass er, ohne aus diesen Gebieten vertrieben und bis zum 31. März 1952 dorthin zurückgekehrt zu sein, nach dem 8. Mai 1945 einen Wohnsitz in diesen Gebieten begründet hat (Aussiedler)« (Bundesministerium der Justiz 2023a).

Formal handelte es sich bei dieser Personengruppe folglich um Deutsche, weshalb sie als »Aussiedler«, oder ab 1993 auch als »Spätaussiedler« bezeichnet wurden. Dazu gehörten bspw. Migranten aus Rumänien und Polen, die bis Ende der 1980er Jahre die größten Gruppen der Aussiedler darstellten. Nach dem Niedergang der Sowjetunion erreichte der Zuzug der (Spät-)Aussiedler zwischen 1990 und 1999 ihren Höhepunkt. In dieser Zeit wanderten mehr als 2 Millionen Menschen als (Spät-)Aussiedler nach Deutschland ein, mehr als 1,6 Millionen kamen davon aus den Gebieten der ehemaligen Sowjetunion. Die Gesamtzahl der (Spät-)Aussiedler, die zwischen 1950 und 2020 kamen, liegt bei etwa 4,5 Millionen Menschen (Bundeszentrale für politische Bildung 2022a).

Aufgrund des starken Anstiegs der Zuzugszahlen wurden ab 1993 die Zugangskriterien nach Deutschland für diese Gruppe verschärft. Ab diesem Zeitpunkt musste, mit Ausnahme von (Spät-)Aussiedlern aus dem Gebiet der ehemaligen Sowjetunion, ein Nachweis erbracht werden, dass man unter den Kriegsfolgen gelitten hat (Bundesverwaltungsamt 2023). Zudem musste fortan mindestens ein Familienmitglied einen Sprachtest ablegen. Mit dem Zuwanderungsgesetz von 2005 erfolgte eine abermalige Verschärfung. Seitdem müssen alle Familienmitglieder über 16 Jahre den Sprachtest bestehen (Tröster 2013b).

Auch wenn die Studienlage zu der Gruppe der (Spät-)Aussiedler recht dünn ist, wird die Integration dieser Migrantengruppe in der Literatur weitgehend als erfolgreich angesehen (vgl. exemplarisch: Woellert et al. 2009). Nach Tröster (2013b, S. 80) zählen die (Spät-)Aussiedler sogar »zu den am besten integrierten Migrantengruppen in Deutschland«.

Trotz dieser weitreichenden Integration in die deutsche Gesellschaft sind gerade für die (Spät-)Aussiedler zahlreiche Identitätskonflikte berichtet worden. Sie wurden häufig nicht in ihren Herkunftsländern anerkannt, weil sie deutsch waren. In Deutschland wurden sie wiederum nicht anerkannt, da sie vermeintlich aus dem Ausland kamen. Kaiser und Schönhuth (2015, S. 9) sprechen in diesem Zusammenhang auch von einer »doppelten Exklusionserfahrung«, welche die »Russlanddeutschen« erlebt hätten.

2.3.4 Flüchtlinge aus dem früheren Jugoslawien

Flüchtlingsmigrationen aufgrund von Kriegen sind für die Bundesrepublik kein neues Phänomen. Anfang der 1990er Jahre waren dies zunächst besonders die Kriegsflüchtlinge aus dem Balkankrieg. Im Zeitraum von 1990 bis 1995 wurden durch diese Gruppe mehr als eine Millionen Asylanträge in Deutschland gestellt. Mit 438.191 Asylanträgen im Jahre 1992 wurde der bis dahin höchste Wert in der bundesdeutschen Geschichte erreicht. Nur 2015 und 2016 wurde dieser Wert übertroffen (Bundesamt für Migration und Flüchtlinge 2020, S. 5). Ab 1999 kamen zudem Kriegsflüchtlinge aus dem Kosovo und Mazedonien. Nach dem Ende der Konflikte ging der Großteil der Asylsuchenden vom Balkan wieder in ihre Heimatländer zurück, so dass 2002 nur noch etwa 20.000 Flüchtlinge aus Bosnien-Herzegowina in Deutschland lebten (Bade und Oltmer 2005). Die langfristige Integration dieser Gruppe spielte damit nur eine untergeordnete Rolle

Die Migrationsbewegung vom Anfang der 1990er Jahre wurde durch ein deutliches Erstarken der rechtsextremen Szene in Deutschland überschattet. Dieses kulminierte in rechtsextremen Anschlägen, wie die Brandstiftung an Migranten-Unterkünften im September 1991 in Hoyerswerda, die Angriffe auf die Zentrale Aufnahmestelle für Asylbewerber und ein Wohnheim für ehemalige vietnamesische Vertragsarbeiter in Rostock-Lichtenhagen im August 1992, dem Anschlag auf zwei Wohnhäuser mit türkischen Bewohnern in Mölln im November 1992 und dem Brandanschlag auf ein Zweifamilienhaus mit türkischen Bewohnern im Mai 1993 in Solingen.

Die Politik reagierte auf die Anschläge mit einer Verschärfung des Asylrechts und strengeren Grenzkontrollen, wodurch in der Folgezeit die Zahlen der Asylanträge deutlich zurückgingen (Bade und Oltmer 2005). Zu diesen Verschärfungen gehörte auch der bereits erwähnte »Asylkompromiss«, der die Gruppe der potentiell Asylberechtigten einschränkte.

2.3.5 Jüdische Familien aus der Sowjetunion

Neben den bereits vorgestellten Migrantengruppen kamen ab 1991 jüdische Familien oder Nachkommen von Juden, die primär aus den Staaten der ehemaligen Sowjetunion stammten, nach Deutschland. Gründe für die Migration waren zumeist Diskriminierungen während der Sowjetzeit, aber auch die wirtschaftlichen Probleme durch den Zusammenbruch der Sowjetunion. Die Migration dieser Gruppe begann bereits 1989 in der DDR und wurde nach der Wiedervereinigung von der Bundesrepublik fortgesetzt (Bade und Oltmer 2005). Die »jüdischen Zuwanderer«, wie sie in der Folge genannt wurden, kamen ohne eine eindeutige Rechtsgrundlage. Aufgrund der deutschen Geschichte und der daraus abgeleiteten Verantwortung war die Einwanderung symbolpolitisch jedoch durchaus gewünscht und von der Ministerpräsidentenkonferenz im Januar 1991 legitimiert. Die jüdische Immigration wurde daher über das »Kontingentflüchtlingsgesetz« geregelt (Belkin 2017). Dieses bot einen rechtlichen Rahmen für die Aufnahme von Flüchtlingen durch humanitäre Hilfsaktionen. Die Migranten konnten bei der deutschen Auslandsvertretung im Herkunftsland einen Antrag auf Einreise nach Deutschland stellen. Die Obergrenze der Aufnahme bildeten die Aufnahmekapazitäten der Bundesländer, in die die Flüchtlinge über Zuteilungskontingente verteilt wurden. Obwohl es sich also faktisch um eine Immigration handelte, wurde über spezielle Regularien der Ausdruck »Einwanderer«, sowie die Ausarbeitung eines allgemeinen Einwanderungsgesetzes, vermieden (Friedrichs et al. 2019, S. 6).

Mit Inkrafttreten des Aufenthaltsgesetzes im Jahr 2005 nahm die Zahl der jüdisch-russischen Kontingentflüchtlinge merklich ab. Dies liegt vornehmlich an einer Verschärfung der Aufnahmekriterien für jüdisch-russische Migranten. Von nun an mussten sie Deutschkenntnisse nachweisen, eine positive Prognose für einen Arbeitslatz haben und von einer jüdischen Gemeinde in Deutschland aufgenommen werden.

Es wird davon ausgegangen, dass zwischen 1993 und 2002 etwa 165.000 jüdische Immigranten nach Deutschland gekommen sind (Wissenschaftlicher Dienst des Deutschen Bundestages 2018, S. 4). Sie verfügten über eine unbegrenzte Aufenthalts- und Arbeitserlaubnis und erhielten Hilfe bei der Integration, bspw. durch Sprachkurse oder bei der Eingliederung auf dem Arbeitsmarkt. Von der soziodemographischen Struktur zeigte diese Gruppe sowohl eine hohe Bildung, mit einem Akademikeranteil von ca. 70 % als auch ein gehobenes Alter, denn ca. 40 % waren bei ihrer Einreise nach Deutschland bereits über 50 Jahre alt (Tröster 2013a, 81 f.). Trotz dieser hohen Bildung waren 2004 noch etwa 60 % auf staatliche Sozialleistungen angewiesen (Tröster 2013a, S. 82). Ein großer Teil der Integrationsarbeit wurde von den jüdischen Gemeinden in Deutschland geleistet.

2.3.6 Migranten aus der DDR

Eine sechste Phase der Migration bildete die Einreise aus der (ehemaligen) DDR in die westdeutschen Bundesländer. Dabei handelte es sich, ebenso wie bei den Migrationen der Kriegsvertriebenen, eher um eine Form der Binnenmigration, die vor allem der Vollständigkeit halber hier aufgeführt wird. Besonders im Zeitraum um die Wende kam es hier zu hohen Migrationszahlen. 1989 migrierten etwa 390.000 , 1990 ca. 395.000 weitere Personen in die alten Bundesländer (Bade und Oltmer 2005). Da es sich abermals um innerdeutsche Migration handelte, kann davon ausgegangen werden, dass die Integration verhältnismäßig reibungslos verlaufen ist.

3. Theorie und Forschungsstand

Die Migrations- und Integrationsforschung stellt sich als sehr diverses Feld dar, in dem eine Vielzahl an Theorien und empirischen Zugängen existieren[1]. Zahlreiche Forschungsparadigmen, Theorien und Studien setzen sich mit unterschiedlichen Aspekten von Migration, Integration, Toleranz und ethnisch motivierten Vorurteilen auseinander. Dies hat zu einem umfangreichen und z.T. sehr unübersichtlichen Begriffskorpus geführt. Während einige Theorien bspw. den Fokus auf Vorurteile legen, betrachten andere wiederum den Aspekt der Toleranz. Dabei können Toleranz und Vorurteile auch als komplementär betrachtet werden. Dies gilt insbesondere in empirischen Studien, wo beide Aspekte nur schwerlich trennscharf auseinandergehalten werden können, so dass Toleranz zumeist die Abwesenheit von Vorurteilen beschreibt und Vorurteile fehlende Toleranz.

Soziale Gruppen neigen dazu, zwischen sich und anderen Gruppen eine Trennlinie zu ziehen. Die Unterscheidung zwischen »Minorität« und »Majorität« erfolgt häufig anhand einzelner Merkmale. Die Merkmale werden mit sozialer Bedeutung aufgeladen und den Merkmalsträgern werden bestimmte Eigenschaften zugeschrieben. Dadurch gewinnen bspw. Merkmale wie Hautfarbe, Religion, Ethnie oder andere (körperliche) Merkmale Relevanz bei der sozialen Differenzierung. Die Prozesse hinter diesen Zuschreibungen und (ethnischen) Stigmatisierungen sind somit sozialer Natur (Bobo und Hutchings 1996, S. 952).

Diese sozial relevanten Merkmale können nicht als allgemeingültig aufgefasst werden, sondern sind häufig regional geprägt und weisen ihre eigene Historie und Logik auf. Eine schwarze Hautfarbe hat in Deutschland

---

[1] Teile dieses Kapitels wurden in Anlehnung an das dritte Kapitel von Friedrichs et al. (2019) verfasst.

z. B. ganz andere soziale Auswirkungen als in den USA. Empirische Untersuchungen sind in diesem Sinne in ihrer Aussagekraft stets auf ihren Untersuchungsgegenstand zu einem bestimmten Zeitpunkt in einer bestimmten Gesellschaft begrenzt. Dabei können jedoch soziale Mechanismen identifiziert werden, die den Zuschreibungen und den sozialen Auf- und Abwertungen zu Grunde liegen. Diese lassen sich verallgemeinern und auf andere soziale Räume und Gesellschaften übertragen.

Die (sozialen) Beziehungen zwischen Gruppen können zudem aus unterschiedlichen Perspektiven beschrieben werden. Das Themengebiet erscheint in vielen Forschungsbereichen relevant, bspw. in der Soziologie, der Politikwissenschaft, der Psychologie oder der Geografie. Zudem zählen zahlreiche Studien aus der Sozialpsychologie zum Basiswissen der Migrations- und Integrationsforschung. Der mit Abstand größte Anteil der Forschung entstammt dabei Analysen zu Beziehung zwischen Schwarzen und Weißen in den USA, wobei sich die theoretischen Grundlagen bei einer Vielzahl anderer Majoritäts-Minoritäts-Konstellationen empirisch bewährt haben.

Ziel dieses Kapitels ist es, einen allgemeinen Einblick in die verwendeten Forschungsperspektiven zur Analyse von Integrationsprozessen im Anschluss an Migrationsbewegungen zu geben. Dafür eignen sich besonders jene Ansätze, die in der deutschen, wie auch in der internationalen Forschung auf breite Resonanz gestoßen sind. Zunächst sollen hierzu grundlegende Ansätze des Verhältnisses von Majorität und Minorität vermittelt werden. Für umfassende Einblicke in die unterschiedlichen empirischen wie theoretischen Forschungsansätze zu Migrationssoziologie sei Aigner (2017) empfohlen, für einen Überblick über zahlreiche Ergebnisse aus der Toleranzforschung Rapp (2014, Kapitel 5).

3.1 »Fremdheit« und soziale Distanz

Verhältnisse zwischen Gruppen und die Integration »neuer« Elemente in ein bestehendes soziales Gefüge haben eine lange Tradition in der soziologischen Forschung. 1908 formulierte Simmel (1992b [1908], S. 764 ff.) in seinem »Exkurs über den Fremden« die soziale Bedeutung des »Fremden« für eine bestehende Gruppe. Er charakterisierte den Fremden als jemanden, der »heute kommt und morgen bleibt« und dabei stets ein »potenziell Wandernde[r]« ist. Die Klassifizierung als »Migrant« ist somit als eine wichtige (und bleibende) Eigenschaft des Fremden zu verstehen. Zugleich hat er die Eigenschaft, dass er die bestehende Gesellschaft in Frage stellt, indem er »Qualitäten, die aus ihm [einem sozialen Raum; Anm. F.L.] nicht stammen und stammen können, in ihn hineinträgt« (Simmel 1992b [1908], S. 764 f.). Migration hat nach Simmel Konsequenzen für eine Gesellschaftsordnung, sofern sie von Dauer ist. Sie bewirkt nicht nur, dass sich die Lebensverhältnisse des Fremden verändern, sondern wirkt sich ebenso auf die Aufnahmegesellschaft oder -gruppe aus, indem der Fremde, aus einer Position der Objektivität heraus, die bestehende Ordnung in Frage stellen kann (Simmel 1992b [1908], S. 766).

Auch bei Schütz findet sich eine umfassende Reflektion über »den Fremden«. Der Fremde stellt im Sinne von Schütz (1944, S. 501) eine Bedrohung des »thinking as usual« dar. Darunter fallen grundlegende Wissensbestände einer Gesellschaft, die nach der Wissenssoziologie von Schütz den Kern von ihrer Zusammengehörigkeit ausmachen. Dabei handelt es sich um kulturspezifische Handlungsdirektiven und Interpretationsschemata, sowie die gesellschaftlichen Gewissheiten und Grundannahmen, die allen Mitgliedern zu eigen sind und die Basis der geteilten sozialen Wirklichkeit ausmachen. Durch die Aufnahme von »Fremden« in eine Gesellschaft können diese grundlegenden Gewissheiten, ähnlich wie es auch Simmel postulierte, in Frage gestellt werden, da die Migranten nicht mit dem gesellschaftsspezifischen Wissen vertraut sind. Schütz beschreibt, dass dadurch Unsicherheiten entstehen können: »He becomes essentially the man who has to place in question nearly everything that seems to be unquestionable to the members of the approached group« (Schütz 1944, S. 502).

Dabei werden nicht alle Gruppen oder Individuen als gleichartig »fremd« angenommen. Die unterschiedliche Wahrnehmung von »Fremdheit« verschiedener Gruppen kann als Merkmal sozialer Distanz verstanden werden, ein theoretischer Ansatz, der sich ebenfalls auf Simmels »Exkurs über den Fremden« zurückführen lässt (Simmel 1992a [1908]).

»Die Einheit von Nähe und Entferntheit, die jegliches Verhältnis zwischen Menschen enthält, ist hier zu einer, am kürzesten so zu formulierenden Konstellation gelangt: die Distanz innerhalb des Verhältnisses bedeutet, daß der Nahe fern ist, das Fremdsein aber, daß der Ferne nah ist« (Simmel 1992a [1908], S. 765).

Durch Park (1924) fand die soziale Distanz Eingang in die Analyse ethnische Konflikte. Sein Schüler Bogardus (1925, 1926) entwickelte zudem eine Skala, um soziale Distanz empirisch messbar zu machen. Die Erhebung basierte dabei auf der Einschätzung der Probanden zur Bereitschaft, in unterschiedlichen Lebensbereichen Kontakte mit Angehörigen unterschiedlicher ethnischer Gruppen einzugehen (Steinbach 2004, S. 32). Durch qualitative Interviews konnte Bogardus außerdem direkte oder indirekte negative Erfahrungen als Ursache der angegebenen sozialen Distanz ausmachen, die dann, als negative Zuschreibungen auf die gesamte ethnische Gruppe verallgemeinert wurden (Farwick 2009, S. 32). Die ursprüngliche Operationalisierung der sozialen Distanz umfasst somit insbesondere die Phänomene ethnischer Grenzziehung und kultureller Abgrenzung.

Eine allgemein anerkannte Definition des Konzepts der sozialen Distanz existiert in der Soziologie nicht (Steinbach 2004, S. 174). Dennoch kann das Konzept der sozialen Distanz dazu beitragen, Verhältnisse zwischen sozialen Gruppen zu beschreiben. Dazu gehören auch Beziehungen zwischen Gruppen der Mehrheitsgesellschaft und Minoritäten. Eine große soziale Distanz kann sich z.B. darin ausdrücken, dass eine geringere Bereitschaft oder Wahrscheinlichkeit dafür besteht, mit Mitgliedern einer anderen (ethnischen) Gruppe in Kontakt zu treten oder an einem gemeinsamen Ort zu leben (Farwick 2009).

Schmitz (2006), der den Simmelschen Distanzbegriff auf die Bourdieuschen Sozialraumtheorie überträgt, zeigt, dass ein Distanzbegriff auch einen Raumbegriff benötigt. Schon Simmel habe seinen Distanzbegriff als Strukturprinzip angelegt, welches die Beziehungen zwischen den sozialen Einheiten berücksichtigt. Das Konzept der sozialen Distanz lässt sich daher auf die Sozialraumtheorie Bourdieus übertragen (Schmitz 2006, S. 20, S. 100). Analytisch kann dabei nach subjektiver und objektiver sozialer Distanz unterschieden werden. Die objektive soziale Distanz beschreibt dabei den Abstand der Klassen im sozialen Raum, während die subjektive soziale Distanz eine Einstellung, also Sympathie oder Abneigung, gegenüber einer anderen Klasse oder Kassenfraktionen darstellt (Schmitz 2006, S. 22). Während die objektive soziale Distanz somit bspw. Status-, Bildungs- oder Einkommensdifferenzen beschreibt, kann die subjektive soziale Distanz als Einstellung gegenüber einer sozialen Gruppe oder einem Individuum angesehen werden. In diesem Sinne beschreibt eine geringe subjektive Distanz positive Einstellungen gegenüber einer Gruppe oder Personen, während eine große subjektive Distanz negative Einstellungen adressiert.

Die Ängste, die sich durch die Fremdheit des Fremden ergeben, fanden auch ihren Niederschlag in den frühen Fassungen der Intergroup-Threat-Theory (ITT), die auf Stephan (Stephan und Stephan 2000, 1985) zurückgeht. Die ITT beschreibt »intergroup anxiety« als Angst oder Unsicherheit zwischen (ethnischen) Gruppen, zumeist zwischen einer Majorität und einer oder mehrerer Minoritäten. Diese Unsicherheit kann verschiedene Ursachen haben, bspw. frühere, als negativ wahrgenommene, Kontakte mit Angehörigen der Minorität. Zudem kann sie durch Vorurteile oder (fehlendes) Wissen über die Minorität befeuert werden. Aber auch situative Bedingungen, also der Kontext einer (hypothetischen) Interaktion, können Ängste gegenüber der anderen Gruppe auslösen. Faktoren wie ein geringer Kontakt, fehlende Regeln in der Interaktion, die Wahrnehmung einer Andersartigkeit, die Größe der Minorität im Verhältnis zur Majorität und ein ungleiches Machtverhältnis zwischen Minorität und Majorität können überdies zu einer gesteigerten »intergroup anxiety« führen. Die Unsicherheit gegenüber der Minorität nimmt wiederum Einfluss darauf, wie die Minorität durch die Majorität wahrgenommen wird und beeinflusst soziales Handeln (Stephan und Stephan 1985, S. 159).

Eng verbunden mit dem Konzept der »intergroup anxiety« ist der Begriff der »uncertainty«. Beide Begriffe beziehen sich auf einen Zustand der Unsicherheit, der durch die fehlenden Kenntnisse und Antizipation der Handlungen der Minorität hervorgerufen wird. Die Angst ergibt sich aus der fehlenden Vorhersehbarkeit des Ablaufs der Interaktionen zwischen den Gruppen und beschreibt damit die gleichen Effekte, die bereits von Schütz beschrieben wurden. Majorität und Minorität sind in diesem Sinne »incompetent about interacting with one another«, was Unsicherheit, Verwirrung und Stress hervorruft (Stephan und Stephan 1985, S. 162).

3.2 Die Theorie Ethnischer Bedrohung

Die ITT steht in der Tradition der Theorie der ethnischen Bedrohung[2] nach Blalock (1967, 1982). Blalock beschreibt ethnische (Gruppen-)Relationen als eine besondere Form von intergruppen-Beziehungen, die »[a]lmost always [...] involve power relationships in which dominant group allocates to itself the greater share of rewards [...]« (Blalock 1982, S. 1). Vorurteile und Diskriminierung ergeben sich dabei über die Wahrnehmung von Bedrohungen, welche die Majorität gegenüber der Minorität empfindet. Wichtige Faktoren

---

2 Im wissenschaftlichen Diskurs wird Blalocks Theorie häufig als »racial threat theory« bezeichnet. Im Hinblick auf die Interpretation der Theorie nach Friedrichs et al. (2019) soll hier in der Übersetzung jedoch der weniger belastete Begriff der »ethnischen Bedrohung« Verwendung finden.

sind dabei insbesondere die Größe der Minorität, aber auch weitere Faktoren wie der Wettbewerb um knappe Güter. Beispielsweise können die Angehörigen der Majorität im Zuge einer Verschlechterung der wirtschaftlichen Bedingungen eine zunehmende Konkurrenz um knappe Ressourcen zwischen der Majorität und der Minorität wahrnehmen. Dabei können auch abstraktere Güter betroffen sein, wie Macht, Deutungshoheit und Einfluss (Blalock 1967, 74, S. 78–79). Diese Konflikte um (im-)materielle Güter führen dazu, dass sich zumindest Teile der Majorität durch die Minorität bedroht fühlen (Blalock 1967, S. 120).

Die wahrgenommene Bedrohung durch die Minorität kann in Anlehnung an die Interpretation der Blalock'schen Theorie bei Friedrichs et al. (2019) analytisch nach einer kulturellen und einer ökonomischen Dimension differenziert werden. Hinsichtlich der kulturellen Bedrohung[3] sehen Angehörige der Majorität ihre bekannte Lebensweise, z.B. hinsichtlich zentraler Normen und Werte, in Frage gestellt. Die ökonomische Bedrohung zielt vorrangig auf materielle Güter ab, wie Arbeitsplätze, Wohnungen und staatliche Leistungen. Je stärker die Bedrohung durch die Minorität von der Majorität wahrgenommen wird, umso stärker wird die Minderheit diskriminiert und abgewertet (Blalock 1967, S. 29). Während die ökonomische Bedrohungsdimension insbesondere Statusgruppen trifft, die wirtschaftlich unzureichend abgesichert sind, kann die kulturelle Bedrohung von größeren Teilen der Gesellschaft wahrgenommen werden (Friedrichs et al. 2019, S. 219).

Ganz ähnlich argumentieren auch Stephan und Stephan (2000), die ihren theoretischen Fokus in der ITT von der »intergroup anxiety« hin zu »Prejudice« (Vorurteilen) verschieben. Diese erklären sie durch vier Faktoren: »realistische Bedrohung«, »symbolische Bedrohung«, »intergroup anxiety« und »negative stereotype«. Die realistische Bedrohung ist dabei der ökonomischen Bedrohung ähnlich und behandelt Konflikte und Konkurrenz um knappe (materielle) Ressourcen, die symbolische Bedrohung umfasst, ähnlich der kulturellen Bedrohung, Konflikte über die grundlegende normative Ordnung der Gesellschaft. Diese Bedrohungen werden nach

---

3 Blalock (1967) benutzt insbesondere den Begriff der kulturellen Bedrohung nicht explizit und auch die Klassifizierung der verschiedenen Typen von Bedrohungen und ihren Folgen nehmen keine herausragende Stellung in seinem Werk ein. Verschiedene Darlegungen in seinen Ausführungen, wie beispielsweise zu Macht und Diskriminierung oder auch zur Bedeutung der kulturellen Eigenheiten von Minorität und Majorität. lassen diese dichotome Einteilung jedoch zu.

der Theorie virulent, wenn sie wahrgenommen werden. Ob eine tatsächliche Bedrohungssituation besteht, ist dabei zweitrangig. In späteren Fassungen der ITT stehen nur noch die realistische und die symbolische Bedrohung im Zentrum der Theorie (Stephan und Renfro 2002; Stephan et al. 2009; Stephan et al. 2016).

3.2.1 Vorurteile in der Theorie ethnischer Bedrohung

Mit dem Begriff des »Vorurteils« bezieht sich die Theorie der ethnischen Bedrohung auf einen weiteren zentralen Begriff in der Migrations- und Integrationsforschung. Einer der prominentesten Ansätze der Vorurteilsforschung stammt von Allport (1954). Er definierte: »Ethnic prejudice is an antipathy based upon a faulty and inflexible generalization. It may be felt or expressed. It may be directed toward a group as a whole, or toward an individual because he is a member of that group« (Allport 1954, S. 9).

Vorurteile sind generalisierte Zuschreibungen von negativen Eigenschaften, die sich sowohl auf Gruppen als auch Individuen, die bestimmten Gruppen angehören, beziehen können. Diese Zuschreibungen durch die Majorität (oder Ingroup) führen nach Allport zu Abwertung und Diskriminierung (Allport 1954, S. 29 ff.). Auch nach Blumer (1958) entstehen Vorurteile aus einer spezifischen Konstellation zwischen zwei (oder mehr) Gruppen. Nach Blumer sind es vier Bedingungen, die Vorurteile begünstigen und zur identifikativen Abgrenzung gegenüber der Outgroup beitragen: 1. ein Überlegenheitsgefühl gegenüber der anderen Gruppe 2. das Gefühl der Andersartigkeit und Fremdheit der anderen Gruppe, 3. ein wahrgenommener Anspruch auf Ressourcen und Privilegien und 4. eine wahrgenommene Bedrohung des eigenen Status der Ingroup durch die Outgroup (Blumer 1958, S. 4; Friedrichs et al. 2019, S. 41). Den Vorurteilen wird nach Blumer somit ein implizites Interesse der Abgrenzung zu Grunde gelegt. Einerseits findet sich eine Aufwertung des eigenen Status und der eigenen Gruppe durch die Abgrenzung gegenüber der Minorität. Andererseits geht es um materielle Interessen in der generellen Konkurrenz um knappe Güter einer Gesellschaft.

Im Anschluss an die Theorien der ethnischen Bedrohung und der ITT verstärken sich durch die wahrgenommenen Bedrohungen bestehende Vorurteile über die Minorität. Es kommt zur Zuschreibung von (negativen) Eigenschaften. Bestehen diese Zuschreibungen einmal, so sind sie nur selten kurzfristig veränderbar und weisen starke Beharrungskräfte auf (Stephan und Stephan 1985, S. 168). Das Verhältnis zwischen wahrgenommener Bedrohung und Vorurteil kann jedoch auch als dialektisch beschrieben werden: »Threat can be both a *cause* and a *consequence* of prejudice« (Bahns 2016, S. 68). Es handelt sich demnach um ein Wechselverhältnis, in dem sich die wahrgenommene Bedrohung und die Vorurteile gegenseitig verstärken können (Bahns 2016).

3.2.2 Ethnische Bedrohung in der empirischen Forschung

Die theoretischen Ansätze von Blalock und Stephan und Stephan haben sich in empirischen Studien bewährt. So zeigt sich, dass sich wahrgenommene Bedrohungen stark auf Vorurteile auswirken (Stephan et al. 1999; Stephan et al. 2000). Zudem besteht eine Korrelation zwischen realer und symbolischer Bedrohung. Die Stärke des Effekts ist abhängig von den betrachteten Gruppen. Beispielsweise korrelieren die wahrgenommene symbolische Bedrohung und die reale Bedrohung weißer US-Amerikaner gegenüber Kubanern und Mexikanern in etwa auf gleichem Niveau ($r=.56$ und $r=.51$). Gegenüber Asiaten ist die Korrelation deutlich schwächer ($r=.31$). Asiaten werden zudem als weniger bedrohlich wahrgenommen (Stephan et al. 1999, S. 2229).

In einer weiteren Studie untersuchen Pereira et al. (2010) mit Daten des European Social Survey die Einstellung gegenüber Einwanderung und der Vergabe von Staatsbürgerschaften. Sie gehen davon aus, dass die Vorurteile die wahrgenommene symbolische und realistische Bedrohung erst hervorrufen. In einem Strukturgleichungsmodell können sie zeigen, dass der Effekt von Vorurteilen auf die Ablehnung von Einwanderung über die Mediatorvariablen »Realistische Bedrohung« und »Symbolische Bedrohung« verläuft. Dabei sind die beiden Mediatorvariablen hoch miteinander korreliert. Die Ablehnung von Einwanderung wird über die realistische Bedrohung jedoch deutlich stärker (.51) vermittelt, als über die symbolische Bedrohung (.07) (Pereira et al. 2010, S. 1237).

Zárate et al. (2004) zeigen, dass die Wahrscheinlichkeit, sich von der Minorität symbolisch bedroht zu fühlen, zunimmt, wenn die Majorität sich gegenüber der Minorität in kultureller Hinsicht als sehr verschieden wahrnimmt. Zugleich zeigen sie, dass mit der Wahrnehmung von ähnlichen Fähigkeiten im Bereich der beruflichen Qualifikation die realistische Bedrohung zunimmt. Das Alter korreliert positiv mit der wahrgenommenen Bedrohung (Hafez und Schmidt 2015, S. 19 f.). Unterstrichen werden diese Ergebnisse von einer Studie von Zick et al. (2011). In acht Ländern untersuchten sie das analytische Konstrukt der gruppenbezogenen Menschenfeindlichkeit und stellten dabei einen positiven Zusammenhang zwischen dem Alter und der gruppenbezogenen Menschenfeindlichkeit fest, sowie negative Effekte für Einkommen und Schulbildung (Zick et al. 2011, S. 79–91).

Mehrere Studien deuten zudem auf die Bedeutung des sozialen Status für die Einstellung gegenüber Migranten hin. So zeigt sich, dass mit einem niedrigen sozialen Status häufig auch die Bedrohung stärker wahrgenommen wird, was auf Konkurrenzen um Arbeitsplätze, Sozialleistungen und andere knappe Güter zurückgeführt werden kann. Ein abgesicherter sozialer Status ermöglicht es, dass Minoritäten nicht als Bedrohung wahrgenommen werden (Zick 2017, S. 53). Zudem zeigt sich, dass mit einer Verschlechterung der wirtschaftlichen Bedingungen in einem Land z.B. die Angst, den Arbeitsplatz zu verlieren, zunimmt. In einem zweiten Schritt kann dies auch zu stärkeren Vorurteilen und Diskriminierung von Migranten führen (Farwick 2009, S. 130).

Eine Studie zur Wahrnehmung von ethnischer Bedrohung durch Flüchtlinge findet sich bei Friedrichs et al. (2019). Im Rahmen der Kölner Flüchtlings-Studien untersuchten sie die Einstellungen von Anwohnern rund um Flüchtlingsunterkünfte in sechs Wohngebieten in Hamburg, Köln und Mülheim an der Ruhr. Sie zeigen, dass mit steigender wahrgenommener Bedrohung die Toleranz von Flüchtlingen im Wohngebiet abnimmt. An der Veränderung des R^2 von 0,09 auf 0,21 bei Aufnahme der Variablen der kulturellen und wirtschaftlichen Bedrohung in das Regressionsmodell wird überdies der starke Effekt der Bedrohungsvariablen auf die Toleranz deutlich (Friedrichs et al. 2019, S. 242).

Insgesamt ging auf Seiten der Ursprungsbevölkerung die Aufnahme der Flüchtlinge, insbesondere ab 2015, mit einer deutlichen Zunahme der Besorgnis hinsichtlich Immigration einher, wie sich anhand der Daten des SOEP zeigen lässt (Sola 2018). Auffällig erscheint dabei, dass der Grad der Besorgnis positiv korreliert ist mit der Unterstützung der rechts-konservativen Partei Alternative für Deutschland (AFD) (Sola 2018, S. 28).

3.3 Abbau von Vorurteilen: Die Kontakthypothese

Neben den Mechanismen, die Vorurteile hervorrufen, stellen zahlreiche Studien Forschungsfragen nach Maßnahmen, wie Vorurteile und negative Einstellungen reduziert werden können. Eine der meist getesteten Annahmen in diesem Bereich ist die sog. Kontakthypothese. Sie besagt, dass durch Kontakte zwischen Minorität und Majorität Vorurteile abgebaut werden können.

Bereits in den 1940er Jahren hatte es mehrere Arbeiten gegeben, die einen Zusammenhang zwischen inter-ethnischen Kontakten und dem Abbau von Vorurteilen herstellten (Pettigrew und Tropp 2006, S. 751 f.). Stouffer (1949) beschrieb in »Studies in World War II: The American Soldier«, dass der gemeinsame Einsatz von schwarzen und weißen Soldaten im Zweiten Weltkrieg Vorurteile der weißen Soldaten gegenüber Schwarzen reduzierte. Einen ähnlichen Fall beschrieb Brophy (1945) für Seeleute, die sich in der gefährlichen Situation auf See nicht den »Luxury of Anti-Negro Prejudice« leisten konnten. Die einflussreichste Formulierung der Kontakthypothese erfolgte allerdings 1954 durch Allport (1954) in »The nature of prejudice« (Pettigrew und Tropp 2006, S. 752).

Die Kontakthypothese stellt eines der zentralen Elemente und Denkansätze der Analyse von Gruppenbeziehungen dar (Stephan und Brigham 1985, S. 1). Aufgrund ihrer häufigen empirischen Modellierung, ihrer prominenten Stellung in der Integrationsforschung und ihrer Weiterentwicklung und Verfeinerungen geben Hewstone und Swart (2011) zu bedenken, dass es sich mittlerweile eher um eine »Kontakt-Theorie« handle als um eine bloße Hypothese. Zahlreiche empirische Studien konnten bisher signifikante Effekte des Kontaktes auf die Einstellung gegenüber Minoritäten nachweisen (Pettigrew 1998; Pettigrew und Tropp 2006, 2011).

Auch wenn die Kontakthypothese häufig auf die bloße (Gruppen-)Interaktion reduziert wird, formulierte Allport sie in ihrer ursprünglichen Fassung differenzierter. Er ging von Bedingungen aus, unter denen der Kontakt zwischen Minorität und Majorität zu geringeren Vorurteilen führt (Allport 1954, S. 261 f.). Folgende vier Bedingungen erscheinen dabei herausgehoben:

»Prejudice (unless deeply rooted in the character structure of the individual) may be reduced by *equal status contact* between majority and minority groups in the *pursuit of common goals*. The effect is greatly enhanced if this *contact is sanctioned by institutional supports* (i.e., by law, custom or local atmosphere), and provided it is of a sort that leads to the *percep-*

tion of common interests and common humanity between members of the two groups« (Allport 1954, S. 281, [Hervorhebungen F. L.]).

Nach Allport ist eine Reduktion von Vorurteilen zu erwarten, wenn der Kontakt zwischen Personen von gleichem sozialem Status stattfindet. Kontakte mit einem größeren Statusgefälle können indes zu stärkeren Vorurteilen beitragen. Zweitens ist die Qualität der Kontakte entscheidend. Sie sollten häufig und intensiv sein, um Vorurteile zu verringern. Zudem sieht er geteilte Ziele, die zu mehr Solidarität führen, sowie die institutionelle Unterstützung (z.b. in geteilten Normen oder durch kommunale Programme) als wichtige Grundlagen für den Abbau von Vorurteilen durch Kontakte zwischen Minorität und Majorität.

In Studien lässt sich zeigen, dass die von Allport benannten Bedingungen einen wichtigen Beitrag dazu leisten, Vorurteile durch Kontakt zu reduzieren (Pettigrew und Tropp 2006, S. 766; Farwick 2009, S. 143). Zahlreiche empirische Modellierungen der Kontakthypothese ließen jedoch die von Allport formulierten Bedingungen außer Acht und berücksichtigten ausschließlich, ob Kontakte bestehen oder nicht. Es zeigt sich, dass sich die Kontakthypothese in der Regel auch dann bewährt hat, wenn die Bedingungen nicht berücksichtigt wurden, der Effekt jedoch dann schwächer ausfällt (Pettigrew und Tropp 2006, S. 766 f.).

Unabhängig von den Allport'schen Bedingungen kann im Rahmen der Kontakthypothese ein Phasenmodell ausgemacht werden. So beschreibt Pettigrew (1998), dass durch den Kontakt Kenntnisse über die Minorität gesammelt werden, die eine Dekategorisierung hervorrufen, wodurch weitere Kontakte gefördert werden, so dass sich das Verhalten und folglich auch die Einstellung gegenüber der Minorität verändert. Wichtig dabei sei zudem, dass die Kontaktsituation mit der Möglichkeit zur Freundschaft verbunden ist (Pettigrew 1998, S. 76).

Eine umfassende Analyse der Kontakthypothese findet sich in der Meta-Analyse von Pettigrew und Tropp (2006). Dafür untersuchten sie insgesamt 515 Studien mit 713 unabhängigen Stichproben. Sie zeigen, dass sich die Kontakthypothese in einem Großteil der Studien bewährt hat. Ein annähernd gleicher Status führt dabei zu einem stärkeren positiven Effekt auf die Einstellungen. Ferner machen sie drei weitere Faktoren aus, welche positivere Einstellungen gegenüber der Minorität bedingen. So führt der Kontakt zu mehr Wissen über die Minorität. Bestehende Vorurteile können so widerlegt werden und Kenntnisse über mögliche Handlungsweisen verringern die

Unsicherheit in der Interaktion. Insgesamt nimmt auch das Bedrohungsgefühl gegenüber der Minorität ab und es bildet sich Empathie, was vor allem die Fähigkeit meint, sich in die Perspektive der Anderen hineinzuversetzen (Pettigrew und Tropp 2011). Nach ihrer Analyse führen insbesondere die Reduktion von Ängsten und die Ausbildung von Empathie zu positiveren Einstellungen gegenüber der Minorität. Sie können zudem zeigen, dass, wie von Allport angenommen, das Wissen über die Minorität einen positiven Effekt auf die Einstellungen hat. Allerdings ist dieser Effekt nicht so stark wie bei der Angst und der Empathie (Pettigrew und Tropp 2008, S. 926). Darüber hinaus ist der positive Effekt auf die Einstellung auf Seiten der Majorität größer als für die Minorität (Tropp und Pettigrew 2005).

Lemmer und Wagner (2015) zeigen ebenfalls in einer Metaanalyse, dass sich die Kontakthypothese sowohl für direkte als auch indirekte Kontakte bewährt. Hierzu untersuchten sie metanalytisch Studien, die sich mit tatsächlichen Kontaktsituationen (»real-world contact interventions«) auseinandergesetzt haben. Sie können zeigen, dass die Kontakte nicht nur kurzfristige Effekte haben, sondern langfristig die Einstellung gegenüber der Minorität beeinflussen. Dies gilt sogar in Fällen, die durch langfristige ethnische Konflikte geprägt waren. Lemmer und Wagner (2015, S. 164 f.) stellen zudem im Einklang mit Pettigrew und Tropp (2006) fest, dass der Effekt der Kontakte auf die Vorurteile bei der Majorität stärker ist als für die Minorität. Darüber hinaus erscheinen die positiven Effekte durch Kontakt von Dauer zu sein und auch durch externe Ereignisse, die grundsätzlich Vorurteile gegen die Minorität hervorrufen, nicht erschüttert zu werden. Dazu passen die Ergebnisse von Abrams et al. (2017), die zeigen, dass mit den Anschlägen in London 2005 die wahrgenommene Bedrohung durch den Islam und damit verbundene Vorurteile zunahmen, Kontakte jedoch weiterhin zu positiveren Einstellungen führten.

Darüber hinaus können Wright et al. (1997) zeigen, dass nicht nur persönliche Kontakte zu einer Reduktion der Vorurteile führen, sondern dass auch bekante indirekte Kontakte in der Ingroup zur Outgroup dazu beitragen, Vorurteile gegenüber Minoritäten abzubauen (vgl. auch: Hewstone 2004). Diese Ergebnisse werden von Friedrichs et al. (2019, S. 254 f.) gestützt, die zeigen können, dass sowohl durch persönliche als auch indirekte Kontakte, die Akzeptanz von Flüchtlingen im Wohngebiet steigt.

Der Status der Personen oder Gruppen, die in Interaktion treten, erscheint dabei durchaus relevant zu sein. Jackman und Crane (1986) zeigen, dass die positiven Effekte durch Kontakte zu statusniedrigeren Personen nur sehr gering ausfallen oder sich sogar ins Negative verkehren können (Jackman und Crane 1986, S. 478). Kende et al. (2017) zeigen in einer Meta-Analyse zudem, dass die Wirkung des Statusgefälles und die Wirkung der Kontakte vom gesellschaftlichen Kontext abhängig ist. Egalitäre Gesellschaften weisen dabei einen stärkeren Zusammenhang zwischen Kontakt und Vorurteilen auf als hierarchische Gesellschaftsordnungen. Zudem können sie für hierarchische Gesellschaften zeigen, dass durch das Statusgefälle die positiven Effekte der Kontakte nachlassen. Faktoren wie Wettbewerb und Konkurrenz können ebenfalls den Effekt von Kontakten auf die Einstellungen gegenüber der Minorität abschwächen (Bettencourt et al. 1992).

Die Qualität und Häufigkeit von Kontakten können wichtige Einflussgrößen bei der Analyse der Kontakthypothese sein. Beide Kriterien haben einen Einfluss auf die Effektstärke von Kontakten auf Vorurteile und Einstellungen (Barlow et al. 2012; Brown und Hewstone 2005; Paolini et al. 2007; Schmidt et al. 2019). Einzelne Kontakte zwischen Individuen scheinen sich nur in geringem Maße auf die Einstellungen auszuwirken. Die positiven Effekte stellen sich demnach erst mit häufigeren Kontakten ein (Pettigrew 1998). Erstkontakte, einzelne Kontakterlebnisse oder einfache Kontaktaufnahmen besitzen daher nur verhältnismäßig wenig analytische Aussagekraft. Es sind vorrangig lange Kontaktbeziehungen die Vorurteile verringern, was einen »dramatic shift for the intergroup contact research literature« darstellt (Pettigrew 1998, S. 76). Demgegenüber scheint die Qualität der Kontaktsituationen den Effekt nur eingeschränkt zu beeinflussen. So können auch eher beiläufige Kontakte dazu beitragen, die Akzeptanz für die Minorität zu erhöhen (Schlueter und Scheepers 2010; Pettigrew und Tropp 2006; Stephan et al. 2000). Rohmann et al. (2006) zeigen allerdings auch, dass als negativ wahrgenommene Kontakte Vorurteile und wahrgenommene Bedrohungen verstärken können. Nach Barlow et al. (2012, S. 1638) ist der negative Effekt eines als negativ empfundenen Kontaktes sogar stärker als der positive Effekt eines positiven Kontaktes.

Die positiven Auswirkungen von Kontakten zu (Angehörigen) einer Minorität werden auch auf andere Minoritäten verallgemeinert, so dass generell Vorurteile gegenüber Minoritäten abgebaut werden. Aus der Literatur ist bekannt, dass ein enger Kontakt zu Angehörigen einer Minorität ein liberaleres Weltbild hervorbringt, was auch zu positiveren Einstellungen gegenüber Minderheiten führt (Pettigrew 1997). Ferner lassen sich durch häufigere Kontakte zu einer Minorität auch Ängste gegenüber anderen sozialen

Gruppen oder Minderheiten vermindern. Nach Lemmer und Wagner (2015, S. 165) werden positive Erfahrungen im persönlichen Kontakt mit einer Minorität auch auf andere Minoritäten übertragen. Pettigrew und Tropp (2006, S. 766) zeigen ebenfalls metanalytisch, dass die Wirkung über die Kontaktsituation hinaus die Einstellungen zur gesamten ethnischen Gruppe sowie zu anderen Minoritäten verbessert. Werden die Kontakte jedoch als negativ wahrgenommen, können bestehende Ängste auch zunehmen (Pettigrew 1998, S. 71).

Bei den meisten empirischen Überprüfungen der Kontakthypothese beziehen sich die Analysen auf die Einstellungen der Majorität gegenüber der Minorität. Dabei bleibt zumeist die Frage offen, ob die Einstellungen auch auf Seiten der Minorität positiver werden. Nach Schmitz (2006, S. 13) findet sich im wissenschaftlichen Diskurs eine »Verengung auf die Perspektive der Majorität«. Es gibt so denn bisher auch nur relativ wenige Studien, welche die Kontakthypothese aus der Perspektive der Minorität untersucht haben.

Grundsätzlich scheinen auch die Einstellungen der Minorität durch den Kontakt zur Majorität positiver zu werden. Zum Beispiel berichten Powers und Ellison (1995) einen positiven Effekt in einer Analyse der Einstellungen der afro-amerikanischen Bevölkerung. Dieser positive Effekt scheint allerdings schwächer zu sein, als er für die Majorität ist bzw. anderen Randbedingungen zu folgen. Binder et al. (2009) kommen hingegen zu einem gegenteiligen Ergebnis. Demnach ist der positive Effekt der Minorität durch Kontakte zur Majorität unerheblich.

Schmitz (2006, S. 69) dekonstruiert hingegen die postulierte Kausalität zwischen Kontakt und Verminderung von Vorurteilen. Aus einer sozialräumlich-relationalen Perspektive kann er zeigen, dass es sich bei der vorurteilsreduzierenden Wirkung (Verringerung der subjektiven sozialen Distanz) bei Einhaltung der Allport'schen Bedingungen häufig eher um korrelative als um kausale Effekte handelt. Sowohl die Kontaktwahrscheinlichkeiten als auch die zu erwartende Wahrnehmung der Interaktion als positiv oder negativ sind vielmehr durch die sozialräumlichen Lagen der Akteure vorstrukturiert.

3.4 Islam und Integration

Hinsichtlich der Dimension der kulturellen Bedrohung stellen (fremde) Religionen einen besonders stark wahrgenommenen Faktor dar. Sie können mit anderen Traditionen, Bräuchen und Werten assoziiert werden, die als symbolische Kategorien sichtbar werden und mit gruppenspezifischen Handlungspraktiken verbunden sind. Zugleich stellen Religionen umfassende normative Ordnungssysteme dar, die das Leben und die Einstellungen der Gläubigen tiefgreifend prägen können. Darunter befinden sich z.T. auch religionsimmanente Ordnungssysteme, in denen die Abwertungen anderer Glaubensgemeinschaften inhärent sind. Zudem können Religionen und Glaubensgemeinschaften stark identitätsstiftend für Individuen, Gruppen und Gesellschaften wirken. Sie können daher als soziale Demarkationslinien fungieren, die nach außen abgrenzen und nach innen integrieren (Danz 2013).

Betrachtet man die Statistiken der Flüchtlingsimmigration der vergangenen 10 Jahre zeigt sich, dass vor allem Menschen muslimischen Glaubens in Deutschland Asyl beantragt haben. Knapp drei Viertel der Asylantragsteller im Jahr 2015 waren Muslime (Bundesamt für Migration und Flüchtlinge 2016, S. 25). 2020 machte diese Gruppe immer noch gut zwei Drittel der Asylanträge aus (Statista 2021b).

Da die meisten Asylsuchenden aus Ländern stammen, in denen der Islam die vorherrschende Religion darstellt (Statistisches Bundesamt 2017), werden sie häufig unabhängig von ihrer tatsächlichen Glaubensrichtung als Muslime klassifiziert. Die Einstellung gegenüber Flüchtlingen und die wahrgenommene ethnische Bedrohung sind daher sehr eng verknüpft mit der Einstellung gegenüber dem Islam.

Die muslimischen Flüchtlinge treffen auf eine große religiöse Community in Deutschland. Nach aktuellen Schätzungen des Bundesamtes für Migration und Flüchtlinge (BAMF) leben derzeit ca. 5,3 bis 5,6 Millionen Muslime in Deutschland. Das macht den Islam neben der römisch-katholischen und der evangelischen Kirche zur dritthäufigsten Glaubensrichtung (ausgenommen konfessionslos) in Deutschland (Pfündel et al. 2021, S. 37). Es erscheint sehr wahrscheinlich, dass nicht nur die Typisierung als »Flüchtling« oder »Migrant« die Wahrnehmung der Flüchtlinge beeinflusst, sondern dass mit dem zugeordneten Merkmal als »Muslim« weitere zugeschriebene Eigenschaften und Abgrenzungen verbunden sind. So zeigen bspw. Zick et al. (2011, S. 70–72), dass negative Einstellungen zum Islam ebenso wie mit negativen Einstellungen gegenüber Migranten korrelieren.

Spätestens seit dem 11. September 2001 sind Muslime verstärkt in den öffentlichen, aber auch den wissenschaftlichen Fokus gerückt (Dolezal et al. 2010; Groß et al. 2012). Vor den Anschlägen waren für Migranten, die ursprünglich aus der Türkei stammten, Bezeichnungen wie »Ausländer«, »Türken« oder später »Personen mit Migrationshintergrund« gebräuchlich (Räthzel 2012, S. 190). Seit den Terroranschlägen auf das World Trade Center und den Anschlägen in London (2005) und Madrid (2004) werden den Muslimen vermehrt negative kollektive Eigenschaften hinsichtlich Terrorismus und Autokratie zugeschrieben (Bielefeldt 2013, S. 28; Zick 2017; El-Menouar 2017, S. 225), so dass die religiöse Typisierung mit den terroristischen Ereignissen verknüpft wurde (Mühe 2017, S. 24 ff.). Dabei entstanden vermehrt Narrative, die den Islam mit der Moderne als unvereinbar beschreiben und die unter Schlagwörtern wie »Steinigung«, »Enthauptungen«, »Ehrenmorde«, »Zwangsheirat«, »Verfolgung« und »Gewaltausschreitung« (Saif 2018, S. 242 f.) Eingang in den gesellschaftlichen Diskurs fanden.

Eng verbunden mit den ablehnenden Motiven und Narrativen, die dem Islam zugeschrieben werden, entwickelte sich auch eine spezifische Ablehnung des Islam und/oder von Muslimen. Im wissenschaftlichen Diskurs wird diese unter Begriffen wie »Islamophobie«, »Muslimfeindschaft«, »Islamfeindlichkeit«, oder »antimuslimischer Rassismus« verhandelt (Attia 2013). Die Zuschreibung ist unabhängig von der religiösen Praxis und orientiert sich vielmehr an Kategorien wie Herkunft und anderen symbolischen Merkmalen (Bielefeldt 2013, S. 27).

Betrachtet man empirische Studien, so zeigen sich in Deutschland für die vergangenen zwanzig Jahre recht einhellig Vorbehalte gegenüber Muslimen und dem Islam. Bereits im Jahr 2000 lehnten 11,5 % der Deutschen Muslime als Nachbarn ab (Strabac und Listhaug 2008). Dieser Trend schreibt sich auch in späteren Studien fort. In den Befragungen des European Value Surveys von 2017 lag der Wert ähnlich hoch. Hier gaben fast 14 % der Befragten aus Deutschland an, dass sie keine Muslime als Nachbarn wünschen (EVS 2020, eigene Berechnungen). In der 2. Befragungswelle der Kölner Flüchtlings-Studien im Jahr 2018 lag der Anteil derjenigen, die einen Muslim als Nachbarn »Unangenehm« fänden bei 11,7 %, »eher unangenehm« gaben zudem 29,8 % der Befragten an (eigene Berechnungen). Der Religionsmonitor der Bertelsmann-Stiftung aus dem Jahr 2019 (Die Befragung wurde 2017 durchgeführt) kommt zu ähnlichen Ergebnissen. Hier gaben 30 % der Befragten in Ostdeutschland und 16 % der Befragten in Westdeutschland an, dass Muslime in der Nachbarschaft nicht willkommen seien. Bei Flüchtlingen sind die Werte auf einem ähnlichen Niveau (25 % Ostdeutschland, 16 % Westdeutschland) (Pickel 2019, S. 76), was dafür sprechen könnte, dass die Flüchtlinge auch als Muslime wahrgenommen werden.

Die Ablehnung gegenüber Muslimen wird dabei nicht nur auf der Ebene des direkten persönlichen Umfelds geäußert. Für 2003 zeigen Leibold und Kühnel (2006), dass der Aussage »Muslimen sollte der Zuzug nach Deutschland verwehrt werden«, 14 % voll und weitere 14 % eher zustimmten. Insgesamt lehnte also mehr als ein Viertel der Befragten eine Zuwanderung von Muslimen nach Deutschland ab. Auch im Jahr 2010 gaben 21 % der befragten Deutschen an, dass der Zuzug von Muslimen nach Deutschland gestoppt werden sollte. Zudem antworteten drei Viertel der Befragten negativ auf die Frage, ob der Islam in die westliche Welt passe (Foroutan 2013, S. 6).

Die Wahrnehmung des Islams als kulturelle Bedrohung spielt bei dieser Ablehnung eine nicht unerhebliche Rolle. Im »Religionsmonitor« der Bertelsmann Stiftung aus dem Jahr 2015 (Befragungen fanden im Jahr 2013 statt) gab etwa die Hälfte der Befragten (51 %) an, den Islam als Bedrohung anzusehen. Für nur 26 % stellte er eine Bereicherung dar (Hafez und Schmidt 2015, S. 15). Diese Sichtweise wurde in der Sonderauswertung des Religionsmonitors in einer Befragung im Jahr 2014 unterstrichen. Hier stimmten 57 % der Aussage »Der Islam ist bedrohlich« zu. Zudem gaben 61 % an, der Islam passe nicht in die westliche Welt (Vopel und El-Menouar 2015, S. 8). Damit haben fast zwei Drittel der Befragten in einer bundesweit durchgeführten Befragung eine tendenziell negative Einstellung gegenüber dem Islam. In den Befragungen zum Religionsmonitor im Jahr 2017 haben sich diese Werte nur marginal verändert. In den alten Bundesländern gaben 49 % der Befragten an, dass sie den Islam als bedrohlich wahrnehmen, in den neuen Bundesländern lag der Anteil bei 54 % (Pickel 2019, S. 82).

Doch welche Faktoren bedingen, ob eine Person dem Islam positiv oder negativ gegenübersteht? Hafez und Schmidt (2015, S. 59) zeigen, dass es bei der Einstellung gegenüber Muslimen und dem Islam einen leichten Bildungseffekt gibt, der besonders zwischen Akademikern und nicht-Akademikern differenziert. Es wurde gefragt, ob man den Islam als Bedrohung oder als Bereicherung ansehe. Von den Personen mit Hauptschulabschluss antworteten auf diese Frage 56 %, dass sie den Islam als eine Bedrohung ansähen und nur 19 %, dass er eine Bereicherung darstelle. Auch bei den Befragten mit Abitur gaben 52 % an, der Islam sei eine Bedrohung und nur 28 %, dass er eine Bereicherung sei. Lediglich bei den Befragten mit Hochschulabschluss kommt es zu einer positiveren Einschätzung. Der Anteil der Befragten, die den Islam als Bedrohung ansehen, war mit 46 % nur minimal geringer, der Anteil derjenigen, die ihn als Bereicherung ansehen, war mit

40 % jedoch höher als in den anderen Gruppen. Allerdings dominieren über alle Bildungsstufen hinweg die negativen Einstellungen.

Savelkoul et al. (2010) berichten hingegen einen negativen Effekt der Bildung auf die Ablehnung von Muslimen. Darüber hinaus zeigen sie, dass ältere Personen dem Islam gegenüber tendenziell negativer eingestellt sind. Bestätigt werden diese Ergebnisse durch die Studie von Zick et al. (2011), in denen die negativen Einstellungen gegenüber Muslimen negativ mit der Bildung und dem Einkommen korrelieren.

Kogan et al. (2020) untersuchten in einer Studie zudem die Bedeutung von Religion im Integrationsprozess. Grundsätzlich weist die Studienlage darauf hin, dass sich Angehörige westlicher, z.b. christlicher, Religionen leichter integrieren können, als dies für nicht-westliche Religionen, wie z.b. dem Islam, der Fall ist (Kogan et al. 2020, S. 3544). Zugleich machen sie auch auf eine Differenz in der amerikanischen und der europäischen Forschungslandschaft aufmerksam. Während die Forschung in den USA die integrierende Funktion der Religion betont, werden in der europäischen Forschung vielmehr die Konflikte durch die Religion thematisiert. Dies hängt auch mit den unterschiedlichen Strukturen der Rassismen und ihrer symbolischen Manifestation zusammen, die sich in den USA weitaus mehr über die Hautfarbe definieren, als in Europa, wo die religiöse Identität, vor allem bei Muslimen, in den Vordergrund gerückt wird (Foner und Alba 2008, S. 384). Eine zentrale Feststellung der bisherigen Forschung ist, dass vor allem Muslime auf dem europäischen Arbeitsmarkt mit einem Handicap belastet sind. Dabei variiert die Bedeutung des Handicaps nach Gruppen und europäischen Regionen (Connor und Koenig 2015; für einen Überblick weiterer Studien siehe: Kogan et al. 2020, S. 3545 f.).

3.5 Integration und Assimilation

Neben den Theorien, die vorrangig auf Vorurteile und Einstellungen in der autochthonen Bevölkerung abzielen, verhandeln integrations- oder assimilationstheoretische Ansätze die unterschiedlichen Ausgänge des Integrationsprozesses. Dafür wird der Integrationsprozess häufig anhand analytischer Dimensionen oder Stufen betrachtet. Ein sehr bekanntes Modell dieser Art stammt bspw. von Berry (1980, 1997, S. 24). Berry beschreibt vier mögliche Entwicklungen: 1. Integration, 2. Assimilation, 3. Separation/Segregation und 4. Marginalisierung, die sich in Folge einer Immigration ergeben können (Berry 1980, S. 11 f.; Aigner 2017, S. 96 f.). Im deutschsprachigen Raum ist zudem der assimilationstheoretische Ansatz von Esser verbreitet, der hinsichtlich der Typen von sozialer Integration Berrys Thesen recht ähnlich ist (Aigner 2017, S. 96). Nach Esser (1980, 2009; siehe auch Aigner 2017, S. 59) lassen sich ebenfalls vier Typen der Sozialintegration identifizieren, die sich über die Art der Integration/Assimilation in Herkunfts- (ethnischer Kontext) und Aufnahmegesellschaft charakterisieren lassen: 1. Multiple Inklusion (die Inklusion erfolgt sowohl in den Aufnahmekontext als auch in den ethnischen Kontext), 2. Segmentation (die Inklusion erfolgt in den ethnischen Kontext, nicht aber in den Aufnahmekontext), 3. Assimilation (die Inklusion erfolgt in den Aufnahmekontext, nicht aber in den ethnischen Kontext) und 4. Marginalität (die Inklusion gelingt in keinen der beiden Kontexte).

Darüber hinaus entwickelte Esser (1980) ein Phasenmodell des Assimilationsprozesses, indem er vier analytische Dimensionen beschreibt. Die erste Dimension bezeichnet er als kognitive Integration, womit das Aneignen der notwendigen Kenntnisse gemeint ist, z.B. der Sprache. In der zweiten Dimension folgt die strukturelle Integration. Dabei spielt z.B. die Platzierung auf dem Arbeitsmarkt eine wichtige Rolle. Die dritte Dimension kennzeichnet die soziale Integration, die hauptsächlich über Kontakte zur Aufnahmegesellschaft beschrieben werden kann. Aus den drei genannten Dimensionen ergibt sich schließlich die identifikative Integration, in der sich die Integrierenden selbst als Teil der Mehrheitsgesellschaft ansehen und ihre Werte und Normen übernommen haben (Esser 2000, 2009).

Neben den geschilderten Faktoren der Integration stellt sich zudem die Frage nach den persönlichen Netzwerken, die im Integrationsprozess als Ressource angesehen werden können. Bleiben die Migranten vorrangig in ihrer eigenen ethnischen Community oder werden Kontakte zur autochthonen Bevölkerung geschlossen, wie Esser sie mit der Dimension der sozialen Integration beschreibt? Beide Formen von Kontakt können als Ressource dazu beitragen, in Deutschland anzukommen. Der wissenschaftliche Diskurs basiert dabei vornehmlich auf der Theorie des »bridging und bonding social capital« nach Putnam (2000, S. 22–24; Borevi und Bengtsson 2015, S. 2602). Das social bonding stellt vornehmlich die Bedeutung von sozialen Netzwerken im Rahmen der Familie und der eigenen ethnischen Community in den Vordergrund. Die Vorteile von Netzwerken in der eigenen Community liegen auf der Hand. Sie können bereits genutzt werden, wenn noch keine Sprachkenntnisse vorliegen. Zudem handelt es sich oft um Personen, die die nötigen Schritte des Ankommens bereits gegangen sind. Sie kennen die behördlichen Anlaufstellen, haben möglicherweise bereits einen Job und/oder eine eigene Wohnung. So können die ethnischen Netzwerke Hilfestellungen geben und durch ihr Wissen zur Integration beitragen (Murdie 2008; Adam et al. 2019b). Ansätze des social bridging betonen hingegen besonders Kontakte zur autochthonen Bevölkerung als Grundlage der Integration. Diese Kontakte fördern nicht nur das Sprachniveau, sondern tragen ebenfalls dazu bei, ethnische Brücken zu bauen und von Seiten der Ursprungsbevölkerung Anerkennung zu finden. Die ausschließliche Integration in ethnische Subgruppen der Gesellschaft (bzw. Parallelgesellschaften) wird dadurch verhindert. Neben den beiden genannten Ansätzen wird in der Literatur noch eine dritte Variante sozialer Netzwerke beschrieben. Der Ansatz des social links betont insbesondere Kontakte zu staatlichen und administrativen Strukturen und Akteuren (Ager und Strang 2008, S. 178).

Aus der politischen Perspektive wird zumeist das social bridging als wichtiger Faktor der Integration betont, obwohl sein Vorrang den anderen Netzwerken gegenüber nur unzureichend durch empirische Studien gestützt wird (Adam et al. 2019a, S. 15). Hinsichtlich der Arbeitsmarktintegration können Gericke et al. (2018) im Rahmen einer qualitativen Befragung von Syrern jedoch herausarbeiten, dass insbesondere Formen des bridging social Capital dazu beitragen können, eine angemessene Arbeit zu finden. Formen des bondig social Capital führten in ihrer Studie hingegen häufiger auf den Arbeitsmarkt für Geringqualifizierte.

Da alle drei Netzwerkformen unterschiedliche Ressourcen liefern, die den Integrationsprozess positiv beeinflussen können, bedienen alle drei Netzwerktypen unterschiedliche Aspekte des Integrationsprozesses und können zum Gelingen von Integration beitragen. Dies gilt insbesondere auch für Mischnetzwerke. Als Gradmesser für die soziale Integration, wie sie bspw. Esser beschreibt, müssen allerdings vorrangig Kontakte in die autochthone Bevölkerung angesehen werden.

3.6 Die Perspektive der Migranten und Flüchtlinge

Der Anteil an Studien und Theorien, die sich direkt mit der Sichtweise von Minoritäten, Migranten und Flüchtlingen auseinandersetzen, ist im Vergleich zur Betrachtung der Einstellungen der Majorität deutlich geringer. Generell sind empirische Studiendesigns, welche spezifische Migrantengruppen untersuchen wollen, mit einigen Schwierigkeiten behaftet. Insbesondere die Stichprobenziehung, sowie die (exakte) Übersetzung der Items bedingen häufig einen größeren zeitlichen und finanziellen Aufwand gegenüber Studiendesigns, die auf eine Betrachtung der Ursprungs- bzw. der Gesamtbevölkerung abzielen (El-Menouar 2019). Dennoch existieren, z.T. sehr umfangreiche, Befragungen von Migranten und Flüchtlingen in Deutschland. Besonders hervorzuheben ist hier die Migrationsstichprobe des Instituts für Arbeitsmarkt- und Berufsforschung (IAB) und des Soziooekonomischen Panels (SOEP), welches beim Deutschen Institut für Wirtschaftsforschung (DIW) angesiedelt ist (Liebig et al. 2021a), sowie die gemeinsame Studie von IAB, SOEP und dem Bundesamt für Migration und Flüchtlinge (BAMF), die IAB-BAMF-SOEP Befragung von Geflüchteten (Liebig et al. 2021b). Eine weitere, regelmäßige Aufarbeitung des Integrationsklimas aus der Perspektive sowohl der Migranten als auch der Ursprungsbevölkerung findet sich überdies im Integrationsbarometer des Sachverständigenrates für Integration und Migration (Sachverständigenrat Deutscher Stiftungen für Integration und Migration 2021).

Diese Befragungen haben gegenüber den großen Befragungen der Ursprungsbevölkerung, bspw. in der Allgemeinen Bevölkerungsumfrage der Sozialwissenschaften (ALLBUS) oder dem SOEP, häufig einen eher deskriptiven Charakter. Dies mag nicht zuletzt daran liegen, dass eine Vielzahl der Befragungsinstrumente vor dem Hintergrund westlicher Gesellschaften entwickelt wurde. Sie können daher z.T. für Menschen aus anderen Kulturkreisen eine geringere Validität aufweisen. Die meisten großen empirischen Studien, die sich mit Integration aus der Perspektive von Migranten auseinandersetzen, beziehen sich vorrangig auf Themen wie bspw. Sprachaneignung, Kontakte zur eigenen Peer-Group und zur Ursprungsbevölkerung, Arbeitsmarktintegration, Schul- und Berufsausbildung, Bleibeabsicht und Zukunftspläne sowie Migrationsgeschichte und Demographie. Items zu Meinungen und Einstellungen finden sich dagegen seltener.

Generell sind Analysen politischer Einstellungen zwischen unterschiedlichen ethnischen Gruppen und vor dem Hintergrund verschiedener gesprochener Sprachen methodisch sehr anspruchsvoll. Jacobsen und Fuchs (2020) können zeigen, dass z.B. für die Flüchtlinge in Deutschland kein einheitliches Demokratieverständnis angenommen werden kann. Dies lässt sich vor allem über die verschiedenen Sozialisationshintergründe und nationalen Prägungen erklären. Zudem geben die Autoren unterschiedliche sprachliche Bedeutungen und kulturelle Unterschiede im Rahmen der Entwicklungsgeschichte der Sprachen als Gründe dafür an, warum bspw. Demokratiekonzepte nur schwerlich zwischen verschiedenen Sprachen untersucht werden können. Zudem unterliegen auch die Messinstrumente häufig kulturellen Prägungen. Besonders deutlich machen die Autoren dies für den World Value Survey, der für viele Studien zum Demokratieverständnis als Vorbild dient. Dieser vertritt vor allem ein westlich-liberales Demokratieverständnis (Jacobsen und Fuchs 2020, S. 682). Sie weisen dabei auch auf die politische Dimension hin, die eine fehlerbehaftete Messung des Demokratieverständnisses hervorbringen kann. So können sich negative Narrative aufgrund dieser fehlerhaften Messungen ausbilden oder verstärken (Jacobsen und Fuchs 2020, S. 683).

3.6.1 Demokratie und Werte

Trotz der genannten Einschränkungen und Probleme bei der Messung von Demokratieverständnissen und Wertvorstellungen liegen einige Studien vor, die diese Themenbereiche bei Flüchtlingen untersucht haben. Eine tiefergehende Befragung zu den Einstellungen und Werteordnungen von Flüchtlingen findet sich in der Studie »Flüchtlinge 2016« der Hochschule für Medien, Kommunikation und Wirtschaft Berlin (Freytag 2016). Sie basiert auf einer Befragung in Flüchtlingsunterkünften in Berlin im Zeitraum vom 23. Juni bis 10. Juli 2016, bei der von 1000 ausgeteilten Fragebögen ein Rücklauf von n = 445 erreicht wurde. Nach eigener Angabe der Studie kann die Repräsentativität der Befragung nicht gewährleistet werden, wobei insbesondere die Selbstselektivität der Befragungsteilnehmer, der Befragungsstandort, sowie die unterschiedlichen Bildungs- und Sprachniveaus als einschränkende Faktoren vorgebracht werden (Freytag 2016, S. 6 f.). Ein Abgleich mit den demographischen Statistiken des BAMFs bei den Interviews bei der Asylantragstellung zeigen allerdings nur marginale Abweichungen der Stichprobe von den Werten der Grundgesamtheit.

Generell gaben die Befragten dieser Studie bzgl. der politischen und religiösen (Meinungs-)Freiheit sehr liberale Positionen an. Zum Beispiel stimmten mehr als 80 % der Befragten der Aussage zu, dass politische Meinungen auch entgegen der Mehrheit geäußert werden können sollten. Zudem sehen 87 % der Befragten Religion als Privatsache an. Hinsichtlich der politischen Einstellung zeigte sich, im Verhältnis zu anderen Populationen, bei einem relativ großen Anteil ein eher rechtskonservatives Politikverständnis. So stimmten z. B. der Frage, dass ein politischer Führer zum Wohle aller regieren solle, 19 % zu, 64 % lehnten dies ab und 17 % gaben an, die Antwort nicht zu wissen. Zudem stimmten fast 20 % der Befragten der Aussage zu, dass die Heirat zwischen Muslimen und Christen verboten sein sollte (Freytag 2016, S. 9 f.). Einige der Befragten äußerten auch größere Vorbehalte hinsichtlich unterschiedlicher Gruppen als Nachbarn. 14 % gaben an, eine jüdische Familie als Nachbarn nicht gut zu finden, 18 % lehnten ein unverheiratetes deutsches Paar ab und ganze 43 % fänden ein schwules Paar als Nachbarn nicht gut (Freytag 2016, S. 13 f.).

Insgesamt haben die meisten Flüchtlinge eine positive Einstellung gegenüber Deutschland und der deutschen Mehrheitsgesellschaft. Durch Kontakte zu Deutschen wurde diese Sichtweise noch etwas positiver. So gaben Flüchtlinge mit vergleichsweise viel Kontakt zu Deutschen seltener an, dass die Deutschen wollen, dass die Flüchtlinge wieder zurückgehen (15 % vs. 24 %), und dass die Deutschen Angst vor Flüchtlingen hätten (14 % vs. 22 %) (Freytag 2016, S. 16). In diesem Sinne zeigt sich bei den Flüchtlingen ebenfalls ein leichter positiver Effekt auf die Einstellungen durch Kontakte, wie er von der Kontakthypothese postuliert wird.

Ein sehr großer Teil der Flüchtlinge gab an, in ihren Aufenthalt in Deutschland investieren zu wollen. Mehr als 90 % der Befragten sehen es als sehr wichtig an, Deutsch zu lernen. Dieser Wunsch ist auch unter Flüchtlingen hoch, die schnell in ihre Herkunftsländer zurückkehren wollen. Von dieser Gruppe gaben sogar 92 % an, dass sie Interesse an einem deutschen Sprachkurs hätten (Freytag 2016, S. 21 f.). Zudem besteht eine hohe Bereitschaft, erstmal in die eigene Ausbildung zu investieren, als möglichst schnell in Arbeit zu kommen. Dies gilt insbesondere für die höher gebildeten Gruppen. Niedrig qualifizierte Flüchtlinge drängen hingegen schneller auf eine (einfache) Arbeit (Freytag 2016, S. 23).

Die Studie von Fuchs et al. (2021) zeigt zudem anhand der Daten der IAB-BAMF-SOEP Befragung von Geflüchteten und des World Value Surveys, dass die Flüchtlinge im Durchschnitt in den Befragungen liberalere Werte hinsichtlich Demokratieverständnis und Geschlechtergleichheit angaben als deutsche Befragte. Dabei können sie allerdings nicht ausschließen, dass die Ergebnisse durch soziale Erwünschtheit verzerrt sind, zumal die Befragung unter direkter Beteiligung des BAMF durchgeführt wurde (Fuchs et al. 2021, S. 73). Zugleich zeigen die Flüchtlinge signifikant geringere Werte hinsichtlich Einstellungen, bspw. was die Trennung von Religion und Politik betrifft.

Der Religionsmonitor der Bertelsmann-Stiftung hat überdies die Einstellungen zur Demokratie nach Religionszugehörigkeiten untersucht. Wie Pickel (2019, S. 40) zeigen kann, gaben sowohl Christen als auch Muslime (differenziert nach zugezogen und in Deutschland geboren) zu je etwa 90 % an, dass die Demokratie eine gute Regierungsform sei. Hinsichtlich der Frage nach der Wichtigkeit des Schutzes von Minderheitsinteressen finden sich bei den Muslimen sogar höhere Werte als bei den Christen. Im Rahmen dieser Studie lässt sich folglich keine grundlegende Ablehnung demokratischer Werte durch den Islam ausmachen.

Innerhalb der muslimischen Glaubensrichtungen differenzieren die Einstellungen hingegen stärker. Demnach gab mit 37 % ein relativ großer Anteil der Sunniten an, dass religiöse Führer politischen Einfluss haben sollten. Bei den Schiiten, den Aleviten und den Muslimen ohne Glaubensrichtung waren es hingegen nur je etwa 20 %, die dieser Aussage zustimmten. Diese drei Gruppen liegen damit auch unter den Zustimmungswerten der Christen in der Befragung, wonach von den Katholiken 26 % und von den Protestanten 24 % den politischen Einfluss von religiösen Führern befürworteten (Pickel 2019, S. 50).

3.6.2 Unterbringung, Arbeit und Sprachvermittlung

Doch nicht nur die Einstellungen und religiösen Hintergründe beeinflussen das Integrationsgeschehen. Auch die Art und Weise, wie Flüchtlinge in Deutschland aufgenommen werden, spielt eine wichtige Rolle bei der Integration. Siegert (2021) zeigt, dass Flüchtlinge in Gemeinschaftsunterkünften seltener Kontakt zu Deutschen haben und insgesamt weniger Zeit mit ihnen verbringen, als wenn sie in Privatunterkünften leben. Sofern die Gemeinschaftsunterkunft klein (max. 20 Bewohner) ist, hebt sich dieser Effekt jedoch auf. Zudem können Schwitter und Liebe (2022) anhand der Daten des SOEP, die mit Daten ethnischer Gewalt angereichert wurden, zeigen, dass positive Einstellungen von Flüchtlingen gegenüber Deutschland in Wohngebieten mit einem hohen Grad ethnischer Gewalt unwahrscheinlicher werden. Sie schlussfolgern daraus, dass die Unterbringung von Flüchtlingen in Gebieten mit einer hohen Gewaltquote gegenüber ethnischen Minderheiten und Flüchtlingen den Integrationsprozess negativ beeinflussen kann. Zugleich zeigen Studien, dass ein längerer Aufenthalt in einer Flüchtlingsunterkunft die Wahrscheinlichkeit, zukünftig Arbeit zu finden, ebenso verringert wie die Qualität der Arbeit, falls eine Arbeit aufgenommen werden kann (Brell et al. 2020, S. 115 f.).

Insgesamt sind Migranten und Flüchtlinge, z.B. durch fehlende Aufenthaltstitel, seltener in Arbeit als Angehörige der Ursprungsbevölkerung. Anhand von Paneldaten aus den Jahren 1995 bis 2019 kann Bedaso (2021) zeigen, dass die Beschäftigungsquote bei Flüchtlingen geringer ist als bei anderen Migrantengruppen (siehe auch: Brell et al. 2020, S. 115). Geflüchtete Frauen sind dabei wirtschaftlich besonders stark benachteiligt.

Nach Kosyakova und Brenzel (2020) sind zudem die Dauer des Asylverfahrens sowie der vergebene Asylstatus wichtige Determinanten für die Arbeitsmarktintegration. Dies wird dadurch begründet, dass lange Asylverfahren die Investition in das Erlernen der deutschen Sprache behindern. Nachdem ein Asylantrag entschieden ist, steigt die Wahrscheinlichkeit für die Teilnahme an einem Sprachkurs sowie die Aufnahme einer Arbeit. Das Herkunftsland nimmt darauf ebenfalls einen wichtigen Einfluss. Während Flüchtlinge aus Ländern mit einer guten Bleibeperspektive schneller einen Sprachkurs besuchen, drängen Flüchtlinge mit schlechteren Bleibechancen schneller auf den Arbeitsmarkt, nicht zuletzt, um ihre Bleibechancen zu verbessern.

Die Arbeitsmarktintegration von Flüchtlingen wird zudem dadurch erschwert, dass sie im Vergleich zu Wirtschaftsmigranten verhältnismäßig unvorbereitet migrieren. Dies hat zur Folge, dass sie in der Regel auch über weniger Qualifikationen für den Arbeitsmarkt verfügen, sowohl hinsichtlich ihrer Ausbildung und Qualifikation, als auch hinsichtlich ihrer Sprachkenntnisse. Sie haben daher schlechtere Chancen, eine Arbeit zu finden, und müssen sich mit geringeren Einkommen begnügen (Brell et al. 2020, S. 94). Zugleich scheint eine bundesweite Verteilung der Flüchtlinge nach ihrer Ankunft kontraproduktiv, da so bestehende Netzwerke der Flüchtlinge nicht genutzt werden können, was die ökonomische und soziale Integration behindern kann (Brell et al. 2020, S. 116).

3.7 Staatliche, administrative und öffentliche Ebene – Ergebnisse aus den Kölner Flüchtlings-Studien

In den Kölner Flüchtlings-Studien[4] (Friedrichs et al. 2019) wurden anhand von qualitativen Interviews insgesamt 88 Experten aus Behörden, Initiativen, Schulen, Sprachschulen, Kammern, Verbänden, Wohnungsbaugesellschaften und Vereinen befragt, um die übergeordneten Strukturen der Integration erfassen zu können. Die Interviews fanden zwischen Mai 2016 und Juli 2017 statt, wurden mit einem Leitfaden durchgeführt und dauerten zwischen 30 und 130 Minuten. Abgefragt wurden vor allem integrationsfördernde Maßnahmen auf dem Arbeitsmarkt und hinsichtlich der sozialen Integration, die Hilfe durch das Ehrenamt, Sprach- und Bildungsangebote, sowie die Integration auf dem Wohnungsmarkt. Zudem sollten die Integrationschancen eingeschätzt werden. Die Auswertung erfolgte in Anlehnung an die Qualitative Inhaltsanalyse nach Mayring (2015) im Datenverarbeitungsprogramm MAXQDA.

3.7.1 Asylstatus

Die Auswertung der Experteninterviews deutet darauf hin, dass der Asylstatus eines der wichtigsten Merkmale der Integration von Flüchtlingen darstellt. Wie in Abschnitt 2.1 dargelegt wurde, erfolgt in diesem Akt die Legitimierung hinsichtlich des Aufenthalts in Deutschland. Mit der Gewährung eines Asylstatus erhalten die Flüchtlinge mehr Rechte, die wichtige Meilensteine in der Integration darstellen. Flüchtlinge, deren Asylverfahren noch nicht abgeschlossen ist, dürfen in der Regel weder in privaten Wohnraum ziehen noch Integrationskurse besuchen. Zudem haben sie kaum Aussicht auf eine Erwerbstätigkeit, da durch den fehlenden Integrationskurs die Deutschkenntnisse nicht ausreichen oder die Arbeitgeber vor dem Risiko, jemanden anzulernen, der das Land möglicherweise in absehbarer Zeit wieder verlassen muss, zurückschrecken. »*Das führt zu einer Zweiklassengesellschaft unter den Flüchtlingen*« (Friedrichs et al. 2019, S. 159) und zu existenziellen Ängsten auf Seiten der Flüchtlinge, die den Integrati-

---

4 Die folgenden Ergebnisse sind eine Zusammenfassung des sechsten Kapitels der Studie von Friedrichs et al. (2019).

onsprozess und die Integrationsbemühungen hemmen können, indem sie wichtige Ressourcen der Flüchtlinge binden.

Besonders die langen Verfahrensdauern und der damit verbundene unsichere Status wurden von den Experten als Probleme der Flüchtlingsintegration benannt. Hier zeigt sich zudem eine deutliche Differenzierung nach Herkunftsländern. Während Syrer im 3. Quartal 2018 im Schnitt 4,4 Monate auf einen Asylbescheid warten mussten, dauerte es bei Asylantragstellern aus Pakistan mit 9,1 Monaten etwa doppelt so lange (Deutscher Bundestag 2019, S. 3). Zudem wurde kritisiert, dass die Vergabe der Aufenthaltstitel nicht transparent erfolgt, so dass trotz klarer gesetzlicher Regeln in den Einzelfällen sehr unterschiedlich entschieden wird (Friedrichs et al. 2019, S. 158).

Diese Ungleichbehandlung schlägt sich auf den gesamten Integrationsprozess nieder. Für viele Flüchtlinge geht dadurch wichtige Zeit verloren, die sie stattdessen in ihre Integration investieren könnten. Nach den Vorgaben der Bundesgesetzgebung soll nicht im gleichen Maße in die unterschiedlichen Migranten- und Flüchtlingsgruppen investiert werden. Integrationshilfen stehen vorrangig jenen zur Verfügung, die bereits anerkannt sind oder zu der Gruppe der Asylbewerber mit einer guten Bleibeperspektive gezählt werden (Friedrichs et al. 2019, S. 159). Besonders prekär ist die Situation für Migranten aus sogenannten sicheren Herkunftsstaaten. Sie haben weniger Rechte als andere Migrantengruppen und so gut wie keine Bleibeperspektive in Deutschland. Nach ihrer Ankunft dürfen sie weder Arbeiten noch eine (Sprach-)Schule oder einen Integrationskurs besuchen. Zugleich werden sie häufig nicht zeitnah abgeschoben, was einen Zustand der Unbestimmtheit nach sich zieht. Die Herkunft wird so zum entscheidenden Kriterium hinsichtlich der Gewährung einer staatlich-juristischen Integration und Legitimation.

Insbesondere der über den Asylstatus geregelte Zugang zu Integrationsmaßnahmen erschwert es Personen mit einer Duldung oder einem abgelehnten Asylantrag, ihre Integrationsambitionen in die Tat umzusetzen. Faktisch blieben geduldete Flüchtlinge und sogar jene, die eigentlich abgeschoben werden sollten, häufig noch jahrelang in den Kommunen (Friedrichs et al. 2019, S. 156 f.). Die administrativen Akteure sollten daher trotz der schwierigen rechtlichen Situation die Versorgung und Integration dieser Gruppen für diesen Zeitraum sicherstellen. Alleine in Köln lag die Zahl der geduldeten Personen im Juni 2017 bei 6.000 Personen (Friedrichs et al. 2019, S. 162 ff.).

Aus den Experteninterviews ging eine kritische Einschätzung zu den staatlichen Integrationsbemühungen hervor. Schon die rechtliche Stellung der Flüchtlinge sei hierfür ein Beispiel. So sei das Ausländerrecht dem Ordnungsrecht untergeordnet, wobei diese rechtliche Einordnung signalisiere, dass Ausländer eine Gefahr für die öffentliche Sicherheit und Ordnung darstellen und es scheinbar nicht darum gehe, die Migranten zu integrieren (Friedrichs et al. 2019, S. 157).

3.7.2 Bildung, Sprache und Beruf

Als besonders wichtigen Baustein zur Teilnahme an der Gesellschaft identifizierten die Experten das Erlernen der Sprache. Der Zugang zur Sprache ist aber, vor allem bei Personen im Asylverfahren oder bei abgelehnten Asylanträgen, zum Teil mit großen Hürden verbunden, da diese Gruppen keinen Anspruch auf die Teilnahme an einem Integrationskurs haben. In der Hochphase der Zuwanderung überstieg zudem die Nachfrage nach Integrations- und Sprachkursen das Angebot und insbesondere in den Jahren 2015 und 2016 kam das BAMF nicht mit der Ausstellung der Zulassungen für die Sprach- und Integrationskurse hinterher. Lange Wartezeiten oder gar der Ausschluss von Gruppen von Sprachkursen können jedoch weitere Integrationsschritte behindern, da z.B. der Berufseinstieg in der Regel erst mit ausreichenden Sprachkenntnissen möglich ist.

Zudem haben nicht alle Gruppen die gleichen Chancen und Möglichkeiten, an Sprach- und Integrationskursen teilzunehmen. Durch fehlende Plätze für die Kinderbetreuung gestalte sich beispielsweise in vielen Fällen die regelmäßige Teilnahme für Frauen mit Kindern schwierig (Friedrichs et al. 2019, S. 166 f.). Dadurch erlernen diese nicht nur langsamer die deutsche Sprache als Männer, sondern haben ebenso erst später soziale Kontakte in die deutsche Bevölkerung. Der Integrationsprozess wird dadurch behindert.

Neben der Organisation und Anzahl der Maßnahmen wurden auch die Inhalte bzw. ihre Abfolge in den Integrationskursen kritisiert. Beispielsweise erschien es problematisch, dass Inhalte wie die deutsche Rechtsordnung, Geschichte oder auch die Kultur erst im Orientierungskurs behandelt werden, so dass es bei einem langen Asylverfahren bis zu 1,5 Jahre dauern könne, bis eine erste Auseinandersetzung der Flüchtlinge mit diesen Themengebieten stattfinde (Friedrichs et al. 2019, S. 167). Darüber hinaus erhalten

Personen, die keinen Integrationskurs belegen können oder dürfen, gar keine Einführung in diese Bereiche. Dadurch würden besonders die Personen ausgegrenzt, die über eine schlechte Bleibeperspektive verfügen, sich aber trotzdem in Deutschland aufhalten.

Neben dem Erwerb der Sprache stellt die Anerkennung von Bildungszertifikaten und -abschlüssen einen wichtigen Integrationsfaktor dar. Wird die berufliche und schulische (Aus-)Bildung anerkannt, sind die Integrationschancen deutlich besser (Kogan 2012). Auch hier nehmen die staatlichen Institutionen eine zentrale Gatekeeper-Funktion ein, indem sie durch die Anerkennung Zutritt zum (höheren) Arbeitsmarkt gewähren oder beschränken können.

Fehlende Bildungsjahre nach der Ankunft in Deutschland wieder aufzuholen, stellt eine große Herausforderung dar. Die Wahrscheinlichkeit, ohne Abschluss eine Berufsausbildung machen zu können, ist gering (Friedrichs et al. 2019, S. 166). Darüber hinaus gibt es durch Technologisierung und Globalisierung weniger Arbeitsstellen in Deutschland, die mit fehlender Schulbildung ausgeführt werden können (Eichhorst et al. 2019). Im Falle der Flüchtlinge bedeutet dies, dass ihre Aufnahme zu einer weiteren Verschärfung der Konkurrenz auf dem hart umkämpften Markt von Tätigkeiten führt, die keinen Abschluss erfordern.

Auch die Anerkennung bestehender Berufsqualifikationen aus den Herkunftsländern erweist sich als schwierig. Einer der Experten berichtete:

»Fast keiner von denen, die zu uns kommen, hat einen Abschluss, der in Deutschland anerkannt wird. Die Menschen haben keine duale Ausbildung durchlaufen. Bei denen, die einen Hochschulabschluss haben, habe ich noch keinen Fall gesehen, wo etwas anerkannt wurde« (Friedrichs et al. 2019, S. 170).

Die Anerkennung von bestehenden Berufsqualifikationen wird durch verschiedene Faktoren erschwert. Die Ausgestaltung der Berufsausbildung in Deutschland ist mit dem dualen Ausbildungssystem sehr spezifisch. In den meisten Ländern ist es z.B. nicht üblich, dass handwerkliche Berufe in einer formalen Ausbildung erlernt werden (Friedrichs et al. 2019, S. 168). Daher gibt es in vielen Fällen keine Arbeitszeugnisse oder Zertifikate, die in Deutschland anerkannt werden könnten. Darüber hinaus werden nur die originalen Dokumente akzeptiert, Kopien reichen nicht aus (Friedrichs et al. 2019, S. 170). Werden die bestehenden beruflichen Kenntnisse nicht anerkannt, sind sie für den Arbeitsmarkt im Grunde nicht existent, selbst wenn viele Jahre Berufserfahrung vorliegen. Als Folge müssen die Flüchtlinge für ein deutliches geringeres Gehalt arbeiten, sofern sie überhaupt Arbeit finden.

Insgesamt haben letztlich diejenigen gute Chancen auf dem Arbeitsmarkt, die einen hohen Bildungsabschluss und/oder langjährige Berufserfahrung nachweisen können, der/die anerkannt wird/werden. Diese Gruppe hat auch eine höhere Motivation, sich auf dem Arbeitsmarkt zu integrieren: »Der Anspruch, schnell eine Arbeitsgenehmigung zu bekommen, schnell weiterzukommen, ist in höherem Maße festzustellen, wenn die Leute auch einen sehr viel höheren Bildungsstatus haben« (Friedrichs et al. 2019, S. 172).

Das Alter der Flüchtlinge muss nach Aussage der Experten ebenfalls als eine wesentliche Einflussgröße auf die Chancen der Flüchtlinge auf dem Arbeitsmarkt angesehen werden. Grundsätzlich erscheint es für Kinder und Jugendliche leichter, sich zukünftig auf dem Arbeitsmarkt zu etablieren, da sie im Gegensatz zu den älteren Kohorten die Möglichkeit haben, einen regulären Schulabschluss zu erwerben und damit Zugang zum Ausbildungsmarkt bekommen. Ihnen steht somit die Möglichkeit offen, die institutionalisierten Bildungstitel des Aufnahmelandes zu erwerben. Ältere Jahrgänge, insbesondere die Gruppe der 18 – 25-Jährigen, die in ihren Heimatländern bereits gearbeitet haben, können hingegen nur darauf hoffen, dass ihre Berufserfahrung oder die Bildungstitel aus dem Herkunftsland anerkannt werden (Friedrichs et al. 2019, S. 166). Die Chancen auf eine Anerkennung sind jedoch, wie oben erläutert, gering. Dies führt dazu, dass die Berufsperspektive vorrangig im Bereich der ungelernten Hilfsarbeit liegt.

Der Zugang zum Arbeitsmarkt ist nicht nur über den Asylstatus und das Ausbildungsniveau, sondern auch über Sprachzertifikate reguliert. Um einen Beruf ausüben zu können, wäre nach Aussage der Experten auf Grundlage von Erfahrungen von Ausbildern, Arbeitgebern oder auch Arbeitsmarktexperten mindestens ein Sprachniveau von B1 des europäischen Referenzrahmens für Sprachen notwendig. Dieses Niveau setzt auch das BAMF als Vorgabe für die Integrationskurse an. Um erfolgreich die Berufsschule absolvieren zu können, läge das Mindestsprachniveau sogar bei B2. Problematisch erscheint dies jedoch besonders für die Gruppe, die im arbeitsfähigen Alter ist und die Sprachprüfungen für das B1-Niveau nicht besteht. Diese kann an (Weiter-)Bildungsmaßnahmen, die ein B1-Niveau zur Voraussetzung haben, nicht teilnehmen. Das gilt insbesondere für Personen, die zunächst einen Alphabetisierungskurs absolvieren müssen und dadurch verzögert anfangen, die Sprache zu lernen. Diese Gruppe steht vor einer sehr ungewissen Zukunftsperspektive. Erschwert wird dies dadurch, dass theoretische und praktische Sprachkenntnisse nicht deckungsgleich sein müssen (Friedrichs et al. 2019, S. 173).

Von Arbeitgeberseite lässt sich zudem sowohl in Hamburg als auch in Köln ein starkes Interesse erkennen, Flüchtlingen eine Arbeitsstelle oder einen Ausbildungsplatz anbieten zu können. Auch gibt es z.t. sehr positive Rückmeldungen von Ausbildungsbetrieben, die Flüchtlinge aufgenommen haben. Die Arbeitgeberseite bemängelte aber ein »Wirrwarr von Gesetzen, Verordnungen und Bestimmungen, die sich auch ständig ändern« (Friedrichs et al. 2019, S. 170). Dadurch würden die Bemühungen der Arbeitgeber erheblich erschwert. Es dauerte im Sommer 2016 bspw. sechs bis acht Wochen, bis nach einer Beantragung eine Arbeitserlaubnis erteilt wurde, da die zu Grunde liegenden Bestimmungen vom Zeitpunkt der Registrierung als Flüchtling abhängig waren. Später verkürzte sich das Verfahren auf ca. eine Woche, wodurch die negativen Auswirkungen deutlich nachgelassen haben sollten (Friedrichs et al. 2019, S. 170).

Die Flüchtlinge hätten nach Aussage der Experten in vielen Fällen nicht mit solch hohen administrativen Hürden auf dem Arbeitsmarkt gerechnet. Sie seien häufig mit zu optimistischen Erwartungen hinsichtlich der beruflichen Möglichkeiten nach Deutschland gekommen. Außerdem orientierten sie sich bei der Berufssuche oft zu wenig an den Arbeitsmarktanforderungen. Sie seien mit einem hochspezialisierten Arbeitsmarkt konfrontiert, dem die Ausbildungen in den Heimatländern nicht immer gerecht wird. Zugleich sind die Arbeitsmärkte in den Herkunftsländern häufig offener und weniger stark reglementiert (Friedrichs et al. 2019, S. 169).

3.8 Synopse des Forschungsstandes und Folgerungen für die Analyse

Aus dem dargelegten Forschungsstand wird ersichtlich, dass Integration ein hoch komplexer Prozess ist, der aus sehr unterschiedlichen Perspektiven betrachtet werden kann. Empirisch finden sich analytische Zugänge zum Integrationsprozess bspw. über eine Messung der Einstellungen der Majorität gegenüber (Angehörigen) einer Minorität, Kontakthäufigkeiten oder die Auswirkungen von Kontakten zwischen Majorität und Minorität. Dabei betrachten selbst jene Ansätze wie die Assimilationstheorien nach Berry (1980, 1997) oder Esser (1980) oder die theoretischen Erwägungen zu hilfreichen

Netzwerkstrukturen, Integration aus der Perspektive der Aufnahmegesellschaft. Ein Großteil der bisherigen Forschung setzt zudem bei individuellen Merkmalen an, die abwertende Einstellungen und Vorurteile gegenüber Migranten oder Minoritäten erklären sollen (Schmitz 2006, S. 5 f.). Der Diskurs wird zumeist auf einzelne Merkmale des Integrationsprozesses verengt und legt bei der Modellierung lineare Wirkungsmechanismen mit abhängigen und unabhängigen Variablen zu Grunde, die in der sozialen Wirklichkeit unwahrscheinlich erscheinen. Häufig liegt vielmehr ein dialektisches Verhältnis zwischen Minorität und Majorität vor, welches empirisch ebenfalls modelliert werden kann (Bourdieu und Krais 1991, S. 277).

Zugleich »läuft es dem diskursiven Selbstverständnis zuwider, Ethnizität als Strukturmerkmal der eigenen sozialen Umwelt zu diskutieren« (Schmitz 2006, S. 5). Die Anerkennung, dass Ethnizität eine Rolle hinsichtlich der eigenen (Gruppen-)Vorstellungen spielt, wird dementsprechend negiert und nur verborgen, bzw. unbewusst praktiziert. Wechselwirkungen, die durch die jeweiligen Handlungs- und Zuschreibungspraktiken zwischen Minorität und Majorität entstehen, werden dabei vernachlässigt. Insgesamt lässt sich, auch in Anlehnung an Norbert Elias, eine Verengung der Forschungsperspektive auf die Majorität beobachten, in der Vorurteilen stets etwas pathologisches beigemessen wird. Der strukturelle Hintergrund der Vorurteile, bei Elias Figurationen genannt, wird dabei nicht berücksichtigt. Die Ergebnisse der Forschung bleiben so an der Oberfläche und tragen dementsprechend nur wenig zur Veränderung des Status Quo bei (Elias und Scotson 2016 [1965], S. 260; Schmitz 2006, S. 13).

Obwohl es bisher kaum Anwendung findet, erscheint die Betrachtung von Integrationsprozessen anhand eines relationalen Methodenkonzepts naheliegend. Schon die frühen Darlegungen von Simmel beschreiben Fremdheit gleichermaßen durch Nähe und Distanz. Dabei wird deutlich, dass soziale Distanz ein Phänomen unterschiedlicher gradueller Ausprägungen ist. Die Herkunft und die kulturellen Prägungen sind Merkmale, die unterschiedliche Grade sozialer Distanz spiegeln und so die Bedingungen und Chancen der Integration für jede Migrantengruppe neu festlegen.

Die oben dargelegte Differenzierung nach Religionen, bei der insbesondere der Islam mit sozialen Abwertungen verbunden ist, lässt sich ebenso über die soziale Distanz zwischen den kulturellen Prägungen erklären. Dabei manifestiert sich die »Fremdheit« bzw. die soziale Distanz anhand der unterschiedlichen Glaubensrichtungen. Dementgegen haben es Gruppen mit einer geringeren sozialen oder auch kulturellen Distanz einfacher, sich in die Gesellschaftsordnungen zu integrieren. So erscheint bspw. die Integration in westlichen Gesellschaften für Christen unproblematischer als für andere religiöse Gruppen (Kogan et al. 2020, S. 3544). Doch nicht nur dem Konzept sozialer Distanz ist ein relationales Motiv inhärent (Schmitz 2006, S. 20). Vieles deutet darauf hin, dass auch die Wahrnehmung ethnischer Bedrohung durch unterschiedliche Grade von (kultureller oder sozialer) Distanz geprägt ist. Dies unterstreicht die Studie von Stephan et al. (1999, S. 2229), die zeigt, dass der Zusammenhang zwischen symbolischer Bedrohung und realer Bedrohung der Befragten in den USA zwischen unterschiedlichen ethnischen Gruppen variiert. Zugleich verweist die Dimension ökonomischer Bedrohung durch Migranten auf die interne soziale Differenzierung der Aufnahmegesellschaft. Die beschriebene Konkurrenz um knappe Güter trifft in den meisten untersuchten Fällen westlicher Gesellschaften vorrangig die untersten Bevölkerungsschichten[5].

Grundsätzlich scheinen wahrgenommene Bedrohungen und soziale Distanz sehr stark miteinander zu korrespondieren. Das »Unbekannte« des Fremden bei Schütz und Simmel, sowie fehlende Routinen im gegenseitigen Umgang, prägen das Gefühl der Bedrohung und der Unsicherheit. Sie verweisen auf unterschiedliche Grade der Fremdheit, wobei bestimmte Zuschreibungen, wie die Religion, als besondere Manifestationen der Distanz wahrgenommen werden. Im Falle des Islams wurde das Motiv der Fremdheit durch die Anschläge des 11. Septembers 2001 zudem mit weiteren Bedrohungsmotiven aufgeladen, die die Gruppe der Muslime als besonders bedrohlich erscheinen lassen, was die starken Vorbehalte gegenüber dem Islam in Deutschland erklären kann. Solche Zuschreibungen ergeben sich jedoch ebenfalls aus einem Beziehungsgefüge heraus und sind daher im Kern relational. So können die abwertenden Narrative gegenüber dem Islam durch die geringe soziale Distanz zu den USA und die Zugehörigkeit zur westlichen Welt erklärt werden. Der »Kampf gegen den Terror« durch die amerikanische Regierung, sowie die Legitimationsstrategie der Terroristen, die ihre Taten mit dem Islam begründeten und explizit gegen die Lebensweise in der westlichen Welt richteten, bestärkte die Narrative einer Bedrohung durch den Islam und seine Anhänger.

---

5 Gleichwohl ist das Konzept auch auf die Konkurrenz um statushöhere Arbeitsplätze anwendbar, sofern man von ärmeren Gesellschaften ausgeht, die mit einer Zuwanderung von relativ hoch gebildeten Einwanderern konfrontiert sind.

Hinsichtlich der Kontakthypothese hat Allport ebenfalls einen relationalen Charakter von vornherein mitgedacht. Die Annahme einer Interaktion von gleichem Status und die Anerkennung unterschiedlicher Kontaktfolgen zwischen unterschiedlichen Statusgruppen setzt ein relationales Verständnis von Kontaktbeziehungen voraus. Zugleich werden die Kontaktchancen durch Nähe und Distanz bestimmt. Dies gilt in doppelter Hinsicht: zum einen bestimmt die physische Nähe, ob man einer Minorität eher häufiger oder seltener begegnet. Mit steigendem Einkommen und sozialem Status steigt die Wahrscheinlichkeit, in einer gehobenen und teureren Wohngegend zu wohnen. Dadurch sinkt die Wahrscheinlichkeit, dass Angehörige einer sozial schwächeren Minorität in die eigene Nachbarschaft ziehen. Zum anderen verkehren Akteure vorrangig mit Akteuren von gleichem sozialem Status. Dies bedeutet, dass Personengruppen mit einem hohen sozialen Status tendenziell seltener mit den Angehörigen sozial schwacher Minoritäten interagieren, sofern sie dies nicht selbst initiieren. Kommt es doch zu regelmäßigen Interaktionen, so ist die Wahrscheinlichkeit groß, dass der Angehörige der Minorität ebenfalls einen relativ hohen sozialen Status aufweist und dementsprechend sozial anders bewertet wird.

Letztlich lassen sich auch die Integrations- bzw. Assimilationstheorien (Berry 1980, 1997; Esser 1980, 2009) anhand einer relationalen Denkweise um eine weitere Dimension erweitern. Die vierstufige analytische Einteilung von Integrations- und Assimilationsergebnissen lässt sich hinsichtlich unterschiedlicher sozialer Lagen analysieren (Schmitz 2006). So könnte z.B. für bestimmte Migrantengruppen die Integration in die eigene ethnische Community vorteilhafter sein als die Assimilation in die Ursprungsgesellschaft, da so das soziale Handicap der Herkunft umgangen werden kann und zugleich die Statusvorteile in der Community der Herkunftsgesellschaft bestehen bleiben. Zudem kann angenommen werden, dass die Ansprüche der Ursprungsgesellschaft an die Immigranten bspw. nach Herkunft variieren. Migranten aus den USA oder der Schweiz haben demnach bspw. weniger Hürden zu überwinden als Migranten aus Kenia, um als »integriert« anerkannt zu werden.

Ähnliches gilt für die Stufen der Integration, wie sie bei Esser (1980, 2008) zu finden sind. Eine relationale Perspektive erlaubt es dabei nicht nur, bspw. die Ausübung einer Arbeit als wichtigen Integrationsschritt anzusehen. Vielmehr stellt sie die Frage danach, welche Qualität die Arbeit hat und welche sozialen Folgen und Prämissen damit verbunden sind. Handelt es sich bspw. um ungelernte Hilfsarbeit, die im Verhältnis zur Ursprungsbevölkerung sozial stark abgewertet ist oder um eine Facharbeiterstelle, die eine umfassende Ausbildung voraussetzt? Haben manche Gruppen einen einfacheren Zugang zu sozialen Netzwerken in der Ursprungsbevölkerung? Welche Merkmalskombinationen weisen die unterschiedlichen Gruppen im Bereich der kognitiven Integration auf? Und vor allem: gelten die gleichen Gesetze der Integration für alle Migrantengruppen gleichermaßen? Haben nicht vielleicht US-Amerikaner gegenüber anderen Migrantengruppen Privilegien qua Herkunft, da sie sich auch mit ihrer Muttersprache bestens in Deutschland zurechtfinden, ohne dass dies Abwertungen nach sich zieht? All das sind Fragen, die eine relationale Perspektive aufwirft und die der Analyse von Integrationsprozessen weitere Facetten hinzufügen können.

Um diese blinden Flecken der Forschung schließen zu können, soll im Folgenden auf die Sozialtheorie Pierre Bourdieus zurückgegriffen werden. Diese ermöglicht nicht nur, diese Wechselwirkungen zu untersuchen, sondern zugleich auch die strukturellen Verhältnisse, aus denen Vorurteile hervorgehen, offenzulegen. Die gilt sowohl für die sozialen Beziehungen (Relationen) innerhalb von Majorität und Minorität, als auch zwischen den verschiedenen Gruppen (so auch zwischen unterschiedlichen Minoritätengruppen). Bourdieu liefert das theoretische und empirische Werkzeug, um nicht nur einzelne Merkmale als losgelöste Entitäten des Integrationsprozesses zu untersuchen, sondern bspw., um die Auswirkungen von interethnischen Kontakten simultan für unterschiedliche Merkmalskombinationen, wie verschiedene soziale Status, empirisch zu modellieren und theoretisch zu erklären. Dabei kann dem Grundgedanken sozialer Distanzen in besonderer Weise Rechnung getragen werden, da diese über die geometrische Datenanalyse, die eng verbunden ist mit der Sozialtheorie Bourdieus, abgebildet werden können (Schmitz 2006). Zudem lassen sich Theoriestränge der Kontakthypothese, der ethnischen Bedrohung und der Vorurteilstheorie in den theoretischen Rahmen integrieren, indem sie anhand ihrer sozialräumlichen Randbedingungen reflektiert werden (Schmitz 2006, S. 7). Dies ermöglicht es, scheinbare Gewissheiten über (lineare) Zusammenhänge, bspw. zwischen kultureller Bedrohung und Bildung, aus einer weiteren Perspektive zu überprüfen und ggf. andere Verteilungsmuster zu identifizieren. Weitere Fragen wären z.B., welche Rolle der muslimische Glaube im Rahmen der Integration spielt und ob sich die Thesen Allports hinsichtlich der Kontakte unter der Vorbedingung der vier Grundannahmen auch aus einer relationalen Perspektive bestätigen, oder ob Schmitz mit seiner Annahme eines Korrespondenzverhältnisses die soziale Wirklichkeit besser beschreibt.

Im Folgenden soll eine relationale Theorie der Flüchtlingsintegration entwickelt werden. Dazu erfolgt zunächst eine Einführung in die Theorie Bourdieus. Anhand seines theoretischen Instrumentariums soll im Anschluss, auch im Rückgriff auf die Arbeiten von Sayad, eine relationale Perspektive von Migrations- und Integrationsprozessen ausgearbeitet werden, die sich im Anschluss empirisch prüfen lässt.

4. Die Theorie Pierre Bourdieus

4.1 Epistemologie

Bourdieus Theorie beschreibt die soziale Wirklichkeit anhand zweier analytischer Ebenen. Zum einen die sichtbare, objektive Ebene der sozialen Welt, zum anderen die symbolische oder subjektive Ebene der Bedeutung von sozialen Tatbeständen. Diese »doppelte Realität« (Bourdieu 1993 [1980], S. 247) der Wirklichkeit besteht in einem Wechselverhältnis von Struktur und sozialer Praxis. Gemeint ist damit, dass soziale Einheiten zwar objektiv erfasst werden können, die objektive Erfassung für die sozialwissenschaftliche Analyse allerdings unvollständig ist, da sie die symbolische Bedeutung übersieht, die sich aus sozialen Zuschreibungen ergibt. Zum Beispiel kann ein Ehering objektiv als solcher in seinen Merkmalen erfasst und beschrieben werden, bspw. anhand seines Materials, seines Preises, seines Gewichts oder seiner Form. Er repräsentiert darüber hinaus jedoch die gesamte soziale Konstruktion der Ehe und kann über den Preis auch als Statussymbol soziale Bedeutung erlangen. Übersieht man diese sozialen Bedeutungen, bleiben die sozialen Regeln, die das Handeln der Individuen beeinflussen und die durch den Ring symbolisiert werden, in der Analyse unberücksichtigt. Im Sinne Durkheims sollen die sozialen Tatbestände daher zwar weiterhin »wie Dinge« aufgefasst werden (Durkheim 1970 [1895]), im Anschluss an die objektive Erfassung soll aber ein Rückbezug auf die praktische Bedeutung vollzogen werden. Dieser Praxisbezug, also die Umsetzung in das Denken und Handeln der Individuen und seine Auswirkungen auf die objektive Struktur einer Gesellschaft, sind ebenfalls ein Kennzeichen sozialer Realität (Bourdieu 1993 [1980], S. 246 f.). Dahinter steckt die Erkenntnis, dass die Wirklichkeit nicht nur aus objektiv erfassbaren Entitäten besteht, sondern stets auch die Vorstellungen über diese Wirklichkeit miteinschließt (Bourdieu 1993 [1980], S. 203). Die symbolische Realität, also die soziale Deutung der objektiven Wirklichkeit, steht somit gleichberechtigt neben der objektiv beobachtbaren Realität und in einem engen Wechselverhältnis zu dieser. Neben der Verbindung von Struktur und Individuum, die sich explizit gegen eine analytische Trennung von Subjektivismus und Objektivismus ausspricht, legt Bourdieu seiner Theorie ein historisch-genetisches Modell zu Grunde, das Vergangenheit, Gegenwart und Zukunft modelltheoretisch berücksichtigt. Gesellschaftliches Sein ist akkumulierte Geschichte, die im Sinne der Physik in ihrer Energie stets erhalten bleibt, das »Jetzt« beeinflusst und die Zukunft bedingt. Auch dies hat analytisch weitreichende Konsequenzen. Erkenntnis kann vor diesem Hintergrund nicht als bloße Analyse des »Ist-Zustands« erfolgen. Vielmehr muss die (historische) Genese bis zum Beobachtungszustand nachvollzogen werden.

Darüber hinaus stehen soziale Einheiten nicht für sich allein. Sie bilden Beziehungen untereinander aus, die sich ebenfalls auf die soziale Wirklichkeit auswirken. Betrachtet man z.B. die politische Lage zwischen Russland und den USA zu Zeiten des Kalten Krieges, wird deutlich, dass zahlreiche politische Maßnahmen nur vor dem Hintergrund gegenseitiger Bezugnahme zu verstehen sind. Vermutlich hätte es ohne die Konkurrenzsituation beider Staaten um die weltpolitische Vorherrschaft weder die massive atomare Aufrüstung noch die Reisen zum Mond der Apollomissionen gegeben. Zugleich wurden sowohl die Innen- als auch die Außenpolitik der beiden deutschen Staaten von dieser weltpolitischen Konstellation beeinflusst. Die sozialen Folgen ergeben sich somit nicht nur aus den direkten Beziehungen, sondern schließen auch indirekte Beziehungen mit ein, die ihrerseits tiefgreifend auf die soziale Praxis einwirken können. Die soziale Wirkung ergibt sich durch die Wechselwirkungen, in denen die sozialen Einheiten zueinanderstehen.

Um diese Beziehungen/Verhältnisse zwischen sozialen Einheiten, die ebenfalls maßgeblich Einfluss auf Struktur und Praxis nehmen, analytisch einzubinden, spricht Bourdieu sich für eine relationale Soziologie aus. Damit rekurriert er auf ebenjene Bezüge zwischen sozialen Einheiten, die soziale Bedeutung erlangen. Das Gesamtbild von Gesellschaft ergibt sich aus der gemeinsamen Betrachtung von gesellschaftlicher Struktur, sozialen Einheiten (oder Gruppen), ihren Beziehungen untereinander und individuellen Handlungsentscheidungen.

Diesen unterschiedlichen und dennoch eng verwobenen Strukturebenen möchte Bourdieu auch methodisch gerecht werden. Seine Arbeit ist daher von einem weitreichenden Methodenpluralismus geprägt, anhand dessen er nicht nur die Unterscheidungen zwischen Subjektivismus und Objektivismus, theoretischer und empirischer Sozialforschung und Individuum und Kollektiv zu überwinden sucht, sondern auch die (künstliche) Unterscheidung zwischen qualitativer und quantitativer Sozialforschung (Blasius und Schmitz 2012, S. 1). Bourdieus Arbeit ist durch eine Mischung verschiedener empirischer Zugänge gekennzeichnet, die Methoden aus der Ethnologie (besonders in seinen frühen Studien in der Kabylei), Experteninterviews (z.B. Bourdieu 1997 [1993]) und quantitativer Forschung (die bekanntesten bilden wohl: Bourdieu 1987 [1979], 1992 [1984]) gleichberechtigt miteinander vereint. Bourdieus Methodologie folgt strikt seinem Verständnis von Gesellschaft. Soziale Tatbestände werden zumeist nicht »für sich« betrachtet, sondern in ihrer Doppelbedeutung als Merkmale der physischen und der symbolischen Welt, sowie in ihren Relationen zu anderen sozialen Einheiten. Dabei können unterschiedliche Methoden zur Anwendung kommen, die in Abhängigkeit der gegebenen Forschungsfrage ausgewählt werden.

4.2 Sozialer Raum und Kapital

Bourdieu beschreibt in seiner Theorie eine hierarchische Gesellschaftsstruktur. Die sozialen Einheiten gruppieren sich nach ihrem sozialen Status, der sich vorrangig aus ihrem Kapitalbesitz ergibt. Darunter versteht Bourdieu alle materiellen und immateriellen Güter, die in einer Gesellschaft von Wert sind. Drei Kapitalsorten werden bei Bourdieu besonders hervorgehoben betrachtet: ökonomisches Kapital, kulturelles Kapital und soziales Kapital.

Das ökonomische Kapital entspricht am ehesten dem alltäglichen Verständnis von Kapital, da dieses materiellen Besitz und finanzielle Mittel umfasst, bzw. unmittelbar in diese konvertierbar ist (Bourdieu 2012 [1992], S. 231). Es fällt somit jeder geldwerte Besitz darunter, also Bargeld, Giralgeld, Aktien, Immobilien usw. Das kulturelle Kapital bezieht sich hingegen vorranging auf Bildung in drei verschiedenen Ausprägungen, die sich aus ihrem objektiven Charakter hinsichtlich der Aneignung und Subjektivierung ergeben. Das *inkorporierte* kulturelle Kapital beschreibt die verinnerlichte Form von Bildung und Information als »dauerhafte Dispositionen des Organismus« (Bourdieu 2012 [1992], S. 231). Darunter fallen alle Formen von (sozial relevantem) Wissen. Das Spektrum dieses Wissens ist sehr breit, so dass unter das inkorporierte kulturelle Kapital z.B. Fachkenntnisse eines

Handwerks fallen oder auch internalisierte Verhaltensregeln des angemessenen Verhaltens in spezifischen sozialen Situationen. Im Gegensatz zu ökonomischem Kapital kann das inkorporierte kulturelle Kapital nicht verschenkt oder kurzfristig angeeignet werden (Bourdieu 2012 [1992], S. 233). Das *objektivierte* kulturelle Kapital bezieht sich auf (kulturelle) Güter, deren Aneignung auf Wissen basiert. Dies kann z. B. ein Gemälde sein, dessen Inhalt sich nur über spezifische Wissensbestände erschließen lässt. Gleiches gilt z. B. auch für Maschinen oder Instrumente, deren Gebrauch Kenntnisse voraussetzen. Bücher und andere Gegenstände, deren Aneignung mit Wissen verbunden ist, fallen ebenfalls unter diese Kategorie. Im Gegensatz zum inkorporierten kulturellen Kapital ist diese materielle Form kulturellen Kapitals übertragbar (Bourdieu 2012 [1992], S. 235). Das *institutionalisierte* kulturelle Kapital beinhaltet alle Formen von institutionell bescheinigten Bildungstiteln und -nachweiṣen, die in einer Gesellschaft anerkannt werden und rechtlich abgesichert sind (Bourdieu 2012 [1992], S. 231 ff.). Bildungstitel besitzen einen »formaljuristisch garantierten Wert« (Bourdieu 1993 [1980], S. 242), für den die ausgebende Institution bürgt. In den meisten Fällen ist dies der Staat, der den Zugang zu Bildungstiteln reguliert. Das institutionalisierte kulturelle Kapital ist z. T. an bestimmte Gesellschaften gebunden. Das bedeutet, dass ein Bildungsabschluss nicht überall die gleiche Anerkennung genießt. Zudem können Bildungstitel im Laufe der Zeit an Wert verlieren.

Als ein weiteres Kapital von gesellschaftlicher Relevanz beschreibt Bourdieu das soziale Kapital. Es speist sich aus dem Netzwerk an Beziehungen zu anderen Personen und Gruppen. Durch die Zugehörigkeit zu einer Gruppe oder durch die bestehenden Beziehungsgefüge können die Kapitalia der einzelnen Gruppenmitglieder gemeinschaftlich genutzt werden (Bourdieu 2012 [1992], S. 238). Über diese sozialen Beziehungen lässt sich bspw. Macht oder anderes Kapital akquirieren. So können Kontakte z. B. dabei helfen, an gute Arbeitsplätze zu kommen oder an wichtigen Stellen Einfluss auszuüben (Bourdieu und Wacquant 2006 [1992], S. 151 f.). Unter anderem, weil es sich nur schwer operationalisieren lässt, wird das soziale Kapital allerdings in empirischen Arbeiten nur selten als Strukturdimension dargestellt.

Neben den drei beschrieben lassen sich noch weitere Kapitalia nennen, die auf bestimmten sozialen Feldern oder in anderen Gesellschaftsordnungen konstituierend sind. Darunter fallen bspw. das politische Kapital (Bourdieu 1998 [1994], S. 30), das physische Kapital (Bourdieu 1986, S. 584) oder aber auch das religiöse Kapital (Bourdieu 2011, S. 45). Je nach Gesellschaft können die Wertigkeiten der unterschiedlichen Kapitalia variieren. Zum Beispiel kommt dem religiösen Kapital in klerikalen Gesellschaften eine deutlich größere Bedeutung zu als in säkularen Gesellschaften.

Die verschiedenen Formen des Kapitals lassen sich in jeweils andere Formen von Kapital konvertieren. Dabei beschreibt Bourdieu, dass besonders das ökonomische Kapital den anderen Formen von Kapital als Ausgangspunkt dienen kann. Der zu Grunde liegende »Wechselkurs" zwischen den verschiedenen Kapitalia ist dabei ebenso ein Teil gesellschaftlicher Aushandlungsprozesse wie der »Wert« der Kapitalien im Allgemeinen (Bourdieu 2012 [1992], S. 237).

Akteure und Gruppen definieren und unterscheiden sich durch ihren Besitz an Kapital. Das Portfolio an Besitz der unterschiedlichen Kapitalia und ihre Ausprägung benennt Bourdieu als *Kapitalstruktur*. Zum Beispiel haben Universitätsprofessoren in der Regel ein sehr hohes kulturelles Kapital, verfügen aber im Vergleich zu Managern über ein geringeres ökonomisches Kapital. Die Summe aller verfügbaren Kapitalia wird von Bourdieu als *Kapitalvolumen* bezeichnet. Durch sein hohes kulturelles Kapital ist z.b. denkbar, dass ein Universitätsprofessor das höhere ökonomische Kapital eines Managers ausgleichen kann, oder sogar über ein höheres Kapitalvolumen verfügt.

Aus den Statusbeziehungen, die sich aus dem Besitz an Kapital ergeben, lässt sich ein weiteres wichtiges Element der Theorie Bourdieus ableiten, das Konzept des *Sozialen Raumes*. Darunter versteht Bourdieu die soziale Ordnung, die sich durch den Kapitalbesitz ergibt. Innerhalb des sozialen Raumes lassen sich alle sozialen Entitäten, wie bspw. soziale Gruppen (oder Klassen), ebenso wie die von ihnen angeeigneten Dinge oder Eigenschaften, an bestimmten Positionen verorten (Bourdieu 2012 [1992], 1985).

Der soziale Raum strukturiert sich anhand der gemeinsamen Betrachtung unterschiedlicher, in einer Gesellschaft relevanter Kapitalia. Diese bilden die Dimensionen des sozialen Raumes. Der Kapitalbegriff wird so zu einer zentralen Kategorie der Sozialraumtheorie. Kapital liefert das Medium sozialer Differenzierungen, die sich als Strukturen im Sozialen Raum niederschlagen. Durch die unterschiedliche Kapitalausstattung haben die Akteure im sozialen Raum unterschiedliche Handlungsoptionen und -beschränkungen. Die sozialräumliche Lage bestimmt so die soziale Wirklichkeit und schlussendlich auch die Wahrnehmung dieser Wirklichkeit durch die Akteure.

Bourdieus empirische Analysen behandeln vorrangig westliche Gesellschaften, für die er das ökonomische, das kulturelle und das soziale Kapital als strukturdeterminierend beschreibt. Zudem sieht er die zeitliche Abfolge der Aneignung der Kapitalien als wichtige Determinante des sozialen Raumes an (Bourdieu 1987 [1979], S. 195 f., 1998 [1994], S. 18, 2012 [1992]; Blasius und Winkler 1989). Es sind jedoch auch andere Konstellationen denkbar. In einer archaischen Gesellschaft, in der das Recht des Stärkeren gilt, wäre bspw. das physische Kapital vermutlich eine wichtige Ressource des sozialen Status.

Die sozialen Hierarchien, die sich aus dem Besitz an Kapital ergeben, und ihre Übersetzung in die Praxis, werden bei Bourdieu unter dem Begriff des symbolischen Kapitals behandelt. Das symbolische Kapital umfasst das gesellschaftliche Ansehen und determiniert den Status. Im Gegensatz zum ökonomischen oder kulturellen Kapital wirkt das symbolische Kapital erst durch die soziale Anerkennung, die durch den Besitz der anderen Kapitalsorten generiert werden kann. Es stellt somit kein eigenständiges Kapital dar, welches einfach angeeignet werden kann. Vielmehr ist es die Art und Weise, wie der Besitz der verschiedenen Kapitalien in einer Gesellschaft soziales Prestige oder Ansehen, und damit Macht, hervorbringt (Bourdieu 1979, S. 375).

Das symbolische Kapital entfaltet seine Wirkung durch die Wahrnehmung von sozialen Akteuren. Es ist das sozial geteilte Wissen, dass eine bestimmte Eigenschaft oder ein besonders großes Kapital, sei es in einer kapitalistischen Gesellschaft der Besitz von großen Mengen Geld, sei es ein umfassendes Wissen, oder in einer archaischeren Gesellschaft ein besonders kräftiger Körperbau, als erstrebenswert gilt und Ansehen generiert. Es kann daher auch von »*symbolischen Effekten des Kapitals*« (Bourdieu 2010 [1997], S. 311) gesprochen werden. Die direkte Konvertierbarkeit des symbolischen Kapitals in ökonomisches Kapital wird dabei zumeist verschleiert (Bourdieu 1993 [1980], S. 217), da Kategorien wie Ehre, Weisheit und Ansehen oft eine ökonomische Bedeutung verneinen. Dennoch können die sozialen Akteure, denen diese Attribute zugeschrieben werden, dadurch ökonomisch profitieren.

Besonders aus der theorieimmanenten Machtperspektive bringt das symbolische Kapital eine doppelte Abhängigkeit hervor. Einerseits basiert Macht auf Anerkennung, indem das symbolische Kapital Legitimität herstellt. Auf der anderen Seite besteht eine Abhängigkeit der Herrschenden von ihren Beherrschten, so dass ihr symbolisches Kapital anerkannt sein muss. So setzt Herrschaft auch den Glauben an das symbolische Kapital des oder der Herrschenden voraus (Bourdieu 2010 [1997], S. 213).

Symbolisches Kapital wird – wie jedes Kapital – nicht immer als positive Kategorie wahrgenommen, die bestehende Kapitalia aufwertet. Es kann auch als negatives symbolisches Kapital in Erscheinung treten (Bourdieu 2010 [1997], S. 309 f.). Empirisch hat Bourdieu dies in »Die männliche Herrschaft« (Bourdieu 2012 [1998]) aufgearbeitet, in der er das negative symbolische Kapital des weiblichen Geschlechts beschrieb. Er konnte darin zeigen, dass allein durch ihr Geschlecht die Stellung der Frauen in der gesellschaftlichen Hierarchie zum Zeitpunkt der Untersuchung negativ beeinflusst wurde (Bourdieu 1997, 2012 [1998]). Gleiches gilt für andere Attribute, z.b. für Hautfarbe, Religion oder Migrationshintergrund (Bourdieu 2010 [1997], S. 309 f.). Die sozialen Spiele seien keine »fair games«, sondern vielmehr ein »Handicaprennen«, »bei dem jeder Teilnehmer über die positiven oder negativen Resultate all derer verfügt, die vor ihm gespielt haben, das heißt über die kumulierten Spielergebnisse aller seiner Vorfahren« (Bourdieu 2010 [1997], S. 275 f.).

Welche Merkmale mit (negativem) symbolischem Kapital belegt sind, geht aus sozialen Macht- und Aushandlungsprozessen hervor. Sie bestimmen, welche Merkmale mit sozialem Prestige und welche mit sozialer Abwertung belegt sind. Dabei sind nicht nur die aktuellen Machtverhältnisse entscheidend, sondern auch die zeitliche Entwicklung der Aushandlungen und Kategorisierungen. Die relationale Perspektive legt also keine hypostasierte Vorstellung von Gesellschaft zu Grunde. Vielmehr ermöglicht sie, die sozialen Kräfte, die aus der Vergangenheit über die Gegenwart in die Zukunft reichen, analytisch aufzunehmen und zu reflektieren. So bleiben z.b. soziale Abstiegsbewegungen von Klassen nicht unberücksichtigt und können zur Erklärung sozialer Tatbestände beitragen (Bourdieu 1974, S. 48 f.).

Die Bedeutung einer sozialräumlichen Position ergibt sich aus der Relation zu anderen Positionen und der Entfernung zu anderen Punkten im sozialen Raum (Bourdieu 2010 [1997], S. 172). Die Lage im sozialen Raum ist in diesem Sinne unterschieden und unterscheidend, so dass sich die relative Bedeutung einer Position durch ihr Verhältnis zu anderen Positionen ergibt. Beispielsweise kennzeichnet sich der Besitz ökonomischen Kapitals eines Akteurs in einem eindimensionalen Raum durch ein mehr, weniger oder gleich gegenüber anderen Akteuren. Mit zunehmender Dimensionalität des Raumes differenzieren sich diese Verhältnisse aus[1]. Die soziale Position kann folglich über eine spezifische Anzahl an Dimensionen beschrieben werden, die die Verteilung unterschiedlicher, strukturdeterminierender Kapitalien abbilden. Bei einer großen sozialräumlichen Nähe sind die sozialen Bedingungen relativ ähnlich. Die Akteure weisen folglich umso mehr Gemeinsamkeiten auf, je näher sie sich im sozialen Raum stehen. Liegen die sozialräumlichen Positionen weiter auseinander, unterscheiden sich auch die sozialen Bedingungen stärker voneinander. Die sozialräumlichen Distanzen bilden somit (objektive) soziale Distanz ab (Bourdieu 1998 [1994], S. 18; Schmitz 2006, S. 22). Grundsätzlich kann sozialräumliche Nähe also Einheit schaffen. Bourdieu bezeichnet dies auch als »Potential an Einheit« oder auch einer »*wahrscheinliche[n] Klasse*« (Bourdieu 1998 [1994], S. 25).

Mit dem Begriff »soziale Klasse« werden Akteursgruppen bezeichnet, die in der gleichen sozialräumlichen Position zu verorten sind. Dabei betont Bourdieu, dass sich eine Klasse nicht aus einer bloßen Kombination von Einzelmerkmalen ergibt. »Eine soziale Klasse ist vielmehr definiert durch die *Struktur der Beziehungen zwischen allen relevanten Merkmalen*« (Bourdieu 1987 [1979], S. 182 [Hervorhebungen im Original]). Eine Klasse definiert sich folglich aus den sozialräumlichen Lagen und ihren Relationen zueinander.

Aus den Relationen zu anderen konstitutiven Elementen der Sozialstruktur ergeben sich die Positionseigenschaften einer sozialen Klasse, die von den einzelnen immanenten Merkmalen der Klasse weitgehend unabhängig sein können (Bourdieu 1974, S. 42). So kann es z. B. für eine bestimmte Klasse typisch sein, zwar wenig Einkommen und ökonomischen Besitz zu haben, aber gleichzeitig hohe Konsumausgaben für Markenkleidung aufzuwenden. Diese Eigenschaften lassen sich auf die sozialräumliche Position zurückführen, obwohl sie objektiven Eigenschaften der Gruppe (scheinbar) zuwiderlaufen. Eine soziale Klasse definiert sich dabei nicht nur über das, was sie ist, sondern zugleich auch über alles, was sie nicht ist (Bourdieu 1987 [1979], S. 279). Dadurch werden »symbolische Grenzziehungen« (Lamont et al. 2015) zu anderen sozialen Klassen hervorgebracht. Die sozialräumliche Position

---

1 Die empirische Modellierung des sozialen Raumes erfolgt zumeist über die (multiple) Korrespondenzanalyse (Abschnitt 6.1). Die raumstrukturierenden Dimensionen bilden hier die Achsen eines Koordinatensystems, in dem sich unterschiedliche Variablen(-ausprägungen) verorten lassen. In Bourdieus (1987 [1979]) »Die feinen Unterschiede« bilden bspw. das Kapitalvolumen und die Kapitalstruktur von ökonomischem und kulturellem Kapital die raumstrukturierenden Achsen.

wird übersetzt in ein System von signifikanten Unterscheidungsmerkmalen. Die sozialräumliche Lage wirkt sich dabei auch auf die klassenspezifischen Handlungspraktiken aus, was die soziale Differenzierung des sozialen Raumes in die Praxis übersetzt (Bourdieu 1974, S. 57). Die Akteure einer Klasse teilen nicht nur eine gemeinsame Perspektive, aus der Gesellschaft betrachtet und wahrgenommen wird. Vielmehr führt diese gemeinsame Perspektive zu (annähernd) gleichen Wahrnehmungs- und Bewertungskategorien, was sich bspw. in einem geteilten Geschmack oder ähnlichen politischen Einstellungen äußern kann (Bourdieu 1987 [1979]). Ferner führt die geteilte sozialräumliche (Klassen-)Lage zu gemeinsamen »Wahrscheinlichkeitsstrukturen bzgl. des möglichen Lebenslaufes bzw. der persönlichen Laufbahn« (Bourdieu 1987 [1979], S. 188 ff.), so dass sich auch die Lebensverläufe innerhalb einer Klasse ähneln (Bourdieu 1993 [1980], S. 111 f.).

Die sozialen Klassen bilden keine bewusste Gemeinschaft. Die Akteure sind einem »Klassen-Unbewußten näher als einem ›Klassenbewußtsein‹ im marxistischen Sinn« (Bourdieu 1985, S. 17). Es besteht daher auch kein Potential gesellschaftlicher Vereinigung, die konzertiertes Handeln ermöglicht. Vielmehr legt Bourdieu seinen Klassenbegriff als heuristische Analysekategorie der (wissenschaftlichen) Betrachtung zu Grunde. Dies schließt nicht aus, dass Klassen durch verborgene Mechanismen in der Praxis (unbewusst) als Einheit für ihre Interessen agieren.

Zugleich besitzen die Akteure eine Vorstellung über ihren Platz im sozialen Gefüge. Diese Vorstellungen sind Teil der Wahrnehmungskategorien, die mit der sozialräumlichen Position korrespondieren und internalisiert werden (Bourdieu 1985, S. 17). Die subjektive Wahrnehmung, die Bourdieu in Anlehnung an Goffman als »sense of one's Place« bezeichnet, muss allerdings nicht mit der objektiven Position im sozialen Raum übereinstimmen. Vielmehr zeigen Noll und Weick (2011), dass die subjektive Schichteinstufung von den objektiven Schichtungsfaktoren abweichen kann.

Sozialräumliche Nähe bedeutet nicht, dass die Ähnlichkeiten in den Handlungspraxen linear zunehmen. Vielmehr kommt es häufig zwischen zwei benachbarten Klassen zu sozialen Abgrenzungen, die Bourdieu als Distinktion bezeichnet. So sind die (bewussten wie auch unbewussten) Handlungen zwischen den Klassen zwar stets aufeinander bezogen, häufig jedoch in einer Weise, die eine (zumeist unbewusste) Unterscheidung intendiert.

»Die objektiv geringste Distanz im sozialen Raum kann mit der subjektiv größten Distanz zusammenfallen: dies unter anderem deshalb, weil der ›Nächststehende‹ genau der ist, der die soziale Identität, d. h. den Unterschied, am stärksten bedroht« (Bourdieu 1993 [1980], S. 251).

Mit unterschiedlichen Lagen im sozialen Raum gehen für die verschiedenen Klassen auch unterschiedliche Möglichkeiten einher, die bestehende Ordnung in Frage zu stellen oder sie in ihrem Sinne zu beeinflussen. Die Lagen im sozialen Raum spiegeln das Verhältnis verschiedener Kapitalvolumina und -strukturen. Sie bilden dadurch Machtstrukturen ab, die es erlauben, die Gesellschaft analytisch, bspw. zwischen Herrschenden und Beherrschten, zu unterteilen. In diesem Sinne sind die Strukturen des sozialen Raumes nach Bourdieu nicht starr, sondern fluid und kontingent (Bourdieu 2012 [1992], S. 229). Soziale Auf- und Abstiege sind möglich und die Genese dieser Auf- und Abstiege ein wichtiger Teil der sozialwissenschaftlichen Analyse.

Zwischen sozialen Räumen (oder Gesellschaften) können sich sowohl die sozialen Bedeutungen der Kapitalien unterscheiden als auch die Art der differenzierenden Kapitalien insgesamt. Der Ertrag, den der Besitz der verschiedenen Sorten an Kapital abwirft, ist das Ergebnis stetiger Aushandlungsprozesse innerhalb des sozialen Raumes. Gesellschaftliche Macht bedeutet daher auch, über die Fähigkeit zu verfügen, diese Werte im eigenen Interesse zu beeinflussen. Ein Mechanismus liegt dabei darin, einen günstigen Wechselkurs zwischen den Kapitalien zu erwirken. Ein Hochschulprofessor kann z.B. sein hohes kulturelles Kapital durch Expertisen und Gutachten mit einem hohen Ertrag in ökonomisches Kapital konvertieren, sofern die gesellschaftlichen Machtstrukturen dies zulassen. Gleichzeitig stehen die Hochschulprofessoren untereinander und zwischen den verschiedenen Professionen in steter Konkurrenz um die besten Plätze in der Hierarchie und in Konkurrenz darum, ihr kulturelles Kapital mit möglichst großem Gewinn in andere Kapitalia und symbolisches Kapital zu konvertieren (Bourdieu 2012 [1992], S. 234).

Der Anspruch Bourdieus ist es, seine Theorie mit einem steten Praxisbezug zu formulieren. Daher geht auch die Darlegung des sozialen Raumes über eine bloße Strukturtheorie hinaus. Der soziale Raum lässt sich über eine doppelte Perspektive charakterisieren. Zum einen beschreibt er die dargelegte, relativ stabile, Struktur von Positionen und ihren Beziehungen zueinander, die sich aus Kapitalvolumen und -struktur ergeben und zugleich soziale Machtrelationen abbilden. Zum anderen lässt sich der soziale Raum über die »praktischen Reaktionen auf diesen Raum oder auf Vorstellungen von ihm« beschreiben (Bourdieu 2010 [1997], S. 235). Diese praktischen Reaktionen auf den sozialen Raum bezeichnet Bourdieu als Habitus. Die Habitus bilden das analytische Bindeglied zwischen der übergeordneten Strukturebene und der individuellen Handlungsebene.

4.3 Habitus

In den Habitus werden strukturelle Dispositionen auf die individuelle (Handlungs-)Ebene übersetzt. Das bedeutet, dass die sozialräumliche Lage durch Internalisierung, Erfahrung und Wahrnehmung von Chancen und Begrenzungen, die sich durch die sozialräumliche Position ergeben, in die Persönlichkeit der Akteure mit einfließen. Bourdieu benutzt verschiedene Begriffe, um das Wesen der Habitus zu charakterisieren. Mit der Bezeichnung als »akkumulierte Geschichte« beschreibt er den zeitlichen Aspekt der Aneignung. Dabei umfassen die Habitus nicht nur Erfahrungen, die die Individuen einer Klasse selbst gemacht haben. Sie beziehen stets auch die Entwicklungsgeschichte der Vorfahren mit ein (Bourdieu 2012 [1992], S. 229). Zudem beschreibt Bourdieu die Habitus als »Handlungs-, Wahrnehmungs-, und Denkmatrix« (Bourdieu 1979, S. 169). Damit verdeutlich er die tiefgreifende Wirkung, welche die sozialräumliche Lage auf die Akteure entfaltet. Es handelt sich bei den Habitus um spezifische Verhaltensdispositionen, die sich in Form von Wahrnehmungs-, Bewertungs- und Handlungsschemata manifestieren, und die sich in Abhängigkeit der Lage im sozialen Raum aufgrund ähnlicher Relevanzstrukturen und Existenzbedingungen als inkorporierte Formen der sozialen Lage herausbilden. Die sozialräumlichen Positionen finden somit ihren handlungspraktischen Niederschlag in den Habitus, was sich in Formulierungen wie »inkorporierte Kultur [und] Körper gewordene Klasse« (Bourdieu 1987 [1979], S. 307) oder das »Körper gewordene Soziale« (Bourdieu und Wacquant 2006 [1992], S. 161) deutlich widerspiegelt. Die verinnerlichten Dispositionen des Habitus übersetzen sich in sichtbare Symbole, die sich nicht nur als Formen der geschmacklichen Aneignung von Gütern kennzeichnen lassen. Vielmehr prägt die sozialräumliche Position das gesamte Erscheinungsbild, von der Art zu Reden bis hin zur körperlichen Haltung. Diesen körperlichen Ausdruck des Habitus bezeichnet Bourdieu als Hexis. Der Habitus ist somit ebenfalls ein wichtiger Bestandteil der sozialen Dialektik und Referenzialität. Jedes Individuum bildet einen Teil der sozialen Welt, während zugleich die soziale Welt in den Individuen verwurzelt ist (Bourdieu 2010 [1997], S. 194). Eine genaue Zuordnung der Habitus als Eigenschaften der Akteure oder der Struktur ist dabei nicht möglich. Im Sinne Durkheims sind sie ein Teil der sozialen Emergenz und finden ihr Substrat in den Akteuren, können jedoch nicht vollständig durch diese erklärt werden. Dabei sind die Habitus, ebenso wie bei den sozialen Klassen, vorrangig eine heuristische Analysekategorie, die das Bindeglied zwischen Struktur und Individuum beschreiben.

Die Habitus sind in weiten Teilen ein Produkt der Sozialisation (Bourdieu und Wacquant 2006 [1992], S. 159). Ort und Zeitpunkt der Sozialisation prägen den Habitus, weshalb eine Analyse nur innerhalb einer bestimmten Gesellschaft zu einem gegebenen Zeitpunkt erfolgen kann. Ihren Ausgang nimmt die Sozialisation in der Familie. Bourdieu betont, dass es sich bei der Vermittlung nicht um ein mechanistisches Prinzip aktiven Aneignens handelt. Sozialisation ist mehr als nur die (bewusste) Vermittlung von Normen und gesellschaftlichem Wissen. Vielmehr ist es oft das implizite, die soziale Lage und die damit verbundene Perspektive auf die Welt, die die Vermittlung grundlegender sozialer Denk- und Verhaltensweisen bedingen. Gleiches gilt auch für spätere Sozialisierungsakte, wie beispielsweise die Berufsausbildung, in der spezifische Verhaltensweisen und Normen vermittelt und damit die ursprünglichen Habitus, zumindest teilweise, transformiert werden. Diese Transformationen der Habitus geschehen dabei zumeist fließend und stetig. Nur in Ausnahmefällen sind die Habitustransformationen durch plötzliche Umbrüche gekennzeichnet (Bourdieu 2010 [1997], S. 211).

Die Habitus können folglich als die inkorporierte Kehrseite der sozialräumlichen Struktur aufgefasst werden. Durch den Prozess der Aneignung werden sehr unterschiedliche Dispositionen verinnerlicht, die den Blick auf die Welt prägen. Diese Dispositionen sind in Handlungssituationen präsent und entziehen sich aktuellen Beweggründen der freien Entscheidung (Bourdieu 1993 [1980], S. 102). Individuen entscheiden jedoch nicht mechanisch nach einer vorgegebenen Struktur. Das Konzept der Habitus beschreibt keinen Strukturdeterminismus über Umwege, sondern ein dauerhaftes und systematisches Feld an Möglichkeiten und Begrenzungen. Innerhalb dieser Möglichkeiten und Grenzen bewegt sich das freie Handeln der Akteure (Bourdieu 1993 [1980], S. 102 f.). Die Handlungspraxis ist teilweise losgelöst von der aktuellen Situation, sie entsteht aus einer dialektischen Beziehung zwischen Situation und den inkorporierten Dispositionen des Habitus. Durch diese Übertragung von allgemeinen Schemata, die auf aktuelle Probleme angewandt werden, wird es möglich, schneller und effizienter Handlungsentscheidungen zu treffen, so wie neugewonnene Erfahrungen in die Schemata zu integrieren (Bourdieu 1979, S. 169). Neue Erfahrungen und Wahrnehmungen fließen in die Habitus mit ein und führen so zu einer steten Transformation und Anpassung. Es entstehen Handlungs- und Wahrnehmungsdispositionen, die sich den objektiven Gegebenheiten anpassen können. Allerdings kann es durch die Trägheit des Habitus hierbei auch zu Anpassungsschwierigkeiten kommen. Diesen Zustand der verzögerten Anpassung des Habitus bezeichnet Bourdieu als Hysteresis. In diesem Fall stehen die Handlungspraktiken in Missklang zu den Anforderungen der Gegenwart oder der Situation (Bourdieu 2010 [1997], S. 206 f.).

4.3.1 Habitus und Klasse

Die Habitus stellen dabei nicht nur eine Form von »Rezeptwissen« (Schütz 1972) dar, nach dem die Akteure handeln. Vielmehr prägen die sozialräumliche Lage und die daraus abgeleiteten Habitus die komplette Art zu denken und wahrzunehmen. Bourdieu zeigt z.b. am Klassengeschmack, dass sich für bestimmte Lagen im sozialen Raum geteilte Geschmacksdispositionen ausmachen lassen, die auf einen gemeinsamen Habitus hindeuten (Bourdieu 1987 [1979], S. 307). Der Geschmack bildet dabei nur einen Teilaspekt der tatsächlichen Bedeutung der Habitus. Die Darstellung der sozialräumlichen Verteilung von Geschmäckern bietet vielmehr einen analytischen Zugang, der die besondere Bedeutung der sozialräumlichen Lage für die Herausbildung von Denk- und Bewertungsschemata verdeutlichen soll. Über den Geschmack hinaus beschreibt Bourdieu bspw. die Bedeutung für die politischen Einstellungen der Individuen. Die geteilten Habitus führen zu einer geteilten Sicht auf die Welt, da die soziale Welt aus der gleichen sozialräumlichen Perspektive wahrgenommen wird. Zugleich prägen die Habitus die Wahrnehmung der Welt, indem sie die Wahrnehmungsschemata dieses Erlebens hervorbringen. So kann angenommen werden, dass alle Typen von Einstellungen auf die klassenspezifische Lage zurückgeführt und analytisch verallgemeinert werden können (Bourdieu 1979, S. 177).

Einerseits sind die Habitus je nach der sozialräumlichen Position differenziert, doch differenzieren sie auch. Sie führen Symbole der Unterscheidung in die Praxis ein, die soziale Unterschiede kenntlich machen. Soziale

Differenzierungen werden so in Handlungspraktiken übersetzt, wobei zugleich die Wahrnehmungen der Unterscheidungspraktiken über die Habitus bestimmt sind (Bourdieu 1998 [1994], S. 21). Der Habitus produziert und reproduziert auf diese Weise soziale Ungleichheiten, indem er sozialen Status in wahrnehmbare Kategorien und symbolische Grenzziehungen übersetzt. Diese Grenzziehungen verlaufen entlang von Statusgrenzen und machen diese kenntlich. Daraus ergeben sich auch (zumeist nicht-intendierte) Praktiken der sozialen Abgrenzung, die sog. Distinktionen. Mit dem Begriff der Distinktion bezeichnet Bourdieu Formen sozialer Schließung und Abgrenzung, die als Formen habitueller Differenzierung die Relationen des sozialen Raumes symbolisch reproduzieren und als signifikante Unterscheidungen anerkannt werden. Ein bewusstes Streben nach Distinktion setzen diese Praktiken indes nicht voraus (Bourdieu 1985, S. 20 f.). Zugleich bestärken sich innerhalb einer Klasse die (Klassen-)Habitus dadurch, dass sie zur Homogamie neigen. Während gerade zu anderen Klassen eine Abgrenzung erfolgt, möglichst zu denjenigen, die in direkter Konkurrenz stehen, wird besonders die Nähe zu Klassengenossen gesucht. Bourdieu verweist bspw. darauf, dass man am liebsten mit Leuten über Politik diskutiert, die der gleichen politischen Meinung sind wie man selbst (Bourdieu 1993 [1980], S. 114).

Grundlage für Distinktionen bildet die symbolische Anerkennung einer Eigenschaft als kennzeichnend für eine soziale Hierarchie. Darüber hinaus tragen die Distinktionspraktiken zur Veränderung der sozialen Praktiken bei. Distinguierende Handlungen diffundieren von den ranghöheren Statusklassen abwärts, bis sie nicht mehr ihre Funktion der Distinktion erfüllen. Ab diesem Moment bilden sich wiederum neue Praktiken aus, welche die Klassen zu trennen suchen und die soziale Hierarchie in die Praxis übersetzen (Bourdieu 1974, S. 65).

4.3.2 Habitus und Macht

Durch ihren Charakter als inkorporierte soziale Struktur sind die Habitus auch im Hinblick auf unterschiedliche Machtverhältnisse und symbolische Gewalt im sozialen Raum bedeutsam. Die Vorstellungen von Herrschaft und herrschaftlicher Legitimität werden im Rahmen der Sozialisation ebenso angeeignet, wie andere Einstellungsdispositionen. Herrschaftsverhältnisse sind von diesen Vorstellungen abhängig und werden als legitim angesehen, sofern die Dispositionen für ihre Anerkennung in den Habitus verankert sind (Bourdieu 2010 [1997], S. 216). Zugleich schaffen die Habitus Gewissheit und Vertrauen in die gegebene Ordnung und in das eigene Umfeld. Sie liefern die Wahrnehmungskategorien und die (begrifflichen) Symbole, die das eigene soziale Umfeld strukturieren. Auch diese Kategorien werden fortlaufend aktualisiert und überholte Dispositionen verworfen (Bourdieu 2010 [1997], S. 175).

Ein Medium der Distinktion ist die Sprache. Sie dient als Mechanismus sozialer Schließung zwischen Klassen und reproduziert damit ebenfalls Machtbeziehungen (Bourdieu 1991). Damit beschreibt Bourdieu nicht nur unterschiedliche Arten zu reden, wie verschiedene Dialekte. Vielmehr geht es um die Beherrschung der »legitimen Sprache« der Klasse. Statushohe Gruppen sollten sich bspw. in Gesellschaft besonders vornehm auszudrücken vermögen, während die Sprache der statusniedrigeren Klassen vermutlich von weniger Fremdwörtern geprägt ist und mit einem geringeren Wortschatz auskommt. In der Interaktion zwischen Akteuren der unterschiedlichen Statusklassen wird so durch die Sprache die soziale Grenzziehung implizit ausgedrückt und wahrgenommen. Die Sprache zwischen Bildungsbürgertum und sozialer Unterschicht unterscheidet sich in diesem Sinne genauso wie die Dialekte zwischen Sachsen und Bayern (Bourdieu 2003, S. 67).

4.4 Soziale Felder

Eng mit dem Begriff des sozialen Raumes ist der Begriff der sozialen Felder verknüpft. Nach Bourdieu handelt es bei den Feldern um »soziale Mikrokosmen«, die je ihren eigenen Gesetzen (nomos) bzw. Satzungen und Logiken folgen und sich in den Strukturen und den herrschenden (Prozess-)Regeln unterscheiden. Dies trifft besonders auf die Ökonomie der Felder zu (Bourdieu 2001, S. 82 f.). Während sich bspw. das ökonomische Feld um die Grundnorm des »Geschäft ist Geschäft« formiert, ist es auf dem Feld der Künste die »Kunst um der Kunst willen« (l'art pour l'art). Nach diesen Grundnormen richten sich auch die feldspezifischen Logiken und Gewinne, die durch das Feld erlangt werden können.

Im Laufe der Geschichte gewannen diese Mikrokosmen zunehmend an Autonomie. Felder können ihrerseits, wie der soziale Raum, mehrdimensional gedacht werden. Sie differenzieren sich zum einen intern nach unterschiedlichen Kapitalstrukturen und -volumina. Zum anderen können regionale, nationale und globale Felder beschrieben werden, die ihrerseits in Beziehungen zueinanderstehen und aufeinander wirken. Die Akteure auf den Feldern strukturieren sich, wie im sozialen Raum, in Hierarchien und stehen in unterschiedlichen Relationen zueinander (Bourdieu und Wacquant 2006 [1992], S. 127). Die Wirkungsbereiche des Feldes begrenzen das Feld. Ähnlich einem magnetischen Feld beschreibt Bourdieu, die Grenzen des Feldes lägen dort, »wo die Feldeffekte aufhören« (Bourdieu und Wacquant 2006 [1992], S. 131). Die Übergänge sind somit fließend und es lässt sich daraus ableiten, dass nicht jedes Mitglied der Gesellschaft in gleicher Weise auf allen Feldern präsent ist bzw. in seinem Handeln durch die Felder beeinflusst wird.

Die Gesamtheit der sozialen Felder und der in ihnen agierenden Akteure beschreibt den sozialen Raum, in dem jedes Individuum, wie auch auf den Feldern selbst, seine spezifische Position einnimmt. Diese Position ergibt sich auch auf den Feldern aus dem Besitz an Kapital. Die Bedeutung der einzelnen Kapitalien kann sich allerdings zwischen den sozialen Feldern und auch von den strukturdeterminierenden Kapitalia des sozialen Raumes unterscheiden. Zwar werden auf allen Feldern die gleichen Formen von Kapital gehandelt und erhalten Gewicht, der Wert der verschiedenen Kapitalien unterscheidet sich jedoch von Feld zu Feld. Jedes Feld handelt einen eigenen symbolischen Wert der Kapitalien aus, die den spezifischen Regeln und der Logik des Feldes entsprechen (Bourdieu 1987 [1979], S. 194). Während auf dem ökonomischen Feld vorrangig ökonomisches Kapital den Status bestimmt, bzw. damit auch die Möglichkeit, das jeweilige Feld zu beherrschen, ist es auf den Feldern der Hochschulen bspw. vorrangig das kulturelle Kapital. Der feldspezifische Wert eines bestimmten Kapitals bestimmt das symbolische Kapital, welches auf dem sozialen Feld durch den Kapitalbesitz generiert werden kann. So erlangt das symbolische Kapital auch eine feldspezifische Bedeutung. Das Feld strukturiert sich nach Herrschenden und Beherrschten, so dass Bourdieu Felder auch als Arenen beschreibt, in denen darum gekämpft wird, das Kräfteverhältnis aufrechtzuerhalten oder zu verändern (Bourdieu 1998, S. 57).

4.4.1 Feld und Habitus

Die Konzepte des Feldes und des Habitus sind eng miteinander verbunden. Während die einzelnen Felder soziale Spiele um spezifische Ziele und Gewinne darstellen, die nach gewissen Spielregeln gespielt werden, liegt das

Substrat für den Sinn des Spieles in den Dispositionen des Habitus. Auch die Ziele, die mit der Teilnahme verbunden sind, speisen sich aus den Habitus, die ihrerseits durch die Lage im sozialen Raum, aber auch durch die Position im sozialen Feld, beeinflusst werden (Bourdieu 2010 [1997], S. 193 f.). Dabei bestehen diese Ziele nur im Hinblick auf das spezifische Feld und stehen ebenfalls verhältnismäßig autonom neben den Dispositionen, die sich auf anderen Feldern ausgebildet haben. Den sozialen Differenzierungen nach Feldern entspricht eine Differenzierung der internalisierten Verhaltensdispositionen. Bourdieu selbst beschrieb die Handlungspraxis nach folgender Formel »[(Habitus) (Kapital)] + Feld = Praxis« (Bourdieu 1987 [1979], S. 175), wobei keine der genannten Variablen als losgelöst von den anderen beschrieben werden kann.

Das Handeln auf den Feldern ist Teil der Handlungsdispositionen, die durch das Feld selbst mit geformt werden. Diese benötigen zu ihrer Anwendung keine bewusste Entscheidung oder Absicht, sondern reagieren anhand eines praktischen Sinns auf die Erfordernisse des Feldes. Das Subjekt ist in seinen Handlungen daher niemals gänzlich autonom (Bourdieu 2010 [1997], S. 178). Habitus und Feld sind durch die gegenseitigen Entsprechungen eng miteinander verknüpft, so dass es einen Habitus nicht ohne soziales Feld bzw. den sozialen Raum geben kann und vice versa. Das Handeln der Akteure schafft das Feld und das Feld schafft das Handeln der Akteure. Alle Positionalitäten folgen diesem dialektischen Prinzip. Die Positionen speisen sich aus den Kapitalien der Akteure, und spiegeln die sozialen Hierarchien, die ihnen durch ihre Vorfahren vermacht werden.

Der »kultivierte Habitus« variiert ebenfalls feldspezifisch. Bestimmte Handlungen wirken nur in einem bestimmten Feld positiv und können auf einem anderen Feld sogar Abwertungen bedingen (Bourdieu 1987 [1979], S. 164). Zum Beispiel können offen praktizierte ökonomische Handlungspraktiken auf dem ökonomischen Feld anerkannt sein, auf dem Feld der Kunst oder der Religion hingegen wirken diese deplatziert. Selbst wenn ähnliche ökonomische Mechanismen und Interessen verfolgt werden, finden solche auf diesen Feldern nur in verschleierter Form eine legitime Anerkennung.

Die feldspezifischen Habitus beinhalten Dispositionen, die die Teilnahme an den sozialen Spielen stützen und einen intrinsischen Anreiz bei den Akteuren bewirken. Hierfür liefert Bourdieu die Konzepte der Doxa und der Illusio. Bourdieu beschreibt die Doxa als das, was in einem Feld »außer Frage steht« (Bourdieu 1979, S. 151), und als die »Gesamtheit von Voraussetzungen kognitiver und gleichzeitig wertender Art, deren Akzeptanz bereits mit der Zugehörigkeit gegeben ist« (Bourdieu 2010 [1997], S. 127). Sie stellen die grundlegenden Gewissheiten und Regeln eines Feldes dar. Dabei stehen sie als gültige unhinterfragbare Selbstverständlichkeiten für sich, und beziehen nicht, wie Orthodoxie und Heterodoxie, weitere Möglichkeiten von Wirklichkeit mit ein (Bourdieu 1979, S. 324 f.).

Jedes Feld verfügt über ein Grundgerüst solcher doxischen Gewissheiten, welche als grundlegende Spielregeln des Feldes betrachtet werden können und die das Feld »recht eigentlich definieren« (Bourdieu 2010 [1997], S. 19). Das Substrat der Doxa liegt in den Habitus, sie sind aber zugleich feldspezifisch und finden ihren Ausdruck in der sozialen Praxis als eine grundlegende Entsprechung zwischen den Anforderungen des Feldes und den Dispositionen der Habitus (Bourdieu 1993 [1980], S. 126). Die Anerkennung der Doxa ist Zugangsbedingung zum Feld, eine »unbestrittene, unreflektierte, naive, eingeborene Anerkennung« (Bourdieu 1993 [1980], S. 125). Die Doxa stellen so auch eine grundlegende Instanz der gesellschaftlichen Integration dar, da sie im Sinne Bergers und Luckmanns einen Teil des gesellschaftlichen Wissensbestandes (bzw. die »Weltansicht«) bilden, der maßgeblich die Wirklichkeit definiert (Berger und Luckmann 1980; Knoblauch 2003). Die Inkorporierung der Wirklichkeiten ermöglicht die (unhinterfragte) Teilhabe an den gesellschaftlichen Spielen. Die Doxa produzieren und reproduzieren in diesem Sinne die »Selbstverständlichkeit« der erfahrbaren Wirklichkeit.

Die soziale Hierarchie der Felder ist stets in den herrschenden Doxa angelegt. Die sozialen Relationen erhalten durch sie Legitimation und natürliche Gültigkeit. Sie sind somit ein wichtiger Bestandteil zur Stütze der gegebenen Ordnung und der Machtverhältnisse. Dabei verkörpern sie die Sichtweise der Herrschenden (Bourdieu 1998 [1994], S. 121). Diese haben die Macht, einen »Common Sense« und die legitime Sicht auf die soziale Welt durchzusetzen. Dabei steht auch zur Disposition, wer als Produzent von legitimen Meinungen und Einstellungen betrachtet werden kann (Bourdieu 1985, S. 23).

Während die Doxa die Normen und Logiken der Felder beschreiben, die als inkorporierte Dispositionen Eingang in die Habitus finden, betont die Illusio die Gegenseite der gleichen Medaille. Die Illusio wird von Bourdieu beschrieben als der Glaube »an den Sinn des Spiels und den Wert dessen, was auf dem Spiel steht« (Bourdieu 2010 [1997], S. 19 f.). Durch die Verinnerlichung der sozialen Ordnung in den Habitus ist diese ein Teil der eigenen Persönlichkeit. Dazu gehört, dass die Regeln der Spiele als richtig, und die

Anstrengungen auf den Feldern als sinnvoll angesehen werden. Die Ziele und Gewinne, die durch die Teilnahme an den sozialen Spielen der Felder in Aussicht stehen, werden so auch zu den individuellen Zielen der Akteure.

Da Doxa und Illusio tief verinnerlichte Gewissheiten darstellen sind sie aus der Sicht der Teilnehmer der sozialen Spiele kaum nachzuvollziehen. Dies erschwert die Arbeit besonders für die Sozialwissenschaften. Die Entlarvung der Illusio als »Illusion« erscheint nur von einer außenstehenden Position eines unparteiischen Beobachters tatsächlich möglich (Bourdieu 2010 [1997], S. 194).

4.4.2 Feld und Macht

Die Positionen auf den sozialen Feldern sind nicht starr, sondern von stetigen sozialen Aushandlungsprozessen und Kämpfen geprägt. Die Machtverteilung unter den verschiedenen Klassen und Klassenfraktionen ist daher nicht festgeschrieben, sondern Veränderungen unterworfen. Macht ist im Rahmen der Bourdieuschen Theorie vorrangig nach der Klassenlage und den feldspezifischen Positionen verteilt. Einige Akteure und Positionen haben dementsprechend mehr Macht als andere. Neben dieser Perspektive ist Macht jedoch auch in der Grundstruktur der sozialen Relationen angelegt, so dass eine totale Machtakkumulation eines Akteurs nicht möglich ist (Schneickert et al. 2020, S. 19).

Analytisch beschreibt Bourdieu zwar eine universale Gesellschaftstheorie, diese bewegt sich empirisch jedoch hauptsächlich im staatlichen Rahmen. Dem Staat kommt dabei eine konstitutive Funktion hinsichtlich der Sozialstruktur zu. Der Prozess der Staatskonstruktion ist nach Bourdieu eng verbunden mit dem sog. Feld der Macht, auf dem vorrangig um die Macht über den Staat gekämpft wird. Dieses sog. staatliche Kapital stellt eine Art »Meta-Kapital« (Bourdieu 1998 [1994], S. 100 f.) dar, denn es ermöglicht, Macht über die verschiedenen Kapitalien und ihre Wechselkurse auszuüben und die Reproduktion der Kapitalien zu steuern, indem es besonderen Einfluss auf das Bildungssystem beinhaltet (Bourdieu und Wacquant 2006 [1992], S. 146 f.). Nach Bourdieu fungiert der Staat »[a]ls Zentralbank des symbolischen Kapitals« und ist imstande, »jene Form von Kapital zu verleihen, dessen Besonderheit darin besteht, seine eigene Rechtfertigung in sich zu tragen« (Bourdieu 2010 [1997], S. 308).

Neben dieser auf den Staat ausgerichteten Darlegung des Feldes der Macht finden sich bei Bourdieu noch zwei weitere Perspektiven, wobei alle drei Lesarten als komplementär betrachtet werden können. Bourdieu beschreibt in »Der Staatsadel« (Bourdieu 2002 [1989]) das Feld der Macht als Metafeld der Felder, in dem die Feldeliten, also die höchsten Positionen der Felder, gesamtgesellschaftlich bedeutsame Kämpfe austragen. Diese Elite kann prinzipiell auch mit der sozialräumlichen Position der »herrschenden Klasse« beschrieben werden (Bourdieu 1987 [1979]). Es handelt sich nach dieser Lesart folglich um eine elitensoziologische Perspektive. Zudem werden in einer Abstraktion dieser zweiten Lesart die Relationen der Felder untereinander betrachtet, wobei als Feld der Macht jene Instanz beschrieben wird, in der die Wertigkeiten der Kapitalien und ihre Wechselkurse verhandelt werden (Schneickert et al. 2020, S. 20 ff.). Die Wechselkurse der Kapitalia ergeben sich aus der grundlegenden Eigenschaft ihrer Konvertierbarkeit. Durch die Möglichkeit der Transformation können Veränderungen der Wechselkurse mit sozialen Auf- und Abstiegen im sozialen Raum einhergehen (Bourdieu 1987 [1979], S. 209). In diesen sozialen Aushandlungsprozessen ist das grundlegende Ziel der statushohen Akteursgruppen (oder auch: der herrschenden Klassen) die Erhaltung oder der Zugewinn an Macht. Die sozialen Kämpfe nehmen vor allem dann zu, wenn bestehende Gleichgewichte ins Wanken geraten, die das Feld der Macht in seinen Hierarchien stützen (Bourdieu 1998 [1994], S. 51).

Der Machtkampf bestimmt dabei nicht nur die »Wechselkurse« der Kapitalien, sondern die Machtrelationen finden zugleich ihre Absicherungen in der sozialen Praxis. Es liegt im Interesse der herrschenden Klasse, die Doxa der Felder zu stützen, damit die Legitimität der Herrschaft nicht in Frage gestellt wird. Zugleich liegt es im Interesse der Beherrschten, die Doxa zu stürzen und ihren Willkürcharakter offenzulegen, um ihre relative Position zu verbessern (Bourdieu 1979, S. 151).

Eng verbunden mit dem Feld der Macht und dem Prinzip der Herrschaft bei Bourdieu ist der Markt der symbolischen Güter, auf dem die kapitalbasierten Relationen in symbolische Handlungs-, Wahrnehmungs- und Anerkennungspraktiken übersetzt werden. Damit beschreibt Bourdieu keine weitere Strukturebene. Vielmehr soll durch die Bezeichnung als »Markt symbolischer Güter« die Ökonomie der Aushandlungsprozesse und die ihr zu Grunde liegenden Mechanismen beschrieben werden, welche die symbolischen Kategorien einer Gesellschaftsordnung hervorbringen.

Erst durch die Anerkennung als symbolisches Kapital wird Kapitalbesitz zur Quelle von Macht (Bourdieu 1985, S. 22 f.). Macht bezeichnet dabei die Möglichkeit, symbolische Klassifikationen und die Anwendung von legitimer symbolischer Gewalt zu beeinflussen. Die Ausdeutung von Begrifflichkeiten oder sozialen »Klassifikationen« (Durkheim und Mauss 1975 [1963]) werden u. a. im wissenschaftlichen oder medialen Diskurs geprägt (Bourdieu 1985, S. 27). Sozial unbedeutende Eigenschaften werden in diesem Prozess mit symbolischer Bedeutung aufgeladen und so ebenfalls zur Grundlage für Distinktionen und die Ausbildung und Identität sozialer Gruppen (Bourdieu 1987 [1979], S. 748). Der Markt symbolischer Güter bringt somit jene sozialen Kategorien hervor, die einen sozialen Unterschied markieren und die gesellschaftliche Hierarchien in der Praxis sichtbar werden lassen.

Allerdings liegt die Kontinuität der symbolischen Herrschaft darin begründet, dass die Beherrschten selbst zumeist von ihrer Legitimität überzeugt sind (Bourdieu 2010 [1997], S. 218). Indem soziale Unterscheidungsprinzipien von Akteuren internalisiert werden, werden diese Klassifikationen objektiviert, so dass sie ihrerseits die etablierte Ordnung, aus der sie selbst hervorgegangen sind, stützen oder hinterfragen können (Bourdieu 1987 [1979], S. 748 f.). Der Markt der symbolischen Güter produziert und reproduziert damit die bestehenden Machtstrukturen (Bourdieu 1979, S. 156). Dabei gehorcht er ökonomischen Prinzipien, auch wenn der ökonomische Charakter der symbolischen Güter zumeist verschleiert oder verdrängt wird (Bourdieu 1998 [1994], S. 196). Die Doxa bilden ihrerseits einen Teil der ansozialisierten Dispositionen, so dass die kognitiven Strukturen und die Strukturen des Marktes aufeinander abgestimmt sind.

Die Beherrschten internalisieren die Strukturen der Herrschaft als Teile ihres Habitus, so dass die Herrschaftsbeziehung die Wahrnehmung der Beherrschten prägt. In der Folge nehmen sie »den Herrschenden mittels Kategorien wahr, die von den Herrschaftsbeziehungen hervorgebracht wurden und von daher im Interesse des Herrschenden liegen« (Bourdieu 1998 [1994], S. 197). Beispielsweise kann ein Hartz-IV-Empfänger selbst von der Richtigkeit der sozialen Schlechterstellung von Sozialhilfeempfängern überzeugt sein, da er die Prinzipien des »Fördern und Forderns« einer neoliberalen Wirtschaftsethik internalisiert hat. Er argumentiert somit gegen seine eigenen Interessen und für die Beibehaltung der bestehenden Herrschaftsordnung, da die grundlegenden Bewertungskategorien der Herrschaftsbeziehung zu einem Teil seines eigenen Habitus geworden sind. Die bestehende Ordnung erhält sich, indem der bestehenden hierarchischen

Ordnung ein natürlicher (quasi-ontologischer) Status zuerkannt wird, der durch die Praxis internalisiert und in die Habitus übersetzt wird. Die Beherrschten tragen so aktiv zu ihrer Beherrschung bei, da sie die bestehende Ordnung selbst praktisch vollziehen, ohne sich dessen bewusst zu sein. Dieses Phänomen bezeichnet Bourdieu als symbolische Gewalt (Bourdieu 2010 [1997], S. 216 ff.).

Der Gedanke der symbolischen Gewalt basiert auf tiefgreifenden sozialen Konstruktionen von Merkmalen, die für die Hierarchie Relevanz besitzen. Zwar ist es in Deutschland bspw. gesetzlich verboten, einen Migranten aufgrund seiner Hautfarbe schlechterzustellen. Dennoch entfalten (körperliche) Merkmale, die für Migranten kennzeichnend sind, ihre soziale Bedeutung durch inkorporierte Wahrnehmungsdispositionen. Die möglichen objektiven Unterschiede werden durch sichtbare Kategorien der Wahrnehmung verdeckt und zu sozial bedeutsamen Kategorien erhoben, deren Bedeutung es auszuhandeln gilt (Bourdieu 1985, S. 20). Die höchste Form der vermeintlichen Legitimation findet die symbolische Herrschaft in der Naturalisierung dieser Kategorien. Dies bedeutet, dass der soziale Unterschied, bspw. zwischen den Geschlechtern oder nach der Hautfarbe, anhand einer biologischen Unterscheidung begründet wird. Solch ein quasi-ontologischer Status ist nur schwer widerlegbar (Bourdieu und Wacquant 2006 [1992], S. 209). Dies gilt besonders dann, wenn die Beherrschten durch die internalisierten Dispositionen des Habitus die symbolischen Unterscheidungsprinzipien stetig reproduzieren.

5. »Flüchtling« als soziale Kategorie

Migration, Flucht und die anschließende Integration beschreiben sehr vielschichtige Phänomene, an denen zahlreiche Akteure beteiligt sind, die untereinander in verschiedenen Verhältnissen zueinander stehen können. Um diese verschiedenen Akteure und Facetten abbilden zu können, wird im folgenden Abschnitt der Bourdieusche Begriffskorpus in einer theoretischen Aufarbeitung auf »Migration«, »Flucht« und »Integration« Anwendung finden. Als Referenz dient hier vorrangig das Werk Abdelmalek Sayads, der sich intensiv mit den sozialen Folgen von Emigration und Immigration aus der Perspektive der Habitus-Feld-Theorie nach Bourdieu auseinandergesetzt hat. Dieser theoretische Rahmen wird anschließend mit eigenen Überlegungen und Anwendungen des theoretischen Instrumentariums kontrastiert. Im Anschluss werden die Migrationsgeschichte der BRD und die Bedeutung der staatlichen Akteure hinsichtlich der gesellschaftlichen Aushandlung der Kategorie »Flüchtling« dargelegt. Zudem erfolgt eine Aufarbeitung des medialen Diskurses zur Aufnahme und Integration der Flüchtlinge um das Jahr 2015.

5.1 Der relationale Migrationsbegriff nach Sayad

Während Bourdieu den Migrationsbegriff und den »Raum der Ethnien« (Bourdieu 1985, S. 42 f.) nie umfassend aufgearbeitet hat, fand der Bourdieusche Theorierahmen empirische Anwendung in den Werken Abdelmalek Sayads, für den die Themen Migration und Integration im Zentrum seiner Analysen standen (Schmitz et al. 2018, S. 22). Sayad und Bourdieu arbeiteten erstmals in den frühen ethnographischen Studien Bourdieus über das ländliche Algerien in der Kabylei zusammen (Bourdieu 1958; Bourdieu und Sayad 1964), wo Sayad sein Forschungsassistent war und maßgeblichen Anteil daran hatte, dass Bourdieu Zugang zu den sozialen und kulturellen Lebenswelten sowie den sprachlichen Feinheiten der ländlich geprägten Kabylei erlangte. Da Sayad selbst aus dieser Region stammte, war er mit der Sprache und den Bräuchen vertraut. So war seine große Stärke, wie Bourdieu betont, dass er die Gegensätze, die er im Migrationsprozess beschrieb, selber verkörperte (Bourdieu 2004, S. xii). Obwohl er in späteren Jahren als Wissenschaftler an der *Centre national de la recherche scientifique (CNRS)* zur elitären Schicht der Immigranten in Frankreich gehörte, war er stets getrieben von den Gegensätzen und Konflikten, die durch die Migration entstehen[1].

So prägend wie die Zeit in der Kabylei für Bourdieus Werk war, was sich leicht an den zahlreichen Verweisen auf die kabylische Gesellschaft in seinen späteren Werken zeigen lässt, so prägte es auch das Denken und Arbeiten Sayads. In seinen Studien untersuchte er den Migrationsprozess fast ausschließlich auf der Grundlage der Bourdieuschen Theorie (Massey 2006, S. 112).

»The suffering of the immigrant« (Sayad 2004b) ist eine Sammlung von (ethnographischen) Studien über die algerisch-französische Migration, die nach Sayad als Fallstudie alle wichtigen Merkmale von Migration abbildete (Sayad 2004 [1985/1986], S. 81). Einen prägender Faktor der algerisch-französischen Migration verortete Sayad dabei in der Kolonialgeschichte, welche nicht nur das Machtgefälle zwischen beiden Staaten zum Ausdruck bringe, sondern zugleich auch der Ausgangspunkt für die folgende Emigrationsbewegung aus Algerien darstellte. Der Kampf gegen den französischen Kolonialismus war, neben dem großen wissenschaftlichen Konsens, stets ein gemeinsames Anliegen von Bourdieu und Sayad (Noiriel 2006, S. 105).

---

1 Sayad verstarb im Mai 1998, bevor er sein Projekt zur Veröffentlichung einer umfassenden Sammlung an veröffentlichten und unveröffentlichten Studien zur Migration herausbringen konnte. Nach seinem Tod übernahm Bourdieu (2004) die Arbeiten an diesem Projekt. Bereits ein Jahr nach Sayads Tod wurde »Le double absence: De illusions de l'immigré« veröffentlicht. Der Originaltitel, der ins Deutsche übersetzt: »Die doppelte Abwesenheit: Von den Illusionen des Immigranten zum Leiden des Immigranten« bedeutet, repräsentiert die Grundgedanken Sayads hinsichtlich der Migration. Er spiegelt die innere Zerrissenheit wider, nirgendwo dazu zugehören, weder in seinem Heimatland noch in der Exilgesellschaft, und zugleich stets von der Illusion der Rückkehr beseelt zu sein. Die englische Übersetzung des Werkes erschien 2004 unter dem Titel »The suffering of the immigrant«. Erst mit dieser Veröffentlichung wurde die Arbeit Sayads der englischsprachigen Forschungsgemeinde zugänglich.

Methodologisch arbeitete Sayad aus einer ethnologischen Perspektive fast ausschließlich mit Interviews, die verschiedene Phänomene und Perspektiven der Migration beleuchteten. Dabei gelang es ihm, die Erkenntnisse aus diesen Interviews stets über alle analytischen Ebenen zu verallgemeinern. Zudem ist seine Arbeit durch das Motiv der Relationalität geprägt:

»Any attempt to construct immigration as a true object of science must, finally, be a social history of the reciprocal relations between these societies, of the society of emigration and the society of immigration, of relations between emigrants and immigrants, and of relations between each of those societies« (Bourdieu 2004 [1962/1984], S. 2).

Sayad betonte in seinen Arbeiten die Bedeutung der Historie für einen aktuellen Zustand. Spezifische Zustände lassen sich nur durch die Entwicklungen verstehen, die zu diesem Zustand geführt haben. In diesem Sinne ist sein Werk tiefgreifend historisch angelegt (Saada 2000, S. 35). So wie die Habitus sich nur aus ihrer Genese erklären lassen, und aktuelles Handeln beeinflussen (Bourdieu 2010 [1997], S. 270), beginnt die Migration mit der Ausgangslage im Heimatland und den verschiedenen Faktoren, welche die Emigration bedingt haben.

»One cannot write on the sociology of immigration without, at the same time, and by that very fact, outlining a sociology of emigration. The two are indissociable aspects of a single reality, and one cannot be explained without reference to the other« (Bourdieu 2004 [1962/1984], S. 1).

Migration wird damit nicht nur analytisch zu mehr als einem bloßen (individuellen) Ortswechsel. Die Migration hat Einfluss auf das gesamte soziale Gefüge der betroffenen Länder, so dass sowohl der soziale Raum bzw. die sozialen Räume als auch die individuellen Lagen der Migranten in diesen Räumen in Bewegung geraten. In Anlehnung an Marcel Mauss ist Migration für Sayad ein »totaler sozialer Tatbestand« (Bourdieu und Wacquant 2000, S. 176), der die gesamte(n) Gesellschaft(en) beeinflusst. Dies gilt sowohl für die Ursprungsgesellschaft als auch für die Aufnahmegesellschaft. In der Aufnahmegesellschaft rückt diese Perspektive den Fokus auf die Integrationsfähigkeit der Gesellschaft als Ganzes, zu deren Teil die Immigranten geworden sind, und nicht bloß auf die Integration einzelner in ein bestehendes Kollektiv. Sayad schloss daraus, je stärker die Integration der Gesamtgesellschaft ist, umso stärker ist auch ihre Fähigkeit, neue Elemente zu integrieren (Sayad 2004 [1994], S. 221 f.). In den Ursprungsländern ist die Abwesenheit der Emigranten ebenfalls mit weitreichenden Veränderungen in der Sozialstruktur verbunden. Insbesondere die Abwanderung junger Arbeitskräfte hat dort einen Strukturwandel zur Folge.

Im Sinne der Bourdieuschen Theorie handelt es sich bei der Beziehung von Franzosen und algerischen Immigranten um ein symbolisches Herrschaftsverhältnis. Dabei liegen die Wurzeln dieses Herrschaftsverhältnisses nicht nur in der Relation zwischen Minorität und Majorität. Es entspringt vielmehr der globalen Machthierarchie zwischen Staaten, wobei sich das Machtgefälle zwischen Algerien und Frankreich in der Zeit des Kolonialismus besonders prägnant abzeichnete. Trotz dieser scheinbaren Offensichtlichkeit wird das Machtgefälle bis heute durch die ihm eigenen Glaubenssätze verdeckt. Diese Glaubenssätze finden sich in international gültigen Doxa, welche die globalen Machtrelationen widerspiegeln. Sie werden dadurch ein fester Bestandteil der Habitusdispositionen von Emigranten, Immigranten und Ursprungsbevölkerungen. Beide Seiten dieser Machtrelation tragen dazu bei, das Machtgefälle zu verdecken, zu replizieren und zu legitimieren (Sayad 2004 [1985/1986], S. 82).

Zu den Paradoxien des Migrationsprozesses zählt es, dass die Effekte, die durch die Migration hervorgerufen werden, keinen Diskurs auslösen. Vielmehr werden die langfristigen Konsequenzen kollektiv verschleiert. Diese »triple lie«, die »magical denegation (Verneinung) of the objective reality of migration« (Bourdieu und Wacquant 2000, S. 176) dient vor allem dazu, die Migration zu legitimieren. Demnach wird die Migration stets als temporär betrachtet, obwohl sie oft einen Dauerzustand darstellt. Die Migranten halten die Illusion der Rückkehr ins Heimatland aufrecht, während die autochthone Bevölkerung der Illusion einer vorübergehenden Arbeitsmigration anhängt. Beide Narrative verdecken die Dauerhaftigkeit, die spätestens mit dem Nachzug der Partner und Familien einsetzt (Sayad 2004a, S. 298, 2004 [1977], S. 30 f.; Saada 2000, S. 37 f.). Die kognitiven Verdrängungen der wahren Beschaffenheit der Migration erfüllt eine Funktion, indem sie auf allen Ebenen Strukturbrüche und Konflikte verschleiert. Sie ermöglichen ein »weiter so«, da sie die direkte Auseinandersetzung mit den Folgen der Migration unterdrücken und einen pragmatischen Zusammenhalt schaffen, da die Konflikte, die mit der Akzeptanz einer dauerhaften Emigration und Immigration verbunden wären, nicht geführt werden müssen. Zugleich verdeckt das Narrativ die faktische Machtlosigkeit der Politik, den Migrationsprozess effektiv zu gestalten (Sayad 2004 [1994], S. 217), so dass Migration als politische Willensentscheidung dargestellt werden kann, ohne sich mit den inhärenten Konflikten auseinandersetzen oder gar proaktiv tätig werden zu müssen. Sayad beschrieb, dass die erste Integration der Migranten auf dem Weltmarkt der bezahlten Arbeitskräfte, noch vor der Emigration, stattfindet. Dabei besteht ein Interesse, diese Integration nicht zu sehen (Sayad 2004 [1994], S. 222). Dies hängt neben den genannten Gründen damit zusammen, dass sich dieser globale Markt anhand der globalen symbolischen Herrschaftsrelationen strukturiert. Die Akteure sind den global wirksamen Doxa unterworfen und erkennen daher die Hierarchie als legitim an. Eine Teilnahme an diesen sozialen »Spielen« ist nur möglich, solange man sich an die dort herrschenden Regeln hält. Man könnte sich diesem System zwar widersetzen (sofern der unwahrscheinliche Fall eintritt, dass man die symbolische Herrschaft kognitiv durchdrungen hat), hat jedoch in der Folge mit jenen sozialen Mechanismen zu kämpfen, die das symbolische Herrschaftssystem aufrechterhalten. Die Verweigerung der Emigration kann bspw. zu Sanktionen im Heimatland führen, wie Arbeitslosigkeit oder Ansehensverlust, da man sich den scheinbaren Opportunitäten der Versorgung der eigenen Familie widersetzt.

Sayads fundamentale Kritik an der klassischen Migrationssoziologie richtete sich vorrangig gegen eine Perspektive, die erst ab der Immigration einsetzt und damit die Herkunfts- und Migrationsgeschichte der Migranten komplett vernachlässigt. Zugleich stellt die Emigration einen bedeutenden Teil der Migration dar (Massey 2006, S. 114). Die Einsicht, dass Migration sowohl im Ursprungsland als auch im Aufnahmeland umfassende gesellschaftliche und politische Veränderungen hervorruft, wird dabei zu einem zentralen Ausgangspunkt der Analysen. Bereits anhand der Menge der Literatur ließe sich aufzeigen, dass die Emigration oft der Immigration untergeordnet würde und Emigranten nur als Gruppe unter anderen Immigranten vorkämen (Sayad 2004a [1981], S. 118). Dieser blinde Fleck der Migrationsforschung ließe sich vor allem dadurch begründen, dass die Immigration einen Zustand der Anwesenheit beschreibe, während die Emigration einen Zustand der Abwesenheit betrachte (Sayad 2004a [1981], S. 120). Als objektiv erfassbares Phänomen erscheint die Immigration leichter zu untersuchen, da sie einen »Ist-Zustand« darstellt und wahrnehmbare Folgen hat. Zugleich vernachlässigt eine einseitige Betrachtung die grundlegende Logik des Migrationsprozesses, da Migration ihren Ausgang in einem Land nimmt und sich in einem anderen Land fortsetzt. Die Trajektorie der Migranten wird dabei zu einem zentralen Analysegegenstand, um den

Migrationsprozess zu einem gegebenen Zeitpunkt verstehen zu können (Sayad 2004 [1977], S. 29).

Auch hinsichtlich der analytischen Perspektive positionierte sich Sayad entgegen der klassischen Migrationsforschung. Aus »unbewusste[m] Ethnozentrismus« heraus würde die Lage der Immigranten zumeist über das Vokabular eines »Problemfalls« analysiert (Bourdieu 2004, S. xiii). Als »social problems of immigrants« (Sayad 2004b [1981], S. 178) würden vorrangig Probleme wie Arbeitslosigkeit, Wohnen, (Berufs-)Bildung, medizinische Versorgung und Integration abgehandelt, die nach Sayad zwar wichtige Probleme bzgl. der Immigranten darstellen, diese aber ebenso als Probleme der französischen Gesellschaft und ihrer Institutionen mit Immigranten beschrieben werden könnten. Aus seiner Sicht habe diese Verlagerung zwei Funktionen:

»First, it regulates a phenomen that threatens to disturb public order (the social, political, moral order and so on); second, and paradoxically, it masks the essential paradox of immigration, and removes or neutralizes the question of what an immigrant is and what immigration is« (Sayad 2004b [1981], S. 179).

Weite Teile der Migrationsforschung replizierten seiner Ansicht nach die grundlegende Stigmatisierung von Immigranten, die sich aus der dominierten Position des sozialen Raumes ergibt und damit die verdeckten Mechanismen symbolischer Herrschaft stützen. Sayad versuchte mit seinem Ansatz, die Perspektive der Migranten in den Vordergrund zu rücken und forderte zugleich eine analytische Dezentrierung, in der Migration nicht nur über migrantische Subjekte beschrieben, sondern aus einer gesamtgesellschaftlichen Perspektive gedacht und analysiert wird (Schmitz et al. 2018, S. 22).

Der Ausgangspunkt für das Verständnis der Beziehungen zwischen Algerien und Frankreich liegt in der kolonialen Vergangenheit begründet (Loyal 2009). Kolonialismus bedeutet symbolische und materielle Herrschaft (Bourdieu und Wacquant 2000, S. 175) und ist der Inbegriff des Machtgefälles zwischen Algerien und Frankreich, welches sich nach den Analysen Sayads auf allen analytischen Ebenen fortschreibt. Die Emigration ist ein »direktes Produkt« (Sayad 2004 [1993], S. 88) der Kolonialisierung, und wurde vorrangig durch Veränderungen in der traditionellen algerischen Gesellschaftsstruktur hervorgerufen. »If emigration is to commence and then perpetuate itself, all the structures that once ensured the coherence of society must have broken down« (Sayad 2004 [1993], S. 88). Der Ausgangspunkt der Emigration liegt somit nicht im individuellen Schicksal oder im Wohlstand der französischen Gesellschaft begründet. Vielmehr führte die Kolonialherrschaft dazu, dass in Algerien ein grundlegender Strukturwandel einsetzte, der klassische Rollen- und Gesellschaftsmodelle auflöste (Bourdieu und Sayad 2004). Traditionelle dörfliche Strukturen lösten sich durch den Einfluss der Kolonialherren auf, was zunehmend zu Arbeitslosigkeit und sozialen Problemen führte (Saada 2000, S. 32 f.). Besonders hebt Sayad einen Prozess der »Entbäuerlichung« hervor, der mit Umsiedlungsmaßnahmen und einer verstärkten Urbanisierung einherging (Bourdieu und Sayad 2004, S. 456). Diese Prozesse lösten einen gesteigerten Migrationsdruck aus, da der Lebensunterhalt in Algerien von nun an deutlich schwieriger zu erwirtschaften und (wirtschaftliche) Unterentwicklung in Algerien die Folge war (Sayad 2004 [1985/1986], S. 64). Die Emigration aus Algerien und die Kolonialgeschichte sind somit eng miteinander verbunden. Eine Analyse der Migration hat daher deutlich vor der Emigration anzusetzen und zwar bei der Schaffung der Ausgangsbedingungen, welche die Emigrationen erst hervorgerufen haben.

Staaten haben eine unterschiedliche Lage in der internationalen Machthierarchie. Als wichtiger Faktor, bzw. Ausdruck der internationalen Machtrelationen kann der Entwicklungsgrad von Staaten ausgemacht werden. Dieser spiegelt nicht nur eine hierarchische Ordnung von Nationen nach (scheinbar)»objektiven« Kriterien wider, die in vielen Fällen auch messbar sind (z.B. über den Human Development Index). Der Entwicklungsgrad kann ebenso dazu beitragen, das Verhältnis von Emigration (aus einem armen Land) und Immigration (in ein reiches Land) zu erklären. Die Unterentwicklung eines Landes zieht Effekte nach sich, die zu einer weiteren, relativen, Abwertung des Staates führen, indem z.B. die (höher gebildeten) Arbeitskräfte in Länder mit höherem Entwicklungsgrad emigrieren. In der Konsequenz verstärkt sich der Effekt von Unterentwicklung, Emigration und Integration selbstreferentiell und ist ein aufrechterhaltender Faktor des globalen Machtgefüges. Die (wirtschaftliche) Unterentwicklung Algeriens ist somit ebenfalls als eine direkte Folge der Kolonialisierung und der sich daraus entwickelten Migrationsdynamik zu verstehen (Sayad 2004 [1985/1986], S. 64). Dabei sind es die Staaten mit einer führenden Position in der globalen Hierarchie, die die Faktoren vorgeben können, nachdem der Entwicklungsgrad einer Gesellschaft beurteilt wird.

Die Transformationen der sozialen und kulturellen Strukturen der algerischen Gesellschaft haben zu einem Wandel geführt, der sich bis tief in die

Individuen fortsetzt und dort zu innerer Zerrissenheit und Ambiguität führt (Bourdieu und Sayad 2004, S. 464). Zudem schlagen sich die internationalen Machtrelationen auf die Individual- und Gruppenhierarchien in den einzelnen Gesellschaften nieder, in denen die Herkunft ein Merkmal der sozialen Differenzierung darstellt (Sayad 2004 [1995], S. 175). Sie finden ihre Entsprechungen in den Habitus der Individuen und den sozialen Lagen der Immigranten in Frankreich. Die sozialräumliche Position von Migranten im Aufnahmeland ist maßgeblich durch die individuelle Herkunft geprägt (Bourdieu 2004 [1962/1984], S. 3 f.). Die gesamte Kolonialgeschichte, die vergangenen wie die aktuellen Machtrelationen zwischen beiden Ländern, beeinflussen so bereits die Habitus der Algerier, bevor sie nach Frankreich kommen. Diese Machtbeziehung prägt die Anwesenheit und die soziale Positionen, die den Immigranten zugestanden werden (Sayad 2004 [1995], S. 163). Die Herkunft wird zum Teil des (negativen) symbolischen Kapitals der Immigranten, die stets mit dem zusätzliche Handicap ihrer Herkunft konfrontiert sind. Der Habitus der Immigranten spiegelt zu einem Teil das symbolische Herrschaftsverhältnis zwischen den beiden Nationen. Er übersetzt dieses Handicap in wahrnehmbare Kategorien, die in der sozialen Praxis wirksam sind. Die sozial wahrnehmbaren symbolischen Kategorien werden folglich durch den herrschenden Ethnozentrismus der dominanten Kultur abgewertet (Sayad 2004 [1993], S. 90).

Über die internalisierten Machtrelationen ergeben sich Handlungsdispositionen, welche unwissentlich und unwillentlich zu einer Stütze der eigenen sozialen Abwertung beitragen. Die Immigranten sind geprägt durch die Kolonialzeit und die sich daraus ergebende hierarchische Ordnung (Bourdieu und Wacquant 2000, S. 175). Die relationale Perspektive betont besonders das Wechselspiel dieser Dispositionen, die in der Vergangenheit gebildet und internalisiert wurden und nun auf die neue Situation im Zielland angewendet werden (Schmitz et al. 2018, S. 24 f.). Durch die massiven Disruptionen, die sich durch die Wechsel der sozialen Räume ergeben, sehen sich Migranten häufig mit den Folgen des Hysteresis-Effektes konfrontiert (Loyal 2009, S. 417; siehe auch: Schmitz et al. 2018, S. 25). Dieser wirkt in zweifacher Hinsicht. Erstens zeigt sich die Hysteresis in den Beharrungskräften der Gesellschaftsstruktur, die Zeit benötigt, sich an die neue Situation mit den Immigranten anzupassen (Sayad 2004 [1994], S. 222). In der Folge halten sich, durch die Trägheit der sozialen Strukturen, Ausgrenzungstendenzen und Abwertungen tendenziell auch unter den Vorzeichen fortschreitender Integration und/oder Assimilation. Zugleich findet sich der Hysteresis-Effekt auf der Individualebene. Hier handelt es sich um die Trägheit der Habitus, so dass die erworbenen Dispositionen aus dem Herkunftsland, die auch in der neuen Gesellschaft zur Anwendung kommen, nicht mehr passend erscheinen. Bourdieu beschreibt in diesem Zusammenhang auch das Problem von »strukturelle[n] ›Doppelzwänge[n]‹«, die als widersprüchliche Habitus und »innere Gespaltenheit Leiden verursachen« (Bourdieu 2010 [1997], S. 206). Dies bezieht sich nicht nur auf die kulturellen Dispositionen, sondern zugleich auf den neuen (relativen) Status, welchen die Individuen im sozialen Raum der Aufnahmegesellschaft einnehmen. Das Handeln der Migranten kann dadurch als (dem Status) unangemessen wahrgenommen und stigmatisiert werden, was weitere Abwertungen nach sich ziehen kann.

Durch die Immigration ändert sich nicht nur der individuelle Status der algerischen Migranten, vielmehr verändern sich der gesamte soziale Raum und die in ihm herrschenden Relationen zwischen den Klassen. Den algerischen Migranten kommt dabei, begründet durch das große Machtgefälle zwischen Frankreich und Algerien, ein sehr niedriger Status im französischen Gesellschaftsgefüge zu (Sayad 2004 [1995], S. 167). Eine Gesetzmäßigkeit sieht Sayad darin, dass – zumindest bei der Immigration statusniedrigerer Gruppen – stets eine besondere Abwertung der neuesten immigrierten Gruppe stattfindet (Sayad 2004 [1995], S. 165). Darüber hinaus beschreibt Noiriel (1996), dass in der Geschichte zahlreiche Migrantengruppen als unassimilierbar galten, bevor sie jede Sichtbarkeit in der französischen Gesellschaft verloren haben (Saada 2000, S. 31). Dies mag auch damit zusammenhängen, dass Migrationshistorien zumeist nur unzureichend in ihren Konsequenzen aufgearbeitet oder im Nachhinein sogar idealisiert werden (Sayad 2004 [1994], S. 216 f.). Somit entsteht der Eindruck, dass die vergangenen Immigrationen und Integrationen stets erfolgreich verlaufen sind. Die neue Gruppe an Immigranten hingegen erscheint unbekannt und von vornherein mit dem Anspruch der Assimilation konfrontiert.

Die migrantische Existenz wird in der Aufnahmegesellschaft durch das Merkmal des »Migranten« dominiert. Die Kategorisierung als Immigrant entspricht dem eines Stigmas im Sinne Goffmans (Goffman 2018 [1963]), welches die politische Diskriminierung, also den Ausschluss vom Staatswesen, durch die ethnische Zugehörigkeit verdeckt und legitimiert. Sayad betont, dass die politische Ausgrenzung einen Sonderfall darstellt, da eine solche politische Diskriminierung aufgrund der ethnischen Zugehörigkeit unter den juristischen Vorzeichen als legitim erscheint, während sie aus ethischer oder intellektueller Sicht skandalös wäre (Sayad 2004 [1995], S. 168; siehe auch: Saada 2000, S. 41).

Mit der Kategorie »Immigrant« sind zahlreiche weitere zugeschriebene Merkmale verbunden. Der Immigrant ist nicht nur »fremd« im von Simmel und Schütz beschriebenen Sinne, er kommt auch noch aus einem sozial und ökonomisch schwachen Land, was sich auf seinen Status auswirkt. Das Stigma »Immigrant« wird zur Grundlage zahlreicher Abwertungen und ethnozentrischer Überlegenheitsgefühle auf Seiten der Ursprungsbevölkerung (Sayad 2004 [1995], S. 168). Die Immigranten stehen unter ständiger Beobachtung und unter dem Verdacht, etwas falsch zu machen.

Generell beschreibt Sayad die soziale Bedeutung der Kategorie »Immigrant« als von vordefinierten Wahrnehmungen bestimmt. »Perhaps no social object is more basically shaped by the perception we have of it than the population of immigrants – and that perception itself is determined by the abstract a priori definition that has been given of that object« (Sayad 2004b [1981], S. 177). Es handelt sich um eine der am stärksten symbolisch aufgeladenen sozialen Kategorien, die sich (zumindest) in der westlichen Gesellschaftsordnung finden lassen.

Die Wahrnehmung als »Immigrant« erfolgt vorrangig über den Körper des Immigranten, weshalb dieser besonders in den Fokus der Stigmatisierung rückt. Dabei bezieht sich die (sichtbare bzw. direkt wahrnehmbare) Stigmatisierung auf unterschiedliche Merkmale, die mit symbolischer Bedeutung aufgeladen werden, darunter der Name, die Art zu reden oder ein Akzent, die Kleidung, »all serve as supports for the stigma, and become stigmatized features« (Sayad 2004 [1987], S. 260). Zugleich werden der Habitus und die generelle Lebensweise zum Gegenstand von Stereotypen, die sich entlang bestehender symbolischer Kategorien bilden und weitere Abwertungen von Gruppen und Individuen zur Folge haben können (Sayad 2004 [1995], S. 170). Es handelt sich hierbei um Kategorien, die sich in der Bourdieuschen Theorie unter den Begriffen der Hexis und des Habitus einordnen lassen. Sie stellen grundlegende Kategorien der sozialen Identität und der Verkörperung der Kultur dar, so dass die Merkmale, welche die Stigmata stützen, nur begrenzt veränderbar sind. Dabei wird ihnen eine quasi-ontologische, »natürliche« Bedeutung zugeschrieben, die den sozialen Charakter ihrer Unterscheidung verdeckt. Sie werden dadurch zu Merkmalen symbolischer Herrschaft (Sayad 2004 [1987], S. 259 ff., 2004 [1996], S. 287).

Sayad sieht es als ein Gesetz der sozialen Physik an, dass jede Stigmatisierung Widerstand gegen das Stigma hervorruft. Das Merkmal der Stigmatisierung kann bspw. von der stigmatisierten Gruppe in ein Merkmal umgedeutet werden, welches mit Stolz getragen wird (Sayad 2004 [1987], S. 255). Die stigmatisierte Gruppe unterwirft sich somit nicht wehrlos der symbolischen Abwertung. Allerdings können diese Gegenbewegungen wiederum in der Ursprungsgesellschaft als Abgrenzung und fehlender Integrationswillen (um-)gedeutet werden.

Doch nicht nur die Stigmata bilden einen Ausdruck symbolischer Unterlegenheit. Im Rahmen der Immigration kommt es zu einer Transformation des »capital of origin« (Sayad 2004 [1995], S. 170), also aller Kapitalia und Charakteristika, die (direkt oder indirekt) mit der Herkunft zusammenhängen. Diese werden von Sayad vorrangig hinsichtlich der Vorstellung von Arbeit diskutiert (Sayad 2004 [1995]), können aber über alle soziale Felder (und Kapitalsorten) verallgemeinert werden. Der Wechselkurs steht in Abhängigkeit von der sozialräumlichen Position, die dem Migranten zugeteilt wird (Oboler 2006, S. 121). In der Praxis kommt es aber zumeist bei der Transformation der Kapitalia in die nationalen Währungen des Aufnahmelandes zu Abwertungen der Kapitalia von Migranten.

Aufgrund der festgeschriebenen internationalen Wechselkurse für ökonomisches Kapital ist hiervon vor allem das kulturelle Kapital betroffen, so dass bestehende Schulabschlüsse, Berufserfahrungen oder anderweitige Kenntnisse in der Aufnahmegesellschaft häufig massiv an Wert verlieren. Bildungszertifikate werden beispielsweise häufig vom Arbeitsmarkt im Aufnahmeland nicht anerkannt, so dass selbst in ihren Heimatländern gut ausgebildete Immigranten auf dem Arbeitsmarkt wie ungelernte Hilfsarbeiter behandelt werden (Sayad 2004 [1995], S. 174).

Diese symbolische Herabsetzung erfahren paradoxerweise nicht nur Immigranten, die in Frankreich leben oder gelebt haben. Sayad beschreibt, dass bereits in den kabylischen Gesellschaften ein Druck zur Emigration besteht, durch den »nicht-migrierte« Männer abgewertet werden. Das bedeutet, dass sich von der männlichen Bevölkerung im emigrationsfähigen Alter niemand diesem Mechanismus symbolischer Herrschaft entziehen kann. Dabei sind auch sozialräumlichen Lagen innerhalb der algerischen Gesellschaftsordnung einem Wandel unterworfen. Besonders Familien mit zahlreichen Männern sind im Vorteil, da sie durch die Emigration viel ökonomisches Kapital erwirtschaften können. Symbolisches Kapital kann von diesen Familien vor allen Dingen dann generiert werden, wenn die in Algerien verbliebenen Männer einer guten Beschäftigung, einem »good use«, nachgehen (Sayad 2004 [1975], S. 24). Der Status der Familien in Algerien wird somit ebenfalls vorrangig durch die Migration definiert. Sei es durch emigrierte Familienmitglieder oder durch das Ausbleiben der Migration. »Ultimately, each individual's status is defined only in relation to emigration« (Sayad 2004 [1975], S. 24). Hierin liegt eine weitere Paradoxie des Migrationsprozesses verborgen. Obwohl ein Druck zur Emigration herrscht und Männer, die nicht migrieren, von Sanktionen betroffen sind, und obwohl nahezu alle Familien in Algerien einen Emigranten im näheren Umfeld haben, wird die Emigration in Algerien gesellschaftlich abgewertet (Sayad 2004 [1984], S. 111).

Doch nicht nur im Aufnahmeland leiden die Migranten unter fehlender Anerkennung. Sayad beschreibt zudem den Druck zur Migration in den Herkunftsländern, die Folgen der Abwesenheit und die innere Zerrissenheit der Migranten. In Anlehnung an Sokrates beschreibt Bourdieu die Migranten als »atopos«, als ortlos, gefangen in einer unbestimmten Position zwischen beiden sozialen Welten, als »›displaced persons‹ who have no appropriate place in social space and no set place in social classifications« (Bourdieu 2004, S. xiv; siehe auch: Bourdieu und Wacquant 2000, S. 178). Der Weg zurück ins Heimatland ist zumeist mit einem Gesichtsverlust verbunden (Sayad 2004 [1975], S. 16). Zugleich verstärken die Mythen der Emigranten, die im Urlaub in ihre Heimatdörfer zurückkehren und ihren (scheinbaren) Wohlstand präsentieren, die unrealistischen Erwartungen, welche die Migration reproduzieren und den Kreislauf der Migration am Laufen halten. In diesem Sinne ist die Emigration selbsterhaltend bzw. »contagious« (Sayad 2004a, S. 298). Die Verschleierung der negativen Erfahrungen ist dabei ein wichtiger Mechanismus, um die eigene innere Zerrissenheit zu verdecken (Sayad 2004 [1975], S. 26 f.).

Die innere Zerrissenheit der Migranten manifestiert sich in einer »doppelten Abwesenheit«. Zum einen haben sie ihre ursprüngliche Heimat verloren sowie die Zugehörigkeit zur eigenen Herkunftsgesellschaft (Sayad 2004 [1977], S. 49 f.). Zum anderen werden die Immigranten in der Aufnahmegesellschaft nie gänzlich akzeptiert und gehören ebenfalls nicht dazu. Das mag einerseits mit der Illusion des temporären Aufenthalts zu erklären sein, bzw. mit den allgemeinen sozialen Illusionen, welche die Migration prägen. Auf der anderen Seite zeigt sich die Abwesenheit im Land der Immigration durch Konflikte bezüglich der eigenen Identität (Sayad 2004 [1977], S. 47). Die Identität nach der Migration ist nicht nur durch das Stigma, sondern auch durch die damit verbundenen Statusabwertungen geprägt, sowie durch die Anforderung, die alte Existenz hinter sich zu lassen. Zugleich wird der eigene Habitus zunehmend in die Gussformen der Aufnahmegesellschaft gedrängt, wobei die beherrschte Position stets auch Demut verlangt, da gerade Immigranten mit einem selbstbewussteren oder mutigeren Auftreten häufiger Rassismus ausgesetzt sind (Sayad 2004 [1977], S. 47 f.).

Nach Sayad verstehen die Aufnahmegesellschaften unter »Integration« stets »Assimilation« (Sayad 2004 [1985/1986], S. 71, 2004 [1994], S. 217). Die Erwägungen der Integrations- und Assimilationstheorien nach Berry (1980, 1997) und Esser (1980, 2000, 2008, 2009) sind somit im Hinblick auf die erwartbaren Outcomes des Integrationsprozesses in der relationalen Theorie, zumindest für statusniedrige Migranten, auf den Anspruch der Assimilation beschränkt. Doch trotz weitreichender Anpassung, auch der eigenen Identität, bleiben die Aussichten für die Immigranten düster. Der soziale Makel der statusniedrigeren Herkunft führt dazu, dass die meisten nicht als gleichwertig behandelt werden (Sayad 2004 [1985/1986], S. 82). Die soziale Position des Immigranten wird stets von der symbolischen Herrschaft dominiert, so dass die Misserfolge der Integration weiterhin als individuelles Versagen, die gelungene Integration als Verdienst der integrierenden Gesellschaft angesehen werden (Sayad 2004 [1994], S. 220). Ein wirkliches Ankommen in der Immigrationsgesellschaft erscheint somit aus der Perspektive Sayads nahezu ausgeschlossen (Noiriel 2006, S. 106).

Dieser Konflikt verschärft sich in der zweiten Generation. Außerhalb des Ursprungslandes geboren, werden sie von der Aufnahmegesellschaft trotz ihrer Sozialisation in Frankreich weiterhin als Algerier identifiziert, obwohl sie möglicherweise niemals selbst in Algerien gewesen sind. Es handelt sich um »Hybride« (Sayad 2004 [1996], S. 291), deren soziale Lage auf dem Feld symbolischer Macht noch kritischer erscheint, da sie sich weder (innerlich) von der Exilgesellschaft, in der sie aufgewachsen sind, lossagen, noch sich auf die eigenen Wurzeln berufen können (Sayad 2004 [1987], S. 256).

5.2 Ankunft und soziale Bewertung der Flüchtlinge

Wie gezeigt werden konnte, legte Abdelmalek Sayad durch seine umfangreiche Aufarbeitung einer Bourdieuschen Migrations- und Integrationssoziologie den Grundstein für eine relationale Perspektive in diesem Forschungsfeld. Der dort erarbeitete theoretische Rahmen, sowie die konsequente

Anwendung der Bourdieuschen Epistemologie und seines Vokabulars lassen zudem einer Erweiterung dieses Ansatzes zu. Dies soll im Folgenden am empirischen Beispiel der Gruppe der Flüchtlinge aus dem Nahen und Mittleren Osten und Nordafrika gezeigt werden, die um das Jahr 2015 nach Deutschland eingereist sind. Dabei wird vor allem die Zeit nach der Ankunft in Deutschland Betrachtung finden, sowie die unterschiedlichen Integrationsperspektiven und -chancen.

Da es sich bei der Gruppe der Flüchtlinge um eine sehr diverse Gruppe handelt, kann davon ausgegangen werden, dass sich auch hier die beschriebenen Mechanismen von symbolischer Differenzierung durch Status und Herkunft beobachten lassen. Darüber hinaus sollte es möglich sein, einige Merkmale zu identifizieren, die für den Fall der Flüchtlingsmigration und -integration spezifisch sind und Einfluss auf den Integrationsprozess nehmen. Für die empirische Analyse sollen nun im Folgenden die sozialen Prozesse beschrieben werden, die im Anschluss an die Einreise von Migranten und Flüchtlingen in Bewegung gesetzt werden.

5.2.1 Prozesse der sozialen Einordnung von Migranten

Der Begriff »Migration« beschreibt im Allgemeinen den Übertritt von einem nationalen sozialen Raum in einen anderen. Diese sozialen Räume können sich, je nach ihrer spezifischen Lage in der globalen Machthierarchie, welche eng mit dem globalen Feld der Ökonomie korrespondiert, deutlich in ihren Anforderungen und »Spielregeln« unterscheiden. Der Integrationsbegriff der relationalen Theorie beschreibt dabei die Teilnahme an den »gesellschaftlichen Spielen« auf den sozialen Feldern des jeweiligen Landes, wobei ein gradueller Integrationsbegriff angenommen werden kann, der mehr oder weniger Teilhabe adressiert.

Neben diesem systemischen Integrationsbegriff kann ein zweiter, symbolischer Begriff von »Integration« beschrieben werden, der eine ganz praktische gesellschaftliche Funktion ausübt. »Integration« wird als Merkmal den Akteuren oder Akteursklassen in der sozialen Praxis zugeschrieben. Welche Akteure oder Gruppen als integriert angesehen werden und welche sozialen Konsequenzen daraus erwachsen, unterliegt einer steten sozialen Aushandlung. Das symbolische Merkmal »integriert zu sein« findet so seine Translation in den sozialen Raum und damit in die soziale Hierarchie und vice versa. Als wichtiges Differenzierungsmerkmal kann angenommen werden, dass die sozialräumlichen Positionen die Zuschreibung des Merkmals »integrierter Migrant« beeinflussen. Dabei ist einerseits die sozialräumliche Lage der Migranten bedeutsam, so dass sozial bessergestellte Migranten vermutlich eher als integriert anerkannt werden. Sie haben in der Regel mehr Kapital und verfügen über einen besseren Wechselkurs bei der Konvertierung ihrer Kapitalia, der über die internationalen Hierarchien abgesichert ist. Zugleich sollten die Anforderungen, diesen Status zu erreichen, ebenfalls nach den Herkunftsländern der Migranten sowie nach weiteren symbolisch signifikanten Merkmalen differenzieren. Andererseits wird die Merkmalszuschreibung durch die sozialräumliche Position der zuschreibenden Gruppen aus der Ursprungsbevölkerung bestimmt. Statushöhere Gruppen können bspw. bei der Zuteilung des Merkmals »integriert« freigiebiger sein als statusniedrigere Gruppen, da sie keine direkten Konkurrenzen zu fürchten haben.

Diesem Prozess liegen unterschiedliche Anerkennungen von (negativem) symbolischem Kapital zu Grunde. Eine Grundlage für diese Zuteilungen sind die verschiedenen (Stereo-)Typisierungen[2], die mit der Herkunft verbunden sind (Berger und Luckmann 1980; Schütz und Luckmann 2017). Was in der theoretischen Darlegung sehr sperrig klingt, lässt sich an einem einfachen Beispiel verdeutlichen. Es ist anzunehmen, dass ein Migrant aus dem Sudan deutlich mehr Anstrengungen erbringen muss, um in Deutschland als integriert anerkannt zu werden, als ein Migrant aus Österreich oder den USA. Dabei kann es sogar der Fall sein, dass die Kategorie »integriert zu sein« für Personen aus Österreich oder den USA gar nicht zur Disposition steht, sondern von vornherein angenommen wird. Im äußersten Fall ist sogar denkbar, dass der Wohnortwechsel von Österreich nach Deutschland gar nicht als Migration wahrgenommen wird.

»Der Eindruck von einem Gesicht [verändert] sich je nach zugeschriebenem ethnischen Etikett« und hängt ab »von dem ihnen im jeweiligen Zeitpunkt aufgedrückten sozialen Stempel« (Bourdieu 1987 [1979], S. 152). Der

---

2 Typisierungen sind in diesem Sinne als Imaginationen von gruppenspezifischen Verhaltensdispositionen zu verstehen, die auf stereotypen Verallgemeinerungen von Gruppen basieren. Diese können als Teil des Habitus angesehen werden, und variieren somit selbst nach sozialen Klassen. Typisierungen können sich sowohl als Verallgemeinerungen klassen- oder gruppenspezifischer Habitus als auch unbewusster Distinktionsbemühungen ergeben. Sie müssen somit nicht auf vorherrschenden Verhaltensmustern basieren, die sich empirisch in der Realität nachweisen lassen. Für eine Studie über die Ausprägung und Genese solcher Typisierungen sei »Etablierte und Außenseiter« von Elias und Scotson (2016 [1965]) empfohlen.

Status »integriert zu sein« ist damit kein objektives Kriterium, welches für alle Gruppen gleiche Voraussetzungen schafft. Wie alle sozialen Zuschreibungen erwächst die Chance, diesen Status zuerkannt zu bekommen aus (individuellen oder gruppenspezifischen) Merkmalskombinationen, die das symbolische Kapital eines Individuums oder einer Gruppe beeinflussen. Diese Typisierungen strukturieren sich nach der Position der Herkunftsländer in der globalen Machthierarchie. Bourdieu nennt in diesem Zusammenhang einen »Raum der Ethnien« (Bourdieu 1985, S. 42 f.), ohne jedoch weiter auszuführen, wie sich dieser konstruiert. An der Art, wie er den Begriff gebraucht, wird jedoch deutlich, dass sich dieser Raum der Ethnien anhand der globalen Machtrelationen zwischen Staaten und Regionen strukturiert. Empirisch aufzeigen lassen sich diese globalen Staatenhierarchien bspw. anhand der Wirtschaftsleistung der einzelnen Staaten, sowie am politischen Einfluss. Dabei gehen Wirtschaftsstärke und politischer Einfluss häufig Hand in Hand, wie nicht zuletzt die Treffen der G7 oder der G20 Staaten vor Augen führen. Diese Staatenhierarchien bestimmen die Lage im Raum der Ethnien und beeinflussen, wer nach der Immigration mit welchem Handicap starten muss (negatives symbolisches Kapital), bzw. von vornherein mit einem symbolischen Bonus ausgestattet ist (positives symbolisches Kapital)[3]. Die Typisierungen sind geprägt durch die gesamte Geschichte zwischen den beiden Nationen, die auf der Akteursebene als Teil der Habitus zu einem Teil der Identität der Individuen geworden ist.

Die symbolischen Bedeutungen sozialer Kategorien wie ethnische Zugehörigkeit oder Herkunft und die sich daraus ergebenden sozialräumlichen Positionen von Migranten und Flüchtlingen sind das Ergebnis stetiger gesellschaftlicher Aushandlungsprozesse. Diese strukturieren sich nach den gesellschaftlichen Machtstrukturen und Interessen zwischen den verschiedenen sozialen Klassen, vorrangig der herrschenden Klassen. Es geht dabei um die soziale Definition symbolischer Kategorien, die auf dem Markt symbolischer Güter ausgehandelt werden. Diese Aushandlungsprozesse finden dabei bspw. Ausdruck im öffentlichen, medialen und politischen Diskurs. Die Stimmen von Personen mit hohem symbolischen Kapital finden dabei besondere Beachtung. Ganz konkret verdeutlicht die Aussage »Wir schaffen das« die zur Schau getragene Offenheit gegenüber Flüchtlingen im Jahr 2015 durch die damalige regierende Bundeskanzlerin Angela Merkel (Bun-

---

3 Anja Weiß (2013) spricht in diesem Zusammenhang auch von einem »rassistischen Kapital«, was letztlich den Überlegungen Bourdieus zu einem negativen symbolischen Kapital entspricht.

desregierung der Bundesrepublik Deutschland 2020b). Durch ihr Ansehen als Bundeskanzlerin, sowie durch die Unterstützung breiter Teile der Medien, der Bevölkerung und der Wirtschaft, konnte sie ihr symbolisches Kapital nutzen, um die Kategorie »Flüchtling« im öffentlichen Diskurs (zumindest vorerst) positiv zu konnotieren.

Die Kategorie »Migrant« wird auf verschiedenen Feldern mit symbolischer Bedeutung aufgeladen und fortwährend reproduziert. Da die Kategorie per se relativ unscharf ist – sie bezieht sich sowohl auf Migranten aus Österreich als auch aus Syrien oder Venezuela – ist ihre praktische Bedeutung für die sozialräumliche Positionalität von weiteren Kategorisierung oder Typisierungen abhängig. Diese unterscheiden die unterschiedlichen Migrantengruppen voneinander und nehmen Einfluss auf die Wahrnehmung der Kategorie »Migrant«. Sie tragen damit zur Klassifizierung im sozialen Raum bei.

Die Herkunft und die zugehörigen Klassifizierungen werden so zu »*Nebenmerkmalen*, die im Sinne unterschwelliger Anforderungen, als reale und doch nie förmlich genannte Auslese- oder Ausschließungsprinzipien funktionieren können« (Bourdieu 1987 [1979], S. 176 f. [Hervorhebungen im Original]). Ferner gehören zu diesen Nebenmerkmalen neben dem Ursprungsland (und seiner Positionalität im Raum der Ethnien) Merkmale wie (zugeschriebene) Religion, (zugeschriebenes und objektiviertes) kulturelles Kapital, ökonomisches Kapital, (relativer) Status im Ursprungsland, usw.

Die Herkunft und die Ethnie steht somit in einer engen Interaktion mit weiteren (individuellen oder gruppenspezifischen) Statusmerkmalen, die ihrerseits dazu führen können, dass ein hoher Status im Herkunftsland oder spezifische anerkannte Merkmale zur Aufwertung einer Herkunft führen, die ohne diese Merkmale negativ besetzt wäre. Individuelle Eigenschaften können die weitreichende Typisierung qua Herkunft somit teilweise ausgleichen oder sogar ins Gegenteil verkehren. Verfügt ein Sudanese bspw. über einen Harvard-Abschluss, der ihn als der kosmopolitischen Elite zugehörig ausweist, kann seine Herkunft sogar zum Vorteil werden, verspricht sie doch seinem Arbeitgeber als Ausweis weltoffener Firmenstrukturen zusätzliche Prestigegewinne in Form von symbolischem Kapital. Die Wahrscheinlichkeit für Sudanesen, einen Harvard-Abschluss zu erlangen, ist jedoch ungleich geringer als für Deutsche oder Japaner.

Mit der Immigration erfolgt eine Affizierung der Kapitalien, besonders des kulturellen Kapitals. Je nach Kombination der Nebenmerkmale variiert der »Wechselkurs« bei der Konversion bestehender Kapitalstrukturen in die

»Landeswährungen« des Aufnahmelands. Gleiches gilt auch für die Kategorie »Flüchtling«. Flucht kann als ein Sonderfall der Migration angesehen werden, der sich durch spezifisches (internationales) Recht legitimiert. Kennzeichnend für Fluchtmigration ist, dass diese nahezu ausschließlich aus Ländern und Regionen erfolgt, die als Krisenregionen gelten und zumeist einen niedrigen internationalen Status aufweisen. Dies wirkt sich auf die Klassifizierung der Flüchtlinge aus. Es zeigt sich z.b., dass die Bildungszertifikate (vor allem im Hinblick auf Berufsbildung) von Flüchtlingen, die sie in ihrem Ursprungsland erworben haben, in Deutschland nahezu wertlos sind, sofern sie nicht als der deutschen Bildung gleichwertig anerkannt werden (Stoewe 2017, S. 12). Umgekehrt sollten Absolventen einer amerikanischen Eliteuniversität keinerlei Probleme haben, in Deutschland Anerkennung zu finden. Sie verfügen über international gültige Universitätsabschlüsse, die über die globalen Machtstrukturen abgesichert sind. Weiß (2017) bezeichnet diese Fähigkeit der globalen Anerkennung, bspw. von institutionalisiertem kulturellen Kaptal, als »sozial-räumliche Autonomie«. Diese bietet die Chance »den Kontext auf Wunsch wechseln zu können« (Weiß 2017, S. 129). Daraus ergibt sich eine »quasi-Ubiquität«, die den herrschenden Klassen vorbehalten ist (Bourdieu 2018, 110). Die herrschenden Klassen sind dadurch befähigt, Kontexte nach Belieben zu wechseln, was sich positiv auf ihre Lebenschancen auswirkt und ihnen ermöglicht, weitere Profite aus ihren Kapitalia zu erwirtschaften. Personen, die einen niedrigen sozialen Status aufweisen, sind dagegen sehr stark an ihre Umgebung gebunden. Ihnen bleibt in der Regel eine Transition ihrer (geringen) Kapitalien in einen anderen Kontext verwehrt.

Die Kategorien »Ethnie« und »Herkunft« korrespondieren bei Flüchtlingen mit der Fluchtursache und der rechtlichen Einordnung dieser Fluchtursache im Aufnahmeland. Nach Bourdieu ist die Logik von »Geschlechtsunterschieden« und »Rasseunterschieden« »dieselbe« (Bourdieu 2012 [1998], S. 31). Beide Merkmale sind sozial konstruierte und in der Folge naturalisierte soziale Kategorien. Ethnie und Migrationshistorie erlangen auf diesem Wege einen quasi-ontologischen Status. Symbolische Unterscheidungen, die sich als Produkt sozialer Machtrelationen ausdifferenzieren und soziale Hierarchien hervorbringen, werden mithin zu biologischen (oder: biologisierten) Unterscheidungen umgedeutet. Der Unterschied zwischen »Einheimischen« und »Zugewanderten« wird nicht mehr allein am Ort der Sozialisation festgemacht, sondern mit symbolischer Bedeutung aufgeladen. Meistens geschieht dies zum Nachteil der Migranten. In der Folge werden soziale Differenzierungen und ihre handlungspraktischen symbolischen Auswirkungen gesellschaftlich legitimiert. Das Verhältnis zwischen autochthoner Bevölkerung und Migranten oder Flüchtlingen spiegelt die globalen Machtrelationen und gewachsene Ungleichheitsstrukturen. Migranten haben hierdurch einen doppelten Nachteil. Zum einen können sie durch ihre Unkenntnis bzgl. des legitimen Handelns abgewertet werden. Zum anderen sind es Akte symbolischer Gewalt, die zu einer Abwertung von bestimmten Migrantengruppen führen: Die Ethnie wird so zu einem naturalisierten Unterscheidungsmerkmal symbolischer Herrschaft.

Im schlechtesten Fall für die Betroffenen werden diese Formen von abwertenden Zuschreibungen zu Schimpfwörtern, die die gesamte Identität von Personen und Gruppen auf ein als negativ deklariertes Merkmal reduzieren. Sie werden zu sozialen Stigmata, die ihrerseits einen Ausdruck der symbolischen Herrschaftsverhältnisse darstellen (Bourdieu 1987 [1979], S. 741 f.). Zudem können bestehende Klassifikationen mit weiteren negativen Eigenschaften in Verbindung gesetzt werden. So zeigt Wacquant, dass in den USA eine Veränderung im Verhältnis zwischen sozialem und strafendem Staat stattgefunden hat. Im Zuge dieses Wandels wurde durch den Wegfall sozialer Sicherungssysteme ein größerer Anteil der ärmeren Bevölkerung, darunter vor allem Afroamerikaner, in die Kriminalität getrieben, was dazu führte, dass das Merkmal Hautfarbe stärker mit Kriminalität assoziiert wird. Der Staat hat so im Ergebnis die Armut im Land gefördert und die Kriminalität befeuert (Wacquant 2016). Ein ähnliches Phänomen findet sich in der Studie »Etablierte und Außenseiter« von Elias und Scotson (2016 [1965]), die hervorheben, dass als Eigenschaften der Minderheiten vorrangig die negativsten Eigenschaften einzelner Gruppenmitglieder verallgemeinert werden, ganz egal, wie repräsentativ diese für die Gesamtgruppe der Minderheit sind (Elias und Scotson 2016 [1965], S. 165), und auch Sayad beschreibt, dass stigmatisierende gruppenspezifische Eigenschaften bei Migranten besonders betont würden. Die Abwertung erfolgt über unterschiedliche Merkmale, wobei jene als besonders wirkmächtig erscheinen, die sich an körperlichen Attributen und der Hexis festmachen lassen (Sayad 2004b [1981]).

5.2.2 Statuszuteilung und symbolische Herrschaft

Die grundlegende Statuszuteilung erfolgt bei den Flüchtlingen in doppelter Hinsicht durch das symbolische Kapital und durch die Affizierung der bestehenden Kapitalien. Nicht nur, dass bestehende Kapitalia durch den Eintritt in den sozialen Raum neu bewertet, und vor allem bei Flüchtlingen zumeist abgewertet, werden. Die zugeschriebenen Kategorien hinsichtlich der individuellen Merkmale bzgl. der Herkunft oder Ethnie finden ihrer Entsprechung in einem spezifischen symbolischen Wechselkurs. Zudem sind zahlreiche Migranten auf Grund der hierarchischen Stellung ihrer Herkunft im Raum der Ethnien »mit dem Fluch eines negativen symbolischen Kapitals geschlagen« (Bourdieu 2010 [1997], S. 309 f.). Das symbolische Kapital fungiert als zusätzlicher Faktor, über den das gesamte Kapitalvolumen auf- oder abgewertet werden kann. Handelt es sich um »*einen negativen symbolischen Koeffizienten*« (Bourdieu 2012 [1998], S. 161, [Hervorhebungen im Original]), kann dieser die Abwertung des gesamten Kapitalvolumens der Flüchtlinge bewirken.

Die Anerkennung bestehender Kapitalia ist ein gesellschaftlicher Regulierungsmechanismus der sozialen Stellung von Migranten im Speziellen und des Wertes bestimmter Ressourcen im Allgemeinen. Die Grundlage für eine Einstufung in positives oder negatives symbolisches Kapital liegt in der Wahrnehmung der Kategorien, die mit einer symbolischen Bedeutung aufgeladen worden sind (Bourdieu 1998 [1994], S. 175). Im Falle von Flüchtlingen kann dies bspw. anhand des Namens, einer gebrochenen Sprache, der Hautfarbe oder, im institutionellen Kontext, anhand des Aufenthaltsstatus und der Fluchtursache geschehen.

Die sozialen Demarkationslinien zwischen den sozialen Gruppen, gerade im Hinblick auf die Ethnie, verlaufen entlang von Kategorien, die nur in spezifischen Fällen oder Ausprägungen überhaupt symbolische Relevanz gewinnen. Erst durch die Zuteilung sozialer Bedeutung werden diese Kategorien »sichtbar« und wichtige Elemente der sozialen Anerkennung (Bourdieu 2012 [1998], S. 161). Dies gilt bspw. für Namen, die »ohne jeden Informationsgehalt« sind, »außer wenn es sich um einen Adels- oder sonst wie berühmten Namen handelt oder wenn er an eine besondere Ethnie gemahnt« (Bourdieu 1992 [1984], S. 61). Bis heute belegen zahlreiche Studien, dass Personen mit ausländisch klingenden Namen z.B. bei der Wohnungssuche (z.B. Hinz und Auspurg 2017) oder auf dem Arbeitsmarkt (z.B. Koopmans et al. 2018; Blommaert et al. 2014) schlechtergestellt sind.

Diese Formen der Abwertung tragen paradoxerweise zu ihrer eigenen Legitimierung bei, indem die bestehenden Statusunterschiede durch sie in die Praxis übersetzt werden und sich dort gegenseitig verstärken. Aufgrund fehlender Wohnungsangebote sehen sich Migranten bspw. oft gezwungen, in statusniedrige Wohngebiete zu ziehen. Armut und Kriminalität sind in solchen Wohngebieten in der Regel größer, was dazu führt, dass die sozialen Brennpunkte auch mit einem hohen Anteil an Migranten assoziiert werden. In diesem Prozess wird schnell der hohe Anteil an Migranten zur Ursache des Problems und als abwertendes Merkmal von Wohngebieten betrachtet. Auf dieser Grundlage lassen sich ablehnende Denk- und Handlungsweisen legitimieren, da sie sich scheinbar statistisch belegen lassen, unabhängig von der tatsächlichen Kausalität. Zudem wird den Migranten diese Form der Segregation häufig sogar zum Vorwurf gemacht, indem sie bspw. als fehlender Integrationswille oder bewusste Abgrenzung interpretiert wird (Sundsbø 2014, S. 105 ff.). Nach Sundsbø (2014, S. 219) finden sich weitere Narrative, die mit der Ethnie ihrer Bewohner verbunden werden, bspw.»›Ghetto‹, ›Kriminalität‹, ›Angst‹, ›chaotische Zustände‹, ›Dreck‹ sowie ›Respektlosigkeit gegenüber Frauen‹«.

Auch Wacquant (2016) betont die sozialen Probleme, die mit der Ethnie der Bewohner sozialschwacher Wohngebiete verknüpft werden. Die Statuseffekte, die durch den höheren Anteil der schwarzen Bevölkerung an den Armutsgruppen entstehen, werden ethnisch umgedeutet. Gleiches gilt für den physischen Raum. Durch den höheren Anteil der Schwarzen an der Armutsbevölkerung können sie vorrangig in Gegenden Wohnungen finden, in denen die Mieten sehr preiswert sind. Folglich leben in den Armutswohngebieten in den USA verstärkt Minderheiten, die durch das ihnen auferlegte ethnische Handicap nur geringe Aufstiegschancen haben und mit einer größeren Wahrscheinlichkeit in die Kriminalität abrutschen. Dadurch steigt die Kriminalitätsrate besonders in den Armutsgebieten, was weitere Abwertungen der schwarzen Bevölkerung zur Folge hat. Die Kriminalität wird nicht mehr mit der Armut verbunden, sondern mit dem Merkmal »Afroamerikaner« assoziiert, was eine weitere Prekarisierung der Lebenslagen mit sich bringt und noch mehr Schwarze in die Kriminalität treibt (Wacquant 2018, S. IXff.).

Das (negative) symbolische Kapital wirkt jedoch nicht auf allen sozialen Feldern gleichermaßen. Während z.B. ein Migrationshintergrund auf dem Feld der Kunst keinen nennenswerten Malus ausmacht, oder sogar positiv konnotiert sein kann, kann die Abwertung auf dem Feld der Wirtschaft sehr stark sein. Die Bedeutung der Migrationshistorie, der Herkunft und ihre Kombination mit individuellen Eigenschaften ist Gegenstand sozialer Kämpfe, die auf jedem Feld eigenständig ausgetragen werden. Der soziale Wert (negativ wie positiv), den bestimmte Merkmale auf den einzelnen

Feldern haben, und auch die Strukturdeterminanten der Kapitalien, können dabei, je nach Feld, von spezifischen ökonomischen oder kulturellen Merkmalen, wie der ethnischen oder religiösen Zugehörigkeit, überlagert werden (Bourdieu 1985, S. 42 f.):

»In diesem Fall erscheint die Verteilung der Akteure als Ergebnis der Überschneidung zweier relativ unabhängiger Räume: Eine im Raum der Ethnien unten angesiedelte Gruppe kann dementsprechend zwar in allen Feldern und in jeglichen Positionen vertreten sein, letzten Endes aber in einem geringeren Verhältnis als die weiter oben angesiedelten ethnische Gruppe« (Bourdieu 1985, S. 42 f.).

So können sich die globalen Hierarchien des Raumes der Ethnien auch auf den sozialen Feldern fortschreiben, selbst wenn sie die Ökonomie der Felder nicht direkt betreffen.

Im Rahmen der gesellschaftlichen Aushandlungsprozesse bzgl. des symbolischen Kapitals vertreten unterschiedliche Gruppen verschiedene Interessen. Dies beeinflusst auch ihr Handeln. Es kann in Teilen der herrschenden Klasse durchaus (zumeist unbewusst und unintendiert) gewünscht sein, Migranten und Flüchtlingen einen höheren Status und mehr Privilegien zuzugestehen, z.B. um bestimmte Gruppen gegeneinander auszuspielen. Dies könnte bspw. für Personengruppen gelten, die von einem großen Angebot an günstiger Arbeitskraft profitieren. Sie haben Vorteile durch den Anstieg des Preisdrucks im Niedriglohnbereich, der durch die Fähigkeiten der Migranten, die zwar objektiv bestehen, aber keine Form institutioneller Anerkennung genießen, forciert wird.

Weiterhin versprechen besonders generöse Zuteilungen von Privilegien Distinktionsgewinne, die sich aus den sozialräumlich verteilten Klasseninteressen ergeben. Ohne, dass dies bewusst praktiziert wird, können sich die höheren Klassen durch eine liberale Einstellung zu den Flüchtlingen von niederen Klassen absetzen, die in direkter Konkurrenz zu den Migranten stehen, bzw. versuchen, sich durch Distinktionspraktiken (die ebenfalls zumeist unintendiert erfolgen) von den Migranten abzusetzen. Zugleich können die höheren Klassen als liberal und weltoffen gerieren, und so das eigene Gewissen entlasten. Ein Phänomen, dass sich auch als »doppelte Distinktion« (Bourdieu 2001 [1992], S. 127 ff.) beschreiben lässt.

Die Durchsetzung der Deutungshoheit über die sozialen Kategorien kann als Ausdruck gesellschaftlicher Macht angesehen werden. Dabei sind auch die Inhalte und die sozialen Konsequenzen der Kategorien Teil der Aushandlung. Wer ein (legitimer) Flüchtling ist und was mit dem Status als (legitimer) Flüchtling für Rechte einhergehen, ist Teil des gesellschaftlichen Diskurses. Die Aushandlung der Kategorie »Flüchtling« bezieht sich auf gesellschaftliche Spannungslinien, in denen weitere Typisierungen wie »Ethnie«, »Religion«, »Herkunft« und »Fluchtursache« verhandelt werden. Doch auch die Bedeutung der Kategorien »Migrant« und »Flüchtling« variieren nach der Lage im sozialen Raum. Diese beeinflusst, wer als »legitimer Flüchtling« anerkannt wird. Die Zuschreibung von Legitimität kann dabei nahezu unabhängig von der rechtlichen Definition von Flüchtlingen und Asylsuchenden geschehen. Die sozialräumliche Position der verschiedenen Flüchtlingsgruppen erklärt sich in weiten Teilen durch das Herkunftsland und seine Nebenmerkmale. Diese beeinflussen zudem, dass die verschiedenen Flüchtlingsgruppen durch die autochthone Bevölkerung unterschiedlich wahrgenommen werden (Bourdieu und Wacquant 2000, S. 174 f.; Sayad 2004b; Schmitz et al. 2018).

Bei Flüchtlingen stellt das Herkunftsland ein wichtiges Korrelat der Fluchtursache dar und trägt so zur Legitimierung oder zur Ablehnung des Aufenthalts bei. Besonders deutlich wird dies bei Staatsangehörigkeiten, die eine gute Bleibeperspektive besitzen. Personen aus Ländern mit Schutzquote von über 50 % haben bessere Chancen, einen Schutzstatus zuerkannt zu bekommen, und erhalten Privilegien im Rahmen des Asylverfahrens. Sie dürfen z. B. bereits während des laufenden Asylverfahrens an Sprachkursen teilnehmen und erhalten früher Förderung bei der Arbeitsmarktintegration.

Flüchtlinge, die unter dem Verdacht stehen, Wirtschaftsflüchtlinge zu sein, werden besonders abgewertet und haben kaum eine Chance auf Asyl in Deutschland (Reeh 2017). Weite Teile der Bevölkerung sind der Meinung, dass man ihren Zuzug einschränken oder unterbinden solle (Friedrichs et al. 2019, S. 203). Von dieser Abwertung sind besonders Personen aus den als »sichere Herkunftsstaaten« deklarierten Ländern betroffen. Hierzu zählen neben allen Ländern der Europäischen Union: Albanien, Bosnien und Herzegowina, Ghana, Kosovo, Mazedonien, Montenegro, Senegal und Serbien (Bundesamt für Migration und Flüchtlinge 2017).

Die Logik dieser Klassifikations- und Unterscheidungssysteme wird in diesem Prozess durch die Machtstrukturen genauso produziert, prozessiert und reproduziert wie die Klassifikationssysteme selbst. Diese stützen die bestehenden Machtstrukturen innerhalb der Gesellschaft. Ihre Legitimation erhalten diese Unterscheidungen durch die in ihnen angelegte Verkennung der hierarchischen Ordnung und scheinbare Objektivität. Die Abwertung bestehender Kapitalstrukturen findet bei Flüchtlingen bspw. nicht durch das Kriterium ihrer Herkunft statt. Dies wäre als offener Rassismus nicht nur gesellschaftlich verpönt, sondern institutionell als Form der Diskriminierung illegal. Vielmehr finden subtilere Formen der Abwertung und Ausgrenzung statt, bspw. durch Festlegung von Standards in der formalen Ausbildung, die durch statusniedrigere Staaten nicht gewährleistet werden können. Zudem wird bspw. der Zugang zum Arbeitsmarkt über das Sprachniveau beschränkt.

Diese scheinbar objektiven und z. T. naturalisierten Unterscheidungskriterien werden durch die Doxa einer Gesellschaft abgesichert, was die Willkür dieser Ordnung verdeckt und legitimiert (Bourdieu 1979, S. 324 f.). Dies gilt auch im Bereich der politischen Teilhabe und der Bürgerrechte. Die Bürgerrechte von Flüchtlingen sind eingeschränkt. Sie haben weder ein Wahlrecht noch ein freies Aufenthaltsrecht. Große Teile des Alltags werden durch die Vorgaben der Behörden bestimmt, wodurch die Integration gesteuert werden soll (Friedrichs et al. 2020). Dennoch werden diese Einschränkungen als legitim angesehen.

Besonders anhand der eingeschränkten Bürgerrechte zeigt sich das Machtgefälle zwischen Ursprungsgesellschaft und Flüchtlingen. Bei Migranten greifen die üblichen Mechanismen symbolischer Herrschaft jedoch nur eingeschränkt. Im Normalfall basiert die symbolische Herrschaft auf der Anerkennung der Herrschaft durch die Beherrschten. Die Beherrschten haben die soziale Ordnung und die Regeln der Herrscher internalisiert und tragen zu ihrem Erhalt bei. Migranten und Flüchtlinge haben ihre Sozialisation jedoch nicht unter den herrschaftlichen Strukturen des Aufnahmelandes durchlebt und dadurch z.T. abweichende Vorstellungen von Legitimität und Herrschaft. Sie verfügen damit auch nicht über den gesellschaftsimmanenten »präreflexiven, unmittelbaren Konsens über den Sinn der Welt« (Bourdieu 2010 [1997], S. 220 f.). Dies kann dazu beitragen, die Kontingenz der bestehenden Ordnung offenzulegen (Bourdieu 2010 [1997], S. 223), so dass aus der doxischen Ordnung Heterodoxie entsteht. Die Lebensweise der Migranten und ihre unterschiedlichen Vorstellungen über das Wesen der Welt, welches in den Doxa angelegt ist, werden so mit zunehmender sozialer Distanz immer stärker zum Gegenstand von symbolischer Abgrenzung und Abwertung, da sie nicht dem gesellschaftlichen Ideal der Aufnahmegesellschaft entsprechen oder diesem gar widersprechen. Die Rolle der Migranten und der Flüchtlinge in der Bourdieuschen Perspektive entspricht demnach dem Fremden bei Schütz (1944), da er die bestehende Ordnung in Frage stellen kann. Da die Beherrschten nicht über die Mittel verfügen, diese Ordnungen objektiv zu reflektieren, wird ein Verhalten, welches sich den gegebenen sozialen Regeln widersetzt, als deviant wahrgenommen. Es führt damit tendenziell zu einer Verstärkung negativer Stereotype in der Ursprungsgesellschaft.

5.2.3 Sozialisation und Habitus

Neben den offensichtlichen Merkmalen finden auch subtilere Formen des Verhaltens und des Handelns ihren Ausdruck in den sozialen Bewertungen. Je nach Herkunft verfügen Migranten über eine Sozialisationsgeschichte, die von der der einheimischen Bevölkerung abweicht. Dieser Unterschied wird umso expliziter, je weiter das Herkunfts- und das Zielland in der globalen Statushierarchie auseinanderliegen und je größer die soziale (oder auch: kulturelle) Distanz ist (wobei es hier durchaus eine hohe Korrelation geben sollte). Durch die größere Distanz zwischen Ländern steigt die Wahrscheinlichkeit, dass die Sozialisation sozial signifikante Unterschiede in den Habitus hervorbringt, die das internationale Statusgefälle in individuelle Handlungs- und Einstellungsdispositionen übersetzen. Besonders die Verhaltensweisen von Personen aus statusniedrigen Staaten werden in der Folge abgewertet. Dispositionen, die sich von den institutionalisierten Verhaltensweisen einer spezifischen Gesellschaft unterscheiden, bilden in dieser per se eine Quelle des Anstoßes, da sie die Doxa der Gesellschaftsordnung antasten. Sie stellen Heterodoxie her, die Möglichkeit, gewohntes anders zu machen. Zudem widersprechen sie in ihren Verhaltensweisen z.T. nicht nur einzelnen Klassen-, sondern gesamtgesellschaftlichen Verfahrensregeln. Die Unterschiede in den Habitus, bzw. die aus ihnen abgeleiteten Handlungen führen so schnell zu sozialen Grenzziehungen und Exklusion. Die symbolische Bedeutung des (ethnischen) Habitus findet sich bereits in den Schriften Max Webers. Er betont dabei die Differenz in der Wahrnehmung verschiedener Habitus, die sich als eine hierarchische Ordnung nach Herkunft interpretieren lässt. Er schreibt: »Der seinem äußeren Habitus nach Andersartige wird, mag er ›leisten‹ und ›sein‹, was er wolle, schlechthin als solcher verachtet oder umgekehrt, wo er dauernd übermächtig bleibt, abergläubisch verehrt« (Weber 2005 [1921], S. 303). Die Darlegungen Webers stehen somit in Einklang mit den Überlegungen Bourdieus und Sayads, da sie ebenfalls das Motiv der Dauerhaftigkeit von positiven und negativen Zuschreibungen qua Herkunft betonen.

Die kulturspezifischen Dispositionen finden sich bspw. in unterschiedlichen Formen der Kommunikation, wobei schon die Verwendung einer fremden Sprache unter zwei Migranten als (un-)bewusste Abgrenzung zwischen Migranten und Ursprungsbevölkerung wahrgenommen werden kann. Andere weniger offensichtliche Verhaltensweisen, wie eine andere Gesprächslautstärke, größere Ansammlungen von Menschen im öffentlichen Raum, unterschiedliches Fertilitätsverhalten oder sichtbare Merkmale wie das Tragen eines Kopftuches können ebenfalls als Formen der Abgrenzung wahrgenommen werden, obwohl dies von Seiten der Migranten nicht intendiert sein muss. Vielmehr üben sie ihrerseits die gewohnten Verhaltensmuster aus, die im Rahmen ihrer Doxa stets unterhinterfragt als Realität und Wirklichkeit aufgefasst wurden.

Integration kann zugleich feldspezifisch verstanden werden als Aneignung der Fähigkeiten, die zur Teilnahme an den gesellschaftlichen Spielen ermächtigen. Hierzu gehören auch feldspezifische Habitus und die Internalisierung von Doxa und Illusio. Migranten verfügen häufig nicht über die entsprechenden Dispositionen, so dass die gesellschaftsspezifischen Ausprägungen der Felder im Widerspruch zur eigenen Lebenswirklichkeit stehen können. Dies ist beispielsweise dann der Fall, wenn sich die Regeln des religiösen Feldes, besonders des Herkunftslandes, und dem weitgehend säkularisierten Feld der Bildung oder des Rechts im Zielland widersprechen. Daraus können sich Konflikte und Anpassungsschwierigkeiten ergeben, da die bestehende soziale Ordnung der Herkunftsgesellschaft in den Flüchtlingen weiterlebt. Gleiches gilt für die Internalisierung der feldspezifischen Illusiones. Die Anreizstruktur der Felder entspricht hier nicht zwingend dem Glauben an den Sinn der Spiele, den die Sozialisation bei den Migranten hervorgebracht hat. In der Folge werden die Integrationsbemühungen auf den sozialen Feldern nur eingeschränkt erfolgen.

Doxische Kategorien weisen ihrerseits eine große Trägheit auf, da es sich dabei um die (unhinterfragte und unhinterfragbare) Definition der Wirklichkeit handelt. Berger und Luckmann (1980) beschreiben in »Die gesellschaftliche Konstruktion der Wirklichkeit« den hohen Stellenwert der gesellschaftlichen Wirklichkeit für Individuen, welche sie in der Sozialisation vermittelt bekommen. Eine Konversion von tiefsitzenden Wertesystemen ist hingegen ein schwieriger Prozess. Integration und Assimilation beanspruchen dementsprechend viel Zeit, denn bestehende Werte und Handlungspraktiken auf der Akteursebene müssen zunächst aufgeweicht und hinterfragbar werden, bevor (doxische) Integration funktionieren kann. Erst durch die Internalisierung der Doxa wird Teilhabe möglich. Dies umfasst nicht nur die wirtschaftliche Eingliederung als Arbeitskraft, sondern über alle Felder die Teilhabe an gesellschaftlichen Prozessen.

Dennoch sind Migranten gezwungen, sich den bestehenden Glaubenssätzen der Aufnahmegesellschaft zu unterwerfen (Assimilation) bzw. die sozialen Spiele so weit wie möglich mitzuspielen. Eine Ablehnung der gesellschaftlichen Spiele per se erscheint hingegen nicht möglich, denn ein Ausschluss aus diesen bedeutet für Bourdieu den »gesellschaftlichen Tod [...] etwas nicht Auszudenkendes« (Bourdieu 2010 [1997], S. 196). Eine Alternative bildet die Integration in eine ethnische Subcommunity im Aufnahmeland. Dies ermöglicht, den eigenen Status in der eigenen gesellschaftlichen Sphäre aufrechtzuerhalten. Dennoch kann diese gesellschaftliche Subgruppe, in Abhängigkeit von ihrer Lage im Raum der Ethnien, noch stärker von Abwertungen betroffen sein, da sie sich stets im sozialen Umfeld der Aufnahmegesellschaft bewegt.

Vor diesem Hintergrund setzt Integration in einigen Fällen einen partiellen Wertewandel voraus, da die gesellschaftlichen Spiele nicht mit feldfremden Doxa gespielt werden können. Aus der Bourdieuschen Perspektive entspricht Integration in dem von Esser (1980, 2009) und Berry (1980, 1997) beschriebenen Typus, zumindest bei statusniedrigen Migranten, stets der Assimilation (Sayad 2004 [1985/1986], S. 71). Um auf dem deutschen Arbeitsmarkt erfolgreich zu sein, muss man z.B. die dort herrschenden Regeln befolgen. Damit verbunden sind z.B. die besonderen Voraussetzungen im Bewerbungsverfahren, das Auftreten im Bewerbungsgespräch oder aber die Hierarchien zwischen Angestellten und Vorgesetzten, die von den Entscheidern auf dem Arbeitsmarkt vorausgesetzt werden. Zudem finden sich zahlreiche weitere (unausgesprochenen) Verhaltensregeln, die die Zusammenarbeit prägen, wie z.B. erwartete Pünktlichkeit. Wenn Teile der Einstellungen oder Handlungen den gesellschaftlichen Grundordnungen widersprechen, führt das in der Regel zu einer Abwertung der bestehenden Verhaltensweisen und damit zu Statusverlusten.

Zahlreiche Anpassungsschwierigkeiten können über das Prinzip der Hysteresis beschrieben werden, also der Trägheit des Habitus, sich an die neuen Gegebenheiten anzupassen. Nach Bourdieu kommt der Hysteresis-Effekt vor allem »[i]n Krisen oder bei einem plötzlichen Wandel, vor allem in Situationen wie dem Kolonialismus oder sehr raschen Deplatzierungen im sozialen Raum« (Bourdieu 2010 [1997], S. 207) vor, durch die die ursprünglichen Habitus nicht mehr passend erscheinen. Die »alten« Dispositionen werden dadurch dysfunktional (Bourdieu 2010 [1997], S. 207). Die Migration stellt einen solchen Fall des plötzlichen Wandels dar. Selbst statushohe Migranten erleben nach der Migration in ein statushöheres Land zumeist eine starke Abwertung ihres relativen Status und migrieren in die unteren Statusklassen des sozialen Raumes des Aufnahmelandes. Dies gilt besonders für Flüchtlinge, die aus wirtschaftlichen Gründen nach Deutschland kommen. Wie Sayad postuliert, passen die Habitus aus den Heimatländern nicht zu den erwarteten und passenden Handlungs- und Wahrnehmungsdispositionen der objektiven Wirklichkeit. Dies führt zu weiteren Abwertungen, da Handlungen als abweichendes Verhalten wahrgenommen werden. Zugleich ruft dies Desorientierung und Identitätsprobleme bei den Flüchtlingen hervor, da sie ihrem bisherigen Selbstbild nicht mehr entsprechen. Dies ist bspw. dann der Fall, wenn Väter aus patriarchalen Gesellschaftsstrukturen nicht mehr in der Lage sind, ihre Familien zu versorgen. Darüber hinaus können die »alten« Dispositionen zu doxischen Fehlanreizen führen, eine Verkennung der herrschenden Ordnung, die Bourdieu als Allodoxia bezeichnet. In diesem Zustand bleibt die objektive soziale Lage langfristig auf einem niedrigen Niveau, da keine Anpassung an die Regeln der jeweiligen Felder im Aufnahmeland erfolgt.

5.3 Die Geschichte der Migration in der Bundesrepublik Deutschland

In Abschnitt 2.3 wurde die Migrationsgeschichte der Bundesrepublik Deutschland dargelegt und es konnten sieben Migrationsphasen und -gruppen ausgemacht werden, die den sozialen Raum bzgl. der Definitionen der Kategorien »Migrant« und »Flüchtling« maßgeblich beeinflusst haben. Die Migrationshistorie der Bundesrepublik begann direkt im Anschluss an den Zweiten Weltkrieg mit den Millionen Kriegsvertriebenen. Es folgten die Immigrationen der Gastarbeiter, der (Spät-)Aussiedler, der Flüchtlinge aus dem früheren Jugoslawien, die Aufnahme jüdischer Familien als sog. Kontingentflüchtlinge und die Flüchtlingsimmigration aus dem Nahen und Mittleren Osten und Nordafrika um das Jahr 2015. Zudem kam es bis zur Wende 1989 und darüber hinaus stets zu Migrationen aus dem Staatsgebiet der DDR in die westdeutschen Bundesländer. Hinsichtlich der Bourdieuschen Theorie ist es an dieser Stelle angebracht, diese Phasen der Migration aus theoretischer Perspektive zu reflektieren. Die sieben Migrantengruppen unterschieden sich sehr deutlich durch ihre Herkunft und die Beweggründe ihrer Migration. Zweimal (oder sogar dreimal inkl. der (Spät-)Aussiedler) in der deutschen Geschichte waren es bspw. deutsche Staatsbürger, die in die Gesellschaft der Bundesrepublik Deutschland integriert werden mussten. Die große Anzahl an Flüchtlingen nach dem zweiten Weltkrieg, die als Kriegsvertriebene in das heutige Bundesgebiet kam, profitierte vorrangig vom ökonomischen Aufschwung der 1950er Jahre, die Flüchtlinge aus der DDR hingegen vom Zusammengehörigkeitsgefühl in Westdeutschland, welches gegenüber dem zweiten deutschen Staat empfunden wurde. Dennoch waren auch diese »innerdeutschen« Integrationsphasen nicht frei von Konflikten. Darüber hinaus handelt es sich bei der Gruppe der (Spät-)Aussiedler ebenfalls um Deutsche, die in die Gesellschaft integriert werden mussten, auch wenn hier bereits eine größere soziale Distanz bestand. Die Aufnahme der Kontingentflüchtlinge erfolgte zudem aus der historischen Schuld heraus, die Deutschland mit der Shoa gegenüber dem Judentum auf sich geladen hat. Die Migrationsbewegungen der Kriegsvertriebenen, aus der DDR, der (Spät)Aussiedler und der Kontigentflüchtlinge haben gemein, dass sie direkt oder indirekt als Folgen des zweiten Weltkrieges angesehen werden können. Die deutsche Schuld legitimierte die Migrationen und die Aufnahme, was nicht ausschließt, dass im Diskurs um die Aufnahme auch Gegenpositionen vertreten waren. Dennoch liegen die Ursachen in der Geschichte der Bundesrepublik selbst.

Die Flüchtlingsmigrationen während des Jugoslawien- und des Balkankrieges, sowie bei den Flüchtlingen ab 2015 aus dem Nahen und Mittleren Osten und Nordafrika berufen sich in ihrer Legitimierung hingegen vorrangig auf das internationale Völkerrecht, insbesondere die Genfer Flüchtlingskonvention. Auch die Genfer Flüchtlingskonvention kann als eine Folge des Krieges beschrieben werden, im Gegensatz zu den vorhergenannten Migrationsbewegungen legitimiert sich die Fluchtmigration nach Deutschland jedoch nicht in direktem Bezug auf die deutsche Schuld und/oder Geschichte, sondern ist für alle Unterzeichnerstaaten der Konvention universell gültig. Es handelt sich um humanitäre Hilfeleistungen, die (temporär) gewährt werden. Die Aufnahme der Flüchtlinge war dabei nicht an individuelle Merkmale der Flüchtlinge geknüpft (wie bspw. die deutsche Abstammung), sofern man vom Herkunftsland absieht.

Die Gastarbeiter bilden eine eigene Gruppe, da ihre Migration der klassischen Form der Arbeitsmigration entspricht. Im Zuge des wirtschaftlichen Aufschwungs der Bundesrepublik ab den 1950er Jahren herrschte Vollbeschäftigung und der stete Aufschwung konnte nur durch zusätzliche Arbeitskraft aus dem Ausland aufrechterhalten werden. Ihre Aufnahme war zumeist mit dem Nachweis einer Arbeitsstelle verbunden. In dieser Hinsicht umfassten die individuellen Merkmale, die zur Migration vorgewiesen werden mussten, (fast) ausschließlich Merkmale der Arbeitskraft. Ihre Qualifikation war nachrangig, da der Bedarf besonders im Bereich der geringqualifizierten Arbeit hoch war, bspw. im Kohleabbau oder der Stahlverarbeitung. Die Arbeitsmigranten übten vorrangig Tätigkeiten aus, die keine Berufsausbildung oder anderweitige Qualifizierungen voraussetzten. Diese Tatsache prägt bis heute die Wahrnehmung der ursprünglichen Gastarbeitergruppen.

Die Gastarbeitermigration entspricht damit am ehesten jenem Migrationstypus, den Sayad für Algerien und Frankreich beschrieben hat. Die Klassifizierung ist bei den Gastarbeitern jedoch nicht durch eine Kolonialgeschichte geprägt, sondern vorrangig durch das große ökonomische Gefälle, welches zwischen den Entsendestaaten der Gastarbeiter und der Bundesrepublik Deutschland bestand (und zumeist bis heute besteht).

Die unterschiedlichen Migrationsphasen und die damit verbundenen Bedürfnisse der Gruppen spiegeln sich in der Migrationspolitik wider. Es fällt auf, dass zumeist gruppenspezifische Gesetzgebungen gewählt wurden, um den verschiedenen Migrantengruppen die Einreise nach Deutschland zu ermöglichen oder zu erschweren. Dabei wurde stets vermieden, von dauerhafter Einwanderung zu sprechen. »Dieser politischen Logik folgend, werden die unterschiedlichen Gruppen von Migranten als ›Aussiedler‹ oder ›Flüchtlinge‹ bezeichnet, obgleich sie de facto Einwanderer sind« (Friedrichs et al. 2019, S. 7). Zudem wurden Sonderregelungen geschaffen, die eine Einwanderung ermöglichen sollten, ohne ein konkretes Einwanderungsgesetz vorlegen zu müssen. Besonders hinsichtlich der Kontingentflüchtlinge wurde so das Recht auf humanitäre Hilfe ausgedehnt, ohne einen Präzedenzfall zu schaffen.

Diese Entwicklungen stützen das theoretische Modell Sayads, nachdem stets die Illusion eines temporären Zustands aufrechterhalten wird. Besonders deutliche Parallelen zeigen sich am Beispiel der Gastarbeiter. Hier herrschte ebenfalls ein großes Gefälle hinsichtlich der nationalstaatlichen Machtrelationen, welche die Emigration und die Immigration geprägt haben. Die Migration der Gastarbeiter weist demnach interessante Parallelen zur heutigen Migration von sog. »Wirtschaftsflüchtlingen« auf. Im Gegensatz zu diesen fußte die Migration der Gastarbeiter jedoch mit den Anwerbeabkommen auf bilateralen Abkommen zwischen den Staaten. Sayad konnte aber in seiner Arbeit zeigen, dass internationale Abkommen zwischen zwei ungleichen Partnern in ihren Bedingungen stets von der mächtigeren Seite diktiert werden können (Bourdieu und Wacquant 2000, S. 175). Bei den Gastarbeitern wurde von einem temporären Arbeitsaufenthalt ausgegangen, welche sich langfristig in eine Siedlungsmigration wandelte. Die Dauerhaftigkeit der Migration wurde spätestens dann besiegelt, als die Familien den emigrierten Männern nachzogen. Der temporäre Charakter der Anwerbeabkommen führte dazu, dass auf Integrationsmaßnahmen weitgehend verzichtet wurde, auch dann noch, als deutlich wurde, dass die Gastarbeiterfamilien dauerhaft in Deutschland bleiben würden.

Bis heute prägt die Herkunft der Gastarbeiter(-familien) aus zumeist bildungsschwächeren Klassen ihre soziale Wahrnehmung durch die autochthone Bevölkerung. Dabei überspringen die Klassifikationen die Generationenschranke. Auch die Nachfolgegenerationen der Gastarbeiterfamilien weisen Merkmale einer dominierten Bevölkerungsklasse auf. Dies wird bspw. am unterdurchschnittlichen Abschneiden bei Schulabschlüsse deutlich (Siegert 2008, S. 41). Diese Erkenntnis ist umso bemerkenswerter, da diese Generation nur einen indirekten Bezug zum Herkunftsland der (Groß-)Eltern aufweist, selber aber in Deutschland geboren ist und das deutsche Bildungssystem durchlaufen hat.

Auch in der Flüchtlingsmigration seit 2015 lassen sich Merkmale ausmachen, welche die Aussagen Sayads unterstreichen. Der politischen Willensentscheidung folgten nur verhältnismäßig wenige praktische Maßnahmen, um die Integration der Flüchtlinge zu beschleunigen. Vielmehr wurde mit der Aussage »Wir schaffen das« die Aufnahmepolitik positiv geframed und als gesamtgesellschaftliche Aufgabe dargestellt. In der Realität fiel jedoch ein nicht unerheblicher Anteil der Integrations- und Versorgungsarbeit auf ehrenamtliche Helfer zurück, ohne die das ohnehin herrschende bürokratische Chaos bei der Flüchtlingsversorgung wohl kaum bewältigt worden wäre.

5.4 Die staatliche Zuteilung von Integrationschancen

In Abschnitt 3.7 wurden einige Ergebnisse aus der Kölner Flüchtlings-Studien hinsichtlich der administrativen Strukturen der Bundesrepublik in Bezug auf die Integration von Flüchtlingen referiert. Dabei wurden besonders die Unterbringung und Versorgung, die Vergabe eines Aufenthaltsstatus, die Vermittlung von Wissensinhalten wie Sprache, Normen und Berufsbildung, sowie aktive Maßnahmen zur Integration auf dem Arbeitsmarkt als wichtige Hebel der Integration von Flüchtlingen ausgemacht, die vor allem von den administrativen und staatlichen Strukturen gesteuert werden können. Nachfolgend sollen die bestehenden Mechanismen staatlicher Integrationspolitik aus einer Bourdieuschen Perspektive reflektiert und interpretiert werden.

5.4.1 Die zwei Ebenen der Flüchtlingsintegration – formale und praktische Integration

Wie sich zeigt, existiert im administrativen Kontext, ebenso wie im öffentlichen Diskurs, keine eindeutige Definition von »Integration«. Eine klare Vorgabe, wann eine Person als integriert gilt und wann nicht, kann dabei weder im wissenschaftlichen noch im politischen oder öffentlichen Diskurs ausgemacht werden. Für den Integrationsprozess wurden von den Experten u. a. die Bedeutung des Asylstatus und die Dauer des Asylverfahrens, die Vermittlung von integrationsrelevantem Wissen in den Integrationskursen (vor allem normative und geschichtliche Kenntnisse) und das Erlernen der deutschen Sprache sowie die Integration auf dem Arbeitsmarkt hervorgehoben.

Über die Studie von Friedrichs et al. (2019, Kapitel 6) hinausgehend können anhand der dargestellten Strukturen zwei analytische Ebenen der Integration von Flüchtlingen identifiziert werden, die unterschiedliche Aspekte von Integration beschreiben. Für die Flüchtlinge liegt im Asylstatus der Schlüssel zum Zugang zur deutschen Gesellschaft. Die staatlichen Strukturen gewähren durch die Anerkennung von Asyl staatlich-institutionalisierte Legitimität. Durch den Asylstatus erhalten Flüchtlinge zudem mehr Rechte. Sie dürfen (und sind sogar dazu verpflichtet) an einem Integrations- und an einem Sprachkurs teilnehmen, sie dürfen sich eine eigene Wohnung suchen und sie erhalten Zutritt zum Arbeitsmarkt. Darüber hinaus erhalten anerkannte Flüchtlinge höhere Sozialleistungen als bspw. im Fall einer Duldung.

Diese Ebene lässt sich aufgrund ihrer staatlich-administrativen Zuteilung als *formale Integration* bezeichnen. Die formale Integration beschreibt vorrangig den Grad der rechtlichen Legitimierung des Aufenthalts in Deutschland, wobei es eine hierarchische Abstufung je nach Aufenthaltstitel gibt. Die *praktische Integration* umfasst z.b. die soziale Teilhabe an der Gesellschaft durch Kontakte zur Aufnahmegesellschaft, Aufnahme einer Arbeit und den Bezug einer eigenen Wohnung. Sie beschreibt damit bisweilen das alltägliche Verständnis von Integration. Aus einer theoretischen Perspektive manifestiert sich dieser Integrationstyp vorrangig durch die Teilnahme an den gesellschaftlichen Spielen, bspw. auf den sozialen Feldern und in Interaktionen. Erst aus der Gesamtschau dieser beiden analytischen Ebenen ergibt sich ein Gesamtbild von Integration, wobei beide Ebenen in Wechselwirkung zueinander stehen sollten.

5.4.2 Asylstatus

Die Zuschreibung »Flüchtling« ist ein Merkmal, das in der sozialen Praxis als symbolische Klassifikation fungiert. Diese Klassifikation kann mit einer Reihe von Nebenmerkmalen konnotiert sein, die einen Einfluss darauf haben, ob mit der Wahrnehmung als »Flüchtling« ein positives oder negatives symbolisches Kapital einhergeht, insbesondere auch in Relation zu anderen Migranten- und Flüchtlingsgruppen. Neben der Herkunft sind dies bspw. das ökonomische und kulturelle Kapital, aber auch andere Merkmale wie die sozialräumliche Lage im Herkunftsland, die Rückkehrabsicht oder Integrationsbestrebungen. Alle diese Merkmale haben Einfluss auf die Anerkennung von Legitimität, die auch die Wahrscheinlichkeit beeinflusst, als »integriert« anerkannt zu werden. Die symbolischen Erträge durch einen Flüchtlingsstatus gehen aus gesellschaftlichen Auseinandersetzungen hervor und sind geprägt sowohl von nationalen, als auch globalen Machtstrukturen und -hierarchien. Diese Auseinandersetzungen strukturieren den gesellschaftlichen Diskurs und drücken sich in staatlicher und kommunaler Politik aus. Der gesellschaftliche Diskurs und die Aushandlung sozialer Symboliken verlaufen entlang der Frontlinie einer liberalen oder einer restriktiven Migrations- und Flüchtlingspolitik und werden in praktische Asyl- und Integrationspolitik übersetzt.

Bourdieu beschreibt, dass der Staat im Rahmen der gesellschaftlichen Ordnung mit der Fähigkeit ausgestattet ist, auf die Wechselkurse der Kapitalia Einfluss zu nehmen. Staatliche Macht ist dementsprechend ebenfalls ein Ausdruck gesellschaftlicher Machtrelationen. Das staatliche Kapital beinhaltet dabei das Monopol auf die Setzung der rechtlichen Kategorien von legitimer Flucht und Migration. In der Flüchtlingspolitik drückt sich dies anhand der Vergabepraxis der Aufenthaltsstatus aus, die als wichtige Merkmale des symbolischen Kapitals fungieren können, indem sie staatlich zuerkannte Legitimität widerspiegeln. Damit ist der Staat der Hüter der formalen Integration, die sich vorrangig über die staatlich zuerkannte Legitimität definiert.

Es liegt in der Kompetenz des Staates und seiner Würdenträger, über die Gesetzgebung die Formen von legitimer (Flucht-)Immigration zu definieren. Dies beeinflusst die soziale Differenzierung zwischen den verschiedenen Migranten- und Flüchtlingsgruppen, da die Anerkennung als »legitim« mit systematischen Vorteilen bei der sozialen Teilhabe einhergeht. Durch die Vergabe eines Schutzstatus wird das symbolische Kapital der legitimen Anerkennung in objektiviertes symbolisches Kapital umgewandelt (Bourdieu 1998 [1994], S. 113). Es hat demnach, ähnlich wie institutionalisiertes kulturelles Kapital, einen offiziellen Charakter, der durch die staatlichen Institutionen garantiert wird. Mit der Erteilung eines Asylstatus erfolgt eine symbolische Anerkennung der legitimen Teilhabe an der deutschen Gesellschaft (mit eingeschränkten Rechten) auf Zeit.

Diese Differenzierung findet vorrangig nach den Herkunftsländern, bspw. zwischen Staaten mit guter Bleibeperspektive oder sicheren Herkunftsstaaten statt. Zugleich wird nach Fluchtursachen unterschieden, wobei diese eng mit dem Herkunftsland konvergieren, dabei aber individuelle (Neben-)Merkmale stärker betonen. Betrachtet man bspw. die Formulierung der Genfer Flüchtlingskonvention, so bezieht sich diese auf Individuen, nicht auf Herkunftsstaaten. Das Merkmal der Herkunft aus einem bestimmten Land wird jedoch auf jedes Individuum übertragen und damit gleichsam zu einem individuellen Merkmal. Im Sinne der Bourdieuschen Theorie strukturiert sich die Legitimitätshierarchie anhand der Lage der Herkunftsstaaten im Raum der Ethnien. Die staatliche Differenzierung wirkt sich auf die Integrationschancen der Flüchtlingsgruppen aus, da ein positiver Aufenthaltsstatus Integrationsgewinne verspricht.

Dem Staat obliegt das Monopol, die Rechte und Pflichten, die mit dem Status als »Migrant« oder »Flüchtling« einhergehen, zu definieren. Dabei wird er in demokratischen Systemen vorrangig durch den öffentlichen Diskurs begrenzt. Der Staat ist damit die einzige Instanz, die legitim die Zugehörigkeit zur »Ingroup« festlegen und die Rechte von Gruppen beschneiden kann, ohne dass dies als diskriminierend wahrgenommen wird:

»Rather than providing all residents with the same civil and political rights, bureaucratic classification schemes engender systematic patterns of discrimination. The legal and administrative categories of ›asylum seeker‹, ›refugee‹ and ›economic migrant‹ are important in that they confer different rights and entitlements to resources in contrast to citizens« (Loyal 2009, S. 421).

Im Sinne der Bourdieuschen Theorie beschreibt Loyal (2009, S. 421) zudem, dass es sich bei diesen Zuteilungen nicht um eine Dichotomie handelt, in der entweder Zugang zur Gesellschaft zugesprochen oder verwehrt wird. Vielmehr besteht ein Kontinuum verschiedener Rechtstatus, nach denen unterschiedliche (Teilhabe-)Rechte gewährt werden.

Nach Bourdieu gestaltet die Gesellschaft die Gesetzgebung so, dass durch die Migration die bestehende Ordnung im sozialen Raum nicht in Frage gestellt wird. Die Immigration statushoher Personen wird dabei durchaus ermöglicht, was die »sozial-räumliche Autonomie« (Weiß 2017, S. 129) dieser Gruppe kennzeichnet. Dies gilt insbesondere für Gruppen aus Herkunftsländern aus den oberen Positionen der internationalen Staatenhierarchie. Ein Immigrant aus den USA oder aus Skandinavien wird sich bspw. mit geringem Aufwand langfristig in Deutschland aufhalten dürfen. Personen mit niedrigem Status und/oder aus Herkunftsländern mit einem niedrigen Status in der Staatenhierarchie haben es dagegen schwerer. Sie verlassen ihre Heimatländer zumeist aus Gründen der Armut und werden relativ häufig in Deutschland durch die Ausgestaltung des Aufenthaltsrechts abgewiesen. Ein prägnantes Beispiel bilden die Länder, die als sichere Herkunftsstaaten deklariert wurden. Hier sind es vorrangig niedrige Statusgruppen, die sich durch die Migration ein besseres Leben erhoffen. Sie haben nahezu keine Chance, in Deutschland bleiben zu dürfen.

5.4.3 Bildung, Sprache und Beruf

Damit praktische Integration möglich wird, müssen sich die Akteure in der Regel gesellschafts- und feldspezifisches Wissen aneignen. Hierzu gehört neben grundlegenden normativen Kenntnissen der (klassenspezifischen) Verhaltensweisen vor allem die Sprache. Dieser Wissensbestand bildet den basalen Kern des gesellschaftsspezifischen kulturellen Kapitals und wird im

Rahmen der Bourdieuschen Theorie unter dem Begriff der Doxa gefasst. Erst mit der Aneignung der grundlegenden Verfahrens- und Verhaltensregeln erscheint eine gesellschaftliche Teilhabe möglich, sofern es sich nicht um die Migration von Eliten handelt, die qua Herkunft oder Status über eine größere Migrations-Autonomie verfügen.

Der Staat kann auf die Vermittlung der integrationsrelevanten Wissensbestände einwirken. Ein Instrument hierfür liegt in der Begrenzung des Zugangs zu Sprach- und Integrationskursen. Diese stellen grundlegendes Wissen für die Teilhabe bereit, wobei der Sprache eine besonders wichtige Funktion zukommt. Bourdieu betont insbesondere die Funktion von Sprache im Hinblick auf soziale Differenzierung zwischen den sozialen Klassen. Sie bildet zudem ein konstitutives Element der Gesamtgesellschaft. Dabei dient Sprache stets auch als Distinktionsmittel. Verfügt man nicht über die (legitime) Sprache der eigenen sozialen Position, ist dies mit Abwertungen verbunden. Besonders hart trifft dieser Mechanismus sozialer Schließung diejenigen, die die deutsche Sprache gar nicht oder nur brüchig beherrschen. Statushohe Gruppen, insbesondere aus Staaten mit einem hohen Rang in der internationalen Staatenhierarchie, können allerdings die sozialen Hürden des integrationsrelevanten kulturellen Kapitals durch ein hohes Kapitalvolumen und/oder gute Englischkenntnisse kompensieren. So können bspw. gute Englischkenntnisse in statushohen Berufen oder in der Wissenschaft fehlende Deutschkenntnisse ausgleichen, wobei latente Mechanismen der internationalen Machthierarchien die Anerkennung von Qualifikationen und Kapitalia der Akteure absichern. Die meisten Flüchtlinge und Flüchtlingsgruppen haben dieses Privileg aufgrund ihrer Herkunft aus statusniedrigen Ländern jedoch nicht.

Die Flüchtlingsgruppen sind zudem durch eine starke Bildungsheterogenität gekennzeichnet und ein nicht unerheblicher Anteil hat nur kurze oder gar keine Schulbildung erfahren. Mit einem geringen schulischen Bildungsniveau steigt auch der Zeitbedarf für den Spracherwerb. Dies gilt vor allem für (funktionale) Analphabeten, da diese als erste Schriftsprache eine Fremdsprache erlernen. Ihr Anteil in den Integrationskursen wird nach Aussage des BAMFs auf etwa 17 Prozent geschätzt (Deutsche Welle 2020). Geeignete Angebote für Integrationsmaßnahmen müssen somit ein breites Spektrum abdecken, welches sowohl Analphabeten als auch Akademikern passende Maßnahmen zur Verfügung stellt, sofern dies von staatlicher Seite als erstrebenswert angesehen wird. Zudem kommt es vor, dass bildungsferne Eltern die schulische Bildung ihrer Kinder weniger unterstützen, was zu einer Vererbung des geringeren Bildungsgrades an die jüngere Generation führt und ihre Integration oder zumindest ihren sozialen Aufstieg behindert.

Die Chance, frühzeitig an Integrations- und Sprachkursen teilnehmen zu können, variiert vor allem nach der Herkunft und der Dauer des Asylverfahrens. Jene Gruppen, die erst relativ spät oder gar nicht an Integrationskursen teilnehmen dürfen, haben dabei eine größere Wahrscheinlichkeit, abweichende oder abgewertete Verhaltensweisen an den Tag zu legen. Ihnen fehlt das gesellschaftsspezifische Wissen über das legitime Verhalten. Durch die fehlenden Sprachkenntnisse verzögert sich mit einer größeren Wahrscheinlichkeit die Arbeitsmarktintegration, da das benötigte Sprachniveau (mindestens B1) nicht erreicht werden kann. Diese Prozesse führen in der Folge zu weiteren Abwertungen dieser Gruppen, denen bereits durch ihre Herkunft oder ihre Fluchtgründe eine geringere Legitimität zugestanden wird. Weitere Statusabstiege im sozialen Raum, auch relativ zu anderen Flüchtlings- und Migrantengruppen, sind die Folge.

Demgegenüber haben Flüchtlinge aus Ländern mit einer guten Bleibeperspektive bereits kurz nach der Ankunft Anspruch auf die Teilnahme an Integrations- und Sprachkursen. Zudem werden ihnen Privilegien beim Zugang zum Arbeitsmarkt zugestanden. Damit steigt auch der relative sozialräumliche Status und die Wahrscheinlichkeit, als »integriert« anerkannt zu werden. Die Zuteilung eines Asylstatus hat somit eine doppelte Funktion: Erstens kann darin die Legitimation gesehen werden, sich in einer Gesellschaft aufhalten zu dürfen; zweitens ist der Asylstatus an der Zuteilung des Status innerhalb des sozialen Raumes beteiligt.

Die staatlich zugeteilten Statusdefinitionen und -merkmale nehmen Einfluss auf die individuellen Schicksale der Flüchtlinge und ihre Identitäten. Integration bedeutet bei Flüchtlingen nur in Ausnahmefällen, dass der Status aus dem Herkunftsland auch in der Aufnahmegesellschaft aufrechterhalten werden kann. Durch die Migration kommt es für die Flüchtlinge häufig zu Abwertungen der Kapitalien. Wie stark diese Abwertung ausfällt unterliegt den jeweiligen Positionen des Herkunftslandes im Raum der Ethnien und dem relativen Status der Flüchtlinge in der Herkunftsgesellschaft. Ein Statuserhalt oder gar -aufstieg erscheint nur dann wahrscheinlich, wenn Migration zwischen zwei Staaten von etwa gleicher Position in der internationalen Hierarchie oder von einem statushöheren in ein statusniedrigeres Land stattfindet.

Ein wichtiges staatliches Instrument, auf die Kapitalkonversion Einfluss zu nehmen, führt über die Bildung bzw. das kulturelle Kapital. Dies ist darauf zurückzuführen, dass die staatlich-administrative Ebene hier über deutlich mehr Möglichkeiten und Instrumente verfügt, auf den Wechselkurs einzuwirken, als z.B. beim ökonomischem Kapital, bei dem die Wechselkurse durch die internationalen Finanzmärkte bestimmt werden. Die Anerkennung von bestehenden Bildungstiteln und die Möglichkeiten der (Weiter-)Bildung werden staatlich geregelt. Besonders entscheidend erscheinen dabei das Alter, die Herkunft und der Bildungsstatus im Herkunftsland. Durch einen niedrigen Status des Herkunftslandes im Raum der Ethnien werden die Schul- und Berufsabschlüsse nach der Migration in der Regel stärker abgewertet.

Diese Instrumente und Mechanismen tragen dazu bei, die statushöheren Klassen gegen steigende Konkurrenz durch die Flüchtlinge abzusichern. Durch die fehlende Anerkennung der Abschlüsse und Ausbildungen bleiben die Flüchtlinge auch langfristig in statusniedrigeren Positionen, da sie nach Vollendung der Volljährigkeit nur sehr wenige Angebote haben, ihren Status durch Bildung aufzuwerten. Dabei kann auch das grundlegende Interesse der Industrie betrachtet werden, aus einem größeren Angebot an günstigen Arbeitskräften schöpfen zu können. Dadurch, dass bei den Flüchtlingen die Berufserfahrung nicht anerkannt wird, können sie deutlich günstiger angestellt werden als deutsche Angestellte mit objektiv gleicher Qualifikation. Die Anerkennung bestehender Berufsqualifikationen der Flüchtlinge scheint daher den Interessen der Wirtschaft entgegenzulaufen. Dadurch verschärft sich die Konkurrenz auf dem Markt der geringqualifizierten Arbeit und der Lohndruck nimmt zu.

Auch die Sprachkenntnisse nehmen großen Einfluss auf die Arbeitsmarktchancen. Erst mit nachgewiesenen Sprachkenntnissen von mindestens dem Niveau B1 nach dem gemeinsamen europäischen Referenzrahmen für Sprachen, eher noch B2, ist es realistisch, eine reguläre Arbeit oder eine Ausbildung aufzunehmen. Der Zugang zu den Sprachkursen bleibt auf die Personen beschränkt, die eine gute Bleibeperspektive aufweisen oder bereits einen Schutzstatus zuerkannt bekommen haben. Auf diese Weise nimmt die Zuteilung des Asylstatus (formale Integration) direkten Einfluss auf die Dimension der praktischen Integration und verstärkt die staatlichen Zuteilungen von Legitimität, indem diese in die soziale Praxis übersetzt werden. Zum Beispiel führt die Einstufung eines Herkunftslandes als sicheres Herkunftsland dazu, dass die Gruppe der Migranten aus diesen Ländern später oder gar nicht an Sprach- und Integrationskursen teilnehmen kann. Dadurch weisen sie im Schnitt einen geringeren Grad praktischer Integration auf, da ihnen durch die Sprache ein wichtiges Instrument der Teilhabe fehlt. Werden die fehlenden Sprachkenntnisse und der geringere Integrationsgrad durch die autochthone Bevölkerung wahrgenommen, kann diese Gruppe als »integrationsunwillig« klassifiziert werden. Die formale Anerkennung als »legitimer Flüchtling« nimmt auf diese Weise direkten Einfluss auf die soziale Praxis und die Wahrnehmung von unterschiedlichen Flüchtlingsgruppen. Die Zuteilung von Legitimität verstärkt sich in diesem Prozess selbst, indem die Gruppen mit geringerer Legitimität auch weniger Integrationschancen erhalten. Die fehlende Integration kann wiederum als fehlender Integrationswille wahrgenommen werden, was weitere Abwertungen nach sich zieht und die Delegitimierung dieser Gruppe selbstreferentiell legitimiert.

Zugleich wirkt sich die soziale Klassifikation der Flüchtlinge auf die Integrationsaspirationen und die Selbstwahrnehmung der Flüchtlinge aus. Viele Flüchtlinge sind mit dieser Form der Statustransformation konfrontiert, besonders Männer aus patriarchalen Gesellschaften. Der Verlust der identitätsstiftenden Rolle als ernährender Familienvater kann bspw. mit depressiven Phasen oder anderen Identitätskrisen einhergehen (Friedrichs et al. 2019, S. 155).

Abwertungen können auch durch unintendierte Nebenfolgen staatlicher Maßnahmen entstehen. Es kann bspw. davon ausgegangen werden, dass die Minderausstattung der Integrationskurse mit Kinderbetreuungsplätzen nicht politisch gewollt ist, sondern eher aus finanziellen und personellen Engpässen entsteht. Dennoch wirkt sich die fehlende Kinderbetreuung bei Integrationskursen unbeabsichtigt auf die Integrationschancen von Frauen aus, da sie die Hauptlast der Kindererziehung schultern und daher seltener an Integrationskursen teilnehmen. Damit wird nicht nur die Integration der Frauen selbst behindert, da sie tendenziell länger für den Spracherwerb brauchen und weniger soziale Kontakte unterhalten können. Im Sinne der »männlichen Herrschaft« (Bourdieu 2012 [1998], 1997) werden so die symbolischen Abwertungen von Frauen aus den häufig patriarchal geprägten Gesellschaftsstrukturen der Herkunftsländer auch in Deutschland perpetuiert.

Durch die verzögerte oder ausbleibende Integration verstärkt sich das symbolische Handicap der Frauen in Relation zu männlichen Flüchtlingen. Zugleich werden dadurch bestehende stereotype Motive und Vorurteile in der autochthonen Bevölkerung bekräftigt, indem die ausbleibende Integration und der fehlende Spracherwerb weiblicher Flüchtlinge anhand der patriarchaler Familienstrukturen von Muslimen begründet wird. Dies kann weitere Abwertungen nach sich ziehen.

5.5 Feld des medialen öffentlichen Diskurses

Die sozialen Mechanismen hinter der Typisierung und Klassifizierung von Flüchtlingen basieren nicht nur auf der staatlichen Zuteilung von Legitimität. Auch die medialen und öffentlichen Diskurse tragen zu einer Ausdeutung der bestehenden Begriffe bei und bewirken so Merkmalszuschreibungen und Statuszuteilungen. Insbesondere in der Debatte um die Aufnahme von Flüchtlingen ab dem Spätsommer 2015 zeigt sich ein breiter medialer Diskurs, der bestehende symbolische (Einstellungs-)Grenzen spiegelte und diese zugleich verschob. Dabei wirken (Massen-)Medien stets auch als Quellen von Informationen und Einstellungen. Bereits 1993 stellten Jäger und Link fest:

»Nicht erst seit den Überfällen auf Flüchtlingsunterkünfte im Herbst 1991 ist erkannt worden, daß die Medien bei der Erzeugung und Verfestigung rassistischer Haltungen eine überaus wichtige Rolle spielen. Sie sind – auch in Bezug auf das Phänomen Rassismus – als eine Art Vierte Gewalt zu betrachten, denn sie haben nicht nur enormen Einfluß auf die herrschenden Diskurse und damit auf das Denken und Handeln der Menschen im Lande, sondern sie tragen Mitverantwortung für die Eskalation von Gewalt gegen Einwanderer und Flüchtlinge« (Jäger und Link 1993, S. 12).

Die Beeinflussung von Meinungsströmungen durch die Medien kann sowohl positiv als auch negativ erfolgen. Dabei »erzeugen«, verstärken und spiegeln sie unterschiedliche Einstellungsmuster.

Generell müssen Medien als wichtige Multiplikatoren von (politischen) Einstellungen betrachtet werden. In den medialen Diskursen kulminiert eine Vielzahl kleinerer Diskursebenen, die bis auf die Individualebene herabreichen. Da diese diskursiven Aushandlungen sowohl die Klassifikation von als auch die Einstellungen gegenüber Flüchtlingen prägen, werden diese Diskurse zur Flüchtlingsimmigration und -integration kurz aufgearbeitet.

Aus einer theoretischen Perspektive handelt es sich bei den medialen Diskursen um Arenen, auf denen die unterschiedlichen gesellschaftlichen Akteure (international wie national) um Macht und Deutungshoheit konkurrieren. Akteure haben in (politischen) Diskursen das Ziel, ihre Sichtweisen und Definitionen der sozialen Welt durchzusetzen. Dabei geht es vor allem um die Deutungshoheit über Symboliken und Begriffe (Bourdieu 2003, S. 70). Dies gilt auch für die Kategorie (legitimer) »Flüchtling«. Die politische und mediale Kommunikation gehört zu den grundlegenden Mechanismen, die einen Begriff wie »Flüchtling«, »Geflüchteter«, »Asylsuchender« oder »Schutzbedürftiger« prägen, ihn medial framen, und in die individuellen Einstellungen übersetzen. Almstadt (2017) beschreibt diesen Prozess der diskursiven Aushandlung folgendermaßen:

»In der Repräsentation von Flüchtlingen werden politische Entscheidungen und Auseinandersetzungen medial verhandelt. Wenn also in den Printmedien über Flüchtlinge geredet wird, positionieren sich die Verfasser_innen zu politischen Ereignissen. Dabei schaffen sie zugleich im Prozess der öffentlichen Meinungsbildung Perspektiven, aus denen geflüchtete Menschen betrachtet und beurteilt werden« (Almstadt 2017, S. 199).

Die Bildung und das Framing von (politischen) Kategorien durch die Medien unterliegt den Produktionslogiken des journalistischen Feldes, welches, auch aus Gründen der ökonomischen Verwertbarkeit, durch Polarisierung und Zuspitzung von Einstellungen und Meinungen geprägt ist. Nach Bourdieu ist für das journalistische Feld eine Logik des »alles oder nichts« kennzeichnend, was dazu beiträgt, dass der Diskurs oft negativ verkürzt wird (Bourdieu 2001, S. 14). Im Flüchtlingsdiskurs spiegelte sich diese diskursive Verkürzung vor allem in der starken Polarisierung zwischen der aktiven Fürsprache oder Ablehnung der Flüchtlingszuwanderung. Eine konstruktive Debatte über die Vor- und Nachteile der Flüchtlingszuwanderung fand dabei nur wenig Gehör.

Insbesondere durch die Notwendigkeit der meisten Medien, ökonomischen Profit oder zumindest Reichweite zu generieren, erfolgt die mediale Darstellung häufig hochgradig dramatisiert. Dies gilt auch für den Flüchtlingsdiskurs, was sich bspw. an der häufigen Verwendung einer Wasser-Metaphorik zeigen lässt. So waren Formulierungen wie »Flüchtlingswelle« oder »Flüchtlingsstrom« keine Seltenheit, wodurch die Flüchtlingsimmigration im Stile einer Naturgewalt oder -katastrophe inszeniert wurde (Diehr 2019, S. 144). Schon in den 1970er und 1980er Jahren wurden Flüchtlinge medial zunehmend als Bedrohung dargestellt und gar zur »militärischen Bedrohung«, zur feindlichen Armee, die die Bundesrepublik bzw. Westeuropa belagert« (Jäger und Jäger 1993, S. 56) hochstilisiert.

Diese Produktionslogiken greifen auch in weiteren Bereichen des Flüchtlingsdiskurses. Sie finden sich in spezifischen Narrativen, die medial produziert und reproduziert werden. Im Falle der Flüchtlinge können solche Narrative bspw. in Darstellungen der jungen und männlichen »Nordafrikaner« und »Araber« gesehen werden, mit denen die Ereignisse der Kölner Silvesternacht verknüpft wurden (Mühe 2017, S. 27; Sander 2016). Daneben entspringt auch die weit verbreitete Ablehnung von sog. Wirtschaftsflüchtlingen dem medialen Diskurs. Den Wirtschaftsflüchtlingen wird ungleich weniger Legitimität zugestanden als anderen Flüchtlingsgruppen. Auch dieser Trend lässt sich mehrere Jahrzehnte zurückverfolgen. Bereits in den 1970er und 1980er Jahren verorten Jäger und Jäger (1993, S. 55) eine Aufspaltung der Begriffe »Asylant« und »Flüchtlinge« in den deutschen Medien, wobei erstere als illegitime Flüchtlinge dargestellt wurden.

Der mediale Diskurs reproduziert unterschiedliche Positionen und Einstellungen, die auf dem Feld der Meinungen verhandelt werden. Dieses beschreibt Bourdieu als das Universum des Diskurses, welches sich durch bestehende Heterodoxie und Orthodoxie von den nicht zur Disposition stehenden Doxa absetzt (Bourdieu 1979, S. 330 f.). Teile der Doxa können jedoch bspw. durch Krisen Teil des Diskurses werden und damit zu einer Veränderung der bestehenden Gewissheiten beitragen (Bourdieu 1979, S. 331). Mit der Flüchtlingsmigration ab dem Spätsommer 2015 brachen Zielkonflikte auf, welche die Doxa in Frage stellten. Das Selbstbild der deutschen Gesellschaft wurde durch die Zielkonflikte zwischen uneingeschränkter Anwendung der Menschenrechte und humanitärer Konventionen gegenüber wirtschaftlichen und gesellschaftlichen Interessen erschüttert. Realpolitische Positionen standen dabei humanistischen Positionen konflikthaft gegenüber.

Einstellungen strukturieren sich im Flüchtlingsdiskurs anhand von Legitimitätshierarchien, wie Bourdieu sie auch für das kulturelle Feld und für kulturelle Produkte postuliert (Bourdieu 1974, S. 104). Die Aushandlung der vertretenen und vertretbaren Positionen, also der legitimen Einstellungen, erfolgt über die grundlegenden machtstrukturellen Aushandlungsmechanismen des sozialen Raumes. Dies bestätigt van Dijk (1993, S. 126), der darauf verweist, dass »[e]ine Untersuchung des gesamten Meinungsdiskurses zeigt, daß die Presse im ganzen dazu neigt, die ethnisch relevanten Aktivitäten und Haltungen der dominanten Eliten, ob in der Politik, im Bildungswesen, in der Erziehung oder der Wirtschaft, zu bestätigen und zu stärken«. Folglich sind die Positionen des Flüchtlingsdiskurses in den

Medien machtvolle Konstrukte. Sie bringen eine Legitimitätshierarchie der vertretbaren Positionen hervor. Gleiches gilt für die im Diskurs verhandelten Moraldispositionen und die politischen Opportunitäten.

Die Medien spiegeln dabei unterschiedliche Positionen des sozialen Raumes wider und geben ein Abbild des sozialen Kampfes um die Deutungshoheit der legitimen Einstellungen. Gleiches gilt für politische Einstellungen im Allgemeinen (Bourdieu 1987 [1979], S. 687). Auf den Flüchtlingsdiskurs bezogen bedeutet dies, dass z. b. Tageszeitungen unterschiedliche Klassen ansprechen (Bourdieu 1987 [1979]), die ihrerseits bestimmte Einstellungsdispositionen gegenüber Flüchtlingen aufweisen. Während die BILD z. b. einen sehr restriktiven Kurs in der Flüchtlingspolitik proklamiert, die auch mit den Einstellungsdispositionen ihrer Leser korrespondiert, finden sich in der TAZ vorrangig liberalere Positionen wieder.

Der mediale Diskurs findet nicht ausschließlich auf dem journalistischen Feld statt, sondern steht in Beziehungen zu anderen Feldern, was sich bspw. an den ökonomischen Vermarktungslogiken zeigt, denen die meisten Medien unterworfen sind. Das journalistische Feld wird aber nicht nur durch ökonomische Produktionslogiken geprägt, sondern wirkt seinerseits auf andere Felder ein (Bourdieu 1998, S. 80). Besonders hervorzuheben ist die mediale Bindung an die Politik. In der Zeit ab dem Spätsommer 2015 waren es vorrangig etablierte Politiker, die den Diskurs in den Medien gestalteten (Haller 2017, S. 135). Umgekehrt haben sich Politiker im Rahmen der medialen Darstellungsformen und des legitimen Diskurses zu bewegen.

»Als öffentliche Personen sind sie zur veröffentlichten, öffentlichen, plakativen Meinung gezwungen, also aufgerufen, ihre Ansichten und Praktiken insgesamt an ihrer erklärten Position im politischen Raum auszurichten und intime Meinungen zum Geheimnis zu machen, sofern sie den angeblichen Positionen der Gruppen, deren Interessen sie vertreten, widersprechen könnten – was eine höchst zensierte und euphemisierte Sprache impliziert" (Bourdieu 1992 [1984], S. 293).

Zugleich brauchen sie für die Erhaltung ihres politischen Status die mediale Öffentlichkeit, da die mediale Präsenz in enger Verbindung mit den Beliebtheitswerten von Politikern steht (Bourdieu 2001, S. 45). Im Sinne der Theorie des politischen Framings wird so »vermittels der Medien ein thematischer Kontext erzeugt [...], der eine bestimmte politische Zielstellung oder Einstellung verbindlich macht und zum Common Sense erhebt" (Haller 2017, S. 135). Der legitime Diskurs über die Flüchtlingspolitik ist somit das Ergebnis eines dialektischen Prozesses, in dem Medien und Politik eng miteinander interagieren. Wie alle klassenspezifischen Eigenschaften können die durch die Medien vermittelten Einstellungsdispositionen der bewussten wie unbewussten Distinktion dienen. Die Berichterstattung ergibt sich dabei nicht zuletzt durch die Weltsichten und Einstellungen der Journalisten, die Themen aufgreifen und die Art der medialen Wiedergabe auswählen (Bourdieu 1998, S. 24 f.). Die mediale Darstellung ist dabei eng gekoppelt mit der sozialräumlichen Lage der Journalisten, die ihrerseits versuchen, die unterschiedlichen Konsumentenmilieus der Zeitungen, für die sie arbeiten, zu bedienen (Giegler und Klein 1994).

Mit den sozialen Medien ist dieser Diskurs abermals um eine Dimension erweitert worden, da nun die öffentliche politische Meinungsäußerung nahezu jedem offensteht. Diese Meinungsäußerungen können dabei durchaus als Selbstzweck verstanden werden, da sie (unbewusst) für die Akteure (Distinktions-)Gewinne versprechen. Auch dabei bestehen weitgehende Wechselwirkungen, so dass die Diskurse in den sozialen Medien durch die Berichterstattung der Leitmedien beeinflusst werden und vice versa. Die Wechselwirkung kann sich bspw. auch in expliziter Ablehnung eines als einseitig empfundenen Diskurses ausdrücken. Die mediale Berichterstattung ruft so »Wirklichkeitseffekte und Effekte in der Wirklichkeit« (Bourdieu 1998, S. 28) hervor, die von den Journalisten nicht gewollt oder entgegen ihrer eigentlichen Intention entstehen können. Eine medial vermittelte, unintendierte Nebenfolge des Flüchtlingsdiskurses könnte bspw. im Erstarken der AfD (Alternative für Deutschland) gesehen werden, die als einzige im Bundestag vertretene Partei offen gegen den politischen und medialen Konsens opponierte und damit Wählergruppen gewann, die vorab möglicherweise eher einem gemäßigteren politischen Milieu nahestanden.

Medien sind somit ein wichtiger Motor der Kategorisierung und Typisierung, da sie bestehende Meinungsströmungen multiplizieren. Dabei arbeiten sie unter anderem mit klassenspezifischen Typisierungen, wobei auch übergeordnete Narrative hervorgebracht werden, die relativ unabhängig von der sozialräumlichen Lage der Konsumenten bestehen. Darunter zählen Narrative, die bspw. strukturellen Rassismus bedienen. Huhnke (1993) zeigte bereits Anfang der 1990er Jahre in einer Analyse der Zeitungsberichte von »Der Spiegel« und »Bild am Sonntag« aus dem Zeitraum von 1986 bis 1993, dass beide der politisch gegensätzlich positionierten Wochenzeitungen strukturelle Rassismen reproduzierten, besonders im

Hinblick auf Flüchtlinge. Flüchtlinge werden nach dieser Analyse medial als bedrohliche »Andere« stigmatisiert (Huhnke 1993, S. 261). Zudem legt die Studie eine Hierarchisierung der Flüchtlinge dar, die sich u. a. an der Flucht- und Migrationsursache festmachen lässt. Dies scheint bemerkenswert, da sich die politischen Ausrichtungen und damit auch die sozialräumlichen Zielgruppen des Spiegels und der Bild am Sonntag deutlich voneinander unterscheiden. Dass auch heute noch Narrative bestehen, die von weiten Teilen der Medien und damit auch der Bevölkerung geteilt werden, zeigen die im Folgenden referierten Studien.

In einer groß angelegten Studie untersuchte die Otto Brenner Stiftung (Haller 2017) die Berichterstattung über die Flüchtlinge von Leitmedien und Lokal- / Regionalzeitungen im Zeitraum zwischen Februar 2015 und März 2016. Teilweise brachten einzelne große Online-Nachrichtenportale (tagesschau.de, spiegel.de, welt.de und focus.de) bis zu 17 Artikel zur Flüchtlingsthematik an einem Tag, das Medienaufkommen war also ausgesprochen groß. Besonders zu Beginn der großen Flüchtlingsmigration im Spätsommer 2015 fanden Sorgen, Ängste und Ablehnung, die in Teilen der Bevölkerung herrschten, nur wenig Berücksichtigung in der medialen Darstellung.

»Wenn doch, dann in belehrendem oder (gegenüber ostdeutschen Regionen) auch verächtlichem Ton. Kaum ein Kommentar während der sogenannten Hochphase (August und September) versuchte eine Differenzierung zwischen Rechtsradikalen, politisch Verunsicherten und Besorgten, sich ausgegrenzt fühlenden Bürgern. So dienten die Kommentare grosso modo nicht dem Ziel, verschiedene Grundhaltungen zu erörtern, sondern dem, der eigenen Überzeugung bzw. der regierungspolitischen Sicht Nachdruck zu verleihen« (Haller 2017, S. 135).

Dazu passend wurde das Narrativ der Willkommenskultur in der Tagespresse als »moralisch intonierte Verpflichtungsnorm« vermittelt (Haller 2017, S. 138). Erst mit den Ereignissen aus der Kölner-Silvesternacht zum Jahreswechsel 2015/16 verschob sich die Berichterstattung hin zu einer differenzierteren Darstellung der Ängste und Sorgen der Bürger (Haller 2017, S. 139). Haller kommt zu der These, dass die Medien durch ihre Art der Berichterstattung »diesen polarisierenden und insofern desintegrativen Prozess« innerhalb der Gesellschaft »massiv gefördert haben« (Haller 2017, S. 141). Zudem habe das Vertrauen in die Medien gelitten (Haller 2017, S. 142 f.).

Eine weitere Betrachtung der Berichterstattung zur Flüchtlingsmigration in den Printmedien findet sich bei Vollmer und Karakayali (2018). Im

Zeitraum von März 2015 bis März 2016 untersuchten sie unter diskursanalytischen Gesichtspunkten die Berichterstattung in den Zeitschriften »Focus«, »Spiegel« und »Bild«, den Tageszeitungen »Tagesspiegel«, »Welt«, »Frankfurter Allgemeine Zeitung« und der »Süddeutschen Zeitung« sowie der Wochenzeitung »Zeit« (Vollmer und Karakayali 2018, S. 119). Sie schließen, dass nach einer anfänglich positiven Darstellung der Flüchtlingsmigration, die eine wichtige Grundlage für die »Willkommenskultur« bildete, der Diskurs zunehmend negativer wurde, sich aber nicht gänzlich umkehrte (Vollmer und Karakayali 2018, S. 133). Die Akzeptanz der Flüchtlinge sei insbesondere von ihrer »Deservingness« (Vollmer und Karakayali 2018, S. 120), also der ihnen zugesprochenen Legitimität, abhängig gewesen. Sie stellen zudem in Anlehnung an Boltanski (1999) heraus, dass bei der Darstellung und Akzeptanz nicht nur die zugesprochene Legitimität von Bedeutung ist, sondern dass von den Flüchtlingen zugleich eine Reaktion der Dankbarkeit erwartet wird:

> »When German citizens provide hospitality, it is implicitly expected and required that refugees respond with gratitude. It is quite clear that such a philanthropic relationship is highly precarious since it depends entirely on the constant repetition of an asymmetric pattern in which refugees need to act according to the needs of the emotional investment of the providers of help« (Vollmer und Karakayali 2018, S. 129).

Die Akzeptanz der Flüchtlinge beruht somit auf einer asymmetrischen Statusrelation, so dass von den Flüchtlingen stets Dankbarkeit (oder auch Demut) eingefordert wird. Zudem zeigen sie, dass Ereignisse wie die Kölner Silvesternacht 2015 oder die Terroranschläge von Paris im November 2015 dazu beitrugen, dass sich die positive mediale Darstellung der Flüchtlinge veränderte (Vollmer und Karakayali 2018, S. 129 f.). Besonders die Umdeutung von Flüchtlingen oder Flüchtlingsgruppen als illegitim, insbesondere als »Wirtschaftsflüchtlinge«, stellte in diesem Diskurs eine bedeutende Wende dar.

Ähnliche Ergebnisse finden sich bei Holzberg et al. (2018), die ebenfalls im Rahmen einer Diskursanalyse die Berichterstattung zu Flüchtlingen in der »Süddeutschen Zeitung« und der »Frankfurter Allgemeinen Zeitung« in den Jahren 2015 und 2016 auswerteten. Sie können drei Kernthemen ausmachen, die die Debatte um die Aufnahme von Flüchtlingen prägten. Erstens zeigen sie die ökonomische Prägung des Diskurses zu Vor- und Nachteilen der Aufnahme von Flüchtlingen (Holzberg et al. 2018, S. 541 ff.). Die Flüchtlinge wurden dabei sowohl als Gewinn an Arbeitskraft und Lösung des Fachkräftemangels als auch als Kostenfaktor, besonders für den Sozialstaat, dargestellt: »As such, Germany's humanitarian response to incoming refugees was based on an economic classification of useful versus useless bodies according to their potential utility for sustaining the national economy« (Holzberg et al. 2018, S. 541). Zweitens wurde die Diskussion der Aufnahme von Flüchtlingen aus der Perspektive der nationalen Sicherheit geführt, wobei dieser Diskursstrang zwischen Juli und September 2015 stetig an Bedeutung gewann und rund um die Anschläge in Paris im November 2015 besonders kulminierte (Holzberg et al. 2018, S. 543 ff.). Flüchtlinge wurden zumeist als Bedrohung der inneren Sicherheit dargestellt, wobei insbesondere Narrative wie Islamismus und Terrorismus in den Vordergrund gehoben wurden. In diesem Diskurs wurde auch die Legitimität der Flüchtlinge in Frage gestellt: »[...] by putting refugees under collective suspicion of terror and political destabilization, the always-already ›Muslim‹ and ›violent‹ refugee is constantly figured on the edge of illegality« (Holzberg et al. 2018, S. 545). Als dritten Topos, der in der Darstellung regelmäßig bedient wurde, macht die Studie das Geschlecht aus. Insbesondere die Einreise einer großen Anzahl junger Männer wurde zumeist als Bedrohung dargestellt (Holzberg et al. 2018, S. 545 ff.). Im Anschluss an die Kölner Silvesternacht 2015/16 wurde dieses Narrativ besonders stark bedient. (Junge) Männer wurden in der medialen Darstellung zu den »schlechten«, Frauen und Kinder zu den »guten« Flüchtlingen (Holzberg et al. 2018, S. 546). Im Rahmen dieser unterschiedlichen Motive beschreiben Holzberg et al. (2018) ebenfalls unterschiedliche Grade von »Deservingness« und zugestandener Legitimität, die sich durch die Narrative im Diskurs spiegeln. »Within this logic, refugees continue to be defined as racialized ›others‹ who have to prove that they are worthy of protection and, as such, always find themselves on the cusp of deterrence and deportability« (Holzberg et al. 2018, S. 547).

In einer weiteren Studie über »Flüchtlinge in den Printmedien« beschreibt Almstadt (2017) den Flüchtlingsdiskurs in den drei größten überregionalen deutschen Tageszeitungen (Bild, Süddeutsche Zeitung und Frankfurter Allgemeine Zeitung) im Zeitraum vom 31. August bis 15. Oktober 2015. Sie stellt fest, dass die symbolische Darstellung von Flüchtlingen anhand dreier unterschiedlicher Repräsentationsformen erfolgt:

»Als massenhaftes Phänomen sind sie Statisten der medial inszenierten Willkommenskultur, durch eine Nahaufnahme wird ein auf der Flucht ertrunkenes Kind zum Symbol für das Versagen Europas und in einem Diskurs über Kosten-Nutzen-Abwägungen wird die Frage verhandelt, ob Flüchtlinge eine ökonomische ›Bereicherung‹ sind« (Almstadt 2017, S. 187).

Die mediale Darstellung brachte in allen drei Tageszeitungen vorrangig Motive des eigenen Stolzes über die Hilfsbereitschaft, Anklagen gegenüber Europa in Bezug auf die Situation auf dem Mittelmeer und ambivalente Einschätzungen hinsichtlich der wirtschaftlichen Integrierbarkeit der Flüchtlinge hervor. Dabei erscheint die mediale Berichterstattung zu Beginn sehr positiv. Auch die normalerweise eher migrationsskeptische »Bild« hat die deutsche Verantwortung hervorgehoben, den Tod des jungen Aylan Kurdi im Mittelmeer groß in anklagender Art und Weise aufgemacht und den Flüchtlingen eine gute ökonomische Integrationsfähigkeit zugesprochen (Almstadt 2017). Insgesamt war die Berichterstattung der »Bild« verglichen mit den anderen großen deutschen Tageszeitungen dennoch gerade zu Beginn der Flüchtlingsmigration deutlich negativer (Maurer et al. 2021, S. 20). Maurer et al. (2021) können zudem zeigen, dass die Berichterstattung zu den Flüchtlingen in ihrer Stichprobe, bestehend aus den Tageszeitungen »Süddeutsche«, »Frankfurter Allgemeine Zeitung« und »Bild«, sowie den Nachrichtensendungen »ZDF heute«, »Tagesschau« und »RTL Aktuell«, im Zeitverlauf tendenziell negativer wurde. Insbesondere bei den öffentlich-rechtlichen Nachrichtensendungen kehrte sich die anfangs sehr positive Berichterstattung im Zeitverlauf um. Ein allgemein hoher Anteil dieser negativen Berichterstattung beschäftigte sich mit dem Motiv einer verschlechterten Sicherheitslage durch die Aufnahme der Flüchtlinge (Maurer et al. 2021, S. 20 ff.).

Fengler und Kreutler (2020) untersuchen die mediale Berichterstattung über Flüchtlinge in 17 Ländern anhand einer Inhaltsanalyse. Für Deutschland wurden die Frankfurter Allgemeine Zeitung und die Süddeutsche Zeitung in die Analyse mit aufgenommen. Die Untersuchung erfasste die Zeiträume August 2015 bis Januar 2016 und Oktober 2017 bis März 2018. Es zeigt sich, dass die Art der Berichterstattung nicht nur auf die vorherrschenden nationalen Einstellungen konzentriert ist, sondern auch in den eher kritisch eingestellten Ländern die Sichtweise auf die Flüchtlingsthematik von der Wahl der Zeitung und ihrer politischen Ausrichtung abhängt (Fengler und Kreutler 2020, S. 45). Zudem stellen sie fest, dass die Darstellung von Flüchtlingen zumeist entpersonalisiert in Form einer großen, anonymen Massen erfolgt, die nur selten selbst zu Wort kommt (Fengler und Kreutler 2020, S. 57).

Neben den klassischen Medien findet der öffentliche Diskurs zunehmend auch in den sozialen Medien statt. Zu Recht verweisen Vollmer und Karakayali (2018) darauf, dass sich die Diskurse zu Migration und Flüchtlingen im Vergleich zu früheren Zeiten deutlich verschoben haben »both in terms of the very composition of the elements of a discourse and the regimes of their distribution (sharing, liking, re-tweeting and the mostly nontransparent algorithms with which the platforms govern the visibility of content)« (Vollmer und Karakayali 2018, S. 119). Eine Studie hierzu liefert Mühe (2017), in der sie exemplarisch den Online-Diskurs zweier Bürgerinitiativen untersuchte, die sich gegen die Unterbringung von Flüchtlingen in einem kleinräumlichen Gebiet formiert haben. Beide betrachteten Facebook-Gruppen zeigen rassistische Elemente in ihrem Diskurs, unterscheiden sich dabei aber besonders im Grad der offenen Äußerungen von Rassismus:

»Während rassistische Abwertungen in der Bürgerinitiative X fragmentarisch auftauchen und ambivalent sind, äußert sich der Rassismus in der Bürgerinitiative Freital offenkundiger und die Facebook-Kommentare nehmen zuweilen durchaus die Form fester, rechter Weltbilder an. Das Verhältnis zwischen rassistischer Rede und antirassistischer Widerrede ist in der BI X ausgeglichen« (Mühe 2017, S. 60).

In beiden Gruppen tauchen Argumentationsmuster auf, in denen die Legitimität der Flucht anhand der Fluchtursache in Frage gestellt wird. Besonders in der Gruppe aus dem Freital gibt es eine deutliche Hierarchisierung der unterschiedlichen Flüchtlingsgruppen. Ein weiterer Topos, der häufiger vorgebracht wurde, ist die Neigung der Flüchtlinge zu Gewaltbereitschaft und kriminellem Verhalten. Ein drittes häufig verwendetes Narrativ bezieht sich auf den gänzlich anderen Kulturkreis, aus dem die Flüchtlinge stammen. Zudem zeigt sich, dass männliche Flüchtlinge häufig als frauenverachtend und übersexualisiert beschrieben werden. Antimuslimischer Rassismus lässt sich indes nur in geringem Maße aufzeigen, dennoch werden die Flüchtlinge zugleich als Muslime wahrgenommen. Darüber hinaus finden sich Stimmen, die eine negative Zukunft durch die Aufnahme der Flüchtlinge prophezeien (Mühe 2017, S. 60 f.). Diese Narrative tragen zur allgemeinen symbolischen Abwertung von Flüchtlingen bei, und fungieren als negatives symbolisches Kapital. Zugleich spiegeln sie soziale Konfliktlinien und objektive Probleme, die mit der Aufnahme der Flüchtlinge zu bewältigen sind.

Die vorgebrachten Studien zeigen, dass die Sichtweise auf die Flüchtlinge und die Statuszuschreibung nicht im luftleeren Raum produziert werden. Vielmehr vermitteln Medien zwischen der politischen Ebene und den Rezipienten und tragen dabei zur Reproduktion bestehender Hierarchien bei. Zudem wirken sie intensiv auf das politische Agenda-Setting, die Meinungsbildung in der Bevölkerung und die Klassifizierung und Typisierung der Flüchtlinge ein. Die anfänglich sehr positive Darstellung der Flüchtlingsmigration im Spätsommer 2015 mag so maßgeblich dazu beigetragen haben, dass weite Teile der Bevölkerung zunächst sehr positiv gegenüber den Flüchtlingen eingestellt waren. Der Bereich des legitimen Diskurses wurde in dieser Zeit vorrangig auf zustimmende Einstellungsdispositionen verlagert. Doch spätestens mit der Berichterstattung über die Kölner Silvesternacht 2015/2016 kam es zu einem Wandel in der medialen Darstellung. Ab diesem Zeitpunkt spielten weitere Narrative wie das des bedrohlichen und frauenfeindlichen Nordafrikaners oder Arabers eine diskursive Rolle (Sander 2016). Zugleich trug die diskursive Engführung am Anfang der großen Flüchtlingsmigration zur Spaltung der Gesellschaft bei. Bedenkenträger und Skeptiker wurden aus dem legitimen Diskurs ausgegrenzt und ihre politische Position negativ konnotiert. Dabei ist nicht auszuschließen, dass ein beträchtlicher Anteil der Bevölkerung durch die mediale Darstellung des Diskurses nicht repräsentiert wurde. Dies mag zur Erstarkung rechter Strömungen beigetragen haben, da auch gemäßigte Akteure mit einer eher ablehnenden Haltung gegenüber der Aufnahme von Flüchtlingen ihre Meinung vorrangig in den sozialen Medien bei politischen Gruppierungen der extremen Rechten wiederfanden. Da die Filterblasen der sozialen Medien durch einen »Echokammereffekt« zu einer zunehmenden Radikalisierung des internen Diskurses in diesen Blasen beitragen (Haller 2017, S. 145), können sich Personen durch die Führung des Diskurses radikalisiert haben, die ursprünglich gemäßigten politischen Gruppen nahestanden. Zudem trägt die Anonymität des Internets tendenziell dazu bei, »dass beleidigende und strafrechtlich relevante Äußerungen hemmungsloser getätigt werden« (Neumann und Arendt 2016, S. 252).

Letztlich kann der mediale und politische Diskurs nur den gesellschaftlichen Diskurs flankieren, aber nicht determinieren. Besonders mit dem Aufkommen der sozialen Medien verlagern sich die Diskursarenen von den klassischen Zentren der Meinungsbildung in Politik und Medien (Zeitungen, Rundfunk, usw.) hin zu dezentralen Diskussionsforen, die sich um Themen oder Meinungen herum adhoc strukturieren und dadurch z.T. große meinungsbildende Schlagkraft entwickeln können. Umso mehr trifft daher heute Sayads Feststellung zu: »Without wishing to overlook or neglect the effects it can produce, we have to see that the (political) discourse on integration is the expression of a vague political will rather than of any real action on reality« (Sayad 2004 [1994], S. 217).

5.6 Migration und Integration im sozialen Raum – eine neue Perspektive mit Bourdieu

Die theoretische Aufarbeitung konnte zeigen, dass sich der Bourdieusche Theorierahmen und sein Begriffskorpus durchaus eignen, die vielgesichtigen Phänomene von Migration und Integration zu beschreiben. Die umfangreichste Sammlung empirischer Studien zu Migration und Integration im Rahmen einer relationalen Theorieperspektive findet sich z.B. in den ethnografischen Studien von Sayad. Zahlreiche Ergebnisse aus Bourdieus Studien zu anderen Themenfeldern lassen sich zudem auf das Feld von Migration und Integration übersetzen, um die Ausführungen Sayads, die sich nahezu ausschließlich mit der Position von algerischen Migranten in Frankreich beschäftigen, um weitere Facetten zu bereichern und so zu einer generalisierten Theorie von Migration und Integration zu gelangen.

Der relationale Ansatz bietet außerdem weitgehende Interpretationsspielräume, die sich nicht zuletzt auf die Analyse von globalen und gesellschaftlichen Machtrelationen stützen, welche maßgeblich den Charakter der Migration und die Integrationschancen der Migranten prägen. Eng verbunden mit dieser globalen Machthierarchie sind sowohl die Anerkennung von Legitimität, die Migranten mit (und von) spezifischer Herkunft in einer bestimmten Gesellschaft zugestanden wird als auch die Position im sozialen Raum, die sie in der Aufnahmegesellschaft einnehmen. Demensprechend prägt die Herkunft ihr (negatives) symbolisches Kapital und damit das »Handicap«, mit dem sie gesellschaftlich konfrontiert sind. Sayad beschreibt die globalen Herrschaftsbeziehungen, die sich zwischen Frankreich und Algerien vorrangig anhand der Kolonialzeit ausdrücken und den niedrigen Status von algerischen Migranten in der französischen Gesellschaft erklären. Eine Abstraktion dieser Idee findet sich bei Bourdieu im Konzept des Raumes der Ethnien, den er zwar nie systematisch, sondern stets nur fragmentarisch, aufgearbeitet hat, der sich jedoch als analytische Darstellung der internationalen Hierarchien und der globalen Herrschaftsbeziehungen zwischen den Staaten beschreiben lässt. Migrationen und Integrationen können daher sehr unterschiedliche Charakteristika aufweisen, die sich letztendlich nur zu einer gegebenen Zeit für gegebene Gruppen analysieren lassen.

Ihre institutionelle Fundierung findet die zugeschriebene Legitimität zum Aufenthalt in Deutschland bei Flüchtlingen in den unterschiedlichen formalisierten Aufenthaltstiteln, die, ähnlich dem institutionalisierten kulturellen Kapital, institutionalisierte Legitimität garantieren. In diesem Sinne beschreiben sie die Ebene formaler Integration. Die verschiedenen Aufenthaltstitel drücken dabei unterschiedliche Grade von Legitimität aus und reichen von voller staatlich zugestandener Legitimität (Gewährung von Asyl) bis hin zum legitimierten illegitimen Aufenthalt (Duldung) oder gar zur Ablehnung eines Aufenthaltes in Deutschland (Ausreisepflicht). Diese Dimension der formalen Integration übersetzt sich über unterschiedliche Förderungs- und Privilegienstrukturen in die soziale Praxis.

Zugleich handelt es sich bei den Bezeichnungen »Migrant« und »Flüchtling« stets um soziale Kategorien, die nicht nur rechtlich eine differenzierende Funktion ausüben. Auch im Alltag sind diese Merkmale, besonders in Wechselwirkung mit anderen Nebenmerkmalen wie Hautfarbe, Sprache oder Bildungsstand, wirkmächtige soziale Konstruktionen, die die sozialräumliche Positionierung beeinflussen und dadurch in die soziale Praxis übersetzt werden. Daraus ergeben sich unterschiedliche Wahrnehmungen und Interaktionswahrscheinlichkeiten, die bestehende Auf- und Abwertungen von Gruppen in der Praxis legitimieren können. Diese praktische Integration kann nicht losgelöst von der formalen Integration betrachtet werden, da die Chancen der praktischen Integration mit zunehmender formaler Integration höher sein sollten.

Die sozialen Klassifizierungen und Typisierungen werden im Rahmen des medialen (öffentlichen) Diskurses verhandelt, der eine der Arenen darstellt, in denen die Kämpfe um die Deutungshoheit über die symbolischen Zuschreibungen ausgetragen werden. Im Sinne der Ökonomie symbolischer Güter werden in den Medien (Gruppen-) Zuschreibungen gesetzt und in Frage gestellt. Dabei sind die (kommerziellen) Medien wie Zeitungen, das Fernsehen oder Internetseiten den Zwängen des journalistischen Feldes unterworfen. Zum einen drückt sich dies in einer möglichst öffentlichkeitswirksamen Inszenierung des betrachteten Gegenstandes aus, zum anderen, und damit eng verbunden, bestehen stets auch ökonomische Zwänge der Vermarktung der Medienprodukte. Dies führt häufig zu einer Engführung des Diskurses, so dass eine differenzierte mediale Aufarbeitung meist (auch aus Kostengründen) ausbleibt. In der Flüchtlingsdebatte drückte sich dies bspw. in der zunehmend negativen Berichterstattung im Anschluss an die Kölner Silvesternacht 2015 aus, die sich deutlich von dem medial vermittelten positiven Bild der Flüchtlinge aus der Phase unmittelbar nach dem Spätsommer 2015 absetzte. Der Diskurs entspann sich nach einem polarisierten Schema von Pro und Contra, in dem nur wenige vermittelnde Zwischentöne zu hören waren. Dies könnte zu einer Polarisierung der Einstellungsdispositionen unterschiedlicher sozialer Klassenfraktionen beigetragen haben.

Die Überlegungen zeigen zudem, dass Migration und Integration keinen allgemeingültigen Kriterien folgen. Es sind unterschiedliche Kombinationen von Herkunft und weiteren Merkmalen, welche die soziale Klassifikation und die Integrationschancen prägen. Die grundlegenden Motive einer relationalen Migrations- und Integrationssoziologie nach Bourdieu sind demnach Dialektik, Interkonnektivität und Relationen. Die sozialen Folgen der Klassifikationen, insbesondere in den unteren Bereichen des sozialen Raumes, haben einen genetischen Charakter. Sie betreffen nicht nur die Generation der Migranten, sondern wirken sich auch auf die Folgegenerationen aus. Die Klassifikationen sind in diesem Prozess nicht starr, sondern können sich im Laufe der Zeit durchaus verändern. Zudem können Merkmale durch bestimmte Ereignisse zu signifikanten sozialen Merkmalen werden. Die Bedeutung der Klassifikation als »Muslim« wandelte sich z.B. mit dem 11. September 2001, durch den der Islam vermehrt als Bedrohung wahrgenommen wurde. Die Migrationen verändern zudem den gesamten sozialen Raum der aufnehmenden Gesellschaft, so dass auch bestehende Gesellschaftsordnungen ins Wanken geraten können. In diesem Prozess reagieren die verschiedenen Klassenfraktionen in unterschiedlicher Weise auf die Gruppe der Migranten und es kann zu Distinktionsdynamiken kommen, die in verschiedenen Regionen des sozialen Raumes unterschiedliche Folgen bedingen können.

Der Großteil der genannten Merkmale ist der Migrations- und Integrationsforschung indes nicht unbekannt. Wie in der Darlegung des Forschungstandes (Kapitel 3) gezeigt wurde, gibt es bereits zahlreiche Studien, die z.B. die Differenzierung nach Herkunftsstaaten berücksichtigen, ebenso wie die Auswirkungen des Migrationshintergrundes für die nachfolgenden Generationen. Auch die Abwertung anhand von Zuschreibungen, die sich anhand von gruppenspezifischen Merkmalen manifestieren, ist der Forschung nicht neu. So konnte gezeigt werden, dass Muslime, völlig unabhängig von ihren eigenen religiösen Vorstellungen und der gelebten religiösen Praxis, durch die islamistischen Terroranschläge in der westlichen Welt seit dem 11. September 2001, mit einem Handicap belegt sind, welches ihre Integration und Akzeptanz erschwert (Bielefeldt 2013, S. 27). Der Vorteil einer relationalen Migrations- und Integrationsforschung liegt darin, die unterschiedlichen Merkmale in ihren Wechselwirkungen zu betrachten, so dass sich ein systematisches Bild unterschiedlicher und unterscheidender (Bewertungs-)Kriterien ausmachen lässt, die den Integrationsprozess prägen und sich anhand einer hierarchischen Ordnung strukturieren.

Wie in Abschnitt 3.8 gezeigt wurde, beinhalten zahlreiche Theorien der Integrationsforschung bereits relationale Elemente. In der Kontakttheorie sind diese insbesondere in den Annahmen Allports angelegt, die für die Reduktion von Vorurteilen einen gleichen sozialen Status, gemeinsame Ziele, geteilte Interessen und institutionelle Unterstützung voraussetzen. Zwar bewährte sich die Kontakthypothese in empirischen Studien auch dann, wenn die Annahmen nicht berücksichtigt wurden, insgesamt führten sie aber zu einer stärkeren voruteilsvermindernden Wirkung durch Kontakte. Die sozialräumliche Perspektive greift nahezu alle diese Elemente auf, da sich durch eine geteilte sozialräumliche Position auch eine gleiche Perspektive auf die soziale Welt ergibt, die geteilte Interessen und Ziele hervorbringt. Zugleich erhöht ein gleicher sozialer Status im sozialen Raum die Kontaktchancen im physischen Raum. Die Kontakte werden dadurch nicht nur zur Ursache von verminderten Vorurteilen, sondern auch ein Korrelat der sozialräumlichen Position. So schließt Schmitz (2006, S. 69), dass die vorurteilsreduzierende Wirkung der Kontakte eher in einem korrelativen als einem kausalen Verhältnis zueinander stehen.

Zugleich stellt sich auf das empirische Beispiel der Flüchtlinge die Frage, inwiefern überhaupt von einem geteilten Status ausgegangen werden kann. Durch die Konversion der Kapitalia in die nationalen Währungen kommt es bei den meisten Flüchtlingen zu massiven Abwertungen und zu einer Integration in die untersten Statusgruppen der Gesellschaft. Nach der ursprünglichen Formulierung der Kontakthypothese müsste dies bedeuten, dass gerade die statusniedrigen Gruppen durch ihre höhere Kontakthäufigkeit besonders positive Einstellungen gegenüber den Flüchtlingen zeigen müssten. Dem stehen jedoch zahlreiche Studienergebnisse entgegen, die zeigen, dass die Einstellungen mit steigender Bildung und z.T. auch mit steigendem Einkommen positiver werden. Eine relationale Fassung der Kontakthypothese kann daher annehmen, dass Kontakte zu Minoritäten nicht in allen Akteursklassen gleichermaßen wahrgenommen werden und eine Verminderung von Vorurteilen hervorrufen. Die Einstellungen sollten sich vielmehr aus der Beziehung zu den Flüchtlingen im sozialen Raum ergeben, wobei vermutet werden kann, dass sich zwischen benachbarten Positionen im sozialen Raum eine besondere Distinktionsdynamik ergibt. Das empirische Beispiel der Flüchtlinge bietet sich für eine solche Analyse gleichsam an, denn nur in wenigen Fällen wurde die Integration so stark durch die staatlichen und zivilgesellschaftlichen Institutionen gestützt. Auch die Theorien der ethnischen Bedrohung lassen eine relationale Lesart zu. Insbesondere die kulturelle (symbolische) Bedrohung beinhaltet das Motiv sozialer Distanz, welches qua Definition einen Raumbegriff impliziert (Schmitz 2006, S. 20). Zudem umfassten die frühen Fassungen der ITT mit den Begriffen der »uncertainty« und der »anxiety« Motive, die auf ein Prinzip von sozialer Distanz und divergierenden Doxa verweisen. Wie »der Fremde« Schütz drücken beide Begriffe vor allem die Unsicherheit aus, die sich aus fehlenden geteilten Wissensbeständen ergibt, da der Ablauf von Interaktionen nicht vorhergesehen werden kann. Dies spiegelt sich auch im Begriff der symbolischen Bedrohung wider, die in der ITT an die Stelle der kulturellen Bedrohung gerückt ist. Auch, wenn sich die begrifflichen Definitionen des Symbolischen bei Bourdieu und Stephan maßgeblich voneinander unterscheiden, so handelt es sich dennoch in beiden Theorien um grundlegende gesellschaftliche Konventionen und Zuschreibungen, so dass die kulturelle Bedrohung als eine Abweichung von den Doxa angesehen werden kann. Das unbekannte Verhalten und die unbekannten Habitus rufen in diesem Sinne ein Gefühl der Bedrohung hervor, auch weil die eigenen Gewissheiten in Frage gestellt werden. Zugleich verweist die ökonomische (realistische) Bedrohung ebenfalls auf eine Statusdimension, die eine sozialräumliche Interpretation zumindest nicht ausschließt. Die Konkurrenz um knappe (materielle) Ressourcen einer Gesellschaft ist abhängig von der sozialräumlichen Position, in der die betroffenen Güter eine Rolle spielen. Während bei der Zuwanderung von statusniedrigen Akteursgruppen wie den Flüchtlingen vorrangig eine Konkurrenz um Sozialleistungen, geringqualifizierte Arbeit und Sozialwohnungen entsteht, sind ebenso andere Konstellationen denkbar, in denen unterschiedliche Akteursklassen betroffen sind. Denkbar ist bspw. die Migration statushoher Gruppen in Länder mit einer besonders günstigen Steuergesetzgebung oder Regionen, die als besonders exklusive Urlaubsorte gelten. In der Folge können dort bspw. die Wohnungspreise in allen Preissegmenten steigen, wodurch nicht nur die unteren, sondern ebenso auch die mittleren Statusgruppen verdrängt werden.

Neben diesen beiden Theorietraditionen, denen ein relationales Motiv inhärent ist, da sie die Beziehung zwischen einer Majorität und einer Minorität beschreiben, lassen auch Integrations- und Assimilationstheorien eine relationale Lesart zu. So zeigt Sayad, dass die Arbeitsmigration, wie sie anhand der Migration zwischen Algerien und Frankreich beschrieben wird, stets den Anspruch an die Migranten stellt, sich zu assimilieren, da ansonsten die Marginalität droht, die sich durch eine noch stärkere soziale Abwertung (einem größeren negativen Koeffizienten des symbolischen Kapitals) bemerkbar macht. Dieser Anspruch leitet sich dabei aus der Machtrelation zwischen Frankreich und Algerien ab, nach der Frankreich die Spielregeln der Migration frei diktieren kann. Demgegenüber sind bei Migrationen aus einem statushöheren in ein statusniedrigeres Land Konstellationen denkbar, in denen die typischen Habitus der Herkunftsgesellschaft zu einer Aufwertung führen, da sie ebenfalls die globalen Machthierarchien in die soziale Praxis übersetzen. Die Integration und Beibehaltung spezifischer Verhaltensweisen aus dem Herkunftsland werden dadurch wahrscheinlicher, da sie keiner negativen Sanktionierung unterliegen. Der Koeffizient der Herkunft auf das symbolische Kapital ist dementsprechend positiv.

Auch die von Esser (1980) beschriebenen Integrationsdimensionen lassen sich relational interpretieren. Dabei sollte berücksichtigt werden, dass es sich im Fall der Flüchtlinge vorrangig um Migration aus statusniedrigen Herkunftsländern handelt. Dies prägt die Erwartungen, die an die Flüchtlinge im Integrationsprozess gestellt werden. Auf der anderen Seite des Spektrums finden sich zudem die globalen Eliten, die ihren Aufenthaltsort weitgehend frei wählen können. Sie müssen aufgrund ihrer Herkunft häufig in geringerem Maße den Integrationsdimensionen entsprechen, um als legitim oder integriert anerkannt zu werden. Die vier Dimensionen der Integration sind demnach als nachgeordnetes Strukturprinzip zu erfassen, denen eine soziale (globale) Hierarchie vorgelagert ist, nach der sich die Verbindlichkeit der Dimensionen graduell nach Herkunft und Status unterscheidet. Für die Flüchtlingsmigration und -integration können die Dimensionen jedoch als prägnante Heuristik verwendet werden, um die Anforderungen des Integrationsprozesses abzubilden.

Die kognitive Integration beschreibt vor diesem Hintergrund vor allem die Aneignung gesellschaftsspezifischen kulturellen Kapitals. Wie gezeigt, handelt es sich dabei um zentrale Wissensbestände der Gesellschaft, wobei insbesondere der Sprache eine weitreichende Bedeutung zukommt und bspw. ein bestimmter Dialekt schon eine entscheidende Auswirkung haben kann. Schlechte Sprachkenntnisse führen gerade bei statusniedrigen Gruppen wie den Flüchtlingen zu sozialen Abwertungen, da sie mit fehlendem Integrationswillen assoziiert werden können. Zugleich stellt die Aneignung dieser Wissensbestände eine zentrale Zugangsbedingung zu anderen sozialen Feldern einer Gesellschaft dar. Über die Sprachzertifikate wird bspw. der

Zugang zum Arbeitsmarkt reguliert. Diese Dimension der strukturellen Integration steht also in direkter Abhängigkeit von der kognitiven Integration. Die staatlichen Institutionen haben die Möglichkeit der gruppenspezifischen Differenzierung, indem sie Akteursgruppen beim Zugang zu Sprach- und Integrationskursen bevorteilen oder ihnen früher den uneingeschränkten Zugang zum Arbeitsmarkt ermöglichen, wie dies für die Herkunftsländer mit einer guten Bleibeperspektive der Fall ist. Sowohl die kognitive als auch die strukturelle Integration stellen zudem wichtige Merkmale der sozialräumlichen Klassifikation der Flüchtlingsgruppen dar, da sie direkt auf die Aneignung von kulturellem und ökonomischem Kapital einwirken. Durch die Zuteilung von Privilegien kann der soziale Aufstieg für Akteursklassen beschleunigt oder gehemmt werden, was wiederum die Wahrnehmung dieser Gruppen durch die autochthone Bevölkerung prägt und Auf- und Abwertungen nach sich ziehen kann. Die Ausgangsbedingungen für die kognitive und die strukturelle Integration sollten folglich nach Herkunftsländern differenzieren, wobei die zugestandene Legitimität des Aufenthalts (z.B. im Sinne von gewährtem Asyl) eine Voraussetzung ist, die sich selbst über die schlechteren Integrationsergebnisse der illegitimen Gruppen legitimiert.

Sowohl die kognitive als auch die strukturelle Integration sollten zudem einen Einfluss auf die soziale Integration haben. Kontakte in die Ursprungsbevölkerung werden maßgeblich durch die Kontaktchancen beeinflusst. Sowohl Grundkenntnisse der Sprache (oder Englisch- und Französischkenntnisse), als auch basale Grundnormen der Interaktion sollten dafür bekannt sein. Zudem erhöht die Berufstätigkeit die Chance, mit deutschen (Kollegen) in Kontakt zu kommen. Aus der relationalen Perspektive muss zudem danach unterschieden werden, zwischen welchen Akteursklassen die Kontakte bestehen, da dies einen Einfluss darauf hat, wie die Personen und Gruppen wahrgenommen werden. Bestehen diese Kontakte vorrangig zu statusniedrigen Gruppen der autochthonen Bevölkerung versprechen sie keine oder nur geringe Gewinne hinsichtlich des sozialen Kapitals. Diese Formen des bridging social capital (Putnam 2000) könnten aber idealiter dazu beitragen, bspw. die Sprache schneller zu erlernen und so dennoch soziale Aufwertung zu bedingen. Auf der anderen Seite handelt es sich in diesem Fall jedoch um die Sprache der sozial abgewerteten, die durch diese Interaktionen angeeignet wird, so dass auch eine Verfestigung eines geringen sozialen Status denkbar erscheint. Kontakte zu höheren Statusgruppen versprechen hingegen mehr Anerkennung, da das generierbare soziale Kapital den Integrationsprozess beschleunigen kann (bspw. Hilfe auf Ämtern und bei der Wohnungs- und Arbeitssuche). Diese statushöheren Kontakte versprechen zwar auch ein höheres symbolisches Kapital, normalerweise liegen die Wahrscheinlichkeiten solcher Kontakte für viele Migrantengruppen allerding niedriger. Die Flüchtlinge bilden hier möglicherweise eine Ausnahme, da die breite zivilgesellschaftliche Unterstützung, bspw. durch Patenschaftsprogramme und die disperse Unterbringung von Flüchtlingen in unterschiedlichen Wohngebieten andere Kontaktstrukturen geschaffen haben, als dies z. B. bei den Gastarbeitern oder den (Spät-)Aussiedlern der Fall war, die nach der Migration nahezu auf sich allein gestellt waren.

Eine ähnliche Ambivalenz lässt sich hinsichtlich des bonding social capital annehmen. Während es auf der einen Seite die Vermittlung von spezifischen Wissensbeständen hinsichtlich des Integrationsprozesses verspricht, könnte es auf der anderen Seite als fehlender Integrationswille wahrgenommen werden, sofern sich Flüchtlinge oder Migranten vorrangig in ihrer eigenen ethnischen Community bewegen. Auch hier müssen die Wahrnehmungen und die sozialen Folgen nicht für alle Akteursklassen gleichermaßen gelten, sondern von weiteren Merkmalen, wie der Herkunft, der Hautfarbe oder der (zugeschriebenen) Religion abhängig sein.

Die vierte Dimension der Integration, die kognitive Integration, erscheint hingegen insbesondere für statushöhere Migranten, sowie für Folgegenerationen, realistisch. Durch die sozialen Abwertungen ist für Flüchtlinge vielmehr die von Sayad postulierte »doppelte Abwesenheit« zu erwarten, so dass ein Gefühl der fehlenden Zugehörigkeit sowohl für die Herkunftsgesellschaft als auch für die Aufnahmegesellschaft entsteht. Da es sich bei der betrachteten Gruppe der Flüchtlinge um eine erzwungene Migration handelt, die zugleich nicht weit zurückliegt, darf bezweifelt werden, dass die identifikative Integration für den Untersuchungszeitraum bereits eine ernstzunehmende Rolle spielt. Diese Form der Identifikation könnte vielmehr durch eine grundlegende Dankbarkeit gegenüber dem Aufnahmeland geprägt sein, wenn sie sich denn überhaupt aufzeigen lässt. Auf der anderen Seite wird die identifikative Integration maßgeblich von der Zuschreibung eines »legitimen« Aufenthalts« abhängig sein. Das Gefühl der Teilhabe stellt sich vermutlich erst dann ein, wenn die Teilhabe auch ermöglicht wird. Die identifikative Integration ist somit insbesondere vom symbolischen Kapital abhängig, also von der gesellschaftlichen Anerkennung der legitimen Teilhabe und der Zuschreibung der Zugehörigkeit.

Handelt es sich jedoch um Eliten, die in ein statusniedrigeres Land migrieren, so werden sich diese vermutlich stets mit ihrem Herkunftsland identifizieren. Die Herkunft verspricht in diesem Fall einen positiven Faktor hinsichtlich des symbolischen Kapitals. Eine Identifikation mit einem statusniedrigeren Land würde dementsprechend mit Statuseinbußen einhergehen. Dabei ermöglicht die Herkunft auch einen spielerischen Umgang mit der Identifikation, wonach statushohe Migranten situativ die Identifikationsebene wählen können. Über solche Privilegien verfügen die meisten Flüchtlinge jedoch nicht.

Damit fügt die relationale Perspektive nach Bourdieu dem Diskurs in der Migrations- und Integrationsforschung eine weitere Dimension hinzu. Diese ergibt sich vorrangig aus der simultanen Betrachtung der unterschiedlichen (integrationsrelevanten) Merkmale im Zeitverlauf vor dem Hintergrund unterschiedlicher sozialer Lagen im Raum der Ethnien. Besonders die Motive symbolischer Herrschaft und der Migration in einen sozialen Raum erweitern dabei das bestehende Bild von Migration um eine spezifische Form der sozialen Differenzierung, welche maßgeblich die Wahrnehmung der Migranten durch die autochthone Bevölkerung, sowie die Integrationschancen der unterschiedlichen Migrantengruppen prägt. Zudem lassen sich, wie gezeigt werden konnte, Theorieelemente in das Bourdieusche Modell integrieren, welche sich empirisch weitgehend bewährt haben.

Nachdem nun die theoretische Perspektive Bourdieus auf die Phänomene Migration und Integration dargelegt wurde, ist es an der Zeit, diese einer empirischen Prüfung zu unterziehen. Da die Prozesse von Migration und Integration, wie gezeigt werden konnte, sehr vielschichtig sind, sollen die empirischen Analysen der multidimensionalen Struktur des Integrationsprozesses Rechnung tragen, indem nicht nur die Sichtweise der autochthonen Bevölkerung und ihre Einstellungen repliziert, sondern auch die Perspektive der Flüchtlinge untersucht wird. Die relationale Theorie Bourdieus kann so zu einer Integrationstheorie beitragen, in der alle Perspektiven der Integration berücksichtigt werden und sich gleichzeitig bestehende Wissensbestände über den Integrationsprozess integrieren und neu reflektieren lassen.

6. Methode und Daten

6.1 Die relationale Methodologie und die multiple Korrespondenzanalyse

Die relationale Methodik Bourdieus stellt durch den von ihr vertretenen Methodenpluralismus eine breite Palette an möglichen Studiendesigns zur Verfügung. Die empirischen Analysen zur Flüchtlingsintegration sollen ebendieser Tradition der relationalen Methodik folgen. Hierzu wird das statistische Werkzeug der multiplen Korrespondenzanalyse (MCA, für multiple Correspondence Analysis) verwendet, welches durch die Konvergenz zwischen Theorie und Modell auch als »Bourdieus statistisch[e] Methode« (Le Roux und Rouanet 2010, S. 4) bezeichnet wurde. Bourdieu selbst schrieb über die Korrespondenzanalyse, dass sie »eine relationale Technik der Datenanalyse darstellt, deren Philosophie genau dem entspricht, was in meinen [Pierre Bourdieus; Anm. FL] Augen die Realität der sozialen Welt ausmacht« (Bourdieu und Wacquant 2006 [1992], S. 125 f.; siehe auch: Bourdieu und Krais 1991, S. 277). Von ihrem Grundprinzip bildet die MCA relationale Verhältnisse zwischen den Variablen(-ausprägungen) ab und entspricht daher weitgehend dem Soziologieverständnis Bourdieus (Blasius und Schmitz 2014; Lebaron 2009). Sie eignet sich daher wie kaum ein anderes Verfahren, einen sozialen Raum analytisch zu konstruieren und in diesem verschiedene Merkmale aus einer relationalen Perspektive zu untersuchen.

Die MCA wird zur »Analyse des Donneés« gezählt (Le Roux und Rouanet 2010), was auf Deutsch als »geometrische Datenanalyse« übersetzt werden kann (Blasius 2010, 2001). Maßgeblich vorangetrieben wurde die Entwicklung der Korrespondenzanalyse in den 1960er Jahren unter der Leitung von Benzécri (Benzécri und Mitarbeiter 1973). Das Verfahren folgt der Philosophie seines Begründers, »the model should follow the data, not the inverse« (Blasius/Greenacre 2006, S. 6). Die deskriptive Betrachtung der Daten wird dabei einer probabilistischen Modellierung vorgezogen (Le Roux und Rouanet 2010, S. 2; Rouanet 2006, S. 138).

Bis heute ist die Korrespondenzanalyse eng verbunden mit der Arbeit Pierre Bourdieus (Rouanet 2006, S. 142 f.). In »La Distinction« (Bourdieu 1987 [1979]) verwendete Bourdieu die einfache Korrespondenzanalyse, die MCA fand bspw. in »Homo Academicus« (Bourdieu 1992 [1984]), »La Noblesse d'Etat« (Bourdieu 2002 [1989]) und »Les Structures sociales de l'économie« (Bourdieu 2000, 2005) Anwendung.

Bourdieu macht in seinen Werken deutlich, dass die Wahl der Korrespondenzanalyse als statistisches Analyseverfahren sehr bewusst erfolgte. Er entschied sich dabei auch explizit gegen die Verwendung von bspw. deutlich populäreren regressionsanalytischen Modellen, da das zu Grunde liegende Schema von abhängigen und unabhängigen Variablen seinem theoretischen Ansatz nicht gerecht wird. Dies machte er am konkreten Beispiel des Schulerfolges von Schülern deutlich, bei dem er die Unabhängigkeit der unabhängigen Variablen untereinander als nicht gegeben ansah. Zugleich war er der Ansicht, dass die Unterteilung in abhängige und unabhängige Variable(n) die relationalen Strukturen der Merkmale, die den zu beschreibenden Effekten eigentlich zu Grunde liegen, verdecke (Bourdieu und Krais 1991, S. 277; Rouanet et al. 2000, S. 7; Blasius et al. 2019, S. 5). Dabei schloss er die sinnvolle Verwendung von Regressionsmodellen nicht kategorisch aus, sofern Fragestellung und Modell zusammenpassen. Die Wahl des Analyseinstruments hat demnach stets anhand der Anforderungen des Analysegegenstandes zu erfolgen. Dabei wird der Anspruch erhoben, unterschiedlichste Ergebnisse und Modelle in die geometrische Datenanalyse integrieren zu können, die im Zentrum der Theorie des sozialen Raumes steht (Rouanet et al. 2000, S. 11; Lebaron 2009, S. 29).

In der multiplen Korrespondenzanalyse unterliegen die Daten nur sehr wenigen Restriktionen und es können fast alle Datentypen verwendet werden. Bourdieu nutzte vornehmlich Fragebogendaten, die sich als Matrix von »Individuum x Variablen(-ausprägung)« charakterisieren lassen, da diese am ehesten seine Vorstellung der doppelten Wirklichkeit im Konnex von Individuum und Gesellschaft abbildeten (Rouanet et al. 2000, S. 10 f.). Grundsätzlich sind aber sehr unterschiedliche Variablenkombinationen denkbar, solange sie in Kontingenztabellen dargestellt werden können.

Als exploratives Analyseverfahren dient die Korrespondenzanalyse weniger der Testung von Hypothesen, sondern der Abbildung der gegebenen Datenstruktur in einem sozialen Raum. Die Achsen dieses Raumes sind Faktoren oder Dimensionen und können inhaltlich interpretiert werden. Bei Bourdieu sind diese z.b. Kapitalvolumen und -struktur von ökonomischem und kulturellem Kapital. Zumeist beruft sich die Analyse dabei auf eine sozialwissenschaftliche Theorie, aus der Annahmen abgeleitet werden, die dann durch die Analyse der Datenstrukturen (bzw. der Strukturen in den Daten) bestätigt oder verworfen werden (Blasius 1994, S. 23). Die Darstellung und Interpretation der Ergebnisse erfolgt zumeist graphisch, wobei auch eine numerische Auswertung möglich ist (Blasius und Greenacre 2006, S. 4).

Das Prinzip der MCA ist eng verwandt mit dem der bekannteren Hauptkomponentenanalyse (PCA). Beide Verfahren unterscheiden sich hauptsächlich durch das Skalenniveau der manifesten Variablen. Während die PCA metrisches Skalenniveau voraussetzt, werden in der MCA (zumeist) kategoriale Daten verwendet. Das Verfahren erfordert zudem auf der Ebene der manifesten Variablen keine Festlegung von abhängigen oder unabhängigen Variablen. Anhand von ausgewählten (aktiven) Variablen wird ein gemeinsamer Raum definiert und konstruiert. Die Abbildung dieses Raumes erfolgt zumeist als zweidimensionales Koordinatensystem. Die Achsen des Raumes bilden dabei die extrahierten latenten Variablen, welche den verwendeten Variablen(-ausprägungen) zu Grunde liegen. Die Achsen werden als Dimensionen interpretiert und weisen metrisches Skalenniveau auf.

Die Interpretation der Ergebnisse erfolgt über die Lagen der Variablen(-ausprägungen) innerhalb des Koordinatensystems und ihren Beziehungen (Relationen) untereinander. Neben den aktiven Variablen, welche den Raum konstruieren und die Ausrichtung der latenten Variablen bestimmen, können Variablen(-ausprägungen) auch passiv bzw. »illustrierend« in den gebildeten Raum projiziert werden. Diese haben keinen Einfluss auf die Lage der Koordinatenachsen, können aber zum Verständnis der sozialräumlichen Verteilungen der Variablen(-ausprägungen) beitragen.

Die einfache Korrespondenzanalyse und die multiple Korrespondenzanalyse unterscheiden sich vorrangig anhand der Ausgangsmatrix der Daten. Während bei der CA die Häufigkeiten von Kontingenztabellen verwendet werden, bilden bei der MCA entweder sog. Indikator- oder Burtmatrizen, das Ausgangsformat der Datenmatrix (Blasius und Schmitz 2012,

S. 3). Bei der Burtmatrix werden dabei alle Variablen miteinander kreuztabelliert, auch mit sich selbst. Bei der Indikatormatrix werden dagegen die Individuen (oder Untersuchungseinheiten) hinsichtlich aller Variablen Dummy-kodiert. Die Indikatormatrix besteht folglich nur aus Nullen und Einsen. Der Algorithmus ist bei der CA und der MCA der gleiche, so dass die MCA als einfache CA einer Burt- oder Indikatormatrix beschrieben werden kann (Blasius 2001, S. 158). Die Unterscheidung der beiden Verfahren erfolgt also vorrangig über die Eingangsdaten und die damit verbundene Analyseebene (Blasius und Schmitz 2012, S. 3).

Die räumliche Verteilung der Variablen(-ausprägungen) liefert Zugang zur Struktur der Daten. Liegen zwei Variablenausprägungen im Koordinatensystem nah beieinander, sind sie einander sehr ähnlich. Bei der MCA werden (gewichtete) euklidische Distanzen verwendet, so dass sowohl die Abstände der Variablenausprägungen zum Achsenkreuz als auch die Distanzen zwischen den Variablenausprägungen untereinander interpretiert werden können. Die Kategorien in der Darstellung können daher wie eine geographische Karte gelesen werden, »with the same distance scale in all directions« (Le Roux und Rouanet 2010, S. 7). Das Achsenkreuz stellt den Durchschnitt aller Befragten dar. Liegen Merkmale nah am Achsenkreuz, wurden sie unabhängig von den anderen Variablen(-ausprägungen) genannt. Je weiter eine Variablenausprägung von Achsenkreuz entfernt liegt, desto stärker diskriminiert sie gegenüber anderen Merkmalen. Auch die Abstände zwischen den Variablenausprägungen lassen sich auf intuitive Art und Weise interpretieren. Merkmale, die nah beieinander liegen, wurden relativ häufig gemeinsam genannt. Liegen sie weit auseinander, so unterscheiden sie sich relativ stark voneinander. Auf diese Weise lassen sich insbesondere Strukturen zwischen den Variablen(-ausprägungen) im Rahmen einer MCA beschreiben (Blasius 2001, S. 157), was den relationalen Charakter des Verfahrens unterstreicht.

6.2 Daten

Die folgende empirische Untersuchung berücksichtigt sowohl die Perspektive der Flüchtlinge als auch der autochthonen Bevölkerung. Dabei wird auf zwei unterschiedliche Datenquellen zurückgegriffen. Zunächst erfolgt eine Betrachtung des Integrationsprozesses aus der Perspektive der Flüchtlinge. Hierzu werden die Daten aus der IAB-BAMF-SOEP Befragung von Geflüchteten aus dem Jahr 2016 verwendet. Die Grundgesamtheit der Befragung bilden erwachsene Geflüchtete, die zwischen dem 01. Januar 2013 und dem 31. Januar 2016 nach Deutschland eingereist sind und einen Asylantrag gestellt haben oder über spezielle Programme des Bundes oder der Länder aufgenommen wurden (Kroh et al. 2016, S. 1). Die Stichprobenziehung erfolgte über das Ausländerzentralregister (AZR) mit Hilfe eines Zufallsverfahrens. Die Befragungen wurden Face-to-Face durchgeführt. Für die Analysen wird die erste Welle der Befragung aus dem Jahr 2016 herangezogen. Nach Datenmatching und -bereinigung gingen N = 3938 Fälle in die Analyse ein.

Im zweiten Analyseabschnitt folgt eine Betrachtung der Perspektive der autochthonen Bevölkerung, die in direkter Nachbarschaft einer Flüchtlingsunterkunft leben bzw. zum Befragungszeitpunkt lebten. Die Analyse erfolgt auf Grundlage der Daten der ersten und zweiten Erhebungswelle der Kölner Flüchtlings-Studien. Diese wurden unter der Leitung von Prof. Jürgen Friedrichs jeweils in zwei Stadtteilen in Hamburg (Harvestehude und Bergedorf), Köln (Rondorf und Ostheim) und Mülheim an der Ruhr (Mitte und Saarn) erhoben (Friedrichs et al. 2019). Kriterium für die Auswahl der Wohngebiete war, dass dort bis zum Zeitpunkt der Befragung mindestens eine Flüchtlingsunterkunft eingerichtet worden war. Zudem wurden die Stadtteile nach ihrem sozialen Status ausgewählt. In Hamburg wurde mit Harvestehude ein statushohes Wohngebiet untersucht, indem das durchschnittliche versteuerte Einkommen pro Jahr zum Zeitpunkt der Befragung 2016 mit 111.088 Euro weit überdurchschnittlich war (Durchschnitt Hamburg: 35.567). Die Arbeitslosen- und Sozialmieterquoten waren mit 3,5 % und 3,6 % sehr gering. In Köln und Mülheim an der Ruhr wurden mit Ostheim und dem Innenstadtbereich Mitte zudem zwei statusniedrige Wohngebiete ausgewählt. Sie zeichneten sich durch überdurchschnittlichen Bezug von SGB II (28,3 % und 30,3 %), eine hohe Arbeitslosenquote (15,3 % und 10,3 %) und eine relativ hohe Sozialmieterquote (27,1 % und 10,9 %) aus (Friedrichs et al. 2019, S. 27 ff.). Für den Vergleich wurde ferner in allen drei Städten je ein klassisches Mittelschichtwohngebiet untersucht. Bergedorf, Rondorf und Saarn zeichneten sich zum Erhebungszeitpunkt dadurch aus, dass dort weitgehend durchschnittliche statistische Kennwerte herrschten. Zudem waren auch hier Flüchtlingsunterkünfte eingerichtet worden.

Die Stichprobenziehung erfolgte über das zentrale Melderegister der Einwohnermeldeämter der Städte anhand eines Zufallsverfahrens. Das Gebiet umfasste einen Radius von etwa 2,5 Kilometern um die jeweilige Flüchtlingsunterkunft. Pro Wohngebiet wurden zwischen 800 und 1000

Adressen gezogen. In der ersten Befragungswelle wurden die ausgewählten Personen mit einem Anschreiben auf die Face-to-Face-Befragungen vorbereitet und um Teilnahme gebeten. Die Befragung richtete sich auf die generelle Einstellung zu Flüchtlingen und ihre Wahrnehmung im Stadtteil. Zudem wurden Fragen zu Kontakten, Kontaktorten und den Entwicklungen, die durch die Flüchtlinge erwartet wurden, gestellt. Darüber hinaus wurde nach spezifischen Ängsten und der Differenzierung von Flüchtlingsgruppen gefragt.

Der standardisierte Fragebogen lehnte sich an eine Studie von Michaelis (2016) an, der vorab überarbeitet und einem Pretest unterzogen wurde. Während die erste Befragungswelle im Zeitraum von März bis Juli 2016 in Harvestehude, November 2016 bis Juni 2017 in Bergedorf, November 2016 bis Juni 2017 in Köln und November 2016 bis Dezember 2017 in Mülheim an der Ruhr als face-to-face-Befragungen stattfand, wurde die zweite Welle im Zeitraum von Ende 2017 bis Anfang 2018 als postalische Befragung durchgeführt. In der ersten Befragungswelle konnte eine Ausschöpfungsquote von ca. 38 Prozent (N = 1.742) erreicht werden, in der zweiten Welle waren es ca. 25 Prozent (N = 1.162). Eine sehr umfangreiche Aufarbeitung des Studiendesigns und der Stichprobe liefern Friedrichs et al. (2019, Kapitel 2, Kapitel 4). Nach der Datenbereinigung gehen für die erste Befragungswelle N = 1201 Fälle in die Analyse ein.

7. Ergebnisse

7.1 Perspektive der Flüchtlinge

Die Darlegung des Forschungstandes konnte zeigen, dass bei der Forschung zu Migration und Integration ein deutliches Übergewicht bei der Betrachtung der Ursprungsgesellschaft herrscht. Gerade hinsichtlich des Integrationsprozesses entsteht somit ein blinder Fleck bei einem der maßgeblichen Akteure der Integration: den Migranten. Die unterschiedlichen Migrantengruppen werden zumeist unter der gemeinsamen Kategorie »Migrant« subsummiert und ihre Unterschiede in z.b. Integrationsaspiration und Bleibeabsicht analytisch nivelliert. Unterschiedliche Einstellungen und Wahrnehmungen der Wechselverhältnisse im Integrationsprozess werden dementsprechend kaum untersucht. Dies verdeckt die systematische Differenzierung dieser Gruppen hinsichtlich ihrer Stellung im Integrationsprozess und im sozialen Raum, die ihre soziale Wirklichkeit (sowohl in der Gegenwart als auch in der Zukunft) maßgeblich prägen. Sie werden zu Objekten des Integrationsprozesses degradiert, obwohl sie an den sozialen Prozessen ihrer Legitimitäts- und Statuszuschreibung selbst teilnehmen. Dabei sind sie in Prozesse eingebunden, die Statuszuschreibungen ausdrücken, bekräftigen oder in Frage stellen können.

Die Ausgangsbedingungen der unterschiedlichen Migrantengruppen sind durch das gruppenspezifische (negative) symbolische Kapital nicht gleich. Es sind die spezifischen Eigenschaften und Merkmalskombinationen, die vorgeprägt sind durch die Herkunft und den relativen Status im Herkunftsland, welche einen Einfluss auf die sozialräumliche Lage von Migranten und Flüchtlingen nehmen. Sie prägen nicht nur die Habitus, was sich bspw. in unterschiedlichen Integrationsaspirationen niederschlagen kann, sondern bestimmen das soziale Handicap, welches sich im Sinne der symbolischen Gewalt auf die Individuen und Gruppen auswirkt. Diese Prozesse der Legitimitäts- und Statuszuschreibungen sollen im Folgenden untersucht werden.

Mit der multiplen Korrespondenzanalyse wird ein Verfahren verwendet, was ebenfalls einer relationalen Logik folgt. Im Rahmen der grafischen Analyse können Strukturen von Merkmalen und Merkmalskombinationen beschrieben werden, die den Integrationsprozess der verschiedenen Gruppen beeinflussen.

In der Tradition der Theorie nach Bourdieu soll mit Hilfe einer multiplen Korrespondenzanalyse ein sozialer Raum der Flüchtlinge konstruiert werden. Für die Konstruktion des Raumes werden Variablen verwendet, die die latenten Variablen der ((sozial-)räumlichen) Integration definieren. Die Daten der Analyse stammen aus der Geflüchtetenbefragung des IAB, des BAMFs und des SOEP aus dem Jahr 2016 (Kroh et al. 2016).

Der Datensatz wurde für die Berechnung der MCA per listwise deletion um Fälle mit fehlenden Werten in den aktiven Variablen bereinigt. Zudem ergab eine eingehende Prüfung des Datensatzes, dass die Fälle von Item-Nonresponse keinem systematischen Muster folgen und somit als zufällig angesehen werden können. Die Datenanalyse erfolgte mit den Statistikprogrammen SPSS und R. Die multiplen Korrespondenzanalysen wurden in R mit dem Paket FactoMineR berechnet.

7.1.1 Variablen und deskriptive Statistik

Bevor im Rahmen der multiplen Korrespondenzanalyse eine multivariate Betrachtung der Zusammenhänge im sozialen Raum erfolgt, soll zunächst eine kurze Einführung der Variablen aus der IAB-BAMF-SOEP Befragung von Geflüchteten erfolgen. Dabei werden sowohl die aktiven Variablen vorgestellt, die zur Konstruktion des sozialen Raumes der Flüchtlinge herangezogen werden, als auch die illustrierenden Variablen, die eine weiterführende Interpretation der sozialräumlichen Verortung der Flüchtlinge ermöglichen. Anhand bivariater Analysen können zudem erste Schlussfolgerungen über unterschiedliche Merkmalskombinationen zwischen den Flüchtlingsgruppen gezogen werden.

Integration ist ein Prozess, der Zeit benötigt. Gerade das Erlernen des gesellschaftsspezifischen kulturellen Kapitals, die als Doxa die Teilhabe an den sozialen Spielen ermöglichen, setzt Sozialisationsakte voraus, die sehr zeitintensiv sein können. Aus diesem Grund wird die Variable »Ankunft in Deutschland« in die Analyse aufgenommen. Für die Analyse wurden Befragte berücksichtigt, die zwischen 2013 und 2016 nach Deutschland gekommen sind. Dadurch wird die spezifische Flüchtlingsgruppe aus dem Nahen und Mittleren Osten (insb. Syrien) und Nordafrika analytisch besser erfasst und die Vergleichbarkeit erhöht. Es werden somit insbesondere die Phase nach der Ankunft und die ersten Integrationsschritte der Flüchtlinge beschrieben. Das Erlernen der Sprache spielt in diesem Prozess der Aneignung spezifischer Wissensbestände einer hervorgehobene Rolle, da die Sprache nicht nur Teilhabe und soziale Integration in Netzwerke der autochthonen Bevölkerung ermöglicht, sondern auch als institutionelle Hürde der strukturellen Integration wirken kann, indem der Zutritt zu (Weiter-)Bildungsmaßnahmen und dem Arbeitsmarkt über vorab definierte Sprachniveaus geregelt wird. Für eine Annäherung an das Sprachniveau wird die Einschätzung der Interviewer auf die Frage »Wie gut konnten Sie mit dem/der Befragten das Interview in deutscher Sprache durchführen?« in die Analyse mit aufgenommen.

Die Sprache ist ebenfalls ein wichtiger Schlüssel, um mit den Mitgliedern der Ursprungsgesellschaft in Kontakt zu treten. Diese Kontakte und die Einbettung in soziale Netzwerkstrukturen stellen als Dimension sozialer Integration einen weiteren wichtigen Aspekt von Teilhabe und praktischer Integration dar. Als soziales Kapital nehmen diese Netzwerke wichtigen Einfluss auf die Integrationschancen. Flüchtlinge können z.B. bei der Wohnungssuche durch den sozialen Status eines statushöheren Begleiters profitieren. Zudem sind Netzwerke in die Ursprungsbevölkerung eine wichtige Sozialisationsinstanz, die bei der Aneignung von spezifischem kulturellen Kapital helfen kann. Dazu zählt wiederum die Sprache selbst, da die häufigere praktische Anwendung dabei helfen kann, Sprachkenntnisse zu verbessern. Daher wird die Antwort auf die Frage »Wie oft verbringen Sie Zeit mit Deutschen?« als Maßzahl für den Grad der regelmäßigen Interaktion mit Personen aus der Ursprungsgesellschaft in die Analyse miteingeschlossen.

Die Aufnahme einer Berufstätigkeit stellt ein zentrales Merkmal der strukturellen Integration dar. Da alle Formen von Erwerbstätigkeit soziale Kontakte sowie Einbindung in die wirtschaftlichen Strukturen in Deutschland bedingen, wird eine dichotome Skalierung verwendet, die von Vollzeitbeschäftigung bis hin zu Praktika alle Tätigkeiten als berufliche Beschäftigung anerkennt.

Neben diesen Merkmalen der praktischen Integration wird der Aufenthaltsstatus als zentrales Merkmal der formalen Integration in die Analyse mit einbezogen. Wie in Abschnitt 5.4 gezeigt werden konnte, ist die Zuteilung des Aufenthaltsstatus eine der grundlegenden staatlichen Instrumente, um auf die Integration (gruppenspezifisch) einzuwirken, indem den verschiedenen Migrantengruppen unterschiedliche Legitimationsniveaus zugestanden werden. Damit bedingt die Vergabe des Aufenthaltstitels sowohl die Integrationschancen als auch den sozialen Status der Migrantengruppen. In die Analyse werden die Aufenthaltsstatus: »Duldung«, »Humanitärer Schutzstatus«, »Asylstatus« und »Asylbewerber« und »sonstiger Status« aufgenommen. Mit der Frage, ob (bereits) ein Integrationskurs des BAMF belegt wurde, wird zudem eine wichtige Schnittstelle zwischen der formalen und der praktischen Integration in der Analyse berücksichtigt. Es kann davon ausgegangen werden, dass als legitim anerkannte Flüchtlinge früher an einem Sprach- oder Integrationskurs teilnehmen können und dementsprechend einen höheren Grad an praktischer Integration erreichen.

Merkmalsausprägungen einer höheren Integration, z.B. gute Sprachkenntnisse, sollten mit soziodemographischen Eigenschaften, z.B. Ausbildungsniveau im Herkunftsland, in Verbindung stehen. Um genauer differenzieren zu können, wie und nach welchen Merkmalen sich die Gruppen im sozialen Raum der Flüchtlinge verteilen, werden verschiedene soziodemographische Variablen zur Analyse herangezogen. Aus der Bourdieuschen Theorie lässt sich insbesondere das Herkunftsland als wichtiges Merkmal der sozialräumlichen Positionierung ableiten und kann zur Identifikation der herkunftsspezifischen Handicaps beitragen. Als Variablen der Soziodemographie werden überdies das Alter, das Geschlecht und das gruppierte Haushaltseinkommen in die Analyse mit eingeschlossen. Das Alter stellt eine zentrale Kategorie in der Bourdieuschen Theorie dar, da die Akkumulation von Kapital zumeist Zeit benötigt. Zudem wurde das Alter im Rahmen der Experteninterviews der Kölner Flüchtlings-Studien als wichtiges Merkmal zur Beschreibung der Integrationschancen identifiziert. Das Haushaltseinkommen bietet als Annäherung einen analytischen Zugriff auf das ökonomische Kapital der Flüchtlinge. Das Geschlecht ist nach Bourdieu eine der fundamentalsten Kategorien sozialer Differenzierung. Da die Flüchtlinge zumeist aus Ländern kommen, in denen patriarchale Gesellschaftsordnungen vorherrschen, liefert das Geschlecht zudem einen Einblick in die Persistenz der geschlechtsspezifischen symbolischen Herrschaftsverhältnisse im Integrationsprozess. Diese sollten, sofern sie sich in der Aufnahmegesellschaft fortsetzen, zu schlechteren Integrationschancen für Frauen führen. Um sich dem kulturellen Kapital anzunähern, wird die (Schul-)Bildung in die Analyse aufgenommen. Hierzu wird die Klassifikation nach der International Standard Classification of Education 2011 (ISCED11) verwendet (UNESCO Institute for Statistics 2012; für eine Übersicht der zugeordneten Schul- und Bildungsformen siehe: Bundesministerium für Bildung und Forschung 2022), um die Bildungsabschlüsse zwischen den unterschiedlichen Bildungssystemen vergleichbar zu machen. Da der bisherige Forschungsstand nahelegt, dass die Integrationschancen in einer privaten Wohnung höher sind als in einer Gemeinschaftsunterkunft, wird darüber hinaus der Wohnstatus der Flüchtlinge abgebildet (Leßke et al. 2019). Zudem kann darüber ermittelt werden, ob bestimmte Flüchtlingsgruppen auf dem Wohnungsmarkt größere Chancen haben als andere bzw. ob bestimmten Flüchtlingsgruppen der Schritt in eine eigene Wohnung schneller gelingt als anderen.

Bereits aus der bivariaten Betrachtung der soziodemographischen Variablen lassen sich Rückschlüsse auf den Integrationsprozess ziehen. In der folgenden Kreuztabelle wird untersucht, nach welcher Chronologie die Flüchtlingsgruppen nach Deutschland gekommen sind (Tab. 1).

Staatsangehörigkeit	Ankunft in Deutschland				Gesamt
	2013	2014	2015	2016	
Afghanistan	13,9	23,4	57,4	5,3	512
Eritrea	12,3	53,7	33,5	0,4	227
Irak	7,3	12,4	71,8	8,5	507
Syrien	5,4	24,3	65,0	5,3	1911
Balkanstaaten	18,1	39,9	40,9	1,0	193
Afrikanische Staaten	23,1	35,2	40,7	0,9	108
Ehemalige SU	29,9	35,0	30,7	4,4	137
Andere Staatsangehörigkeit/Staatenlos	21,0	36,2	40,8	2,0	343
Gesamt	412	1057	2281	188	3938
Gesamt (in %)	10,5	26,8	57,9	4,8	100

Tabelle 1: Staatsangehörigkeit und Ankunft in Deutschland in Zeilenprozent
Chi^2 = 454,5; df = 21; p < .001; CV = ,20.
Quelle: IAB-BAMF-SOEP Befragung von Geflüchteten, Jg. 2016

Es zeigt sich, dass besonders Flüchtlinge aus Eritrea, den anderen afrikanischen Staaten[1], der ehemaligen Sowjetunion und den Balkanstaaten ab 2015 kaum zahlreicher einreisten als zuvor, während die Flüchtlingsgruppen aus Syrien, Afghanistan und dem Irak hingegen zum größten Teil erst ab 2015 kamen. Von da an stellten Syrer bis 2021 jährlich die größte Flüchtlingsgruppe (Bundesamt für Migration und Flüchtlinge, S. 17 f.). Migranten aus den Balkanstaaten kamen zumeist vor 2015 nach Deutschland und wurden medial häufig als Wirtschaftsflüchtlinge klassifiziert. Diese Debatte war eng verknüpft mit der Ausweisung der Balkanstaaten als »sichere Herkunftsländer«, die 2014 und Ende 2015 in zwei Schritten erfolgte. Dieser Flüchtlingsgruppe wurde demnach nur relativ wenig Legitimität zugestanden. Insgesamt machten zwischen 2014 und 2016 Personen aus den Balkanstaaten zudem den größten Anteil der Abschiebungen aus Deutschland aus (Bundeszentrale für politische Bildung 2022b). Es verwundert daher zunächst, dass sich Personen aus diesen Ländern dennoch längerfristig in Deutschland aufhalten. Die Migranten aus den Balkanstaaten zeigen zudem bspw. die zweithöchsten Erwerbsquote (18,1 %) unter den Flüchtlingsgruppen. Nur die anderen afrikanischen Staaten weisen mit 24,1 % eine höhere Erwerbstätigkeit auf, wobei die Fallzahlen für beide Gruppen relativ gering sind. Diese hervorgehobene Stellung der Flüchtlingsgruppe aus den Balkanstaaten, aber auch aus den Staaten der ehemaligen Sowjetunion und den anderen afrikanischen Staaten kann jedoch über einen Auswahleffekt erklärt werden. Demnach sind die befragten vermutlich Flüchtlinge und Migranten aus diesen Herkunftsländern, denen ein Aufenthalt gestattet wurde, während zahlreiche andere Migranten aus diesen Ländern wieder in ihre Herkunftsländer zurückkehren mussten. Sie sollten daher einen höheren Grad an praktischer Integration aufweisen und insbesondere einer Beschäftigung nachgehen, da dies häufig als Kriterium für eine Aufenthaltserlaubnis angesehen wird. Insgesamt ist der Zusammenhang zwischen Herkunftsland und Erwerbstätigkeit zwar höchstsignifikant, mit einem Cramérs V von .12 aber relativ schwach ausgeprägt. Flüchtlinge aus Staaten, die zum Zeitpunkt der Befragung im Jahr 2016 erst kurze Zeit in Deutschland waren, sind zudem tendenziell seltener in Arbeit.

---

1 »Afrikanische Staaten« umfasst alle Staatsangehörigkeiten des IAB-BAMF-SOEP-Datensatzes aus Afrika außer Eritrea. Das sind: Somalia, Algerien, Nigeria und Gambia. Aufgrund der geringen Fallzahlen wurden diese vier Staaten in einer Variable zusammengefasst (N = 343).

Doch nicht nur die Dauer des Aufenthalts sollte vor dem Hintergrund der Theorie einen Einfluss auf die Integration und die Legitimität des Aufenthalts in Deutschland haben. Eine wichtige Determinante des Status liegt im kulturellen Kapital. Flüchtlingsgruppen mit einem höheren kulturellen Kapital sollten dementsprechend mit positiveren Typisierungen und Klassifikationen belegt sein. Ihr Aufenthalt ist mit einer höheren Legitimität ausgestattet, da an ihrer Aufnahme ein größeres gesellschaftliches (und wirtschaftliches) Interesse besteht. Der Zusammenhang zwischen Herkunftsland und den erworbenen Bildungsabschlüssen ist in Tabelle 2 dargestellt. Hier zeigt sich ein durchaus diverses Bild. Während z.b. die Flüchtlinge aus Syrien eine verhältnismäßig hohe Bildung vorweisen können, haben die Flüchtlinge aus Afghanistan in mehr als 60% der Fälle maximal eine Grundbildung erhalten. Auch bei Flüchtlingen aus Eritrea, den anderen afrikanischen Staaten, dem Irak und den Balkanstaaten hat der überwiegende Anteil der Flüchtlinge keine weiterführende Bildung genossen.

ISCED-2011-Klassifikation[2]

Staatsange-hörigkeit	Grund	Sekundar I	Sekundar II	Post-sek	Tertiär I	Tertiär II	Gesamt
Afghanistan	60,7	14,2	13,3	2,1	9,4	0,2	466
Eritrea	53,1	26,5	13,7	1,9	4,7	0,0	211
Irak	50,7	20,7	11,6	2,1	14,0	0,8	473
Syrien	32,3	22,1	20,7	2,2	20,7	2,0	1788
Balkanstaaten	50,0	21,6	21,0	3,4	4,0	0,0	176
Afrikanische Staaten	58,3	15,6	15,6	2,1	8,3	0,0	96
Ehemalige SU	10,5	27,1	30,8	3,0	27,8	0,8	133
Andere Staatsangehörigkeit/ Staatenlos	27,6	17,6	26,6	5,0	22,3	0,9	323
Gesamt	1459	761	695	92	614	45	3666
Gesamt (in %)	39,8	20,8	19,0	2,5	16,7	1,2	100

Tabelle 2: Staatsangehörigkeit nach Bildungsabschluss in Zeilenprozent
Chi^2 = 340,4; df = 35; p < .001; CV = ,14.
Quelle: *IAB-BAMF-SOEP Befragung von Geflüchteten, Jg. 2016*

Neben den Herkunftsländern zeigt sich auch ein Geschlechtereffekt hinsichtlich der Bildung. Wie zu erwarten war, haben geflüchtete Frauen deutlich häufiger nur eine Grundbildung erhalten (43,9 % vs. 37,3 %), während Männer signifikant häufiger höhere Bildungsabschlüsse erreicht haben. Insgesamt ist der Effekt mit einem Cramérs V von .07 jedoch schwach.

Neben den Bildungsabschlüssen stellen die Sprachkenntnisse für die Integration wohl die wichtigste Ressource des kulturellen Kapitals dar. Besonders Migranten aus den Balkanstaaten konnten bereits vor ihrer Ankunft in Deutschland zu einem Viertel (rudimentär) Deutsch sprechen. Dies könnte damit zusammenhängen, dass die meisten Migranten aus den Balkanstaaten nicht aufgrund einer drängenden humanitären Krise nach Deutschland gekommen sind. Die Migration konnte daher besser vorbereitetet werden. Dies zeigt sich auch bei den Migranten aus den Staaten der ehemaligen Sowjetunion, von denen zumindest knapp 15 % bereits erste Kenntnisse der deutschen Sprache hatten. Insgesamt sprach der überwiegende Teil der Flüchtlinge jedoch kein Deutsch vor dem Zuzug.

Während die Sprachkenntnisse somit überwiegend sehr gering waren, stellt sich die Frage, ob bereits soziale Vernetzungen nach Deutschland bestanden. Die Theorie des bonding social capital (Putnam 2000) sieht in den Kontakten innerhalb der eigenen ethnischen Community eine wichtige Ressource für die Integration. Vor dem Hintergrund der Bourdieuschen Theorie können diese Kontakte als soziales Kapital angesehen werden. Um diese Kontakte in die ethnische Community abzubilden, werden die Kontakthäufigkeiten zu Personen aus dem Heimatland und zu anderen Ausländern in die Analyse mit eingeschlossen. Die Fragen hierzu waren: »Wie oft verbringen Sie Zeit mit Personen aus Ihrem Herkunftsland, die nicht mit Ihnen verwandt sind?« und »Wie oft verbringen Sie Zeit mit Personen aus anderen Ländern?«. Die Fragen wurden auf einer sechsstufigen Skala von »Täglich« bis »Nie« abgefragt.

Auch die mögliche Unterstützung durch Verwandte beim Zuzug spielt in der Frühphase der Integration eine wichtige Rolle. Sind bereits Verwandte vorher nach Deutschland eingereist, können sie wichtige Hilfestellungen bei der Integration leisten und so als soziales Kapital dienen. Um diese Kon-

---

2 Die Einteilung des ISCED11 erfolgt nach: »Grundbildung«, »Sekundarbildung I/Unterstufe, Mittelstufe«, »Sekundarbildung II/Oberstufe«, »Postsekundäre Bildung«, »Tertiäre Bildung, erste Stufe« und »Tertiäre Bildung, Forschungsqualifikation« (UNESCO Institute for Statistics 2012).

takte als Ressource darstellen zu können, wird die Hilfe beim Zuzug durch Verwandte in die Analyse mit eingeschlossen. Die Unterstützung beim Zuzug der Flüchtlingsgruppen durch Verwandte differenziert deutlich nach den Herkunftsländern. Besonders die Flüchtlingsgruppen aus dem Irak (19,5 %) und Syrien (22,7 %) weisen einen hohen Anteil an Hilfe durch Verwandte auf. Auch in der Gruppe aus den Balkanstaaten liegt der Anteil mit über 20 % überdurchschnittlich hoch. Die Flüchtlinge aus den anderen afrikanischen Staaten haben hingegen mit 6,5 % ausgesprochen selten Hilfe beim Zuzug durch Verwandte erhalten.

Neben den grundlegenden soziodemographischen Kriterien wird auch die Religion in der Literatur häufig als wichtiges Kriterium der Integration von Migranten diskutiert. In der Aufarbeitung des Forschungsstandes konnte gezeigt werden, dass besonders gegenüber Muslimen und dem Islam weitgehende Vorbehalte in der deutschen Bevölkerung bestehen (Abschnitt 3.4), die die Integrationschancen von Flüchtlingen beeinflussen können. Insbesondere vor dem Hintergrund der Herkunft eines Großteils der Flüchtlinge aus Ländern, in denen der Islam die vorherrschende Religion ist, wird dies zu einem Faktor, der den Integrationsprozess prägen kann. Wie in Tab. 3 zu sehen ist, ist ein Großteil der befragten Flüchtlinge muslimischen Glaubens oder kommt aus einem Land, in dem die Bevölkerungsmehrheit muslimisch ist. Der Effekt zwischen Religionszugehörigkeit und Herkunftsland ist hochsignifikant bei einer hohen Effektstärke von CV= 0,4. Besonders die Flüchtlinge aus Afghanistan und Syrien sind zu über 80 % Muslime, Flüchtlinge aus den Balkanstaaten zu über 70 %. Hingegen sind mehr als 85 Prozent der Flüchtlinge aus Eritrea christlichen Glaubens. Unabhängig von der tatsächlichen Religionszugehörigkeit kann davon ausgegangen werden, dass dem Großteil der Flüchtlinge der muslimische Glaube zugeschrieben wird, da die Typisierungen der Flüchtlingsgruppen mit diesem Merkmal konnotiert sind. Abgrenzungstendenzen aus der Ursprungsbevölkerung können aufgrund der verbreiteten Vorbehalte gegenüber muslimischen Flüchtlingen stärker ausfallen als z. B. gegenüber christlichen. Dies kann sich auch auf die Integrationschancen der Flüchtlingsgruppen auswirken (Kogan et al. 2020, S. 3544).

Einer der Gründe für die Ablehnung des Islams ist seine (zugeschriebene) politische Dimension. Aus diesem Grund wird neben der Religionszugehörigkeit auch die Zustimmung zu politischem Einfluss von Religionsführern in die Analyse miteingeschlossen. Diese Einstellungen werden über die Antwort auf die Frage: »Religionsführer bestimmen letztlich die Auslegung der

	Religionszugehörigkeit				
Staatsangehörigkeit	Islam	Konfessionslos	Christlich	Andere	Gesamt
Afghanistan	83,3	7,5	6,7	2,6	496
Eritrea	12,8	0,4	86,7	0,0	226
Irak	47,2	7,2	8,6	37,0	500
Syrien	82,4	7,2	6,7	3,8	1888
Balkanstaaten	72,8	6,3	18,3	2,6	191
Afrikanische Staaten	68,3	2,0	29,7	0,0	101
Ehemalige SU	56,1	3,0	39,4	1,5	132
Andere Staatsangehörigkeit/Staatenlos	65,7	6,3	24,8	3,3	335
Gesamt	2735	248	599	287	3869
Gesamt (in %)	70,7	6,4	15,5	7,4	100

Tabelle 3: Staatsangehörigkeit und Religionszugehörigkeit in Zeilenprozent
$Chi^2 = 1859,6; df = 21; p < .001; CV = ,40$.
Quelle: IAB-BAMF-SOEP Befragung von Geflüchteten, Jg. 2016

Gesetze« operationalisiert, die auf einer 11er Skala von 0 »Gehört auf keinen Fall zur Demokratie« bis zu 10 »Gehört auf jeden Fall zur Demokratie« erhoben wurde. Um eine übersichtlichere Verteilung zu erlangen, wurde diese 11er Skala in eine 5-stufige Skala rekodiert.

Die bivariate Analyse (Tabelle 4) zeigt, dass sich Muslime nicht bedeutend häufiger für einen politischen Einfluss der Religionsführer aussprechen als Anhänger anderer Religionsgemeinschaften oder des Christentums. Vielmehr sagt sogar ein größerer Anteil der anderen Religionsgemeinschaften (17,7 %) und der Christen (13 %), dass es auf jeden Fall dazugehöre, dass Religionsführer die Auslegung der Gesetze bestimmen. Bei den Muslimen liegt dieser Anteil mit 9,6 % deutlich niedriger. Allerdings kann nicht ausgeschlossen werden, dass es sich dabei um einen Effekt von sozialer Erwünschtheit handelt. Die größte Ablehnung von politischem Einfluss durch Religionsführer findet sich bei den Konfessionslosen.

Mit der Migration kommt es bei einem großen Anteil der Flüchtlinge zu relativen Statusabstiegen durch die Konversion bzw. Entwertung der Kapitalia. Dennoch werden bei der Migration bestehende Statusrelationen (in unterschiedlichen Graden) aufrechterhalten. Ein hoher Status verschafft dabei nicht nur innerhalb des eigenen Herkunftslandes Privilegien, sondern schreibt sich auch im Aufnahmeland fort. Dabei sollten sich innerhalb der ethnischen Communities die Statusrelationen aus dem Herkunftsland, zumindest eingeschränkt, in die Aufnahmegesellschaft übersetzen. Zudem

ERGEBNISSE 175

Religionszu-gehörigkeit	Demokratie: Religionsführer bestimmen Auslegung der Gesetze					Gesamt
	Auf keinen Fall	Eher nicht	Neutral	Eher ja	Auf jeden Fall	
Islam	71,8	6,2	8,3	4,1	9,6	2246
Konfessionslos	84,6	4,5	4,5	0,5	6,0	201
Christlich	76,3	3,3	4,4	3,1	13,0	455
Andere	71,2	3,7	3,3	4,2	17,7	215
Gesamt	2283	171	222	117	324	3117
Gesamt (in %)	73,2	5,5	7,1	3,8	10,4	100

Tabelle 4: Religionszugehörigkeit und Einfluss von Religionsführern in einer Demokratie in Zeilenprozent
$Chi^2 = 54,2; df = 12; p < .001; CV = ,08$.
Quelle: IAB-BAMF-SOEP Befragung von Geflüchteten, Jg. 2016

sollte Akteuren mit einem höheren Status im Herkunftsland die Integration leichter fallen.

Aus diesem Grund werden in der Analyse die Einschätzungen der Befragten zu ihrer wirtschaftlichen Situation und ihrem Einkommen im Herkunftsland im Vergleich zum Durchschnitt in die Analyse mit eingeschlossen. Die Fragen hierzu lauteten: »Wie würden Sie Ihre wirtschaftliche Situation damals, verglichen mit der Situation anderer in Ihrem Land, einschätzen?« und »Wenn Sie Ihr Nettoeinkommen damals mit dem Einkommen anderer in Ihrem Land verglichen hätten: Wie hätten Sie da die Höhe Ihres Nettoeinkommens eingeschätzt?« Daraus lässt sich ableiten, inwiefern der soziale Status im Herkunftsland Einfluss auf die Integration im Zielland nimmt.

Wie aus Tabelle 5 hervorgeht, stehen Bildungsabschluss und wirtschaftliche Situation im Herkunftsland in einem signifikanten Zusammenhang. Die wirtschaftlichen Verhältnisse verbinden also Elemente des kulturellen Kapitals mit jenen des ökonomischen Kapitals. Ferner liefert das relative Nettoeinkommen im Herkunftsland einen weiteren Hinweis auf den Status im Herkunftsland. Während ca. 35 % der Befragten mit Grundbildung angaben, im Herkunftsland in unterdurchschnittlichen Verhältnissen gelebt zu haben, sind dies bei denjenigen mit Bachelorabschluss nur etwa 12 %. Zudem gaben fast 75 % der Befragten mit einem Doktorgrad an, in ihren Heimatländern in überdurchschnittlichen wirtschaftlichen Verhältnissen gelebt zu haben.

Relative wirtschaftliche Situation im Herkunftsland

	Weit überdurchschnittlich	Eher überdurchschnittlich	Durchschnittlich	Eher unterdurchschnittlich	Weit unterdurchschnittlich	Gesamt
Bildung nach ISCED11						
Grundbildung	4,9	15,0	45,4	19,7	14,9	1349
Sekundarbildung I	5,8	20,6	48,8	16,5	8,3	723
Sekundarbildung II	8,3	22,6	46,4	15,8	6,8	672
Postsekundäre Bildung	3,3	23,1	53,8	14,3	5,5	91
Tertiäre Bildung I	14,2	31,0	42,8	8,8	3,2	600
Tertiäre Bildung II	39,5	34,9	20,9	4,7	0,0	43
Gesamt	269	726	1593	559	331	3478
Gesamt (in %)	7,7	20,9	45,8	16,1	9,5	100
Staatsangehörigkeit						
Afghanistan	10,3	18,9	46,6	14,3	9,9	455
Eritrea	1,6	10,1	40,4	29,8	18,1	188
Irak	3,7	20,2	51,3	15,9	9,0	491
Syrien	9,5	24,3	48,2	12,9	5,2	1871
Balkanstaaten	0,6	5,1	23,6	29,8	41,0	178
Afrikanische Staaten	4,5	8,0	23,9	37,5	26,1	88
Ehemalige SU	2,3	19,4	49,6	20,2	8,5	129
Andere Staatsangehörigkeit/Staatenlos	8,8	21,7	40,9	17,3	11,3	318
Gesamt	281	769	1698	607	363	3718
Gesamt (in %)	7,6	20,7	45,7	16,3	9,8	100

Tabelle 5: Bildungsabschluss nach ISCED11 und Staatsangehörigkeit vs. relative wirtschaftliche Situation im Herkunftsland in Zeilenprozent
Bildungsabschluss vs. relative wirtschaftliche Situation: Chi² = 287,8; df = 20; p < .001; CV = ,14.
Staatsangehörigkeit vs. relative wirtschaftliche Situation: Chi² = 476,6; df = 28; p < .001; CV = ,18.
Quelle: IAB-BAMF-SOEP Befragung von Geflüchteten, Jg. 2016

Auffällig ist, dass aus den unterschiedlichen Herkunftsländern verschiedene Statusgruppen die Flucht nach Deutschland gewagt haben. Betrachtet man die Herkunft und die wirtschaftliche Situation im Herkunftsland (Tabelle 5), dann fällt auf, dass gerade aus Afghanistan (29,2 %) und Syrien (33,8) ein großer Teil der Flüchtlinge angab, in überdurchschnittlichen wirtschaftlichen Verhältnissen gelebt zu haben. Dies spricht dafür, dass aus diesen Ländern vorrangig die statushöheren Gruppen die teure Flucht aus den Krisengebieten nach Deutschland realisieren konnten. Aus den Balkanstaaten gaben dagegen über 70 % der Befragten an, in unterdurchschnittlichen wirtschaftlichen Verhältnissen gelebt zu haben. Und auch die Flüchtlinge aus Eritrea und den anderen afrikanischen Staaten kamen deutlich häufiger aus den unterdurchschnittlichen wirtschaftlichen Schichten.

Für den Integrationsprozess ist auch das Gefühl, akzeptiert zu werden, von Bedeutung. Nach Sayad erleben viele Migranten Ablehnung und fehlende Akzeptanz durch die Ursprungsbevölkerung. Zusammen mit der bestehenden Ambivalenz, auch der Herkunftsgesellschaft nicht mehr zugehörig zu sein, entsteht ein Gefühl der doppelten Abwesenheit, welches charakteristisch ist für die algerischen Immigranten in Frankreich.

Um zu untersuchen, inwiefern die unterschiedlichen Flüchtlingsgruppen die Ablehnung durch die deutsche Gesellschaft wahrnehmen, werden Variablen in die Analyse miteingeschlossen, die Diskriminierungserfahrungen und Deprivation abbilden. Die Fragestellungen für das Gefühl, willkommen zu sein, waren: »Hatten Sie bei Ihrer Ankunft in Deutschland das Gefühl, willkommen zu sein?« und »Und wie ist das jetzt: Fühlen Sie sich heute in Deutschland willkommen?«, erhoben auf einer fünfstufigen Skala von »Voll und ganz« bis »Gar nicht«. Die Diskriminierungshäufigkeit, gemessen anhand der Frage: »Wie häufig haben Sie persönlich die Erfahrung gemacht, hier in Deutschland aufgrund Ihrer Herkunft benachteiligt worden zu sein?« wurde auf einer dreistufigen Skala mit den Ausprägungen »Häufig«, »Selten« und »Nie«, abgefragt. Für die wahrgenommene soziale Deprivation wurden die Antworten auf die Fragen: »Wie oft haben Sie das Gefühl, außen vor zu sein?« und »Wie oft haben Sie das Gefühl, dass Sie sozial isoliert sind?«, erhoben auf einer fünfstufigen Skala von »Sehr oft« bis »Nie«, in die Analyse mitaufgenommen.

Kontakte zur Ursprungsbevölkerung können bspw. durch Hilfsprogramme wie Patenschaften, aber auch durch institutionalisierte Unterstützungsprogramme entstehen. Dadurch erhalten Flüchtlinge die Möglichkeit, vom sozialen Stand der helfenden Personen und ihrem (zumeist kulturellen) Kapital zu profitieren. Die Netzwerke zu Paten und Flüchtlingshelfern stellen also ebenfalls soziales Kapital dar. Hilfeleistungen sollten daher den Integrationsprozess beschleunigen.

Um die Bedeutung von Hilfen und Unterstützungsleistungen für die Integration von Flüchtlingen zu beleuchten, werden Variablen(-ausprägungen) zu spezifischen Hilfestellungen in die Analyse aufgenommen. Die Frage lautete: »Wenn man neu in einem Land ist, ist es manchmal schwer, sich überall zurecht zu finden. Bei den folgenden Fragen geht es darum, ob ihnen seit Ihrer Ankunft in Deutschland in unterschiedlichen Bereichen geholfen wurde. ›Haben Sie rechtliche Beratung in Flüchtlings- und Asylfragen erhalten?‹, ›Haben Sie Hilfe beim Erlernen der deutschen Sprache erhalten?‹, ›Haben Sie Hilfe bei der Arbeitssuche erhalten?‹, ›Haben Sie Hilfe bei der Suche nach Schulen, Hochschulen, Ausbildungsplätzen oder Weiterbildungsangeboten erhalten?‹ und ›Haben Sie Hilfe bei der Anerkennung Ihres Bildungsabschusses oder Berufsausbildungsabschlusses erhalten?‹«. Die Antwortmöglichkeiten waren jeweils: »Ja, ich habe Hilfe erhalten«, »Nein, ich hätte zwar Hilfe gebraucht, habe aber keine erhalten« und »Nein, ich habe keine Hilfe gebraucht«. Wer die Hilfe geleistet hat, wurde in der Befragung leider nicht genauer spezifiziert.

7.1.2 Der soziale Raum der Flüchtlinge

Anhand der multiplen Korrespondenzanalyse wurde mittels der aktiven Variablen zur Integration der Flüchtlinge ein sozialer Raum der Flüchtlinge konstruiert. Dabei wurden als Variablen die Bleibeabsicht in Deutschland (Ausprägungen: Bleibeabsicht (Db_j) und keine Bleibeabsicht (Db_n)), die Einschätzung des Interviewers zu den Deutschkenntnissen des Befragten (Ausprägungen: Sehr gut (Sp_sg); Eher gut (Sp_eg); Es ging so (Sp_m); Eher schlecht (Sp_es) und Sehr schlecht (Sp_ss)), das Ankunftsjahr in Deutschland (2013 bis 2016), der aktuelle Aufenthaltstitel (Ausprägungen: Asylbewerber (Asy_bw); Asylberechtigt (Asy_br); Flüchtlingseigenschaft (Asy_Fl); Duldung (Asy_Dd); Humanitäre Aufnahme (Asy_hu) und Sonstige humanitäre Aufenthaltsgründe (Asy_so)), der Erwerbsstatus (Erwerbstätig (Erw_j) und Nicht erwerbstätig (Erw_n)), die Teilnahme an einem Integrationskurs des BAMF (Hat teilgenommen (IK_ja) und Hat nicht teilgenommen (IK_nein)) und die verbrachte Zeit mit Deutschen (Ausprägungen: Täglich (ZD_t); Mehrmals pro Woche (ZD_mw); Jede Woche (ZD_w); Jeden Monat (ZD_m);

Seltener (ZD_s) und Nie (ZD_n)) verwendet. Für die Analyse werden die Dimensionen 1 und 2 abgebildet. Die Eigenwerte liegen bei 1,723 und 1,361. Die Ergebnisse sind in Abbildung 1 dargestellt.

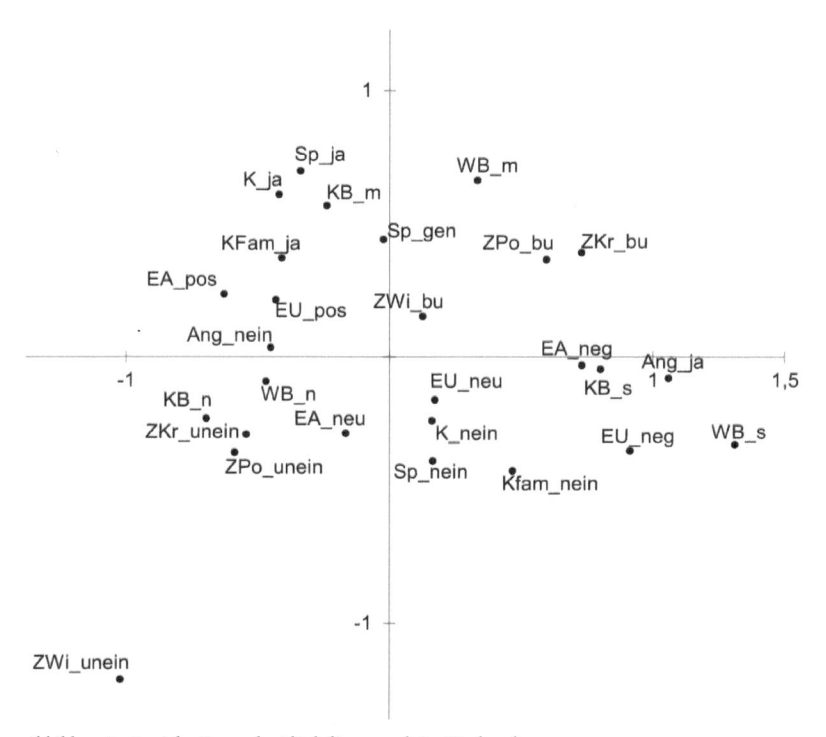

Abbildung 1: »Sozialer Raum der Flüchtlinge« – aktive Merkmale
Quelle: Eigene Darstellung

Legende: Sozialer Raum der Flüchtlinge (aktive Variablen)
Label   Wert
In Deutschland bleiben
Db_j   In Deutschland bleiben_ja
Db_n   In Deutschland bleiben_nein

Interviewerfrage: Deutsche Sprache
Sp_sg   Sehr gut
Sp_eg   Eher gut

Sp_m   Es ging so
Sp_es   Eher schlecht
Sp_ss   Sehr schlecht

Ankunft in Deutschland
2013   2013
2014   2014
2015   2015
2016   2016

Aufenthaltstitel
Asy_bw   Aufenthaltsgestattung nach § 55 Asylgesetz (Asylbewerber)
Asy_br   Aufenthaltserlaubnis nach § 25 Abs. 1 Aufenthaltsgesetz (Asylberechtigt)
Asy_Fl   Aufenthaltserlaubnis nach § 25 Abs. 2 Aufenthaltsgesetz (Flüchtlingseigenschaft)
Asy_Dd   Duldung nach § 60a Aufenthaltsgesetz
Asy_hu   Aufenthaltserlaubnis nach § 22 oder § 23 Aufenthaltsgesetz (humanitäre Aufnahme)
Asy_so   sonstige humanitäre Aufenthaltsgründe

Erwerbstätigkeit
Erwerb_j   Erwerbstätig
Erwerb_n   Nicht Erwerbstätig

Integrationskurs BAMF
IK_ja   Hat an einem Integrationskurs des BAMF teilgenommen
IK_nein   Hat nicht an einem Integrationskurs des BAMF teilgenommen

Verbrachte Zeit mit Deutschen
ZD_t   Täglich
ZD_mw   Mehrmals pro Woche
ZD_w   Jede Woche
ZD_m   Jeden Monat
ZD_s   Seltener
ZD_n   Nie

Aus der Analyse (Abb. 1) geht hervor, dass sich die X-Achse vorrangig über die Variablen der alltäglichen Integration strukturiert. Das Jahr der Ankunft ordnet sich bspw. in ordinaler Reihenfolge von 2016 im negativen Bereich der X-Achse bis 2013 im positiven Bereich. Ferner liegen die Variablenausprägungen »Deutsche Sprachkenntnis – sehr schlecht« (Sp_ss) und »Verbrachte Zeit mit Deutschen – nie« (ZD_n) sehr weit im negativen Bereich, die gegenläufigen Variablenausprägungen »Deutsche Sprachkenntnis – sehr gut« (Sp_sg) und »Verbrachte Zeit mit Deutschen – täglich« (ZD_t) liegen deutlich im positiven Bereich der X-Achse. Im positiven Bereich sind auch Erwerbstätigkeit (Erwerb_j) und die Teilnahme an einem Integrationskurs des BAMF (IK_ja) verortet. Die unterschiedlichen Schutzstatus der Flüchtlinge differenzieren hingegen nur gering über die X-Achse und zeigen keine ordinale Struktur. Die X-Achse kann somit als Dimension »praktischer Integration« beschrieben werden, wobei sie sich von geringer praktischer Integration im negativen Bereich hin zu einer starken praktischen Integration im positiven Bereich der Dimension strukturiert.

Auf den Polen der Y-Achse liegt im positiven Bereich der Aufenthaltsstatus der Duldung (Asy_Dd) und im negativen Bereich die Variablenausprägung einer fehlenden Bleibeabsicht (Db_n) der Flüchtlinge. Ferner finden sich im negativen Bereich die Ausprägungen eines monatlichen (ZD_m) oder wöchentlichen (ZD_w) Kontakts mit Deutschen, die Teilnahme an einem Integrationskurs des BAMF (IK_ja), sowie die Aufenthaltsstatus Flüchtlingseigenschaft (Asy_Fl), Asylberechtigt (Asy_br) und Humanitäre Aufnahme (Asy_hu). Insgesamt lässt sich die Y-Achse somit besonders über den Aufenthaltsstatus charakterisieren. Die verbrachte Zeit mit Deutschen auf dieser Achse unterstreicht dies, indem dort eine mittlere Häufigkeit des Kontaktes wiedergegeben wird, die sich vorrangig durch die mittlere Lage auf der X-Achse erklären lässt. Die Y-Achse kann daher als die Dimension »formaler Integration« interpretiert werden.

Bei der gemeinsamen Interpretation der Achsen zeigt sich, dass sich die Ankunftsjahre 2016 und 2013 vorrangig im positiven Bereich der Y-Achse verorten lassen, sich aber im Grad der praktischen Integration unterscheiden. Für die Gruppe der 2016 nach Deutschland eingereisten Flüchtlinge erklärt sich die geringe formale Integration bei einer geringen praktischen Integration über den Status als »Asylbewerber« (Asy_bw). Bei dieser Gruppe ist dementsprechend der Aufenthaltsstatus in der Regel noch nicht geklärt, weshalb wichtige Integrationsschritte, wie die Teilnahme an einem Integrationskurs des BAMF, noch nicht unternommen werden konnten. Zudem erfolgte die Befragung bei einem Großteil der Befragten dieser Gruppe in zeitlicher Nähe zur Immigration, weshalb für einige Integrationsschritte schlicht die Zeit fehlte. Während die 2015 und 2014 eingereisten Flüchtlinge im Zentrum der Y-Achse verortet sind, und damit dem Durchschnitt entsprechen, zeigt sich bei den 2013 eingereisten Flüchtlingen abermals ein geringer Grad an formaler Integration, bei gleichzeitig verhältnismäßig hoher praktischer Integration. Zudem korrespondiert die sozialräumliche Lage dieser Variablenausprägung mit dem Aufenthaltsstatus der Duldung (Asy_Dd). Es handelt sich also vermutlich um eine andere Gruppe von Flüchtlingen, als sie ab 2014 eingereist ist. Diese Gruppe ist auf dem Arbeitsmarkt bisher besonders erfolgreich gewesen. So zeigt die Variablenausprägung der Erwerbstätigkeit ein hohes Maß an praktischer Integration bei gleichzeitig fehlender formaler Integration.

Auffällig erscheint außerdem, dass es gerade die Gruppen mit der höchsten formalen Integration sind, die nicht beabsichtigen in Deutschland zu bleiben (BA_nein). Die Bleibeabsicht korrespondiert zwar in etwa mit dem Durchschnitt der Befragten, die negative Bleibeabsicht liegt allerdings deutlich im negativen Bereich der Y-Achse und im positiven Bereich der X-Achse. Es handelt sich tendenziell also um formal gut integrierte Flüchtlinge, die beabsichtigen, wieder in ihr Heimatland zurückzugehen, respektive in ein anderes Land zu migrieren. Insgesamt ist die Gruppe derjenigen, die beabsichtigen, Deutschland wieder zu verlassen, mit n = 214 (ca. 5,4 %) jedoch sehr klein.

Bei der Gesamtbetrachtung der aktiven Variablen wird deutlich, dass die einzelnen Faktoren der Integration eng miteinander zusammenhängen. Die Variablenausprägungen der eher guten (Sp_eg) oder sehr guten (Sp_sg) Deutschkenntnisse korrespondieren deutlich mit dem täglichen Kontakt zu Deutschen (ZD_t). Dabei ist die Erwerbstätigkeit (Erw_j) besonders hervorzuheben, denn sie korrespondiert sowohl mit regelmäßigem Kontakt als auch mit guten Sprachkenntnissen. Auch die Teilnahme an einem Integrationskurs des BAMF (IK_ja) erscheint für die praktische Integration förderlich. Die Möglichkeit, an einem Integrationskurs teilzunehmen, hängt vom Schutzstatus bzw. der Bleibeperspektive ab. Sie steht in direkter Beziehung zur formalen Integration. Ein grundsätzlicher Faktor der Integration ist zudem, wenig überraschend, die Zeit. Der Grad der praktischen Integration nimmt mit der Aufenthaltsdauer in Deutschland zu (2013 – 2016).

In einem nächsten Schritt werden nun die soziodemographischen Variablen passiv in den sozialen Raum der Flüchtlinge projiziert. Sie geben Aufschluss über die Verteilung der einzelnen Flüchtlingsgruppen innerhalb der Dimensionen der formalen und der praktischen Integration. Als Variablen wurden hier die Staatsangehörigkeit (Ausprägungen: Afghanistan

(AF); Afrikanische Staaten exkl. Eritrea (Afrika); Balkanstaaten (Balkan); Eritrea (ER); Irak (IQ); Staaten der ehemalige Sowjetunion (SU); Syrien (SY) und andere Staaten/Staatenlos (St_andere)), das Geschlecht (M und W), das gruppierte Alter (Ausprägungen: 18 – 20 Jahre (A1); 21 – 30 Jahre (A2); 31 – 40 Jahre (A3); 41 – 50 Jahre (A4) und 51 Jahre und älter (A5)), die Schulbildung nach ISCED 11 (Ausprägungen: Grundbildung (B_Primär); Sekundarbildung I/Unterstufe, Mittelstufe (B_sek1); Sekundarbildung II/Oberstufe (B_sek2); Postsekundäre Bildung (B_ps); Tertiäre Bildung, erste Stufe (B_Bachelor); Tertiäre Bildung, Forschungsqualifikation (B_Doktor)), das gruppierte Nettohaushaltseinkommen (Ausprägungen: Unter 500 € (E1); 500 bis 999 € (E2); 1000 € bis 1499 € (E3); 1500 € bis 1999 € (E4); 2000 € und mehr (E5)) sowie die Wohnunterbringung (Ausprägungen: Privatwohnung/Haus (PW) und Gemeinschaftsunterkunft (GM)) in den sozialen Raum projiziert. Die Ergebnisse sind in Abb. 2 dargestellt. Die aufgenommenen passiven Variablen der Soziodemographie diskriminieren nicht in gleichem Maße wie die aktiven Variablen. Daher ist zur besseren Lesbarkeit der untere Bereich der Skala des Koordinatensystems vergrößert dargestellt, die angepassten Skalierungen sind den Beschriftungen der Achsen zu entnehmen.

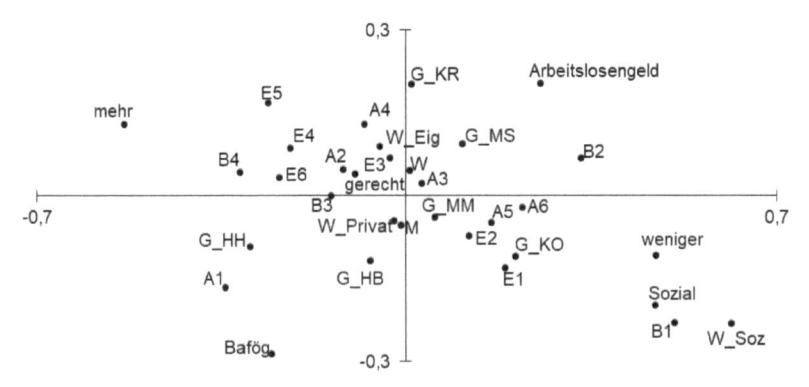

Abbildung 2: »Sozialer Raum der Flüchtlinge« – Soziodemographie
Quelle: Eigene Darstellung

Legende: Sozialer Raum der Flüchtlinge – Soziodemographie (passive Variablen)

Label	Wert
Herkunftsländer	
AF	Afghanistan
Afrika	Afrikanische Staaten (exkl. Eritrea)
Balkan	Balkanstaaten
ER	Eritrea
IQ	Irak
SU	Ehemalige SU
SY	Syrien
St_andere	Andere Staatsangehörigkeit/Staatenlos
Geschlecht	
M	Männlich
W	Weiblich
Alter	
A1	18 – 20 Jahre
A2	21 – 30 Jahre
A3	31 – 40 Jahre
A4	41 – 50 Jahre
A5	51 Jahre und älter
Bildung nach ISCED 11	
B_Primär	Grundbildung
B_sek1	Sekundarbildung I/Unterstufe, Mittelstufe
B_sek2	Sekundarbildung II/Oberstufe
B_ps	Postsekundäre Bildung
B_Bachelor	Tertiäre Bildung, erste Stufe
B_Doktor	Tertiäre Bildung, Forschungsqualifikation
Nettohaushaltseinkommen	
E1	Unter 500 €
E2	500 bis 999 €
E3	1000 € bis 1499 €
E4	1500 € bis 1999 €
E5	2000 € und mehr
Wohnunterbringung	
PW	Privatwohnung/Haus
GM	Gemeinschaftsunterkunft

Im negativen Bereich der X-Achse liegt die Herkunft aus dem Irak (IQ), ein höchster Schulabschluss im Bereich der Grundschulbildung (B_Primär), wohnen in einer Gemeinschaftsunterkunft (GM), ein Alter von 51 und älter (A5) und weiblich (W) im äußeren Bereich. Mit einer leichten Tendenz zeigen diese Gruppen somit eine geringere praktische Integration als andere Gruppen. Im positiven Bereich der X-Achse liegen vor allen Dingen die Universitätsabschlüsse Bachelorgrad (B_Bachelor) und Promotion (B_Doktor). Zudem finden sich hier die Gruppe der Befragten aus Eritrea (ER) sowie Personen mit postsekundärer Bildung (B_ps) nach ISCED11.

Die Y-Achse strukturiert sich dagegen vorrangig nach der Herkunft der Flüchtlinge. Während Personengruppen aus den Balkanstaaten (Balkan), der ehemaligen Sowjetunion (SU) und aus den anderen afrikanischen Staaten (Afrika) tendenziell ein geringeres Maß an formaler Integration aufweisen, finden sich im negativen Bereich der Y-Achse die Herkunft aus Syrien (SY) und aus Eritrea (ER). Beide Staaten hatten zum Zeitpunkt der Befragung den Status einer »guten Bleibeperspektive«. Flüchtlinge aus dem Irak (IQ) hatten ebenfalls eine gute Bleibeperspektive, dennoch liegt diese Herkunft im Bereich einer unterdurchschnittlichen formalen Integration. Gleiches gilt für die Herkunft aus Afghanistan (AF), welches zum Zeitpunkt der Erhebung keine gute Bleibeperspektive aufwies, so dass in einige Regionen weiterhin abgeschoben wurde (Tagesschau.de 2021). Erst seit dem Abzug der amerikanischen Truppen und der erneuten Machtübernahme der Taliban im August 2021 wurden die Abschiebungen nach Afghanistan ausgesetzt (Flüchtlingsrat Niedersachsen e.V. 2022). Das aktuelle Haushaltsnettoeinkommen (E1 – E5), sowie das Alter (A1 – A5) weisen allenfalls marginale Effekte auf, so dass mit steigendem Alter die praktische Integration tendenziell abnimmt. Ein höheres Haushaltsnettoeinkommen geht der Tendenz nach mit höherer formaler Integration einher, was insbesondere auf höhere Sozialleistungen zurückgeführt werden kann, die sich durch den höheren Schutzstatus ergeben. Zudem findet sich auch hinsichtlich der Unterbringung in einer Gemeinschaftsunterkunft (GM) und einer Privatwohnung (PW) nur ein sehr schwacher Effekt. Flüchtlinge in Privatwohnungen sind demnach tendenziell sowohl formal als auch praktisch besser integriert. Insgesamt lässt sich die höhere formale Integration vorrangig über einen Zeiteffekt erklären, so dass Flüchtlinge, deren Asylstatus noch nicht geklärt ist, in der Regel in Gemeinschaftsunterkünften leben. Sie konnten demnach nur wenige Integrationsschritte durchlaufen. Die sozialräumliche Lage für das Item »Leben in einer Gemeinschaftsunterkunft« korrespondiert dementsprechend stark mit dieser Gruppe. Zudem dauert es häufig relativ lange, bis eine eigene Wohnung bezogen werden kann, so dass in dieser Zeit auch Schritte hinsichtlich der praktischen Integration unternommen werden können und ablaufen.

Bei der Gesamtbetrachtung wird deutlich, dass individuelle Merkmale offenbar nur einen geringen Einfluss auf die praktische und formale Integration von Flüchtlingen ausüben. Frauen (W) haben es tendenziell schwerer, sich praktisch zu integrieren. Dies kann mehrere Gründe haben. Zum einen wurde in den Kölner Flüchtlings-Studien auf die Schwierigkeit hingewiesen, Kindererziehung und Integrations- oder Sprachkurse miteinander zu vereinen. Die Angebote zur Weiterbildung, aber auch zur Freizeitgestaltung, würden meistens von Männern besucht. Frauen nähmen generell seltener an Maßnahmen teil, häufig, weil die Kinderbetreuungsmöglichkeiten nicht gegeben seien (Friedrichs et al. 2019, S. 144). Zugleich kann dies auf die eher passive gesellschaftliche Rolle der Frauen in den patriarchalen Strukturen der meisten Herkunftsländer der Flüchtlinge zurückgeführt werden. Beide Erklärungsansätze verweisen zugleich auf das von Bourdieu beschriebene spezifische soziale Handicap der Frauen. Insbesondere in patriarchale Gesellschaftsstrukturen ist die symbolische Abwertung von Frauen bis heute dominant und stellt sich relativ offen zur Schau (Bourdieu 2012 [1998], 1997). Frauen haben also nicht nur im Zielland Deutschland mit bestehenden sozialen Hürden durch ihre Herkunft oder Ethnie zu kämpfen, sondern zugleich auch mit den strukturellen Hürden ihres Geschlechts, die sich in scheinbar objektiven Kriterien wie der Schulbildung, die bei den geflohenen Frauen tendenziell geringer ist als bei den Männern, oder der vorrangigen Verantwortung für die Betreuung des Nachwuchses manifestieren. Durch die Flucht und die geschlechtsspezifischen Hindernisse bei der Integration können sich somit die strukturellen Schlechterstellungen der Frauen noch verstärken.

Die besondere Lage des Iraks im Bereich geringer formaler und praktischer Integration lässt sich durch den Zeitpunkt des Zuzugs des überwiegenden Anteils dieser Gruppe erklären. So reisten 71,8 Prozent der befragten Iraker erst 2015, 8,5 Prozent erst 2016 nach Deutschland ein. Der überwiegende Anteil der Befragten aus dem Irak sollte sich zum Zeitpunkt der Befragung noch im Asylverfahren befunden und damit nur den Aufenthaltsstatus als Asylbewerber angegeben haben. Zum Vergleich kamen etwa zwei Drittel der Flüchtlinge aus Eritrea bereits 2013 oder 2014 nach Deutschland, was die hervorgehobene Position dieser Gruppe auf der Dimension praktischer Integration erklären kann. Auch aus den Balkanstaaten kam ein Großteil der Befragten bereits in den Jahren 2013 und 2014, genauso wie aus den anderen afrikanischen Staaten. Durch die sozialräumliche Verortung der Staatsangehörigkeit lässt sich nun genauer betrachten, warum die Erwerbstätigkeit in der Darstellung der aktiven Variablen so deutlich mit einer geringeren formalen Integration korrespondiert. Es zeigt sich, dass gerade jene Gruppen überdurchschnittlich häufig einer Erwerbstätigkeit nachgehen, die eine geringe formale Integration aufweisen. Dies sind vor allem Personen aus den Balkanstaaten, den afrikanischen Staaten und Personen mit einer anderen Staatsangehörigkeit bzw. Staatenlose. Die frühere Einreise sollte hierbei ein zentrales Kriterium sein, um die Erwerbstätigkeit und die überdurchschnittliche praktische Integration zu erklären. Darüber hinaus kann davon ausgegangen werden, dass diese Personen gerade aufgrund ihrer Erwerbstätigkeit in Deutschland bleiben durften und nicht ausgewiesen wurden. Es handelt sich somit sehr wahrscheinlich um einen Auswahleffekt.

Durch die Verortung der Einkommensgruppen wird noch ein weiterer Zusammenhang deutlich. Betrachtet man die sozialräumliche Lage der Erwerbstätigkeit gemeinsam mit den verschiedenen Einkommensgruppen fällt auf, dass die Erwerbstätigkeit nicht mit einem höheren Nettohaushaltseinkommen korrespondiert. Dies lässt darauf schließen, dass die Erwerbstätigkeiten, denen nachgegangen wird, tendenziell vorrangig im Niedriglohnbereich angesiedelt sind. Trotz Erwerbstätigkeit erscheinen diese Gruppen nicht finanziell bessergestellt zu sein als die Empfänger von Sozialhilfe.

Im Hinblick auf die Affizierung bestehender Kapitalien wird deutlich, dass gerade das Bildungskapital eine wichtige Funktion bei der praktischen Integration einnimmt. Personen mit einem hohen Bildungsabschluss sind tendenziell besser praktisch integriert. Zudem wirkt sich das Bildungskapital auf die formale Integration aus. Besonders Personen mit Universitätsabschlüssen zeigen eine erhöhte formale Integration. Dies scheint aber vorrangig ein Effekt durch die Flüchtlingsgruppe der Syrer zu sein, die überdurchschnittlich häufig über einen Universitätsabschluss verfügen. Dabei ist die Gruppe der Personen mit einem Doktorgrad mit n = 45 (ca. 1,1 %) sehr klein, die Gruppe der Personen mit einem Bachelorgrad oder vergleichbarer Bildung ist mit n = 614 (ca. 16,7 %) hingegen deutlich größer und repräsentativer.

An den aggregierten Häufigkeiten zeigt sich, dass sich die einzelnen Flüchtlingsgruppen je nach Herkunftsland hinsichtlich ihrer Soziodemographie deutlich unterscheiden. Hier ist besonders die Bildung als Annäherung an das kulturelle Kapital hervorzuheben, welches, wie gezeigt werden kann, maßgeblich Einfluss auf die praktische Integration der Flüchtlingsgruppen nimmt. Dies kann jedoch, wie die Untersuchung zeigt, nicht als allgemeines Gesetz betrachtet werden. So findet sich z.B. eine verhältnismäßig hohe Akademikerquote unter den Flüchtlingen aus den Ländern der ehemaligen Sowjetunion. Dennoch liegt diese Variablenausprägung sozialräumlich nur bei einer durchschnittlichen praktischen Integration und einer sehr geringen formalen Integration. Die Befragten aus Eritrea hingegen haben ein verhältnismäßig geringes Bildungsniveau bei einer überdurchschnittlichen formalen Integration. Für diese Gruppe liegt auch die praktische Integration auf einem höheren Niveau. Trotz der niedrigen Akademikerquote korrespondieren die Flüchtlinge aus Eritrea somit im sozialen Raum der Flüchtlinge relativ stark mit Flüchtlingen, die einen Bachelorabschluss vorweisen können. Dies mag durch die sozialräumliche Nähe zu der Teilnahme an einem Integrationskurs des BAMF zu erklären sein. Ein fehlender Bildungshintergrund zum Zeitpunkt der Migration scheint durch das symbolische Kapital in Form einer hohen formalen Integration kompensiert werden zu können. Dies hat auch Auswirkungen auf die praktische Integration, die mit höherer formaler Integration tendenziell ebenfalls höher ist. Zunächst scheint die sozialräumliche Lage der Flüchtlinge aus dem Balkan (hohe praktische, geringe formale Integration) dieser These zu widersprechen. Neben dem beschriebenen Auswahleffekt könnte eine mögliche Erklärung für das hohe Niveau praktischer Integration in der relativ geringen physischen Distanz zwischen Deutschland und dem Balkan liegen, wodurch auch die soziale Distanz insgesamt geringer sein könnte. Darüber hinaus konnten Flüchtlinge aus dem Balkan bereits vor Einreise nach Deutschland signifikant häufiger Deutsch als andere Flüchtlingsgruppen und bekamen zudem signifikant häufiger Hilfe beim Zuzug durch Verwandte (eigene Berechnungen). Es könnte sich daher um ethnische Netzwerkstrukturen handeln, die es den Migranten aus dem Balkan ermöglichen, relativ häufig einer Erwerbstätigkeit nachzugehen und trotz der geringen formalen Integration ein verhältnismäßig hohes Niveau an praktischer Integration zu erlangen. Darüber hinaus migrierten die Asylbewerber aus dem Balkan aus relativ stabilen politischen Verhältnissen. Die Migration konnte dementsprechend in der Regel gut vorbereitet werden.

7.1.3 Religion und Vorurteile

Wie gezeigt werden konnte, ist ein Großteil der Flüchtlinge, die seit 2013 nach Deutschland eingereist sind, muslimischen Glaubens. Aufgrund der starken Vorbehalte in der deutschen Bevölkerung, aber auch der erwartbar größeren kulturellen Distanz, kann davon ausgegangen werden, dass es Muslime tendenziell schwerer haben, sich praktisch zu integrieren und als »legitim« anerkannt zu werden.

Ein Grund dafür ist, dass besonders der Islam im gesellschaftlichen Diskurs häufig mit einer politischen Dimension konnotiert wird, die mit einer Ablehnung der demokratischen und säkularen Gesellschaftsordnung einhergehen soll. Um dies zu prüfen, werden Variablen der Religion der Flüchtlinge (Ausprägungen: Islamische Religionsgemeinschaft (Rel_islam); Christliche Religionsgemeinschaft (Rel_christl); Andere Religionsgemeinschaft (Rel_andere) und Konfessionslos (Rel_konflos), sowie ihre Einstellungen zur politischen Dimension der Religion, respektive dem politischen Einfluss von religiösen Führern bei der Bestimmung von Gesetzen in einer Demokratie (Ausprägungen: Gehört auf jeden Fall dazu (DemRe_j); Gehört eher dazu (DemRe_ej); Neutral (DemRe_neut); Gehört eher nicht dazu (DemRe_en) und Gehört auf keinen Fall dazu (DemRe_n)) passiv in den sozialen Raum der Flüchtlinge projiziert.

Im Flüchtlingsdiskurs werden zudem immer wieder Unterscheidungen gesetzt (oder es wird versucht, sie zu setzen), die zwischen »echten« und »falschen« Flüchtlingen zu unterscheiden suchen. Insbesondere Flucht aufgrund von Kriegen oder politischer Verfolgung werden in diesem Diskurs als »legitime« Fluchtursachen anerkannt. Die Flucht aus wirtschaftlicher Armut hingegen wird sozial abgewertet. Daher wird mit den Fluchtursachen ein weiteres Merkmal in den Raum der Flüchtlinge projiziert, welches einen Einfluss auf die Zuteilung von Legitimität der Flüchtlinge haben sollte. Vieles deutet in den bisherigen Analysen darauf hin, dass es Differenzierungen zwischen den verschiedenen Flüchtlingsgruppen gibt, die Auswirkungen auf das symbolische Kapital der Gruppen und Akteure nehmen. Diese könnten zu einer hierarchischen Ordnung zwischen den Flüchtlingsgruppen beitragen. Unterschieden wird dabei nach: Angst vor Krieg (Krieg); Angst vor Zwangsrekrutierung (Zwangsrek); Verfolgung (Verfolgung); Diskriminierung (Diskrim); Persönliche Lebensbedingungen (Lebensbeding); Wirtschaftliche Situation im Land (WirtSitL); Wollte zu Familienangehörigen (Fam_Ausl); Familie hat mich geschickt (Fam_gesch);

Familienangehörige haben Land verlassen (Fam_Ang); Freunde haben Land verlassen (Freunde) und sonstigen Gründen (Sonstig). Die sozialräumliche Darstellung der Variablen(-ausprägungen) findet sich in Abb. 3.

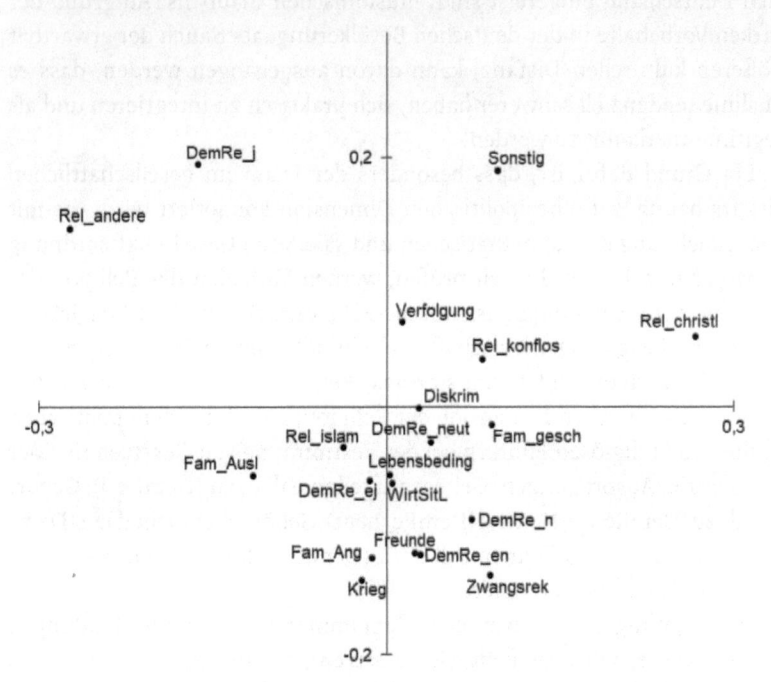

Abbildung 3: »Sozialer Raum der Flüchtlinge« – Religion, Einfluss Religionsführer in einer Demokratie und Fluchtursachen
Quelle: Eigene Darstellung

Legende: Sozialer Raum der Flüchtlinge – Religion, Einfluss Religionsführer in einer Demokratie und Fluchtursachen (passive Variablen)

Label   Wert

Demokratie und Religion (Religionsführer sollten auch in einer Demokratie die Gesetze bestimmen)

Label	Wert
DemRe_j	Gehört auf jeden Fall dazu
DemRe_n	Gehört auf keinen Fall dazu
DemRe_ej	Gehört eher dazu
DemRe_en	Gehört eher nicht dazu
DemRe_neut	Neutral

Religionszugehörigkeit

Rel_andere	Andere Religionsgemeinschaft
Rel_christl	Christliche Religionsgemeinschaft
Rel_islam	Islamische Religionsgemeinschaft
Rel_konflos	Konfessionslos

Fluchtursachen

Krieg	Angst vor Krieg
Zwangsrek	Angst vor Zwangsrekrutierung
Verfolgung	Verfolgung
Diskrim	Diskriminierung
Lebensbeding	Persönliche Lebensbedingungen
WirtSitL	Wirtschaftliche Situation im Land
Fam_Ausl	Wollte zu Familienangehörigen
Fam_gesch	Familie hat mich geschickt
Fam_Ang	Familienangehörige haben Land verlassen
Freunde	Freunde haben Land verlassen
Sonstig	Sonstige Gründe

Insgesamt zeigt sich, dass die Religionszugehörigkeit und die Einstellung zur politischen Rolle von Religionsführern in einer Demokratie im sozialen Raum der Flüchtlinge kaum differenzieren. Die Skalierung des Koordinatensystems ist dementsprechend kleinschrittig und alle gezeigten Variablen(-ausprägungen) strukturieren sich nah am Achsenkreuz. Die Effekte sind somit marginal und es lassen sich maximal leichte Tendenzen identifizieren.

Besonders die Zugehörigkeit zu anderen Religionsgemeinschaften (Rel_andere) weist eine räumliche Nähe zu der Einstellung auf, dass Religionsführer auch in einer Demokratie die Gesetze bestimmen sollten (DemRe_j). Zudem liegt die Merkmalsausprägung im Bereich von unterdurchschnittlicher formaler und praktischer Integration. Der Islam liegt, auch aufgrund seiner häufigen Nennung, sehr nah am Achsenkreuz. Muslime gaben zudem relativ zu Christen und anderen Religionsgemeinschaften nur selten an, dass Religionsführer in einer Demokratie die Gesetze bestimmen sollten. Mit stärkerer praktischer Integration, und damit auch tendenziell höherer Bildung, wird diese Einstellung zudem geringfügig unwahrscheinlicher. Hier differenzieren die Variablenausprägungen allerdings nur in sehr geringem Maße. Es zeigt sich, dass Anhänger christlicher Religionen im Verhältnis einen höheren Grad an praktischer Integration aufweisen. Dies kann zum einen ein Kompositionseffekt sein, der sich durch die Zureisejahre und die Herkunft der unterschiedlichen Flüchtlingsgruppen ergibt. Darüber hinaus erscheinen die symbolischen Abgrenzungen für Christen einfacher zu überwinden, da sie in der Regel eine geringere objektive soziale Distanz im Bereich der kulturellen Herkunft und der Habitus aufweisen. Die Erkenntnisse stehen so auch im Einklang mit der Literatur (Kogan et al. 2020, S. 3544).

7.1.4 Fluchtursachen und Statustransformation

Neben den Merkmalen zur Religion wurden in Abbildung 3 die Fluchtursachen im sozialen Raum der Flüchtlinge abgebildet. Auch hier sind die Effekte marginal, wie sich an der Skalierung der Achsen ablesen lässt, so dass die Fluchtursachen im sozialen Raum der Flüchtlinge so gut wie gar nicht differenzieren. Es kann daher auch hier lediglich von leichten Tendenzen ausgegangen werden. Als Fluchtursachen weisen Krieg (Krieg) und drohende Zwangsrekrutierung (Zwangsrek) den höchsten Grad formaler Integration auf. Zudem finden sich in diesem Bereich auch die Ausprägungen, dass Familienmitglieder (Fam_Ang) und Freunde (Freunde) das Land verlassen haben. Entgegen der Erwartung findet sich auch die Angabe, die wirtschaftliche Situation im Herkunftsland (WirtSitL) wäre ein Grund für die Flucht nach Deutschland gewesen, im Bereich einer überdurchschnittlichen formalen Integration. Da Mehrfachantworten bei diesen Fragen möglich waren, kann angenommen werden, dass Flüchtlinge aus Kriegsregionen auch den dort herrschenden schlechten Wirtschaftsbedingungen entkommen wollen. Im Bereich geringer formaler Integration liegen »Verfolgung« und »Sonstige Gründe«, wobei lediglich »sonstige Gründe« geringfügig differenziert.

Diese recht geringe Streuung der Fluchtursachen kann verschiedene Ursachen haben. Zum einen wissen die Flüchtlinge vermutlich sehr genau darüber Bescheid, welche Fluchtursachen in Deutschland als legitim anerkannt werden. Folglich kann es sich um ein Ergebnis des Antwortverhaltens und sozialer Erwünschtheit handeln. Zugleich kann es als Indiz dafür gewertet werden, dass die scheinbar objektiven Kriterien, die aus dem Feld des Rechts in die Bürokratien der einzelnen Bundesländer übersetzt werden, ihrerseits weiten Interpretationsspielraum lassen. Dies konnte bereits an der divergierenden Schutzquote von Afghanen gezeigt werden und bestätigt sich hier abermals. So ist der Erhalt eines Asylstatus auch bei wirtschaftlich bedingter Flucht nicht ausgeschlossen. Sollte dies zutreffen, stellt sich die Frage, welche weiteren Kriterien maßgeblich für die formale Integration von Flüchtlingen in Deutschland sind.

Eine Erklärung könnte über den relativen Status der Flüchtlinge in ihrem Herkunftsland führen. Der Status und die Akzeptanz von Flüchtlingen werden, wie gezeigt werden konnte, maßgeblich durch ihre Herkunft bestimmt. Dabei ist auch die sozialräumliche Position von den Akteuren im Heimatland ein wichtiger Faktor, der sich auf die Klassifizierung im Aufnahmeland auswirken kann. Im Folgenden werden daher die Einschätzungen der Befragten zu ihrer wirtschaftlichen Situation und ihrem Einkommen im Heimatland passiv in den sozialen Raum der Flüchtlinge projiziert. Gefragt wurde nach dem relativen Einkommen im Heimatland (Ausprägungen: Weit unterdurchschnittlich (VHE_wunt); Eher unterdurchschnittlich (VHE_eunt); Durchschnittlich (VHE_d); Eher überdurchschnittlich (VHE_eü) und weit überdurchschnittlich (VHE_wü)) und der relativen wirtschaftlichen Situation im Heimatland (Ausprägungen: Weit unterdurchschnittlich (VHW_wunt); Eher unterdurchschnittlich (VHW_eunt); Durchschnittlich (VHW_d); Eher überdurchschnittlich (VHW_eü) und weit überdurchschnittlich (VHW_wü)). Die Ergebnisse sind in Abb. 4 dargestellt.

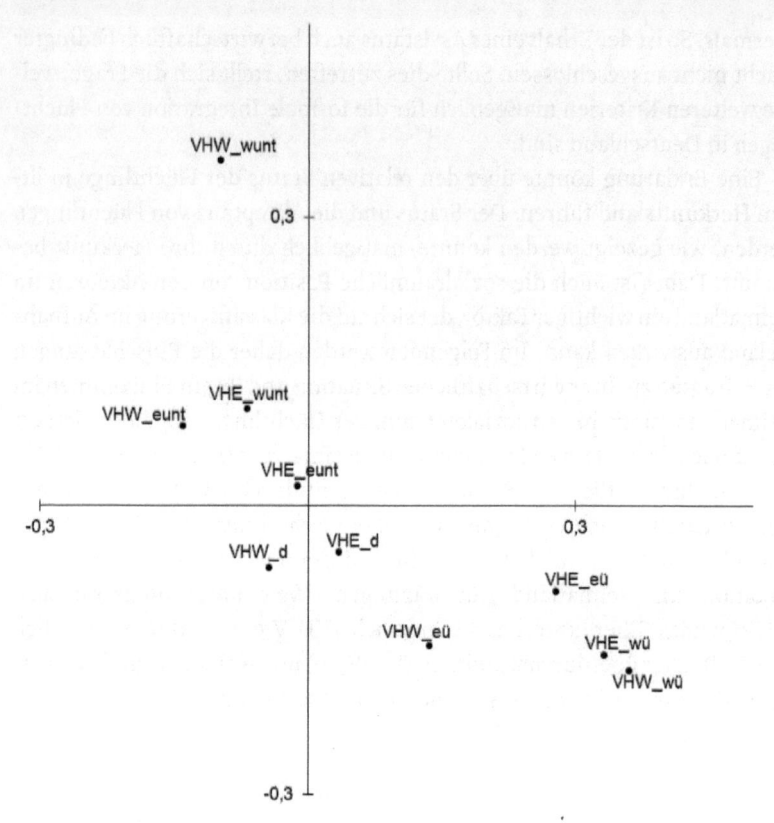

Abbildung 4: »Sozialer Raum der Flüchtlinge« – Relative wirtschaftliche Situation und relatives Einkommen im Heimatland
Quelle: Eigene Darstellung

Legende: Sozialer Raum der Flüchtlinge – Relative wirtschaftliche Situation und relatives Einkommen im Heimatland (passive Variablen)

Label	Wert
Relatives Einkommen im Heimatland	
VHE_wunt	Weit unterdurchschnittlich
VHE_eunt	Eher unterdurchschnittlich
VHE_d	Durchschnittlich
VHE_eü	Eher überdurchschnittlich
VHE_wü	Weit überdurchschnittlich

Relative wirtschaftliche Situation im Heimatland
VHW_wunt   Weit unterdurchschnittlich
VHW_eunt   Eher unterdurchschnittlich
VHW_d   Durchschnittlich
VHW_eü   Eher überdurchschnittlich
VHW_wü   Weit überdurchschnittlich

Bei den Statusvariablen im Herkunftsland lassen sich ebenfalls nur leichte Tendenzen in der Verteilung ausmachen, sie differenzieren jedoch stärker als die Fluchtursachen und die Religionsvariablen. Es fällt auf, dass Personen mit einer (weit) unterdurchschnittlichen wirtschaftlichen Situation (VHE_wunt und VHE_eunt) bzw. einem (weit) unterdurchschnittlichen Einkommen im Heimatland (VHW_wunt und VHW_eunt) tendenziell formal schlechter integriert sind. Ferner lässt der Effekt ab einer durchschnittlichen wirtschaftlichen Situation im Heimatland (VHW_d) auf der Dimension formaler Integration nach. Gleiches gilt ab einem durchschnittlichen Einkommen im Heimatland (VHE_d). Ab diesem Punkt liegt ein relativ höherer Status im Heimatland im Bereich einer überdurchschnittlichen praktischen Integration. Dieser Effekt zeigt sich besonders für die Merkmale einer eher und weit überdurchschnittlichen wirtschaftlichen Situation (VHW_eü und VHW_wü) und eines eher und weit überdurchschnittlichen Einkommens (VHE_eü und VHE_wü) im Heimatland.

Somit wirkt sich der Status im Heimatland durchaus differenzierend auf die Integrationschancen in Deutschland aus. In der sozialräumlichen Darstellung zeigt sich zudem der statusbedingende Zusammenhang zwischen wirtschaftlicher Situation, Einkommen und Bildungsstand. Mit Bezug auf Abb. 2 verteilen sich besonders die überdurchschnittlichen Statusgruppen nach dem gleichen Muster wie die Bildungsabschlüsse nach der ISCED11 Klassifikation.

Diese Differenzierung spiegelt in weiten Teilen die unterschiedliche Klassifikation sowie die soziodemographischen Unterschiede zwischen den verschiedenen Flüchtlingsgruppen und ihren Herkunftsländern. In der deskriptiven Statistik konnte bereits gezeigt werden, dass aus Syrien vor allem die höheren Statusgruppen die Flucht nach Deutschland auf sich genommen haben. Dies schlägt sich auch in einer relativ hohen formalen und praktischen Integration in Deutschland nieder. Aus den Balkanstaaten hingegen sind vor allem jene Gruppen nach Deutschland gekommen, die in ihren Heimatländern in unterdurchschnittlichen wirtschaftlichen Verhältnissen gelebt haben. Es handelt sich folglich um »Wirtschaftsflüchtlinge«, zumal die Balkanstaaten in den Jahren seit 2013 politisch weitgehend stabil und dort keine humanitären Krisen zu beobachten waren. Dieser Status als Wirtschaftsflüchtlinge wirkt sich auf den Integrationsstatus dieser Gruppe aus. Zwar zeigen sie eine relativ hohe praktische Integration, im Sinne der formalen Integration liegen sie jedoch in einer absoluten Randposition.

Für Syrien und die Balkanstaaten kann also ein Zusammenhang zwischen Status im Herkunftsland und der Integration in die deutsche Gesellschaft ausgemacht werden. Dennoch kann dies nicht als Regel auf alle Flüchtlingsgruppen verallgemeinert werden. Aus Eritrea kamen z. B. vorrangig Personen von durchschnittlichem oder unterdurchschnittlichem Status nach Deutschland. Zugleich liegt diese Gruppe im Bereich einer überdurchschnittlichen formalen und praktischen Integration. Unter den Afghanen hatte hingegen ein großer Anteil mindestens einen durchschnittlichen wirtschaftlichen Status in ihrem Heimatland. Dennoch zeigen die Afghanen eine unterdurchschnittliche formale Integration. Die Personengruppe aus dem Irak hat eine fast durchschnittliche formale Integration, jedoch eine sehr geringe praktische Integration, dabei kommen weite Teile dieser Gruppe mindestens aus durchschnittlichen wirtschaftlichen Verhältnissen.

Die Vermutung liegt nahe, dass diese Differenzierung der Integrationschancen zu einem gewissen Anteil durch die Klassifizierung als Staat mit guter Bleibeperspektive erklärt werden kann. Damit verbunden sind Auf- oder Abwertungen des symbolischen Kapitals, die sich in den Integrationsstatus übersetzen lassen. Flüchtlinge aus Eritrea hatten zum Zeitpunkt der Befragung dementsprechend einen relativen Vorteil gegenüber Flüchtlingen aus Afghanistan, die keine gute Bleibeperspektive zugestanden bekamen. Die Integrationschancen sind dadurch sowohl auf der praktischen als auch auf der formalen Integrationsdimension deutlich eingeschränkt, wie sich in der Analyse zeigen lässt. Auch die Personengruppe aus dem Irak hat eine gute Bleibeperspektive. Wie bereits vorher gezeigt werden konnte, kam der Großteil der Befragten verhältnismäßig spät nach Deutschland, so dass mehr als 50 % noch den Status als Asylbewerber aufwiesen. Aufgrund dieses frühen Zeitpunktes des Integrationsprozesses besteht für diese Gruppe noch eine relativ geringe praktische Integration. Auch die formale Integration erscheint noch eingeschränkt, da der Aufenthaltsstatus noch nicht final geklärt ist. Perspektivisch sollte diese Gruppe im Zeitverlauf in die räumliche Nähe von Eritrea und Syrien rücken. Gleiches gilt derweil auch für die Flüchtlinge aus Afghanistan, die mittlerweile ebenfalls eine gute Bleibeperspektive zugestanden bekommen. Zum Zeitpunkt der Befragung wies hier ebenfalls ein sehr hoher Anteil noch den Status als Asylbewerber auf.

7.1.5 Wahrnehmung von Zugangsbeschränkungen und Diskriminierung

Die symbolische Anerkennung als »legitimer« Flüchtling sollte sich auch auf Interaktionen zwischen Flüchtlingen und der autochthonen Bevölkerung auswirken. Dabei kann davon ausgegangen werden, dass als legitim anerkannte Flüchtlinge offener aufgenommen werden, was ihre Wahrnehmung der Interaktionen prägen sollte. Um mehr darüber zu erfahren, wie sich der Grad der Integration auf die affektive Ebene der Flüchtlinge auswirkt, werden Variablen(-ausprägungen) passiv in den sozialen Raum der Flüchtlinge projiziert, die das »Gefühl des willkommen seins« zum Zeitpunkt der Ankunft (Ausprägungen: Gar nicht (WA_nicht); Kaum (WA_kaum); Überwiegend (WA_überw) und Voll und ganz (WA_voll)) und zum Zeitpunkt der Befragung (Ausprägungen: Gar nicht (WH_nicht); Kaum (WH_kaum); Überwiegend (WH_überw) und Voll und ganz (WH_voll)), die Häufigkeit wahrgenommener Diskriminierung (Ausprägungen: Häufig (Diskr_h); Selten (Diskr_s) und Nie (Diskr_n)) und die Gefühle, »außen vor« (Ausprägungen: Nie (Gau_n); Selten (Gau_s); Oft (Gau_o) und Sehr oft (Gau_so)) und »sozial isoliert« (Ausprägungen: Nie (Giso_n); Selten (Giso_s); Oft (Giso_o) und Sehr oft (Giso_so)) zu sein, wiedergeben. Die Ergebnisse sind in Abb. 5 dargestellt.

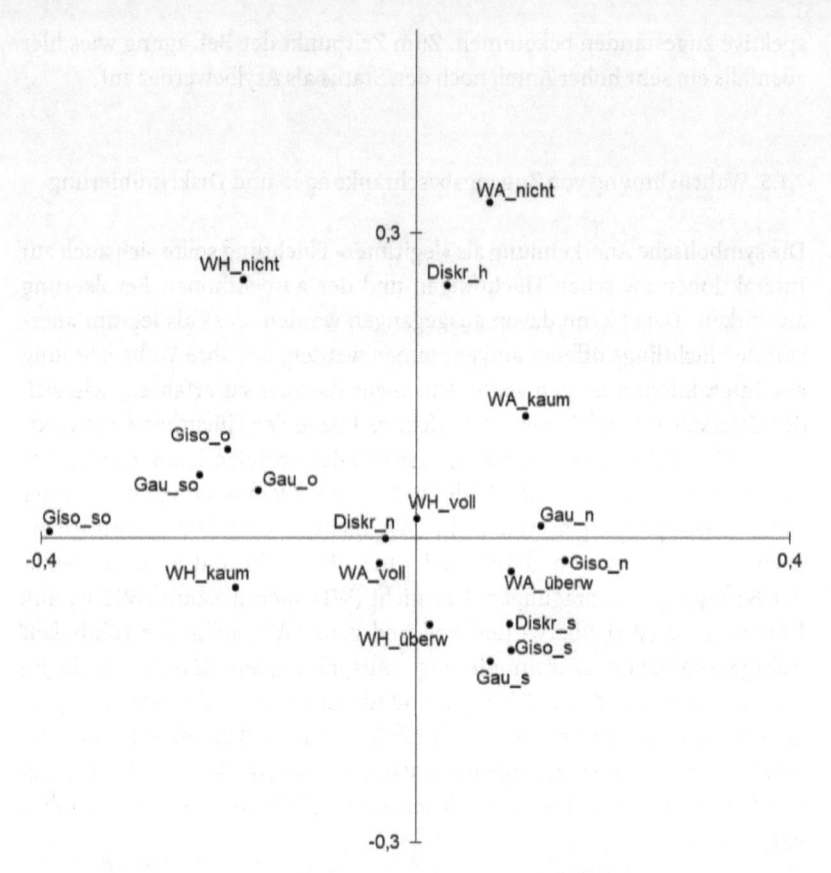

Abbildung 5: »Sozialer Raum der Flüchtlinge« – Deprivation und Diskriminierung
Quelle: Eigene Darstellung

Legende: Sozialer Raum der Flüchtlinge – Deprivation und Diskriminierung (passive Variablen)
Label   Wert
Gefühl, willkommen zu sein: Ankunft
WA_nicht   Gar nicht
WA_kaum   Kaum
WA_überw   Überwiegend
WA_voll   Voll und ganz

Gefühl, willkommen zu sein: Heute
WH_nicht Gar nicht
WH_kaum Kaum
WH_überw Überwiegend
WH_voll Voll und ganz

Diskriminierung
Diskr_h Häufig
Diskr_s Selten
Diskr_n Nie

Gefühl, außen vor zu sein
Gau_n Nie
Gau_s Selten
Gau_o Oft
Gau_so Sehr oft

Gefühl, isoliert zu sein
Giso_n Nie
Giso_s Selten
Giso_o Oft
Giso_so Sehr oft

Aus der Analyse geht hervor, dass die Variablen, sich bei Ankunft und heute willkommen zu fühlen, vorrangig über die formale Integration differenzieren. Gerade die Gefühle, heute (WH_nicht) und bei Ankunft (WA_nicht) nicht willkommen zu sein bzw. gewesen zu sein, korrespondieren mit einer geringen formalen Integration. Das Gefühl, sich auch »heute nicht willkommen« zu fühlen wurde tendenziell von Personengruppen genannt, die sowohl auf der formalen als auch auf der praktischen Integrationsdimension eine geringe Integration aufweisen. Dies kann mit den strukturellen Hürden zusammenhängen, die sich durch eine geringe formale Integration ergeben und eine praktische Integration behindern. Die weiteren Variablenausprägungen der beiden Willkommensvariablen weisen hingegen kein eindeutiges Verteilungsmuster auf. Die Variablenausprägungen »Voll und ganz« (WH_voll und WA_voll) liegen sehr nah am Achsenkreuz und weisen vermutlich sowohl auf die positiven Erlebnisse durch die Willkommenskultur als auch auf ein sozial erwünschtes Antwortverhalten hin. Auch bei den Flüchtlingsbefragungen der Kölner Flüchtlings-

Studien antworteten nahezu alle Flüchtlinge, sich hochgradig willkommen zu fühlen (Friedrichs et al. 2019, S. 192). Vermutlich handelte es sich dabei um Dankbarkeit gegenüber dem Gastgeberland. Gleiches gilt für die Merkmalsausprägung, sich »nie diskriminiert zu fühlen« (Diskr_n), die ebenfalls sehr nah am Achsenkreuz und damit am Durchschnitt liegt.

Die Variablenausprägungen, sich »häufig« (Diskr_h) oder »selten« (Diskr_s) diskriminiert zu fühlen, zeigen, dass gerade jene Gruppen Diskriminierungen wahrnehmen, die eine geringe formale Integration aufweisen. Sie scheinen die symbolische Abwertung durch ihre Herkunft stärker zu erleben als Gruppen, die durch ihre Herkunft mit einer höheren formalen Integration ausgestattet sind. Dies unterstreicht die Differenzierung, die zwischen der Herkunft der Migranten gemacht wird und dazu führt, dass sie unterschiedlich behandelt werden. Dies hat Rückkopplungseffekte auf die Wahrnehmung der abgewerteten Gruppen. Zwar werden in der Analyse die Formen der Diskriminierung nicht genauer spezifiziert, es kann aber davon ausgegangen werden, dass es sich dabei auch um Alltagserfahrungen im Umgang mit Personen aus der Ursprungsbevölkerung handelt und nicht nur um die Wahrnehmung, bei der Vergabe des Aufenthaltsstatus schlechter gestellt zu sein. Zwischen verschiedenen Flüchtlingsgruppen besteht somit eine Legitimitätshierarchie, die sich in der sozialen Praxis niederschlägt und Flüchtlinge mit geringer zugesprochener Legitimität sozial schlechter stellt. Diese Legitimitätshierarchie übersetzt sich über die Diskriminierungserfahrungen in die Wahrnehmungen der unterschiedlichen Flüchtlingsgruppen.

Die Variablen wahrgenommener Isolation strukturieren sich hingegen fast ausschließlich entlang der praktischen Integrationsdimension. Hier zeigt sich, dass sich eher diejenigen »außen vor« (Gau_so und Gau_o) und isoliert (Giso_so und Giso_o) fühlen, die eine geringe praktische Integration aufweisen. Merkmale wie gute Sprachkenntnisse und Kontakt zu Deutschen scheinen dem Gefühl von Desintegration und Deprivation entgegenzuwirken.

7.1.6 Flüchtlinge und Flüchtlingshilfe

Hilfen, z.B. durch Patenschaften, aber auch durch staatliche, öffentliche oder private Institutionen sind ebenfalls eine Ressource im Rahmen des Integrationsprozesses. Als soziales Kapital können diese Kontakte zu Akteuren aus der Ursprungsbevölkerung die Integration fördern und beschleunigen. Sie tragen nicht nur dazu bei, Gefühle von Deprivation und Isolation zu verringern. Sie können gleichfalls fehlendes Wissen über die spezifischen Strukturen und Gepflogenheiten der deutschen Gesellschaft, bspw. auf dem Wohnungsmarkt oder im Umgang mit staatlichen Akteuren, ausgleichen. Im Sinne der Kapitaltheorie werden so die Kapitalressourcen der Akteure der Ursprungsgesellschaft gleichsam für Flüchtlinge nutzbar, denen solche Hilfestrukturen und -netzwerke zu Teil werden. Die unterschiedlichen Sektoren, in denen die Befragten Hilfe erhalten (oder nicht erhalten) haben, werden aufgrund der zu erwartenden integrationsfördernden Bedeutung ebenfalls passiv in den sozialen Raum der Flüchtlinge projiziert. Dabei werden Hilfen beim Spracherwerb (Ausprägungen: Nein, keine gebraucht (Sprache_n); Nein, gebraucht, aber keine erhalten (Sprache_gne) und Ja, erhalten (Sprache_j)), bei der Arbeitssuche (Ausprägungen: Nein, keine gebraucht (Arbeit_n); Nein, gebraucht, aber keine erhalten (Arbeit_gne) und Ja, erhalten (Arbeit_j)), bei rechtlichen Fragen zum Asyl (Ausprägungen: Nein, keine gebraucht (Recht_n); Nein, gebraucht, aber keine erhalten (Recht_gne) und Ja, erhalten (Recht_j)), bei der Anerkennung von Bildungsabschlüssen und Berufsausbildungen (Ausprägungen: Nein, keine gebraucht (Anerk_n); Nein, gebraucht, aber keine erhalten (Anerk_gne) und Ja, erhalten (Anerk_j)) und bei der Suche nach Schulen, Hochschulen, Ausbildungsplätzen und Weiterbildungsangeboten (Ausprägungen: Nein, keine gebraucht (Bildg_n); Nein, gebraucht, aber keine erhalten (Bildg_gne) und Ja, erhalten (Bildg_j)) in der Analyse betrachtet. Die Ergebnisse sind in Abb. 6 dargestellt.

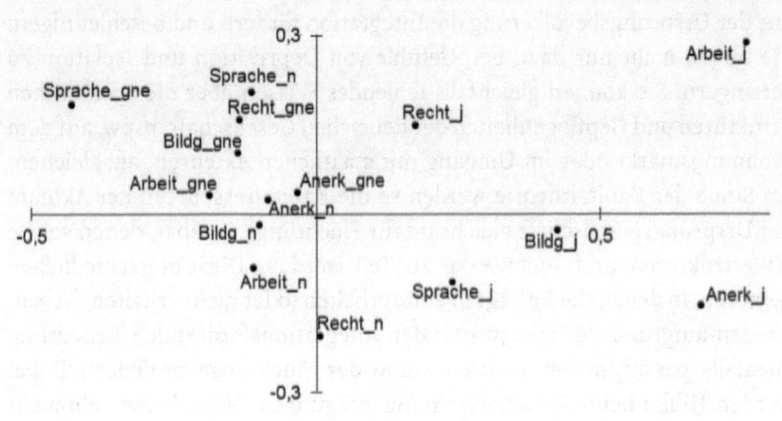

Abbildung 6: »Sozialer Raum der Flüchtlinge« – Hilfen bei der Integration
Quelle: Eigene Darstellung

Legende: Sozialer Raum der Flüchtlinge – Hilfen bei der Integration (passive Variablen)

Label   Wert

Hilfe: Erlernen der deutschen Sprache
Sprache_n   Nein, keine gebraucht
Sprache_gne   Nein, gebraucht, aber keine erhalten
Sprache_j   Ja, erhalten

Hilfe: Arbeitssuche
Arbeit_n   Nein, keine gebraucht
Arbeit_gne   Nein, gebraucht, aber keine erhalten
Arbeit_j   Ja, erhalten

Hilfe: Rechtliche Beratung in Asylfragen
Recht_n   Nein, keine gebraucht
Recht_gne   Nein, gebraucht, aber keine erhalten
Recht_j   Ja, erhalten

Hilfe: Anerkennung des Bildungsabschusses oder Berufsausbildungsabschlusses
Anerk_n   Nein, keine gebraucht
Anerk_gne   Nein, gebraucht, aber keine erhalten
Anerk_j   Ja, erhalten

Hilfe: Schulen, Hochschulen, Ausbildungsplätze oder Weiterbildungsangebote
Bildg_n   Nein, keine gebraucht
Bildg_gne   Nein, gebraucht, aber keine erhalten
Bildg_j   Ja, erhalten

Die Hilfeleistungen differenzieren dabei im Vergleich mit den vorangegangenen Analysen relativ deutlich über die Dimension der praktischen Integration. Aus der Analyse geht hervor, dass die Personengruppen, die Hilfen auf den unterschiedlichen Integrationsfeldern erhalten haben, im Bereich einer überdurchschnittlichen praktischen Integration verortet werden können. Insbesondere, wenn Hilfe gebraucht, aber nicht gewährt wurde, erscheint dies hingegen mit deutlichen Defiziten bei der praktischen Integration verbunden zu sein. Das Merkmal, dass Hilfe beim Spracherwerb gebraucht, aber nicht geleistet wurde (Sprache_gne), ist in besonderem Maße mit einer sehr geringen praktischen Integration assoziiert. Zugleich korrespondiert fehlende Hilfe beim Spracherwerb mit einer relativ geringen formalen Integration, was sich durch den fehlenden Integrationskurs des BAMF erklären lässt, der einem erst mit erteiltem Aufenthaltsstatus zusteht. Demgegenüber liegen besonders Hilfen bei der Anerkennung von Bildungstiteln (Anerk_j) und bei der Arbeitssuche (Arbeit_j) im Bereich einer hohen praktischen Integration.

Die Hilfe bei der Anerkennung von Bildungstiteln liegt im Bereich einer gehobenen formalen Bildung nach ISCED11 (vergleiche Abb. 2). Es haben also tendenziell Personen Hilfe bei der Anerkennung ihrer Bildungstitel erhalten, die einen höheren Bildungsabschluss im Heimatland erworben haben. Dies entspricht der herausgehobenen Stellung, die der Anerkennung von ausländischen Bildungstiteln, und damit von institutionalisiertem kulturellen Kapital, auch in der Theorie zukommt. Die Hilfe wurde vermutlich vor allem dann beansprucht, wenn höhere Bildungsabschlüsse vorlagen, deren Anerkennung aussichtsreich erschien. Am häufigsten erhielten Syrer mit 13 Prozent Hilfe bei der Anerkennung von Bildungstiteln. Verhältnismäßig hohe Quoten finden sich auch für andere Staatsangehörigkeiten bzw. Sonstige/Staatenlose. Dies verdeutlicht, dass es für Hochgebildete abermals einfacher erscheint, ihr Kapital in Integrationsgewinne zu konvertieren. Die Hürden der Integration sind für sie dadurch niedriger und die Erfolgswahrscheinlichkeiten höher.

Hinsichtlich der geleisteten Hilfen zeigt sich für Hilfe bei der Arbeitssuche eine Sonderstellung. Bereits in der Darstellung der aktiven Variablen war die Erwerbstätigkeit im Bereich geringer formaler Integration bei hoher praktischer Integration verortet. Diese Sonderstellung zeigt sich auch hinsichtlich des Merkmals einer geleisteten Hilfe bei der Arbeitssuche, welches ebenfalls im oberen rechten Quadranten liegt. Diese Lage kann vermutlich dadurch erklärt werden, dass hiervon besonders Personengruppen betroffen sind, die zwar eine geringe formale Integration aufweisen, die aber aufgrund ihrer Berufstätigkeit in Deutschland bleiben durften. Zudem erscheint es auch aus finanzieller Sicht drängender, bei einem Status der Duldung einer Berufstätigkeit nachzugehen.

Am geringsten differenziert die Hilfestellung im Hinblick auf rechtliche Beratung in Flüchtlings- und Asylfragen. Die Vermutung liegt nahe, dass diese Beratung hauptsächlich durch jene in Anspruch genommen wurde, deren Aufenthaltsstatus kritisch ist. Die Lage im Bereich unterdurchschnittlicher formaler Integration bestärkt diese Annahme. Diejenigen, die keine rechtliche Beratung benötigt haben, liegen dagegen tendenziell im Bereich überdurchschnittlicher formaler Integration.

Insgesamt kann angenommen werden, dass gerade jene Gruppen mit einer hohen zugestandenen Legitimität auch häufiger Hilfeleistungen erhalten haben. Die dargestellten Effekte unterliegen somit ebenfalls einer Dialektik, so dass Gruppen mit hoher Legitimität eine höhere Integrationswahrscheinlichkeit haben, was gleichsam dazu führt, dass sich ihre Legitimität erhöht, da mehr erfolgreiche Fälle von Integration berichtet werden können.

7.1.7 Ethnische Community

Nicht nur Netzwerke in die autochthone Bevölkerung können dazu beitragen, sich in einem neuen Land zurechtzufinden. Nach der Theorie des bonding social capital können auch die eigene ethnischen Community oder andere Migrantengruppen zur Integration beitragen. Zudem führt die Feststellung, dass ein geringer Grad an praktischer Integration mit dem Gefühl sozialer Isolation korrespondiert, zu der Frage, ob solche Deprivationserfahrungen durch die Integration in migrantische Subpopulationen kompensiert werden können. Daher werden die Kontakthäufigkeiten zu Mitgliedern der eigenen ethnischen Community (exkl. Kontakte zu eigenen Verwandten) (Ausprägungen: Nie (ZmH_n); Seltener (ZmH_s); Jeden

Monat (ZmH_m); Jede Woche (ZmH_w); Mehrmals pro Woche (ZmH_mpw) und Täglich (ZmH_t)), sowie zu anderen Migrantengruppen (Ausprägungen: Nie (ZmA_n); Seltener (ZmA_s); Jeden Monat (ZmA_m); Jede Woche (ZmA_w); Mehrmals pro Woche (ZmA_mpw) und Täglich (ZmA_t)) passiv in den sozialen Raum der Flüchtlinge projiziert. Die Ergebnisse hierzu sind in Abbildung 7 dargestellt.

Es zeigt sich, dass die Variablenausprägungen der Kontakte zu Personen aus dem Heimatland keiner regelmäßigen Struktur folgen. Die beiden Variablenausprägungen Kontakt zu Personen aus dem Heimatland »Nie« (ZmH_n) und »Täglich« (ZmH_t) liegen sozialräumlich nah beieinander im oberen linken Quadranten des Koordinatensystems. Die Mittelkategorien zeigen eine leichte Tendenz zu einer etwas höheren praktischen Integration. Insgesamt lässt sich das Verteilungsbild jedoch nur schwer sinnvoll interpretieren.

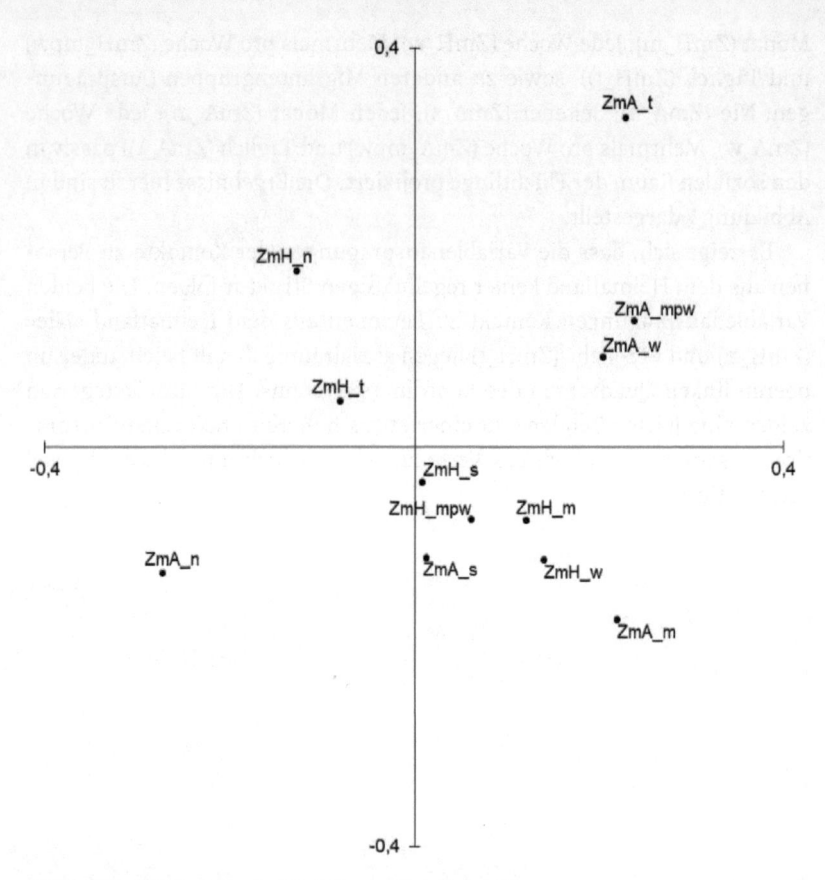

Abbildung 7: »Sozialer Raum der Flüchtlinge« – Kontakte zu Migrantengruppen
Quelle: Eigene Darstellung

Legende: Sozialer Raum der Flüchtlinge – Kontakte zu Migrantengruppen (passive Variablen)

Label	Wert

Zeit mit Personen aus dem eigenen Heimatland

Label	Wert
ZmH_n	Nie
ZmH_s	Seltener
ZmH_m	Jeden Monat
ZmH_w	Jede Woche
ZmH_mpw	Mehrmals pro Woche

ZmH_t   Täglich

Zeit mit Ausländern
ZmA_n   Nie
ZmA_s   Seltener
ZmA_m   Jeden Monat
ZmA_w   Jede Woche
ZmA_mpw   Mehrmals pro Woche
ZmA_t   Täglich

Demgegenüber folgt die Verteilung der Variablenausprägungen für Kontakte zu Personen aus anderen Ländern schon eher einem interpretierbaren Muster. Während im Bereich geringer praktischer und überdurchschnittlicher formaler Integration keine Kontakte zu Ausländern (ZmA_n) verortet sind, nimmt die Häufigkeit der Kontakte zu Personen aus anderen Ländern tendenziell mit steigender praktischer und sinkender formaler Integration zu. Tägliche Kontakte (ZmA_t) zu Personen aus anderen Ländern finden sich besonders im Bereich einer geringeren formalen Integration. Der Tendenz nach korrespondiert diese Merkmalsausprägung mit täglichem Kontakt zu Deutschen und gehobenen Deutschkenntnissen. Zudem tendiert der tägliche Kontakt mit Ausländern sozialräumlich in eine ähnliche Richtung wie die Ausübung einer beruflichen Tätigkeit. Der Kontakt zu Ausländern nimmt folglich tendenziell mit steigender praktischer Integration in die deutsche Gesellschaft zu. Die Verteilungen der Variablenausprägungen geben somit keine Hinweise auf eine alternative Integration in eine gesellschaftliche Enklave oder eine Parallelgesellschaft.

7.2 Perspektive der autochthonen Bevölkerung

Der Status einer Person oder einer Gruppe wird in großen Teilen in den Köpfen der »Anderen« produziert und reproduziert. Alles, was mit dem Status zusammenhängt, ist im Wesentlichen durch Typisierungen und Kategorien geprägt, die aus der sozialen Praxis hervorgehen. Zugleich unterliegen Akteursklassen sozialen Prägungen, die sich aus ihrer sozialräumlichen Lage ergeben. Die Wahrnehmung der (sozialen) Wirklichkeit, Politische Präferenzen, Einstellungen und Geschmäcker können beispielsweise als habituelle Dispositionen beschrieben werden, die sozialräumlich nach

Klassenfraktionen variieren. Dabei stehen die Dispositionen der sozialen Klassen in der (sozialen) Praxis stets in gegenseitiger Bezugnahme zueinander. Dies gilt auch für die Einstellungs- und Wahrnehmungsdispositionen gegenüber Flüchtlingen.

In der folgenden Analyse soll die sozialräumliche Verteilung der Einstellungen gegenüber Flüchtlingen untersucht werden. Hierzu wird anhand von verschiedenen Facetten der Einstellungen der Ursprungsgesellschaft gegenüber Flüchtlingen ein sozialer Raum konstruiert. Die Daten der Erhebung stammen aus den Anwohnerbefragungen der Kölner Flüchtlings-Studien (Friedrichs et al. 2019). Die Konstruktion des Raumes erfolgt ausschließlich mit Daten aus der ersten Erhebungswelle. Für die illustrierenden Merkmale werden ergänzend Daten aus der zweiten Welle herangezogen. Der Datensatz wurde für die Berechnung der MCA per listwise deletion um Fälle mit fehlenden Werten in den aktiven Variablen bereinigt.

7.2.1 Operationalisierung und Variablen

Der soziale Raum der Einstellungen gegenüber Flüchtlingen wird über Variablen konstruiert, die unterschiedliche Aspekte der Einstellungen beschreiben und nun kurz vorgestellt werden sollen. Dazu gehören zunächst die generellen Einstellungen, die in die Analyse mit aufgenommen werden. Anhand eines offenen Fragedesign wurde in der Studie gefragt: »Was denken Sie heute [über die Flüchtlinge; Anm. FL]?«. Bei der Kodierung der Antworten wurden bis zu drei Nennungen berücksichtigt. Insgesamt wurden die offenen Antworten 22 Kategorien zugeordnet, die aus einer umfangreichen Sichtung der offenen Antworten abgeleitet wurden. Für die Analysen wurde das Antwortverhalten der Nennungen auf eine dreistufige Skala mit den Ausprägungen »Positiv«, »Neutral« und »Negativ« rekodiert.

Die Auswahl der Wohngebiete der Kölner Flüchtlings-Studien erfolgte nach dem Kriterium, dass mindestens eine Flüchtlingsunterkunft dort errichtet worden war. In der Analyse soll daher auch die Einstellung zur Flüchtlingsunterkunft vor Ort berücksichtigt werden. Diese wurde ebenfalls anhand eines offenen Fragedesigns erhoben. Die Frage lautete: »Im/In [Straße des Wohngebietes] ist ein Flüchtlingsheim eingerichtet worden. Dazu gibt es verschiedene Meinungen. Was denken Sie darüber?«. Aus den offenen Antworten wurden insgesamt 19 Kategorien identifiziert. Auch hier erfolgte eine Rekodierung auf eine dreistufige Skala (»Positiv«,

»Neutral« und »Negativ«) wobei bis zu drei Antworten bei der Zuordnung berücksichtigt wurden.

Wie bereits gezeigt wurde, lassen sich auch andere Theoriestränge in den Bourdieuschen Theoriekontext übersetzen. Aus diesem Grund werden, basierend auf der Theorie der ethnischen Bedrohung in Anlehnung an Blalock (1967, 1982) oder auch der »Integrated Threat Theory« (Stephan und Stephan 2000), die Kategorien der kulturellen (symbolic threat) und der wirtschaftlichen (realistic threat) Bedrohung in die Analyse miteingeschlossen. Die Operationalisierung erfolgt über eine Itembatterie von Infratest-Dimap, die bspw. mehrfach im ARD-Deutschlandtrend verwendet wurde (Infratest Dimap 2016). In dieser Itembatterie wurde nach verschiedenen Bereichen gefragt, die den Befragten Angst machen. Die Antwort erfolgte auf einer vierstufigen Skala von »Stimme voll zu« bis »Stimme gar nicht zu«. Eingeleitet wurde die Skala mit der Aussage: »Ich befürchte, ...«.

Die kulturelle Bedrohung wird durch eine gemeinsame Bewertung der Items »...dass der Einfluss des Islam in Deutschland zu stark wird« und »...dass der Einfluss fremder Kulturen in Deutschland zunimmt« abgebildet. Für die Operationalisierung der wirtschaftlichen Bedrohung werden die Antworten auf die Aussagen »...dass die Konkurrenz auf dem Arbeitsmarkt größer wird« und »...dass der Wohlstand in Deutschland bedroht wird« verwendet. Für die Analyse wurden beide Variablen auf eine dreistufige Skala mit den Ausprägungen: »schwache kulturelle/wirtschaftliche Bedrohung«, »mittlere kulturelle/wirtschaftliche Bedrohung« und »starke kulturelle/wirtschaftliche Bedrohung« rekodiert.

Um die spezifische Angst gegenüber dem Flüchtlingszuzug abzubilden, wird zudem die Antwort auf die Frage »Ich nenne Ihnen nun einige Aussagen zum Thema ›Flüchtlinge‹. Sagen Sie mir bitte jeweils, ob Sie diesen eher zustimmen oder sie eher ablehnen: ›Es macht mir Angst, dass viele Flüchtlinge zu uns kommen‹« in die Analyse aufgenommen. Die Antwort erfolgte auf einer dreistufigen Skala mit den Ausprägungen: »Eher zustimmen«, »Eher Ablehnen« und »Weder noch«[3].

Um eine Differenzierung verschiedener Flüchtlingsgruppen durch die autochthone Bevölkerung im Rahmen einer Legitimitätshierarchie abbilden zu können, werden Variablen verwendet, die nach Fluchtursachen unterscheiden. Die Fragen lauteten: »Im Folgenden geht es um den Zuzug

---

3 Aufgrund der geringen Fallzahl wird die Kategorie »Weder noch« im Rahmen der Analyse nicht verwendet.

verschiedener Personengruppen nach Deutschland. Wie ist Ihre Einstellung dazu?; ›Wie ist es mit Flüchtlingen aus Ländern, in denen Krieg herrscht?‹; ›Und mit Flüchtlingen, die in Ihrer Heimat politisch verfolgt werden?‹ sowie ›Und mit Flüchtlingen, die wegen der wirtschaftlichen Not in ihren Heimatländern nach Deutschland kommen?‹«. Die drei Antwortkategorien zu diesen Fragen waren: »Der Zuzug soll uneingeschränkt möglich sein«, »Der Zuzug soll begrenzt werden« und »Der Zuzug soll völlig unterbunden werden«. Für die Analyse wurden die Ausprägungen »soll begrenzt« und »soll völlig unterbunden« werden in einer Kategorie zusammengefasst.

Eine der prominentesten Thesen in der Integrationsforschung ist die sog. »Kontakthypothese«. Diese besagt, dass durch Kontakte zwischen Majorität und Minorität Vorurteile abgebaut werden (Allport 1954; Pettigrew und Tropp 2006; Hewstone und Swart 2011). Um dies auch aus einer relationalen Perspektive zu untersuchen, wird die Antwort auf die Frage nach dem persönlichen Kontakt zu Flüchtlingen in die Analyse mit aufgenommen. Die Formulierung der Frage war: »Haben Sie persönlich Kontakt zu den Flüchtlingen?«. Die Frage stellt damit einen Bezug zu den Flüchtlingen her, die in dem Wohngebiet bzw. der Flüchtlingsunterkunft vor Ort untergebracht wurden. Darüber hinaus wurden aber auch allgemeine Kontakte zu Flüchtlingen berichtet, was anhand von Folgefragen identifiziert werden konnte, die an dieser Stelle nicht dargestellt sind.

Neben den direkten bzw. persönlichen Kontakten (Allport 1954) besagt die Theorie, dass auch Kontakte von nahen Angehörigen und Freunden zu einer Minorität einen positiven Einfluss auf die Einstellungen zu Minoritäten haben können (Wright et al. 1997; Hewstone 2004). Um dies zu testen, wird eine Variable zu solchen indirekten Kontakten in die Analyse mit aufgenommen. Die Fragestellung lautete: »Haben Familienmitglieder oder Freunde persönlichen Kontakt zu Flüchtlingen?«.

Eine weitere Dimension liegt auf der Ebene des aktiven Handelns. Um aktives Engagement für die Flüchtlinge analytisch zu berücksichtigen, wird die Spendentätigkeit in die Analyse miteingeschlossen. Hierzu wird die Antwort auf die Frage: »Haben Sie für das Flüchtlingsheim hier gespendet?« mit den Antwortmöglichkeiten »Ja«, »Nein« und »Ja, nicht für dieses, sondern anderes / generell«[4] verwendet.

---

4 Hierzu sei angemerkt, dass die Kategorie des generellen Spendens erst nach der Befragung in Harvestehude in den Fragebogen mit aufgenommen wurde, da die Befragten in Harvestehude in den face-to-face Interviews häufig auf eine generelle Spendentätigkeit verwiesen. Aufgrund der

Neben den Einstellungsmerkmalen werden weiterführende Variablen berücksichtigt. Dazu gehören zunächst Variablen der Soziodemographie. Im Sinne der Theorie zählen hierzu vor allem der Bildungsabschluss (kulturelles Kapital) und das Einkommen (ökonomisches Kapital), das Geschlecht und das Alter.

Für eine Annäherung an die Dimension des ökonomischen Kapitals wird das Netto-Äquivalenzeinkommen[5] der Haushalte in gruppierter Form in die Analyse aufgenommen (Ausprägungen: bis 999 €; 1000 € – 1499 €; 1500 € – 1999 €; 2000 € – 2499 €; 2500 € – 3499 € und 3500 € und mehr). Da nicht nur laufendes Einkommen, sondern auch andere Vermögenswerte zum ökonomischen Kapital zählen, wird zudem der Wohnstatus in die Analysen eingeschlossen. Dieser gliedert sich nach den Kategorien »Eigentümer«, »Privatmieter« und »Sozialmieter«. Um den sozioökonomischen Status besonders prekärer Statusgruppen zu operationalisieren, wird überdies der Bezug von Sozialleistungen verwendet. Besonders den statusniedrigen Gruppen wird häufig eine Konkurrenzsituation zu Minoritäten unterstellt, die sich in abwertenden Verhaltensweisen und negativen Einstellungen niederschlagen soll (Baur et al. 2010, S. 4; Geißler et al. 2010, S. 144; Schmid 2015, S. 16). Hier wird unterschieden zwischen Empfängern von »BAföG«, »Arbeitslosengeld I« und allen weiteren Formen von »Sozialleistungen«.

Für eine Annäherung an das kulturelle Kapital werden die Schulabschlüsse abgebildet. Hier wird unterschieden zwischen dem Besuch einer Hauptschule (oder einer äquivalenten Bildungseinrichtung), der Realschule (oder einer äquivalenten Bildungseinrichtung), dem Erwerb der (Fach-)Hochschulreife und einem Universitätsabschluss.

Ferner postulieren Studien einen Alterseffekt hinsichtlich der Einstellungen gegenüber Minoritäten, wobei die Einstellungen mit zunehmendem Alter negativer werden (Savelkoul et al. 2010). Daher wird das Alter in gruppierter Form in die Analyse eingeschlossen (Ausprägungen: 18 bis 29 Jahre;

---

hohen Gesamtfallzahl und der Kodierungen einer generellen Spendentätigkeit bei Harvestehude unter der Kategorie für die Flüchtlingsunterkunft vor Ort gespendet zu haben, sollte dies jedoch nur zu leichten Verzerrungen führen.

5 Das Netto-Äquivalenzeinkommen stellt ein gewichtetes Pro-Kopf-Einkommen dar und setzt das Netto-Haushaltseinkommen ins Verhältnis zu der Größe und der Struktur des Haushalts. Die erste erwachsene Person im Haushalt erhält dabei ein Gewicht von 1, weitere Erwachsene und Jugendliche über 14 Jahren ein Gewicht von 0,5 und Kinder und Jugendliche unter 14 Jahren ein Gewicht von 0,3. In einem Haushalt mit zwei Erwachsenen und zwei Kindern unter 14 Jahren wird beispielsweise das Nettohaushaltseinkommen durch (1+0,5+(2*0,3)) = 2,1 geteilt.

30 bis 39 Jahre; 40 bis 49 Jahre; 50 bis 59 Jahre; 60 bis 69 Jahre und 70 Jahre und älter).

Da Status eine zugeschriebene Eigenschaft ist, die auch durch die individuelle Wahrnehmung der Akteure geprägt ist, wird die wahrgenommene gesellschaftliche Position berücksichtigt. Die Frage hierzu lautete: »Im Vergleich dazu, wie andere hier in Deutschland leben: Glauben Sie, dass Sie Ihren »gerechten Anteil erhalten«, »mehr als Ihren gerechten Anteil«, »etwas weniger« oder »sehr viel weniger«. Um eine ausreichend hohe Fallzahl zu erreichen, wurden für die Analyse die beiden Ausprägungen »etwas weniger« und »sehr viel weniger« zusammengefasst.

Um zudem mögliche räumliche und regionale Effekte identifizieren zu können, werden die sechs Wohngebiete, in denen die Befragungen durchgeführt wurden, in die Analyse aufgenommen. Die Gebiete sollten sowohl durch den sozialen Status ihrer Bewohner als auch durch die symbolische Klassifizierung des physischen Raumes (z. B. Villenviertel vs. Problemviertel) gekennzeichnet sein.

Um die Einstellungen zu Flüchtlingen und die vorherrschenden Klassifikationen, auch im Zeitverlauf, besser illustrieren zu können, werden weitere Einstellungsvariablen aus der zweiten Befragungswelle in die Analyse mit eingeschlossen (N = 488)[6]. Dabei soll die Meinung über die Integrationsfähigkeit der Flüchtlinge berücksichtigt werden, die anhand der Frage: »Was meinen Sie: Können Flüchtlinge sich wirklich in Deutschland integrieren? Welche Aussage trifft Ihrer Meinung nach am ehesten zu?« mit den Antwortkategorien »Nein, das ist weder für die Flüchtlinge selbst noch für deren Nachkommen möglich«, »Das ist für die Flüchtlinge selbst nicht möglich, aber für deren Nachkommen«, »Das ist auch für die Flüchtlinge selbst möglich, aber erst nachdem sie viele Jahre in Deutschland gelebt haben« und »Das ist bereits nach kurzer Zeit auch für die Flüchtlinge selbst möglich« erhoben wurde.

Zudem werden verschiedene Einschätzungen über die Eigenschaften von Flüchtlingen in die Analyse aufgenommen. Die Frage lautete: »Im Folgenden sind einige Aussagen über in Deutschland lebende Flüchtlinge aufgeführt. Stimmen Sie diesen voll zu, eher zu, eher nicht zu oder gar nicht zu?«. Die Items lauten 1.) »Die in Deutschland lebenden Flüchtlin-

---

6 Die zweite Befragungswelle weist in der korrespondenzanalytischen Betrachtung eine deutlich geringere Fallzahl auf. Dies ist darauf zurückzuführen, dass nur jene Fälle berücksichtigt werden konnten, die sowohl in der ersten als auch in der zweiten Befragungswelle teilgenommen haben.

ge machen die Arbeit, die die Deutschen nicht erledigen wollen«, 2.) »Sie sind eine Bereicherung für die Kultur in Deutschland«, 3.) »Sie begehen häufiger Straftaten als die Deutschen«, 4.) »Die vielen Flüchtlingskinder in der Schule verhindern eine gute Ausbildung der deutschen Kinder« und 5.) »Die Flüchtlinge in Deutschland tragen dazu bei, den Fachkräftemangel zu beheben«. Abgefragt wurden diese Items auf einer vierstufigen Skala von »Stimme voll zu« bis »Stimme gar nicht zu«. Für die Analyse wurden die Kategorien für eine bessere Übersichtlichkeit dichotomisiert.

Die Klassenzugehörigkeit und der Wohnort haben einen Einfluss darauf, welche Personengruppen in welchen Kontexten aufeinandertreffen. Beispielsweise treffen die Bewohner von Villenvierteln mit einer geringeren Wahrscheinlichkeit auf statusniedrige Personen als Bewohner strukturschwächerer Wohngebiete. Die Kontexte des Kontakts bzw. des gegenseitigen Aufeinandertreffens spiegeln somit Statusrelationen wider. Daher werden auch die sozialen Schnittpunkte zwischen Flüchtlingen und autochthoner Bevölkerung in die Analyse mit aufgenommen. Dabei sollten diese Schnittstellen und auch die Wahrscheinlichkeit, im Alltag auf Flüchtlinge zu treffen, klassenspezifisch variieren. Die offene Frage hierzu lautete: »Wo in Ihrem Alltag begegnen Sie Flüchtlingen?«. Die offenen Antworten wurden in insgesamt 14 Kategorien kodiert, von denen bis zu zwei Antworten in der Analyse berücksichtigt werden. Die Daten stammen aus der ersten Befragungswelle.

7.2.2 Der soziale Raum der Einstellungen gegenüber Flüchtlingen

Für die Konstruktion des sozialen Raumes der Einstellungen gegenüber Flüchtlingen werden, wie dargestellt, verschiedene Einstellungsmerkmale im Rahmen einer multiplen Korrespondenzanalyse analysiert. Die Variablen spiegeln unterschiedliche Facetten des Integrationsprozesses wider. Als aktive Variablen werden die allgemeine Einstellung zu Flüchtlingen (Ausprägungen: Positiv (EA_pos); Negativ (EA_neg) und Neutral (EA_neu)), die Einstellung zur Flüchtlingsunterkunft im Wohngebiet (Ausprägungen: Positiv (EU_pos); Negativ (EU_neg) und Neutral (EU_neu)), die wahrgenommene kulturelle Bedrohung (Ausprägungen: Starke kulturelle Bedrohung (KB_s); Mittlere kulturelle Bedrohung (KB_m) und Schwache kulturelle Bedrohung (KB_n)), die wahrgenommene ökonomische Bedrohung (Ausprägungen: Starke wirtschaftliche Bedrohung (WB_s); Mittlere wirtschaftliche Bedrohung (WB_m) und Schwache wirtschaftliche Bedrohung (WB_n)), die Angst vor dem Flüchtlingszuzug (Ausprägungen: Eher zustimmen (Ang_ja) und Eher ablehnen (Ang_nein)), die Einstellung zum Zuzug von Kriegsflüchtlingen (Ausprägungen: Der Zuzug soll uneingeschränkt möglich sein (ZKr_unein) und Der Zuzug soll begrenzt/unterbunden werden (ZKr_bu)), die Einstellung zum Zuzug von politischen Flüchtlingen (Ausprägungen: Der Zuzug soll uneingeschränkt möglich sein (ZPo_unein) und Der Zuzug soll begrenzt/unterbunden werden (ZPo_bu)), die Einstellung zum Zuzug aus wirtschaftlicher Not (Ausprägungen: Der Zuzug soll uneingeschränkt möglich sein (ZWi_unein) und Der Zuzug soll begrenzt/unterbunden werden (ZWi_bu)), der persönliche Kontakt zu Flüchtlingen (Ausprägungen: es besteht persönlicher Kontakt (K_ja) und es besteht kein persönlicher Kontakt (K_nein)), der indirekte Kontakt zu Flüchtlingen durch Freunde und Familie (Ausprägungen: es besteht indirekter Kontakt (KFam_ja) und es besteht kein indirekter Kontakt (Kfam_nein)) sowie die Spendentätigkeit (Ausprägungen: ja, ich habe für die Flüchtlingsunterkunft gespendet (Sp_ja); nein, ich habe nicht für die Flüchtlingsunterkunft gespendet (Sp_nein) und Ja, nicht für diese, sondern andere / generell (Sp_gen)) zur Konstruktion des sozialen Raumes der Einstellungen gegenüber Flüchtlingen Verwendung finden. In der Analyse werden die ersten beiden Dimensionen der MCA dargestellt. Die Eigenwerte betragen 3,244 und 1,282. Insgesamt gehen 1201 Fälle in die Analyse mit ein. Die Ergebnisse des so konstruierten Raumes der Einstellungen gegenüber Flüchtlingen sind in Abbildung 8 dargestellt.

Aus der Analyse geht hervor, dass die verschiedenen Einstellungsdispositionen innerhalb des sozialen Raumes der Einstellungen gegenüber Flüchtlingen deutlich streuen. Im negativen Bereich der X-Achse liegen vorrangig Variablen(-ausprägungen), die positive Einstellungen gegenüber Flüchtlingen abbilden. Dies sind eine schwache kulturelle Bedrohung (KB_n), die uneingeschränkte Akzeptanz von Flüchtlingen, die aus wirtschaftlichen Gründen nach Deutschland gekommen sind (ZWi_unein), sowie eine positive allgemeine Einstellung zu den Flüchtlingen (EA_pos). Ferner finden sich näher am Achsenkreuz Dispositionen für eine schwache wirtschaftliche Bedrohung (WB_n), die uneingeschränkte Akzeptanz von politischen (ZPo_unein) und Kriegsflüchtlingen (ZKr_unein), eine positive Einstellung zur Flüchtlingsunterkunft vor Ort (EU_pos), keine Angst vor dem Flüchtlingszuzug (Ang_nein) und sowohl direkte (K_ja) als auch indirekte Kontakte zu Flüchtlingen (KFam_ja). Tendenziell wurde auch eher für die Flüchtlingsunterkunft gespendet (Sp_ja).

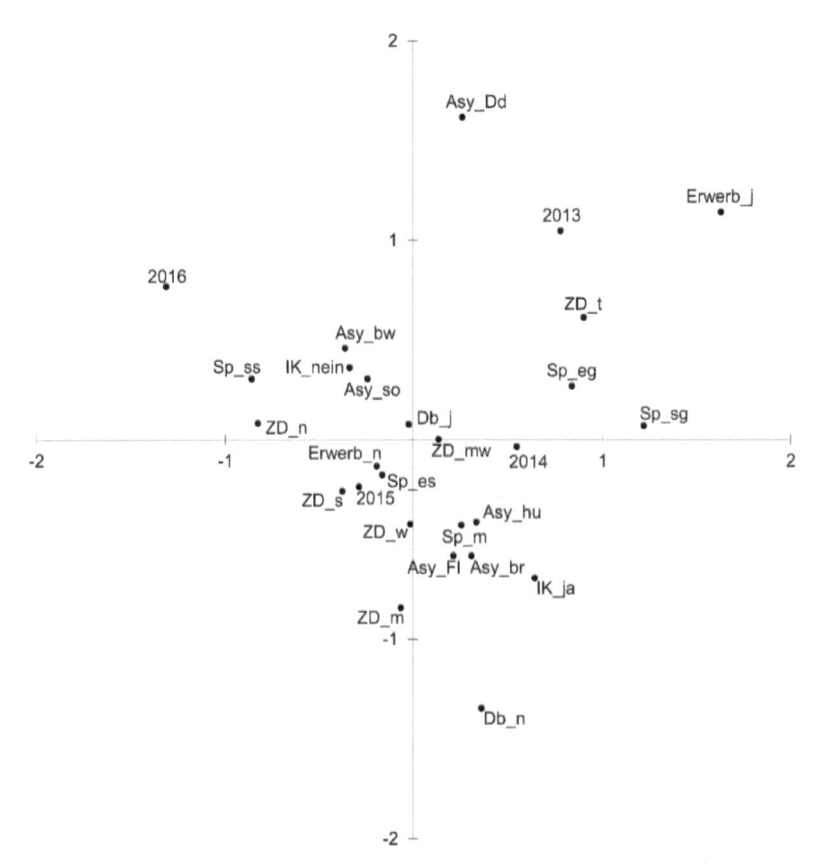

Abbildung 8: »Sozialer Raum der Einstellungen gegenüber Flüchtlingen« – aktive Merkmale
Quelle: Eigene Darstellung

Legende: Sozialer Raum der Einstellungen gegenüber Flüchtlingen – aktive Variablen
Label   Wert
Einstellung allgemein
EA_pos   Positiv
EA_neu   Neutral
EA_neg   Negativ

Einstellung Unterkunft
EU_pos   Positiv
EU_neu   Neutral

EU_neg	Negativ

Kulturelle Bedrohung
KB_s	Starke kulturelle Bedrohung
KB_m	Mittlere kulturelle Bedrohung
KB_n	Schwache kulturelle Bedrohung

Wirtschaftliche Bedrohung
WB_s	Starke wirtschaftliche Bedrohung
WB_m	Mittlere wirtschaftliche Bedrohung
WB_n	Schwache wirtschaftliche Bedrohung

Angst vor Flüchtlingszuzug
Ang_ja	Eher zustimmen
Ang_nein	Eher ablehnen

Zuzug verschiedener Flüchtlingsgruppen
Zuzug von Kriegsflüchtlingen
ZKr_unein	Der Zuzug von Kriegsflüchtlingen soll uneingeschränkt möglich sein
ZKr_bu	Der Zuzug von Kriegsflüchtlingen soll begrenzt/unterbunden werden

Zuzug bei politischer Verfolgung
ZPo_unein	Der Zuzug von politischen Flüchtlingen soll uneingeschränkt möglich sein
ZPo_bu	Der Zuzug von politischen Flüchtlingen soll begrenzt/unterbunden werden

Zuzug aus wirtschaftlicher Not
ZWi_unein	Der Zuzug aus wirtschaftlicher Not soll uneingeschränkt möglich sein
ZWi_bu	Der Zuzug aus wirtschaftlicher Not soll begrenzt/unterbunden werden

Persönlicher Kontakt zu Flüchtlingen
K_ja	Ja, ich habe persönlichen Kontakt zu Flüchtlingen
K_nein	Nein, ich habe keinen persönlichen Kontakt zu Flüchtlingen

Kontakt zu Flüchtlingen in der Familie oder im Freundeskreis
KFam_ja   Ja, es besteht indirekter Kontakt
Kfam_nein   Nein, es besteht kein indirekter Kontakt

Wurde für die Flüchtlingsunterkunft gespendet
Sp_ja   Ja, ich habe für die Flüchtlingsunterkunft gespendet
Sp_nein   Nein, ich habe nicht für die Flüchtlingsunterkunft
               gespendet
Sp_gen   Ja, nicht für diese, sondern eine andere / generell

Im positiven Bereich der X-Achse finden sich die negativen Einstellungsdispositionen gegenüber Flüchtlingen. Hier differenzieren vor allem eine starke wirtschaftliche Bedrohung (WB_s), Angst vor dem Flüchtlingszuzug (Ang_ja) sowie eine negative Einstellung zur Flüchtlingsunterkunft im Wohngebiet (EU_neg). Etwas weniger deutlich differenzieren die Variablenausprägungen, die eine Einschränkung oder komplette Unterbindung bei der Aufnahme von Kriegs- (ZKr_bu) und politischen (ZPo_bu) Flüchtlingen fordern, eine negative allgemeine Einstellung gegenüber Flüchtlingen (EA_neg) und eine starke kulturelle Bedrohung (KB_s). Eine leichte negative Tendenz findet sich überdies für Personen, die selber (K_nein) oder auch in ihrem näheren Umfeld (Kfam_nein) keine Kontakte zu Flüchtlingen haben (oder dies zumindest angeben). Nicht gespendet zu haben (Sp_nein) liegt dagegen sehr nah am Achsenkreuz und entspricht weitgehend dem Durchschnitt. Die X-Achse kann somit anhand der generellen Einstellung gegenüber den Flüchtlingen interpretiert werden. Es differenzieren vor allem die verschiedenen Formen von Einstellungsdispositionen.

Die Y-Achse erscheint indes schwerer zu interpretieren. Im positiven Bereich liegen vorrangig Variablenausprägungen, die eine direkte Nähe zu den Flüchtlingen beschreiben, wie gespendet (Sp_ja und Sp_gen) und persönlichen Kontakt zu Flüchtlingen zu haben (K_ja). Zudem sind die Variablenausprägungen einer mittleren kulturellen (KB_m) und wirtschaftlichen (WB_m) Bedrohung hier verortet. Im negativen Bereich der Y-Achse sticht besonders die Einstellung heraus, dass der Zuzug aus wirtschaftlichen Gründen uneingeschränkt möglich sein sollte (ZWi_unein). Ferner besteht tendenziell kein persönlicher (K_nein) oder indirekter (Kfam_nein) Kontakt zu Flüchtlingen und es wurde nicht für die Flüchtlinge gespendet (Sp_nein). Dem Zuzug von politischen (ZPo_unein) und Kriegsflüchtlingen (ZKr_unein) wird uneingeschränkt zugestimmt, wobei eine räumliche Nähe zu einer negativen Einstellung zur Unterkunft vor Ort (EU_neg) und eine neutrale allgemeine Einstellung (EA_neu) besteht. Insgesamt legt die Verteilung der Variablenausprägungen auf der Y-Achse nahe, dass es sich um Formen von Distanz zu Flüchtlingen handelt, die sich nach dem direkten Kontakt zu Flüchtlingen strukturieren. Eine tiefergehende Interpretation lässt die Y-Achse bis hierhin nicht zu, weshalb im nächsten Schritt passive Variablenausprägungen im sozialen Raum der Einstellungen gegenüber Flüchtlingen verortet werden.

Anhand der soziodemographischen Variablen wird im nächsten Schritt geprüft, ob sich die Einstellungen im sozialen Raum der Einstellungen gegenüber Flüchtlingen klassenspezifisch differenzieren. Als Variablen werden die Wohnsituation (Ausprägungen: Eigentümer (W_Eig); Privatmieter (W_Privat) und Sozialmieter (W_Soz)), das Wohngebiet (Ausprägungen: Hamburg Bergedorf (G_HB); Hamburg Harvestehude (G_HH); Köln Ostheim (G_KO); Köln Rondorf (G_KR); Mülheim Mitte (G_MM); und Mülheim Saarn (G_MS)), das Geschlecht (Ausprägungen: männlich (M) und weiblich (W)), das gruppierte Alter (Ausprägungen: 18 bis 29 Jahre (A1); 30 bis 39 Jahre (A2); 40 bis 49 Jahre (A3); 50 bis 59 Jahre (A4); 60 bis 69 Jahre (A5) und 70 Jahre und älter (A6), der Bildungsabschluss (Ausprägungen: Hauptschule (oder äquivalent) (B1); Realschule (oder äquivalent) (B2); (Fach-)Hochschulreife (B3) und (Fach-)Hochschule (B4)), der Erhalt von Sozialleistungen (Ausprägungen: Arbeitslosengeld, Bafög, Bezug von Sozialleistungen (Sozial) und der Erhalt des relativen gerechten Anteils in Deutschland (Ausprägungen: gerechter Anteil (gerecht); mehr als den gerechten Anteil (mehr) und weniger als den gerechten Anteil (weniger)) passiv in den sozialen Raum der Einstellungen gegenüber Flüchtlingen projiziert. Die Ergebnisse der Analyse sind in Abbildung 9 dargestellt.

Anhand der Analyse lässt sich erkennen, dass das Einkommen keine durchgehende ordinale Struktur aufweist. Zwar strukturieren sich die Einkommensgruppen in der erwarteten Weise, dass mit steigendem Einkommen die Einstellungen tendenziell positiver werden. Am weitesten im positiven Bereich der Einstellungen liegt jedoch die zweithöchste Einkommensgruppe mit einem Äquivalenzeinkommen von 2500,- bis 3499,- Euro (E5). Diese Gruppe scheint auch eine größere Wahrscheinlichkeit zu haben, in direktem Kontakt zu Flüchtlingen zu stehen, wie die Lage auf der Y-Achse schließen lässt. Erst danach folgt die Gruppe der Einkommen über 3500,- Euro (E6). Im negativen Bereich der Einstellungen auf der X-Achse sind besonders die niedrigen Einkommensgruppen angesiedelt. Hier differenziert primär die Einkommensgruppe der Geringverdiener mit weniger als 999,- Euro im Monat (E1). Insgesamt zeigt sich aber an der sehr kleinschrittigen Skalierung, dass das Einkommen, wie eigentlich alle Variablen der Soziodemographie, nur einen kleinen Beitrag dazu leisten können, die Einstellungen gegenüber Flüchtlingen zu erklären.

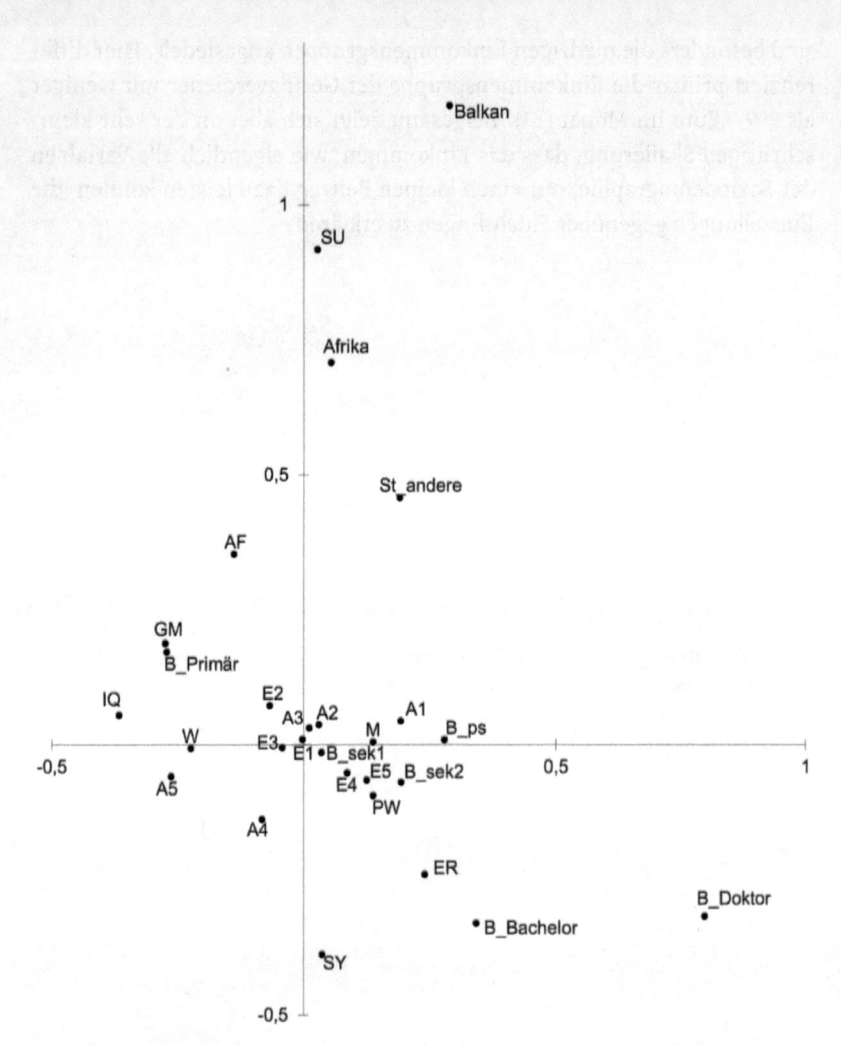

Abbildung 9: »Sozialer Raum der Einstellungen gegenüber Flüchtlingen« – Soziodemographie
Quelle: Eigene Darstellung

Ergebnisse 221

Legende: Sozialer Raum der Einstellungen gegenüber Flüchtlingen – Soziodemographie (passive Variablen)

Label	Wert
Wohnsituation	
W_Eig	Eigentümer
W_Privat	Privatmieter
W_Soz	Sozialmieter
Wohngebiet	
G_HB	Hamburg Bergedorf
G_HH	Hamburg Harvestehude
G_MM	Mülheim Mitte
G_KO	Köln Ostheim
G_KR	Köln Rondorf
G_MS	Mülheim Saarn
Geschlecht	
M	männlich
W	weiblich
Alter (gruppiert)	
A1	18 bis 29 Jahre
A2	30 bis 39 Jahre
A3	40 bis 49 Jahre
A4	50 bis 59 Jahre
A5	60 bis 69 Jahre
A6	70 Jahre und älter
Nettoäquivalenzeinkommen (gruppiert)	
E1	bis 999 €
E2	1000 € – 1499 €
E3	1500 € – 1999 €
E4	2000 € – 2499 €
E5	2500 € – 3499 €
E6	3500 € und mehr
Bildungsabschluss:	
B1	Hauptschule oder äquivalent (Volksschule, Hauptschule, Polytechnisch Oberstufe 8. oder 9. Klasse)

B2	Realschule oder äquivalent (Mittlere Reife, Realschule, Polytechnische Oberstufe mit Abschluss 10. Klasse)
B3	(Fach-)Hochschulreife (Abitur, Fachhochschulreife)
B4	(Fach-)Hochschulstudium

Sozialleistungen
Arbeitslosengeld	Arbeitslosengeld 1
Bafög	Bafög
Sozial	Bezug von Sozialleistungen

Relativer gerechter Anteil in Deutschland
gerecht	gerechter Anteil
mehr	mehr als den gerechten Anteil
weniger	weniger als den gerechten Anteil

Eine Ausnahme von dieser Einschränkung bilden die Kategorien eines besonders niedrigen ökonomischen Kapitals. Tendenziell haben Gruppen eine negativere Einstellung gegenüber Flüchtlingen, die Sozialleistungen (Sozial) beziehen oder Sozialmieter (W_Soz) sind. Diese Gruppen korrespondieren ebenfalls mit Personen, die die Hauptschule (oder äquivalent) besucht haben (B1). Ein geringes Kapitalvolumen korrespondiert folglich mit negativen Einstellungen gegenüber Flüchtlingen. Zugleich besteht bei dieser sozialräumlichen Lage tendenziell kein persönlicher Kontakt zu Flüchtlingen, auch nicht im engeren Umfeld, und es wurde nicht für die Flüchtlinge gespendet. Personen, die Arbeitslosengeld 1 erhalten, sind von dieser sozialräumlichen Lage abzugrenzen. Sie haben ebenfalls eine negative Einstellungsdisposition, sozialräumlich liegen sie aber näher an den Variablenausprägungen gespendet und direkten oder indirekten Kontakt zu Flüchtlingen zu haben. Möglicherweise wurde die Zeit, die sich durch die (temporäre) Arbeitslosigkeit ergeben hat, in einigen Fällen genutzt, um ehrenamtlich in der Flüchtlingshilfe tätig zu sein. Die Empfänger von BAföG (Bafög) hingegen zeigen eine sehr positive Einstellung bei einer verminderten Wahrscheinlichkeit von persönlichen Kontakten. Die Gruppe der BAföG-Empfänger ist mit n = 23 allerdings sehr klein. Die Einstellungen variieren zudem nur sehr gering danach, ob es sich im Privatmieter (W_Privat) oder Wohnungseigentümer (W_Eig) handelt.

Es lässt sich festhalten, dass das ökonomische Kapital die Einstellungen gegenüber Flüchtlingen z.T. erklären kann. Vorrangig zeigt sich, dass Personengruppen mit sehr geringem ökonomischem Kapital eher negative Einstellungen aufweisen. Ab den mittleren Einkommensgruppen hebt sich dieser Effekt jedoch auf. Sozialräumlich sind es sogar die Einkommensgruppen im oberen mittleren Bereich, die tendenziell mit den positivsten Einstellungen, persönlichem und indirektem Kontakt zu Flüchtlingen und Spenden für die Flüchtlingsunterkunft korrespondieren.

Zwischen dem kulturellen Kapital (besonders im Sinne formaler Bildungsabschlüsse) und der Einstellung gegenüber Flüchtlingen zeigt sich indes die erwartete Beziehung. Mit steigendem Abschluss werden die Einstellungen gegenüber Flüchtlingen im Allgemeinen positiver. Dieser Effekt bildet sich zudem deutlich stärker ab als der des ökonomischen Kapitals. Während die Gruppe der Personen, die die Hauptschule (oder eine äquivalente Schulform) (B1) besucht hat, weit im Bereich negativer Einstellungen liegt, finden sich bei Personen mit (Fach-)Hochschulreife (B3) oder einem Universitätsabschluss (B4) tendenziell positivere Einstellungen. Dies bestätigt die Feststellung von Lesske et al. (2018), dass die Bildung in einem relationalen Modell mehr Einfluss auf die Einstellungen gegenüber Flüchtlingen hat, als die ökonomische Situation.

Als weiterer wichtiger Erklärungsfaktor für die Einstellung gegenüber Flüchtlingen erscheint die wahrgenommene Stellung der Befragten in der Gesellschaft. Es zeigt sich, dass Personengruppen, die angeben, mehr als den gerechten Anteil zu erhalten, deutlich eher dazu neigen, eine positivere Einstellung gegenüber Flüchtlingen zu vertreten als Personengruppen, die angeben, weniger als den gerechten Anteil zu erhalten. Dies kann einerseits Konkurrenzen um Ressourcen ausdrücken, von denen die unteren Klassen deutlich stärker betroffen sind als statushöhere. Andererseits finden sich in der Literatur Belege dafür, dass Gruppen, die über geringe Bildung und geringe ökonomische Ressourcen verfügen und/oder Sozialleistungen erhalten, gesellschaftlich abgewertet werden (Mansel und Endrikat 2007). Die Gruppe der Flüchtlinge hingegen wurde zumindest in der Anfangsphase der »Willkommenskultur« im öffentlichen Diskurs symbolisch deutlich aufgewertet. Beispielsweise waren fast zehn Prozent der deutschen Bevölkerung aktiv in der Flüchtlingshilfe tätig (Ahrens 2017, S. 16; Jacobsen et al. 2017). Die negativen Einstellungen und das Gefühl, nicht den gerechten Anteil zu erhalten, können sich aus dieser Diskrepanz ergeben, nach der das eigene Leid abgewertet und das anderer aufgewertet und dies als ungerecht wahrgenommen wird.

Hinsichtlich der Altersvariablen variieren die Einstellungen der Befragten nur geringfügig. Zwar zeigt sich das erwartete Bild in der Gruppe der jüngsten Befragten zwischen 18 und 29 Jahren (A1) und der Gruppe der über 70-Jährigen (A6), wobei die jüngeren Befragten eher positivere und die älteren Befragten eher negativere Einstellungen gegenüber Flüchtlingen vertreten. Besonders im Bereich der mittleren Altersgruppen lässt sich allerdings keine eindeutige Struktur ausmachen. Dabei korrespondiert die Gruppe der 50 bis 59-Jährigen (A4) sozialräumlich am stärksten mit persönlichem oder indirektem Kontakt zu Flüchtlingen.

Hinsichtlich der Orte der Befragung bildet sich der sozioökonomische Status der jeweiligen Wohngebiete nur in Teilen ab. In der Korrespondenzanalyse zeigt sich bspw. der hohe Status von Hamburg-Harvestehude (G_HH), welches in der Region von überdurchschnittlicher Bildung und hohem Einkommen angesiedelt ist. Zudem korrespondieren die beiden statusniedrigen Wohngebiete Mülheim-Mitte (G_MM) und Köln-Ostheim (G_KO) zwar durchaus mit niedrigen Einkommen und unterdurchschnittlicher Bildung, die Mittelschichtwohngebiete Mülheim-Saarn (G_MS) und Köln-Rondorf (G_KR), die eine eher dörfliche Struktur mit höherer Eigentumsquote aufweisen, liegen jedoch in einem sehr ähnlichen Bereich der X-Achse. Hinsichtlich der Y-Achse scheinen die Bewohner dieser beiden Wohngebiete zudem verhältnismäßig mehr direkten oder indirekten Kontakt zu den Flüchtlingen zu haben und es wurde tendenziell häufiger für die Unterkunft gespendet. Zudem korrespondieren sie im sozialen Raum der Einstellungen gegenüber Flüchtlingen mit den höheren Altersgruppen. Es ist wahrscheinlich, dass sich die Lage im Bereich durchschnittlicher Einstellungen aus der Mischung dieser Variablen ergibt, sowie aus regionalen Spezifika, die in dieser Analyse nicht abgebildet werden können (wie z.B. die Größe und Gestaltung der Flüchtlingsunterkunft). Insgesamt tragen die Wohngebiete jedoch nur relativ wenig zum Verständnis der Einstellungsdispositionen bei.

7.2.3 Einstellung zur Integration und Eigenschaften von Flüchtlingen

Neben den Einstellungen spielen auch die mit den Flüchtlingen verbundenen Narrative und Typisierungen eine wichtige Rolle beim Verständnis der Einstellungsdispositionen. Aus diesem Grund werden in der folgenden Analyse verschiedene Einschätzungen zur Integrationsperspektive und Eigenschaften der Flüchtlinge in den sozialen Raum der Einstellungen gegenüber Flüchtlingen projiziert. Diese konnten nicht als aktive Variablen verwendet werden, da sie aufgrund der Erhebung in der zweiten Welle eine relativ niedrige Fallzahl aufweisen. Als passive Variablen können sie indes ohne Bedenken im bestehenden Raum verortet werden.

Die Variablen beziehen sich auf die Einschätzung zu den Integrationschancen der Flüchtlinge (Ausprägungen: Integration ist nach vielen Jahren für Flüchtlinge möglich (Int_mnj); Integration ist nach kurzer Zeit für Flüchtlinge möglich (Int_nkz); Integration ist für Flüchtlinge nicht möglich, aber für deren Nachkommen (Int_nach) und Integration ist weder für die Flüchtlinge, noch für deren Nachkommen möglich (Int_nicht)) und Einstellungen und Einschätzungen zu den Flüchtlingen. Abgefragt wurden hier die Einschätzungen zu den Aussagen: »Die in Deutschland lebenden Flüchtlinge machen die Arbeit, die die Deutschen nicht erledigen wollen« (Ausprägungen: Stimme nicht zu (Arb_n) und Stimme zu (Arb_j)), »Sie sind eine Bereicherung für die Kultur in Deutschland« (Ausprägungen: Stimme nicht zu (KuBer_n) und Stimme zu (KuBer_j)), »Flüchtlinge begehen häufiger Straftaten als die Deutschen« (Ausprägungen: Stimme nicht zu (Straf_n) und Stimme zu (Straf_j)), »Die vielen Flüchtlingskinder in der Schule verhindern eine gute Ausbildung der deutschen Kinder« (Ausprägungen: Stimme nicht zu (Ausb_n) und Stimme zu (Ausb_j)) und »Die Flüchtlinge in Deutschland tragen dazu bei, den Fachkräftemangel zu beheben« (Ausprägungen: Stimme nicht zu (Fachk_n) und Stimme zu (Fachk_j)). Die Ergebnisse sind in Abb. 10 dargestellt.

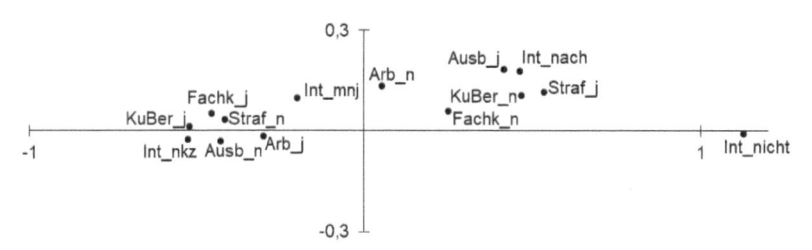

Abbildung 10: »Sozialer Raum der Einstellungen gegenüber Flüchtlingen« – Integrationsperspektive und zugeschriebene Eigenschaften
Quelle: Eigene Darstellung

Legende: Sozialer Raum der Einstellungen gegenüber Flüchtlingen – Integrationsperspektive und zugeschriebene Eigenschaften (passive Variablen)

Label | Wert
Einschätzung Integrationschancen
Int_mnj   Integration ist nach vielen Jahren für Flüchtlinge möglich
Int_nkz   Integration ist nach kurzer Zeit für Flüchtlinge möglich
Int_nach   Integration ist für Flüchtlinge nicht möglich, aber für deren Nachkommen
Int_nicht   Integration ist weder für die Flüchtlinge, noch für deren Nachkommen möglich

Einstellungen und Einschätzungen
Flüchtlinge machen die Arbeit, die Deutsche nicht machen wollen
Arb_n   Stimme nicht zu
Arb_j   Stimme zu

Flüchtlinge sind eine Bereicherung für die Kultur in D.
KuBer_n   Stimme nicht zu
KuBer_j   Stimme zu
Flüchtlinge begehen häufiger Straftaten als Deutsche
Straf_n   Stimme nicht zu
Straf_j   Stimme zu

Flüchtlingskinder verhindern eine gute Ausbildung der deutschen Kinder
Ausb_n   Stimme nicht zu
Ausb_j   Stimme zu

Flüchtlinge helfen, den Fachkräftemangel in D. zu beheben
Fachk_n   Stimme nicht zu
Fachk_j   Stimme zu

Wie sich zeigt, sind es die Zustimmungen zu den Aussagen, dass Flüchtlinge eine kulturelle Bereicherung (KuBer_j) darstellen und dass die Integration bereits nach kurzer Zeit (Int_nkz) möglich ist, die im Bereich der positiven Einstellungen stark differenzieren. Die Variablenausprägungen, dass die Flüchtlinge den Fachkräftemangel zu beheben helfen (Fachk_j) und weder mehr Straftaten begehen (Straf_n) noch die Ausbildung der deutschen Kinder in den Schulen behindern (Ausb_n), liegen ebenfalls deutlich im Bereich der positiven Einstellungen. Die Meinung, wonach die Flüchtlinge die Arbeiten machen, die die deutschen nicht machen wollen (Arb_j), liegt hingegen etwas näher am Durchschnitt, ebenso wie die Meinung, dass die Integration nach vielen Jahren möglich ist (Int_mnj). Im Bereich der negativen Einstellungen differenzieren vor allem die Zustimmung dazu, dass Flüchtlinge mehr Straftaten begehen (Straf_j), dass Flüchtlinge keine kulturelle Bereicherung darstellen (KuBer_n) und dass die Flüchtlingskinder in der Schule die Ausbildung der deutschen Kinder behindern (Ausb_j). Gleiches gilt für die Einstellung, dass die Integration nur für die Nachkommen möglich sei (Int_nach). Besonders stark differenziert die Verneinung jeglicher Integrationsperspektive (Int_nicht), wobei die beiden ablehnenden Einschätzungen der Integrationsperspektive jeweils nur von etwa 40 Personen genannt wurden (je ca. 9 % der Stichprobe).

Auffällig ist, dass alle dieser Kategorien fast ausschließlich über die X-Achse variieren. Der direkte oder indirekte Kontakt zu Flüchtlingen sowie eine aktive Flüchtlingshilfe durch Spenden erscheint nur wenig Einfluss auf diese Dispositionen zu nehmen. Dies kann als Hinweis darauf gewertet werden, dass der bloße Kontakt die Einstellungen weniger beeinflusst, als dies durch die Kontakthypothese postuliert wird. Vielmehr ist anzunehmen, dass auch die Kontaktchancen sowie die Statusrelationen, unter denen dieser Kontakt stattfindet, einen wichtigen Beitrag zur Erklärung der Einstellungsdifferenzierung leisten können.

7.2.4 Differenzierung nach subjektiver und objektiver sozialer Distanz

Auch innerhalb der Wohngebiete unterscheiden sich die Lebenswelten der Anwohner. Dies spiegelt sich nicht nur in der Art zu wohnen wider, wobei sich z.B. in Köln Ostheim sowohl Hochhausbebauungen als auch Einfamilienhäuser mit Gärten finden. Auch die alltäglichen Wege und Interaktionen (mit den Flüchtlingen) können sich deutlich voneinander unterscheiden. Dabei sollten vor allem die sozialräumlichen Lagen ausschlaggebend sein. Aus diesem Grund werden die unterschiedlichen Orte passiv in den sozialen Raum der Einstellungen gegenüber Flüchtlingen projiziert, an denen die Befragten in ihrem Alltag Flüchtlingen begegnen.[7] Die Ergebnisse dieser Analyse sind in Abb. 11 dargestellt.

---

[7] Aufgrund der eindeutigen Benennung der Kategorien wird an dieser Stelle auf eine Aufzählung der Ausprägungen verzichtet.

Wie sich in der Analyse zeigt, unterscheiden sich die Treffpunkte mit Flüchtlingen deutlich zwischen den verschiedenen Einstellungsklassen über die X-Achse. Im Bereich der positiven Einstellungen gegenüber Flüchtlingen treten Kontakte vorrangig im »Kindergarten, der Schule, der Kirche oder der Universität« (Kindergarten/Schule/Kirche/Uni) oder bei der »Arbeit« auf. Diese sozialräumliche Lage korrespondiert besonders mit den hohen Einkommensklassen und Gruppen, die eine hohe Wahrscheinlichkeit für direkte oder indirekte Kontakte zu Flüchtlingen haben und mit hoher Wahrscheinlichkeit für die Unterkunft gespendet haben. Die Treffpunkte deuten auf eine gewisse (professionelle) Distanz im Alltag hin. Die Variablenausprägung »Kindergarten/Schule/Kirche/Uni« lässt mehrere Interpretationen zu. Es kann sich bspw. um Familien mit Kindern handeln, in deren Schule oder Kindergarten Flüchtlingskinder aufgenommen wurden, um Studierende oder um Pädagogen/Lehrpersonal an Kindergärten, Schulen oder Universitäten. Für diese professionellen Begegnungen spricht auch die direkte sozialräumliche Nähe der Kategorie »Arbeit« zu »Kindergarten/Schule/Kirche/Uni«. Auch ehrenamtliche, die über einen kirchlichen Träger in der Flüchtlingshilfe tätig sind, fallen unter diese Gruppe. Ferner findet sich im Bereich positiver Einstellungen die Angabe von Begegnungen bei der »Kleiderkammer oder dem Sozialamt«, wobei dieses Merkmal eine sehr geringe Fallzahl aufweist (n = 10).

```
                    0,7
                     |
Kindergarten/Schule/Kirche/Uni
          •
      Arbeit      Öffentliches Leben        Überall
        •              •                       •

                    Einkauf
                       •    • im Haus, als Nachbar
   Sonstiges       Hbf  • Wohngebiet
       •            •
-1─────────────────────┼──────────────────────────1
                    Innenstadt
                    • Öffentliche Verkehrsmittel

      Gar nicht/Erkenne sie nicht       Arzt/Krankenhaus
                    •                          •

Kleiderkammer/Sozialamt
        •
                    -0,7
```

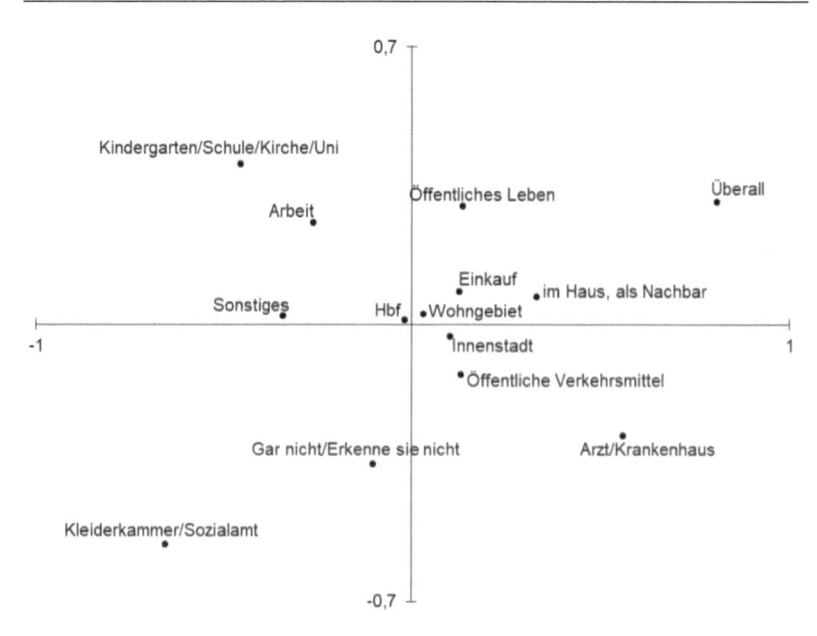

Abbildung 11: »Sozialer Raum der Einstellungen gegenüber Flüchtlingen« – Orte des Kontaktes
Quelle: Eigene Darstellung

Legende: Sozialer Raum der Einstellungen gegenüber Flüchtlingen – Orte der Begegnung mit Flüchtlingen (passive Variablen)

Label	Wert
Begegnungsorte	
Arbeit	Bei der Arbeit
Arzt/Krankenhaus	Beim Arzt/ im Krankenhaus
Einkauf	Beim Einkauf
Gar nicht/Erkenne sie nicht	Gar nicht/Erkenne sie nicht
Hbf	Am Hauptbahnhof
im Haus, als Nachbar	Bei mir im Haus, als Nachbar
Innenstadt	In der Innenstadt
Kindergarten/Schule/Kirche/Uni	Im Kindergarten/in der Schule/in der Kirche/in der Uni
Kleiderkammer/Sozialamt	In der Kleiderkammer/Beim Sozialamt
Öffentliche Verkehrsmittel	In den öffentlichen Verkehrsmitteln
Öffentliches Leben	Im öffentlichen Leben
Sonstiges	Sonstiges
Überall	Ich sehe/begegne ihnen Überall
Wohngebiet	Bei mir im Wohngebiet

Wie im Hinblick auf die soziodemographischen Variablen(-ausprägungen) gesehen werden konnte (Abb. 9), korreliert die X-Achse mit dem kulturellen und dem ökonomischen Kapital. Allen diesen Gruppen im Bereich positiver Einstellungen ist daher gemein, dass sie bei ihren alltäglichen Begegnungen immer die Statusdifferenz zu den Flüchtlingen aufrechterhalten können. Bei der Arbeit oder auch in der Flüchtlingshilfe besteht eine professionelle Distanz zu den Flüchtlingen. Alltägliche Kontakte im direkten Umfeld werden indes von dieser Gruppe tendenziell nicht genannt.

Im Bereich der negativen Einstellungen gegenüber Flüchtlingen finden sich Variablenausprägungen, die auf eine höhere Dichte an sozialen Kontakten im Alltag hindeuten. Nicht nur, dass die Anzahl an Ausprägungen generell höher ist. Besonders stark differenzieren Kategorien wie »Überall«, »Arzt/Krankenhaus« und »im Haus, als Nachbar«. Es handelt sich vorrangig um Kategorien, die unmittelbaren sozialen Kontakt widerspiegeln. Sie bewegen sich im selben sozialen und physischen Umfeld.

Mit Blick auf die Trias der aktiven Einstellungsvariablen, der Soziodemographie und den Orten, an denen alltägliche Kontakte zustande kommen, lassen sich somit in Anlehnung an die Studie von Schmitz (2006) zwei weitere Dimensionen im sozialen Raum der Einstellungen gegenüber Flüchtlingen identifizieren. Die erste Dimension kann direkt aus den Orten des Kontaktes (Abb. 11) und der Soziodemographie (Abb. 9) der Befragten abgeleitet werden. Im oberen linken Quadranten finden sich vorrangig Personengruppen, die in einem professionellen Umfeld mit Flüchtlingen in Berührung kommen. Zugleich zeigt die Soziodemographie, dass diese Gruppen sowohl über einen hohen Bildungsgrad als auch über hohes Einkommen verfügen. Im unteren rechten Quadranten des sozialen Raumes der Einstellungen gegenüber Flüchtlingen finden sich hingegen Kontaktorte, die den Alltag der Befragten prägen. Sie begegnen den Flüchtlingen bei ihren Ärzten, wohnen in den gleichen Häusern und fahren mit ihnen in öffentlichen Verkehrsmitteln. Soziodemographisch korrespondiert diese Gruppe mit niedriger Bildung, niedrigem Einkommen, dem Empfang von Sozialleistungen und dem Wohnen in Sozialwohnungen. Diese Gruppen liegen somit im sozialen Raum der zu vermutenden Position der Flüchtlinge sehr nahe, fühlen sich von der Gesellschaft ungerecht behandelt und trotz der physischen Nähe besteht tendenziell kein direkter oder indirekter Kontakt zu den Flüchtlingen. Diese Dimension spiegelt somit *objektive soziale Distanzen* im sozialen Raum wider, die über den physischen Raum in die Praxis übersetzt werden. Hinsichtlich der Einstellungen (Abb. 8) drückt sich dies in negativen Einstellungen gegenüber Flüchtlingen im Allgemeinen und gegenüber der Unterkunft, einer starken wahrgenommenen kulturellen wie auch ökonomischen Bedrohung und der Angst vor dem Flüchtlingszuzug aus.

Die zweite Dimension lässt sich hauptsächlich über die Gesamtbetrachtung der Variablenausprägungen der Kontaktorte, die Soziodemographie und die aktiven Einstellungsvariablen beschreiben. Im Bereich des unteren linken Quadranten der Kontaktorte (Abb. 11) finden sich nur die beiden Ausprägungen »Kleiderkammer/Sozialamt« und »Gar nicht/Erkenne sie nicht«. Bei diesen Gruppen handelt es sich mit Blick auf die Soziodemographie (Abb. 9) tendenziell um junge Leute mit hoher Bildung, sehr wahrscheinlich um Studierende, da hier auch das Item »Bafög« verortet ist. Bei den aktiven Einstellungsvariablen (Abb. 8) liegen in diesem Bereich die Variablenausprägungen, die eine abstrakte positive Einstellung gegenüber Flüchtlingen ausdrücken. So differenziert dort die Zustimmung zur uneingeschränkten Einreise von wirtschaftsgetriebenen Flüchtlingen besonders stark. Auch die Zustimmung zur uneingeschränkten Einreise von Kriegs- und politischen Flüchtlingen liegt in diesem Bereich des sozialen Raumes der Einstellungen gegenüber Flüchtlingen. Im Hinblick auf die ökonomische und kulturelle Bedrohung weisen diese Gruppen die niedrigsten Werte auf. Auf der gegenüberliegenden Seite im oberen rechten Quadranten liegen die Kontaktorte (Abb. 11) »Überall«, »Öffentliches Leben« und »im Haus, als Nachbar«, wobei letzteres relativ nah am Achsenkreuz liegt. Besonders der Gegensatz von »Gar nicht/Erkenne sie nicht« gegenüber »Überall« spiegelt eine unterschiedliche Wahrnehmung der Flüchtlinge im eigenen Umfeld wider. Soziodemographisch (Abb. 9) handelt es sich bei den Personen in diesem oberen rechten Quadranten in der Tendenz um Personen mit mittlerer Bildung, auch Empfänger von Arbeitslosengeld 1 sind hier verortet. Die Einstellungsdispositionen (Abb. 8) dieser sozialräumlichen Lage ist durch die Ablehnung von Kriegs- und politischen Flüchtlingen zu charakterisieren. Die Einstellung gegenüber Flüchtlingen im Allgemeinen ist negativ und es besteht eine mittlere wirtschaftliche Bedrohung. Diese Gruppe ist weniger mit realen Nachteilen und Statuskonkurrenzen durch die Flüchtlinge konfrontiert, sondern lehnt sie vielmehr grundsätzlich ab. Im Gegensatz zu der objektiven sozialen Distanz, die durch die eben dargelegte Dimension beschrieben werden kann, handelt es sich somit um eine Dimension genereller Einstellungen, also um *subjektive soziale Distanz*. In den folgenden Abb. 12 bis 14 sind diese Dimensionen zur Illustration eingezeichnet.

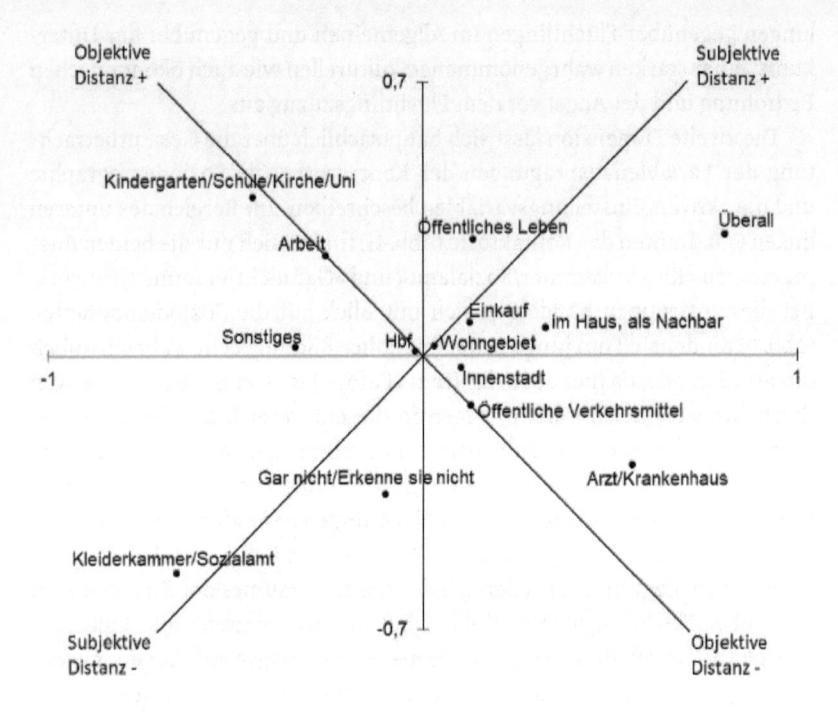

Abbildung 12: Orte der Begegnung mit Flüchtlingen und soziale Distanzen
Quelle: Eigene Darstellung

Mit Blick auf die aktiven Variablen lassen sich anhand der identifizierten Distanzdimensionen weitere Schlüsse über die Struktur der Einstellungen gegenüber Flüchtlingen ziehen. Betrachtet man die Variable(-nausprägungen) des persönlichen Kontaktes mit Bezug auf die objektive und subjektive soziale Distanz (Abb. 12), so erscheint die Kontakthypothese zumindest teilweise widerlegt. Entgegen der Aussage von Allport, dass Kontakte unter statusgleichen Akteuren eine besonders positive Wirkung auf die Einstellungen von Majorität und Minorität haben, korrespondieren die Ausprägungen von direkten und indirekten Kontakten sozialräumlich mit Personengruppen mit einer großen objektiven sozialen Distanz zu den Flüchtlingen. Auffällig ist zudem, dass die subjektive soziale Distanz dieser Personengruppen dagegen eher im durchschnittlichen Bereich liegt, mit leichter Tendenz zu einer negativeren Einstellung den Flüchtlingen gegenüber. Kontrastiert wird dies hinsichtlich der Einstellungsvariablen durch die räumliche Nähe des persönlichen Kontaktes zu den mittleren

Ausprägungen von kultureller und wirtschaftlicher Bedrohung (Abb. 13). Trotz wahrgenommener Bedrohungen und der eher durchschnittlichen Einstellung gegenüber Flüchtlingen haben diese Personengruppen zudem häufiger für Flüchtlinge gespendet, entweder direkt für die Unterkunft vor Ort oder generell.

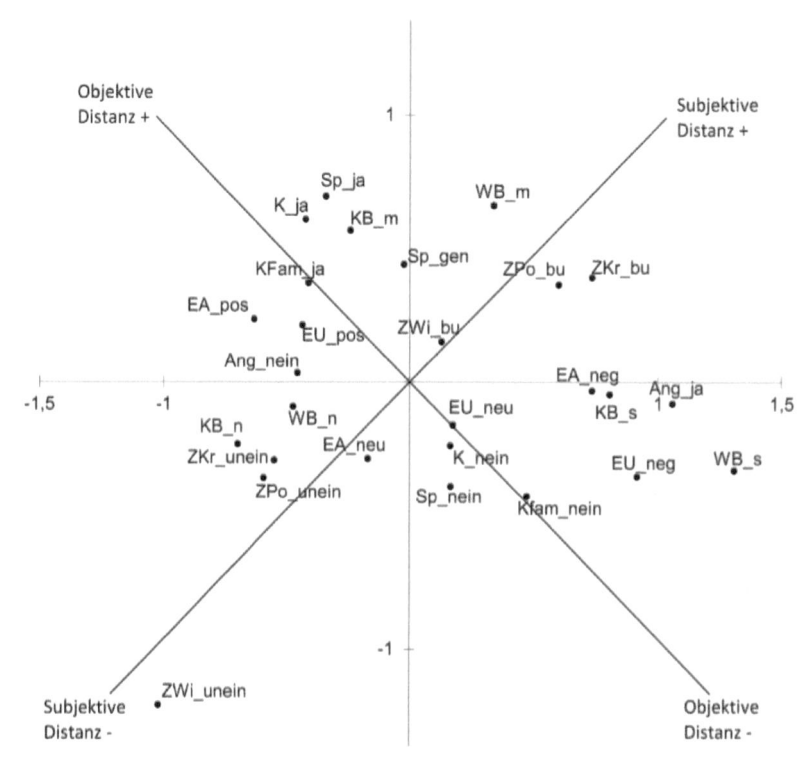

Abbildung 13: Einstellungen und soziale Distanzen
Quelle: Eigene Darstellung

Ferner kann die Analyse der Soziodemographie zeigen, dass es sozialräumlich keinen direkten Zusammenhang dergestalt gibt, dass mit steigendem Einkommen und steigender Bildung die Einstellungen positiver werden (Abb. 14). Vielmehr liegen die Variablenausprägungen, die die positivsten Einstellungen gegenüber Flüchtlingen widerspiegeln, im Bereich einer durchschnittlichen objektiven sozialen Distanz.

Dies gilt besonders für die Zustimmung zur uneingeschränkten Zuwanderung aus wirtschaftlicher Not. Diese Ausprägung findet sich tendenziell eher im Bereich des studentischen Milieus, bei leicht unterdurchschnittlicher objektiver Distanz.

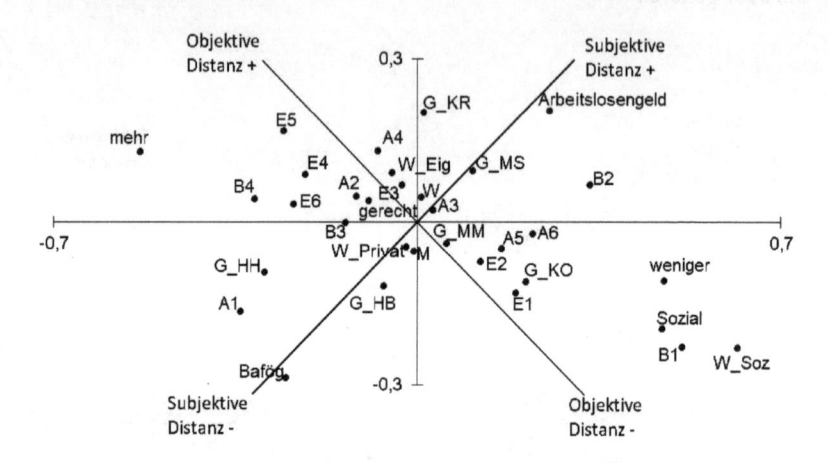

Abbildung 14: Soziodemographie und soziale Distanzen
Quelle: Eigene Darstellung

Diese Lage ist durch ein relativ geringes ökonomisches Kapital bei relativ hohem kulturellen Kapital gekennzeichnet. Die liberale Einstellung gegenüber Flüchtlingen strukturiert sich demnach eher über das kulturelle Kapital und weniger über das Kapitalvolumen. Die Dimensionen der objektiven und subjektiven sozialen Distanz können also dazu beitragen, die Zusammenhänge zwischen Kapitalvolumen/ -struktur und der Einstellungen gegenüber Flüchtlingen besser zu verstehen.

8. Synthese und Interpretation

Migration und Integration sind in der Forschung weithin empirisch untersucht worden. Bei Betrachtung der zahlreichen theoretischen und empirischen Zugänge fällt jedoch auf, dass diese zumeist jeweils nur Fragmente des zusammenhängenden Prozesses betrachten. Dabei gehen Erkenntnisse über die Dialektik des Integrationsprozesses verloren. Zu Recht verweist Sayad darauf, dass die Migration, und damit die Grundvoraussetzung der Integration, bereits im Herkunftsland beginnt und nicht erst nach Ankunft im Zielland einsetzt. Durch die relationale Perspektive lassen sich neue Erkenntnisse über die Dialektik im Integrationsprozess generieren und Strukturen beschreiben, die den klassischen Gegenständen der theoretischen und empirischen Integrations- und Migrationsforschung vorgelagert sind. Wie bereits Schmitz gezeigt hat, sind die Einstellungsdispositionen und die Bewertungsschemata interethnischer Interaktionen sozialräumlich vorstrukturiert (Schmitz 2006, S. 69). Zudem können die unterschiedlich wahrgenommen Grade ethnischer Bedrohung ebenfalls sozialräumlich verortet und anhand der sozialräumlich bedingten Lebenslagen der Akteursklassen erklärt werden. Durch ihre Integration in einen sozialräumlichen Theoriekontext können die empirisch bewährten Forschungsansätze über ihre fragmentarische Erklärungskraft hinausreichen. Im Integrationsprozess sind nicht alle Migranten gleich, sondern durch ihre Herkunft und durch weitere Nebenmerkmale vorgeprägt. Zugleich erscheinen auch die Einstellungen der Akteure aus der Aufnahmegesellschaft nur eingeschränkt über aktive Willensentscheidungen erklärbar. Vielmehr strukturieren sich die Einstellungen nach den jeweiligen Lagen im sozialen Raum. Darüber hinaus können die geschichtliche Aufarbeitung der Migrationserfahrungen einer Gesellschaft, die vorherrschenden administrativen Strukturen und der (mediale) öffentliche Diskurs zu einem breiteren Verständnis von Typisierungen und Klassifizierungen beitragen. Alle diese Prozesse spiegeln Strukturen gesellschaftlicher Macht, in denen die Legitimität verschiedener Migrantengruppen verhandelt werden.

Erst in der Gesamtschau der sozialen Phänomene ergibt sich ein Eindruck der bestehenden sozialen Strukturen, die sich auf allen Ebenen der sozialen Wirklichkeit auswirken. Dies gilt auch für die Beziehungen der Akteure untereinander. Für die Flüchtlinge bedeutet die Migration eine »brutale und totale Transformation [...] auf allen Ebenen sozialer Realität« (Bourdieu und Sayad 1964 zitiert nach Wacquant 2017, S. 178 f.). Sie sind gezwungen, sich in neuen Relationen zurechtzufinden, in denen ihr Kapitalbesitz und ihre symbolisch bedeutsamen Attribute neu bewertet werden. Für die Flüchtlinge kommt es dabei fast ausschließlich zu Statusabwertungen.

Für die autochthone Bevölkerung drängen mit den Flüchtlingen neue Akteure in den sozialen Raum, die bestehende Gefüge ins Wanken bringen und den eigenen Status in Frage stellen können. Die geschilderten Ergebnisse stehen somit in engen Wechselbeziehungen zueinander, sei es die administrative Gestaltung der Flüchtlingspolitik, der (mediale) öffentliche Diskurs, der »soziale Raum der Flüchtlinge« oder der »soziale Raum der Einstellungen gegenüber Flüchtlingen«.

Im folgenden Abschnitt erfolgt daher eine Synthese der bisherigen Ergebnisse. Dabei sollen auch weiterführende Überlegungen und Interpretationen aus den Ergebnissen abgeleitet werden, so dass ein umfassendes Bild von Migration und vor allem Integration aus einer relationalen Perspektive gezeichnet werden kann. Zunächst sollen hierzu die sozialräumlichen Grundlagen der Integration dargestellt werden. Der soziale Raum der Aufnahmegesellschaft strukturiert Einstellungen zwischen verschiedenen Akteursklassen sowohl der autochthonen Bevölkerung als auch der Flüchtlinge. Dabei spielt auch die Lage des Herkunftslandes im Raum der Ethnien eine entscheidende Rolle für die Klassifikation im Aufnahmeland. Im Anschluss wird auf die unterschiedlichen Zuschreibungen im Rahmen des Integrationsprozesses eingegangen. Die Zuschreibung eines legitimen Aufenthaltes variiert nicht nur nach dem Herkunftsland, sondern auch über Nebenmerkmale, wobei das Merkmal der Religion für Flüchtlinge aus muslimisch geprägten Ländern besonders wirkmächtig erscheint. Darüber hinaus tragen aber auch unterschiedliche Integrationsdynamiken von Flüchtlingsgruppen, insbesondere in den Bereichen Bildung und Arbeitsmarkt, zur Anerkennung von Legitimität bei. Die zu Grunde liegenden Prozesse und Strukturen, die die ungleichen Zugangschancen der verschiedenen Flüchtlingsgruppen im Integrationsprozess hervorbringen und perpetuieren, bleiben dabei zumeist im Verborgenen. Dies gilt insbesondere auch für die Machtstrukturen des Raumes der Ethnien, die eine hierarchische Ordnung der Flüchtlingsgruppen hervorbringen. Im Anschluss wird auf die Differenzierung nach sozialer Distanz eingegangen. Diese prägen nicht nur die Interaktionschancen und die Orte der Interaktionen, sondern setzen darüber hinaus Distinktionsdynamiken zwischen den unterschiedlichen Akteursklassen in Gang. Abschließend wird insbesondere auf die Lage der Flüchtlingsgruppen eingegangen, die geprägt ist durch unterschiedliche Grade von Hysteresis, Deprivation und Anomie.

8.1 Sozialräumliche Integration

8.1.1 Integration in relationale Strukturen

Das Konzept der Relationalität beschreibt sowohl die Beziehungen von Klassen im sozialen Raum als auch die unterschiedlichen Beziehungen der Akteursgruppen innerhalb von Feldern. Innerhalb der Ursprungsbevölkerungen lassen sich Klassen identifizieren, die durch ihre sozialräumliche Lage eine bestimmte Perspektive auf die Flüchtlinge einnehmen. Andererseits stehen diese Klassen in unterschiedlichen Beziehungen zu anderen Klassen und zu den verschiedenen Flüchtlingsgruppen, so wie auch die einzelnen Flüchtlingsgruppen ihrerseits untereinander in Relationen zueinander stehen und hierarchische Strukturen aufweisen. Hinsichtlich der Einstellungen der autochthonen Bevölkerung gegenüber den Flüchtlingen können unterschiedliche Dispositionen zwischen den verschiedenen Statusklassen angenommen werden. Diese Dispositionen entstehen dabei nicht nur durch die relative Lage gegenüber den Flüchtlingen, sondern ebenso in Abgrenzung zu anderen (autochthonen) Klassen. Die Einstellungen sind durch die spezifischen Lagen im sozialen Raum erklärbar und Teil des gruppenspezifischen Habitus.

Die Flüchtlinge sind hingegen durch den sozialen Raum ihrer Herkunft geprägt, in dem sie bestimmte Positionen eingenommen haben und aus dem sie eigene Vorstellungen von der sozialen Wirklichkeit dieses Raumes und seiner Regeln mit nach Deutschland bringen. Darunter befinden sich auch Vorstellungsdispositionen über die allgemeinen Hierarchien zwischen den Ethnien, die das Verhältnis von Flüchtlingen zu anderen Flüchtlingsgruppen prägen. Dabei sind die gleichen Mechanismen wirksam, die für die Einstellungsdispositionen der autochthonen Bevölkerung in Deutschland beschrieben wurden. Die globalen Machtrelationen manifestieren sich in den Beziehungen zwischen zwei Herkunftsstaaten der Flüchtlinge, wie bspw. Iran und Irak. Auch hier sind unterschiedliche Typisierungen und Klassifizierungen wirksam, die durch internationale Hierarchien und (subjektive und objektive) soziale Distanzen gekennzeichnet sind. Geteilte Religion, physische Nähe der Herkunftsstaaten, die historischen Beziehungen zwischen diesen beiden Staaten sowie unterschiedliche Herkunftsregionen sind Nebenmerkmale, die die gegenseitigen Wahrnehmungen und Einstellungen beeinflussen.

8.1.2 Raum der Ethnien

Das Herkunftsland ist ein wichtiges Kriterium, um die sozialräumliche Lage der unterschiedlichen Flüchtlingsgruppen besser verstehen zu können. Aus der Theorie lässt sich ein internationaler Raum der Ethnien ableiten, welcher eine hierarchische Ordnung der verschiedenen Staaten abbildet. Während dabei bestimmte Herkunftsländer ein höheres symbolisches Kapital versprechen, sind andere mit einem Malus belastet. Deutschland nimmt in dieser internationalen Hierarchie eine führende Position ein, weshalb gerade für Flüchtlinge, die in der Regel aus hierarchisch schlechter gestellten Staaten kommen, mit einem großen symbolischen Handicap zu rechnen ist. Dabei wird diese hierarchische Struktur in der Praxis nicht expliziert, sondern wirkt durch ihren informellen Charakter in den vorstrukturierten Typisierungen, Narrativen und Klassifizierungen, die mit der jeweiligen Herkunft verbunden sind. Sie sind strukturell im Alltag der Akteure verankert. Das Narrativ des Terrorismus, welches besonders nach dem 11. September 2001 Verbreitung gefunden hat, wirkt bspw. für die Herkunft aus nahezu allen Staaten, in denen der Islam die vorherrschende Religion ist. Dabei ist es nicht entscheidend, ob die Akteure selbst Muslime sind. Die Typisierungen speisen sich zudem aus der deutschen Migrationshistorie, die nach der genetischen Modellkonzeption der Bourdieuschen Theorie ebenfalls eine wichtige Quelle zum Verständnis der Status Quo liefert. Sie zeigt, wie sich der Raum der Ethnien in Deutschland gestaltet und in die Praxis übersetzt.

Wie die Abschnitte 2.3 und 5.3 gezeigt haben, können die großen Migrationsbewegungen in Deutschland in sieben Phasen untergliedert werden, wobei fünf Migrationsphasen durch Migrationen »von außen« gekennzeichnet sind. Vor dem Hintergrund der Theorie zeigt sich, dass auch hier zumeist von temporärer Zuwanderung ausgegangen wurde, sofern es sich nicht um Personengruppen handelte, die nach dem Grundgesetz als Deutsche aufgefasst werden. Für jede dieser Gruppen wurden eigene Verfahrensregeln und Gesetze geschaffen, um ihre Aufnahme in Deutschland zu ermöglichen. Dabei sticht vor allem die Gruppe der Gastarbeiter heraus. Sie stellen die einzige Migrantengruppe dar, bei der es sich nicht um Deutsche (Kriegsvertriebene, DDR-Flüchtlinge, (Spät-)Aussiedler) oder Flüchtlinge nach dem internationalen Völkerrecht (ehemaliges Jugoslawien, Migration ab 2015) handelte, oder deren Zuwanderung sich indirekt aus der deutschen Geschichte (Kontingentflüchtlinge) ableiten ließ. Besonders die Gastarbeiter zeigen daher auch die von Sayad beschriebene Paradoxie, nach der von allen Beteiligten die Migration nur als temporärer Zustand betrachtet wird, in unverfälschter Deutlichkeit.

Die Gastarbeiter(-staaten) waren mit einem massiven Gefälle im Raum der Ethnien konfrontiert, was sich anhand ihrer Integration auf dem Arbeitsmarkt für Geringqualifizierte spiegelte. Sie waren die Arbeiter, die jene Dinge erledigten, für die sich nicht mehr genügend deutsche Arbeiter finden ließen. Zugleich kamen vor allem die bildungsferneren Gesellschaftsschichten. Die Wahrnehmung als wenig gebildete Gruppe, die vor allem Tätigkeiten von geringem sozialen Prestige ausübt, kann sich bis heute in den Typisierungen und Klassifikationen als negatives symbolisches Kapital fortschreiben. Sie finden auf alle Migrantengruppen Anwendung, die in ihren Merkmalen den Gastarbeitern ähnlich sind, bspw. durch ihre Religion, die wirtschaftliche Lage der Herkunftsstaaten oder die dortige Bildungsrate. Besonders »Wirtschaftsflüchtlinge« werden durch diese Typisierungen abgewertet.

Die Aufnahme der Flüchtlinge aus dem früheren Jugoslawien ist rechtlich und politisch am ehesten mit der Flüchtlingsmigration ab 2015 zu vergleichen. Auch hier zeigten sich Abwertungen gegenüber den bestehenden Kapitalien der Flüchtlinge und Abschlüsse wurden nur selten anerkannt (Winther et al. 2018, S. 12 f.). Allerdings ist die aktuelle Flüchtlingsgruppe deutlich heterogener. Zudem spielt im Gegensatz zu den 1990er Jahren die Klassifikation der Flüchtlinge als Muslime eine deutlich größere Rolle.

Dabei treffen muslimische Flüchtlinge auf weitreichende Vorbehalte in der deutschen Gesellschaft, wie zahlreiche Studien belegen.

Bei der Flüchtlingsgruppe, die um das Jahr 2015 nach Deutschland kam, handelt es sich in den meisten Fällen um Personen, die vor Krieg und politischer Verfolgung fliehen, anderseits gibt es auch eine relativ große Gruppe, die den schlechten wirtschaftlichen Verhältnissen in ihren Heimatländern entkommen möchte. Für die Flüchtlinge, die um das Jahr 2015 nach Deutschland gekommen sind, lässt sich die »triple lie« (Bourdieu und Wacquant 2000, S. 176) zudem nicht bestätigen. Hier ist der Anteil der Personen, die angeben, in Deutschland bleiben zu wollen, mit etwa 95 % ausgesprochen hoch. Wie jedoch die tatsächliche Bleibeperspektive ist, wird sich zeigen müssen, da das Asylrecht eine zeitliche Begrenzung des Aufenthalts vorsieht, die bei den Flüchtlingen aus den Balkankriegen auch in weiten Teilen umgesetzt wurde.

Im Rahmen des Diskurses verläuft anhand dieser Grenzziehung auch die Zuteilung von Legitimität. Während der Flucht vor Krieg und politischer Verfolgung von weiten Teilen der Bevölkerung ein großes Maß an Legitimität zugestanden wird, gilt die Flucht vor schlechten wirtschaftlichen Bedingungen für einen Großteil der autochthonen Bevölkerung als illegitim und soll nur eingeschränkt erfolgen (Friedrichs et al. 2019, S. 203). Sozialräumlich ist es nur ein sehr kleiner Kreis, der den uneingeschränkten Zuzug von Wirtschaftsflüchtlingen unterstützt. Hier konnte vor allem das studentische Milieu und die jüngste Altersgruppe ausgemacht werden. An der Verteilung der Fluchtursachen unter den befragten Flüchtlingen wird hingegen deutlich, dass wirtschaftliche Gründe auch von Personen genannt wurden, die formal gut integriert erscheinen. Dies bedeutet, dass die Vergabe des Aufenthaltsstatus nicht nur Personen vorbehalten ist, die vor Krieg und Verfolgung fliehen, sondern unter den »legitimen« Flüchtlingen Personengruppen sind, deren Migration vor dem Hintergrund der schlechten wirtschaftlichen Lage erfolgte. Dies macht es im Diskurs schwierig, nach den Beweggründen zu differenzieren, zumal es sich im Einzelfall vermutlich um Mischformen handelt. Die Unterscheidung fällt im Einzelfall daher umso schwerer, so dass in der diskursiven Auseinandersetzung Akteursgruppen mit einer sehr positiven Einstellung gegenüber den Flüchtlingen vorrangig den humanitären Hintergrund der Flüchtlingsmigration betonen können, während die Gegner die »Wirtschaftsflüchtlinge« als Grund ihrer Ablehnung herausheben.

8.2 Zuschreibung des (Flüchtlings-)Status

Die Vorstellungen, was legitime Flüchtlinge kennzeichnet, variieren nach Klassenlage. In der Analyse konnte gezeigt werden, dass die Dimension der formalen Integration eng mit dem Herkunftsland und der zugeschriebenen Fluchtursache verknüpft ist. Diese Legitimität findet ihren Ausdruck in den Aufenthaltsstatus, die sich über zugestandene Privilegien auf die praktische Integration auswirken. Durch die Rückkopplungseffekte auf die Wahrnehmung der Bevölkerung bestärkt die höhere praktische Integration wiederum die Legitimität dieser Gruppen.

Im Hinblick auf die Einstellungen in der Ursprungsbevölkerung konnte gezeigt werden, dass besonders Gruppen mit einem hohen kulturellen Kapital bei der Zuteilung von Privilegien freigiebiger erscheinen und den Begriff der »legitimen Flucht« weiter auslegen als Gruppen, die in den untersten Klassen und den Klassen der unteren Mittelschicht zu verorten sind. Dies mag zum einen mit dem größeren Wissen (der Rechtslage) bei den höheren Klassen zusammenhängen, so dass die Unterscheidungen innerhalb der diskursiven Kategorisierungstypen leichter fallen.

Der Kapitalbesitz statushoher Gruppen kann bspw. aber auch davor bewahren, mit Flüchtlingen in Konkurrenz treten zu müssen, sei es um Arbeitsplätze, Wohnungen oder andere knappe Güter einer Gesellschaft. Die Aufnahme von (Wirtschafts-)Flüchtlingen geht also durchaus mit persönlichen Einschnitten für einige Personengruppen einher, die besonders von wirtschaftlicher Bedrohung betroffen sind. Sozialräumlich handelt es sich dabei vor allem um statusniedrige Klassen wie Sozialhilfeempfänger, Sozialmieter und Geringqualifizierte. Diese Gruppen haben daher (zumeist unbewusst) ein besonderes Interesse daran, die Aufnahme von Flüchtlingen möglichst gering zu halten, was ihre ablehnenden Einstellungen erklären kann. Diese lassen sich auf die sozialräumlich verteilten Einstellungsdispositionen des Habitus zurückführen, welche sich insbesondere an den Klasseninteressen orientieren. Statushohe Klassen verfügen über eine größere objektive soziale Distanz und können daher den Flüchtlingsbegriff umfassender auslegen, ohne selber in eine Konkurrenzsituation zu den Flüchtlingen um Status und materielle Güter zu geraten.

Die Annahme, dass statusniedrigere Klassen negativere Einstellungen gegenüber den Flüchtlingen haben, konnte in der Analyse bestätigt werden. Sie steht damit im Einklang mit einem Großteil der bisherigen Forschung. Die Verwendung der Bourdieuschen Methodologie ermöglicht jedoch noch weiterführende Interpretationen. Die Ablehnung der Flüchtlinge lässt sich nicht nur als Folge niedriger (formaler) Bildung und durch Konkurrenzbeziehungen erklären, die zu wahrgenommenen Bedrohungen führen. So steigt mit der Aufnahme von Flüchtlingen auch die Konkurrenz um Arbeitsplätze für Geringqualifizierte, um Sozialleistungen und um preiswerten Wohnraum. Vielmehr variieren die Einstellungsdispositionen zwischen den Klassen. Dies zeigt sich vor allem in der sozialen Praxis, in der sich die Lebenswelten der Klassen in unterschiedlichem Maße durch die Aufnahme der Flüchtlinge verändern. Die unteren Klassenfraktionen haben in ihrem Alltag deutlich mehr Schnittstellen mit den Flüchtlingen und begegnen ihnen dort »auf Augenhöhe«. Im Gegensatz dazu haben die Klassen mit einer höheren objektiven sozialen Distanz die freie Wahl, mit Flüchtlingen in Kontakt zu treten und es gelingt ihnen dabei, die Statusdifferenz aufrechtzuerhalten.

Zudem kann gezeigt werden, dass ebenso die Relationen der Klassen untereinander zum Verständnis der Einstellungsdispositionen beitragen. Beispielsweise lässt sich die Ablehnung im Bereich der unteren Mittelschicht durch die Abgrenzung gegenüber den statusniedrigsten Klassen erklären, die der Absicherung des eigenen Status dient. Statushöhere Gruppen können sich wiederum von den unteren Klassen distinguieren, indem sie eine liberale Flüchtlingspolitik proklamieren, von der sie selbst keine Nachteile zu erwarten haben. Die Ablehnung von Flüchtlingen wird in der Folge in den diskursiven Aushandlungsprozessen durch die machtvolleren Klassen als illegitimes Merkmal definiert, was zu einer Aufwertung der statushöheren Gruppen und einer Abwertung der statusniedrigeren Akteursklassen führt. Diese Prozesse ergeben sich dabei zumeist aus der sozialen Physik und setzen keinerlei intendiertes oder konzertiertes Handeln der Akteursklassen voraus. Dennoch spiegeln sie die Klasseninteressen wider und können auf die herrschenden Machtstrukturen des sozialen Raumes zurückgeführt werden. Die bisherige Forschung hat diese Mechanismen häufig übersehen, so dass sie selbst zu einem Vehikel dieser symbolischen Kategorisierungen wurde.

Die Zuteilung eines legitimen Flüchtlingsstatus stellt dementsprechend nicht nur eine rechtliche Klassifikation dar. In der sozialen Praxis ist sie vielmehr eine Kategorie, die in den sozialen Aushandlungen mit unterschiedlichen Interessen verbunden ist. In den sozialen Kämpfen werden dabei auch die vorherrschenden politischen Paradigmen diskursiv ausgehandelt und nehmen so Einfluss auf die Rechtsauslegung und -gestaltung. Durch das föderale System in Deutschland findet dieser Diskurs nicht nur auf nationaler, sondern auch auf Länderebene statt, wodurch sich unterschiedliche Umsetzungspraktiken ausbilden. Die unterschiedliche Schutzquote von Afghanen nach Bundesländern (Abschnitt 2.1) verdeutlicht, dass die Interpretation der Rechtsordnung einen so umfangreichen Spielraum lässt, dass die Legitimität verschiedener Flüchtlingsgruppen und die bürokratische Umsetzung in der Praxis weitgehend von den Diskursstrukturen vor Ort abhängt.

Die administrative Unterscheidung von legitimer und illegitimer Flucht findet ihren praktischen Ausdruck in den verschiedenen Schutzstatus. Wie gezeigt werden konnte, konvergiert dieser eng mit den Integrationschancen der Flüchtlinge. Eine hohe praktische Integration wird dabei vorrangig über die Zuteilung einer hohen formalen Integration ermöglicht. Eng damit verbunden ist die Wahrnehmung der praktischen Integration der verschiedenen Flüchtlingsgruppen. Durch die ausbleibende Integration von Gruppen mit niedriger formaler Integration verstärken sich die Narrative der Integrationsunwilligkeit. Die Zuschreibung von Illegitimität wird dadurch selbstreferentiell bekräftigt. Die administrative Abwertung von Flüchtlingen, die aus wirtschaftlichen Gründen nach Deutschland kommen, strukturiert somit ebenfalls die Einstellungen der Bevölkerung und vice versa. Besonders zwischen der politischen Praxis und der Einstellung der Bevölkerung müssen dabei starke Wechselwirkungen angenommen werden, so dass bei sinkender Bereitschaft zur Aufnahme von Flüchtlingen in der Bevölkerung auch die Aufnahmekriterien härter ausgelegt werden. Dies zeigte sich auch im Anschluss an den Spätsommer 2015, als die Behörden dazu übergingen, vorrangig den subsidiären Schutzstatus zu vergeben, anstatt Asyl zu gewähren und es insgesamt zu einer Verschärfung des Asylrechts kam.

Die administrative Zuteilung von Legitimität erfolgt dabei vorrangig anhand der Herkunft der Flüchtlinge, wie das Beispiel der Länder mit guter Bleibeperspektive oder die Deklaration sicherer Herkunftsstaaten verdeutlichen. Da Deutschland nicht über ein Einwanderungsgesetz verfügt, stehen Personen aus Ländern, die einen niedrigen Rang im Raum der Ethnien einnehmen, nur wenige Wege offen, nach Deutschland zu migrieren. Häufig stellt die Anerkennung als Flüchtling und die Gewährung von Asyl die einzige Möglichkeit dar, langfristig in Deutschland leben zu können.

Über die Deklarierung als »sichere Herkunftsstaaten« wurde dieser Weg nach Deutschland für bestimmte Gruppen bereits kategorisch ausgeschlossen. Die Herkunft wird so zu einer Legitimierungskategorie für die Ablehnung bestimmter Flüchtlingsgruppen. Eine humanitäre Krise in den

Herkunftsländern führt hingegen zu einer Aufwertung der Flüchtlingsgruppen als »legitim«. Durch das Asylrecht haben sie einen Anspruch auf Asyl im Zielland, unabhängig von der Lage des Staates im internationalen Raum der Ethnien. Die symbolische Zuteilung einer humanitären Krise als »schlimm genug« (Deservingness) wird so zum Vehikel einer Migration, die es unter anderen Umständen nicht geben würde. Diese Zuteilung von Legitimität erscheint dabei so stark, dass sie auch dann gilt, wenn der Grenzübertritt in die EU oder nach Deutschland illegal erfolgt.

Die Analyse bestätigt, dass die Herkunft eine der wichtigsten Kategorien der Zuteilung von (negativem) symbolischem Kapital darstellt. Die Integration der Flüchtlinge ist stark von der Herkunft und dem sich daraus ergebenden Asylstatus abhängig. So haben Syrer bei der Anerkennung als legitime Flüchtlinge ein deutlich höheres symbolisches Kapital als Migranten vom Balkan oder aus der ehemaligen Sowjetunion. Staaten wie Eritrea zeigen zudem, dass sie, obwohl aufgrund des Entwicklungsgrades ein verhältnismäßig niedriger Status im Raum der Ethnien angenommen werden kann, die humanitär begründete Zuteilung der Flüchtlingskategorie zu einem höheren Grad symbolischer Anerkennung führt. Dies gilt nicht nur für die rechtliche Einordnung als legitimer Flüchtling, sondern daraus resultierend auch im Rahmen der praktischen Integration.

Humanitäre Gründe zwingen zudem andere Klassen zur Migration als es bspw. bei Migrationen aus wirtschaftlichen Gründen der Fall ist. Während die klassischen »Wirtschaftsflüchtlinge« vorrangig aus den niedrigeren Statusklassen in statusniedrigen Heimatländern kommen, ist die Statuszuteilung bei politischen Flüchtlingen und Kriegsflüchtlingen nicht eindeutig. Dies zeigt sich auch anhand der Daten aus den Flüchtlingsbefragungen, nach denen deutliche Status- und Bildungsunterschiede zwischen den verschiedenen Gruppen nach Herkunftsstaaten auszumachen sind. Da die Migration bei diesen Flüchtlingsgruppen häufig unter die Genfer Flüchtlingskonvention fällt, sind die Staaten qua Völkerrecht dazu gezwungen, die Flüchtlinge aufzunehmen.

8.2.1 Religion – die kulturelle Bedrohung

Typisierungen und Klassifikationen übersetzen die bestehenden Machtrelationen in die Praxis. Sayad (2004b [1981]) beschreibt, dass es vor allem körperliche Merkmale sind, welche die symbolischen Herrschaftsverhältnisse legitimieren. Merkmale wie die Hautfarbe, die Sprache und die Hexis spielen eine wichtige Rolle, wenn es darum geht, Flüchtlinge oder Migrantengruppen im Alltag (zumindest scheinbar) zu identifizieren. Der Status der Flüchtlinge wird weitgehend durch die Zuschreibungen bestimmt, die mit der Kategorie »Flüchtling« verbunden sind, sowie dem gesamten Set an symbolischen Kategorien und Nebenmerkmalen, die sich in unterschiedlichem Maße auf die verschiedenen Flüchtlingsgruppen anwenden lassen, wie bspw. »Muslim«, »schwarze Hautfarbe«, »gebrochene Sprache« usw. Die gruppenspezifischen Typisierungen bestimmen, welcher soziale Status den unterschiedlichen Flüchtlingsgruppen zugestanden wird.

Sehr eng mit diesen »offensichtlichen« Merkmalen ist die Religion verbunden, so dass vermutlich einem Großteil der Flüchtlinge mit arabischem oder nordafrikanischem Aussehen der Islam als Religion zugeschrieben wird. Wie in Tabelle 3 gezeigt werden konnte, gab die überwiegende Mehrheit der Befragten Flüchtlinge in der IAB-BAMF-SOEP Befragung an, muslimisch zu sein. Diese treffen auf eine Aufnahmegesellschaft, in der weite Teile Vorbehalte gegenüber dem Islam und Muslimen äußern. Die Zuschreibung des Islams als Merkmal auf der individuellen Eben der Flüchtlinge (ohne Berücksichtigung der tatsächlichen Religion) wird so eng mit den Narrativen des Terrorismus verbunden. Der Islam wird daher häufig auch als Bedrohung wahrgenommen, so dass die soziale Bewertung der Flüchtlinge und ihre Wahrnehmung z.T. über die »Ethnic-Threat-Theory«, insbesondere die Dimension kultureller Bedrohung, erklärt werden kann. Der negative Faktor des symbolischen Kapitals sollte daher bei muslimischen Flüchtlingen stärker sein als bei anderen Flüchtlingsgruppen (insbesondere aus christlich geprägten Ländern).

Die administrative Ebene kann keine symbolische Unterscheidung zwischen den Religionen der Zuwanderer prozessieren. Durch Artikel 4 im Grundgesetz (Bundesministerium der Justiz und Verbraucherschutz 2021) ist die Religionsfreiheit garantiert. Eine symbolische Abwertung von Flüchtlingen aus z.b. muslimisch geprägten Staaten wäre daher eine illegitime und illegale Diskriminierung. Inwieweit latente Mechanismen die rechtliche Zuteilung von Legitimität nach den religiösen Eigenschaften der Herkunftsländer beeinflussen, kann anhand der vorliegenden Daten nicht beantwortet werden. Es zeigt sich aber, dass bekennende Muslime tendenziell einen leicht überdurchschnittlichen Grad formaler Integration bei einer leicht unterdurchschnittlichen praktischen Integration aufweisen. Christliche Flüchtlinge zeigen hingegen tendenziell einen höheren Grad praktischer Integration. Die gesellschaftlichen Hürden scheinen für sie niedriger zu sein, so dass ihnen die Integration in die Gesellschaft eher zugestanden wird.

Neben den symbolischen Abwertungen, die sich durch eine vermeintliche »Rückständigkeit« des Islams ausdrücken, werden immer wieder Stimmen laut, die vor allem einen politischen Islam befürchten bzw. ablehnen. Dieser beinhaltet vor allem einen Klerikalismus, in dem die religiösen Werte und die Scharia über weltliche Normen und Staatsformen gestellt werden. Im Rahmen der Flüchtlingsbefragung lässt sich diese Vorstellung bei den Flüchtlingen nur sehr eingeschränkt finden. Die befragten Muslime lehnten demokratische Werte nicht deutlich häufiger ab als der Durchschnitt der Befragten. Die Narrative einer kulturellen Bedrohung durch den Islam wirken jedoch in weiten Teilen der autochthonen Bevölkerung. Dies zeigt nicht nur der referierte Forschungsstand. Weite Teile der Befragten sehen sich in der Analyse mindestens einer mittleren kulturellen Bedrohung ausgesetzt. Dies trifft nicht nur auf niedrige Statusklassen zu, sondern korrespondiert sozialräumlich vor allem mit der Lage der gehobenen Mittelschicht. Eine starke kulturelle Bedrohung findet sich hingegen vornehmlich im Bereich der unteren Mittelschicht.

Dies erscheint vor allem im Hinblick auf die Theorieentwicklung interessant. Der Bourdieusche Ansatz erlaubt es, die Theorie ethnischer Bedrohung zu integrieren. Dabei können die wahrgenommenen Bedrohungen je nach Lage im sozialen Raum differenziert betrachtet werden. Der Effekt der ethnischen Bedrohung erscheint dabei nicht linear mit zunehmender Bildung abzunehmen. Vielmehr findet sich kulturelle Bedrohung auch in statushöheren Gruppen. Die Theorie der ethnischen Bedrohung kann so auf unterschiedliche Emigrations-Immigrations-Konstellationen angepasst werden. Einerseits sollten sich mit jeder dieser Konstellationen die Relationen von Herkunfts- und Aufnahmegesellschaft verändern. Dabei erklären die sozialen Distanzen zwischen beiden Gesellschaften, wie »fremd« die Migranten erscheinen und wie stark sie dadurch als Bedrohung wahrgenommen werden. Andererseits können je nach Migrantengruppe und ihrer sozialräumlichen Klassifikation die Güter, um die konkurriert wird, klassenspezifisch variieren. Insbesondere hinsichtlich der ökonomischen Bedrohung erscheint es daher relevant, ob hochgebildete Migranten einreisen, die mit breiten Teilen der Mittelschicht in Konkurrenz treten, oder ob es sich um klassische Arbeitsmigranten handelt, die vorrangig in den unteren Bereich des sozialen Raumes immigrieren.

8.2.2 Bildung und Arbeitsmarktintegration

Bildung stellt bei nahezu allen theoretischen Zugängen eine wichtige Ressource der Integration dar. Nicht nur, dass die meisten Theorien in der Ursprungsbevölkerung eine Abnahme von Vorurteilen und wahrgenommener Bedrohung mit höherer Bildung postulieren. Auch auf Seiten der Flüchtlinge ist Integration nur über die Internalisierung gesellschaftlich relevanter Wissensbestände möglich. Als kognitive Integration beschreibt bspw. Esser (1980, 2009) die Bildungsvariable als eine zentrale Dimension des Integrationsprozesses. Bei Bourdieu strukturiert das kulturelle Kapital einerseits als Grunddimension den sozialen Raum der westlichen Gesellschaften. Andererseits verlangt der Zugang zu den sozialen Feldern die Internalisierung von Doxa und Illusio, so dass die Teilhabe an den gesellschaftlichen Spielen nur über die Internalisierung spezifischen Wissens möglich erscheint.

Als zentraler Inhalt dieses gesellschaftsspezifischen Wissens ist, insbesondere bei statusniedrigen Migrantengruppen wie den Flüchtlingen, die Sprache hervorzuheben. Mit dem Zugang zur Sprache öffnet sich der Zugang zu (einem Teil) der Gesellschaft. Sprachliche Bildung ist dabei nicht nur die Grundlage der Interaktion mit der autochthonen Bevölkerung, sondern ermöglicht zudem den Arbeitsmarktzugang. Die kognitive Integration liefert so eine wichtige Grundlage für die strukturelle Integration.

Auch hier variieren jedoch die Anforderungen je nach Herkunft. Aufgrund der von Weiß (2017, S. 129) postulierten »sozial-räumliche[n] Autonomie« statushoher Akteure aus insb. statushohen Staaten ist die Hürde, um als integriert anerkannt zu werden, und auch der Anspruch der Assimilation/Integration, nicht für alle Gruppen gleich. Gute Englischkenntnisse reichen in Deutschland bspw. bei anerkannter Qualifikation aus, um hohe Posten in Wissenschaft und Wirtschaft bekleiden zu können. Die Akzeptanz von z.B. US-Amerikanern, die kein Deutsch sprechen, ist dementsprechend hoch. Der Anspruch der Gesellschaft, dass diese (statushohen) Migranten sich assimilieren, ist deutlich geringer als bei Gruppen wie den Flüchtlingen, die aus Ländern mit einer niedrigen Position in der internationalen Staatenhierarchie nach Deutschland kommen. Im Folgenden soll jedoch weiter die Position der Flüchtlinge hervorgehoben werden, die in aller Regel aus statusniedrigen Staaten nach Deutschland migrieren.

Die staatliche Kontrolle über die Sprach- und Integrationskurse, in denen gesellschaftsspezifisches Wissen vermittelt wird, ist eine Kontrollinstanz gesellschaftlicher Teilhabe. Der Staat verfügt dabei über ein weitreichendes Instrumentarium, die Legitimität von Migranten zu beeinflussen. Durch die längere Dauer der Asylverfahren von Flüchtlingsgruppen, die keine gute Bleibeperspektive haben, verringern sich die Chancen einer zeitnahen praktischen Integration, was sich mit den Ergebnissen von Kosyakova und Brenzel (2020) deckt, die zeigen können, dass sich mit einer längeren Dauer des Asylverfahrens die Arbeitsmarktchancen verschlechtern. Zudem werden wichtige kulturelle Wissensbestände in dieser Zeit nicht vermittelt, darunter auch rechtliche und gesellschaftliche Verhaltensregeln. Fehlt dieses Wissen, ist das Integrationsniveau im Verhältnis zu anderen Gruppen geringer. Dies führt zu weiteren Abwertungen und vermindert die Legitimität der Flüchtlingsgruppe.

Zudem kann der Staat durch die Anerkennung von Bildungstiteln die Legitimität von Flüchtlingen beeinflussen. Zahlreiche Schul- und Berufsqualifikationen aus den Herkunftsländern sind in Deutschland nicht anerkannt. Dabei spiegelt die Anerkennung von Bildungstiteln vor allem die Hierarchien im Raum der Ethnien und schützt zugleich weite Teile der Bevölkerung davor, in Konkurrenz mit den Flüchtlingen treten zu müssen.

Die Bildungsniveaus differenzieren zwischen den unterschiedlichen Flüchtlingsgruppen. Selbst wenn Bildungsabschlüsse in Deutschland nicht anerkannt werden, tragen höhere Bildungsabschlüsse im Herkunftsland zu einer gesteigerten praktischen Integration in der Aufnahmegesellschaft bei. Nach Bourdieu (2012 [1992], S. 234 f.) sind es weniger die Bildungsinhalte, welche den Status beeinflussen, als die Art und Weise, mit Bildung umzugehen und sich Bildung anzueignen. Das bestehende Kapital in Form der Schul- und Berufsabschlüsse wird somit zwar durch die Migration weitgehend entwertet, bildet aber in der Folge dennoch einen Schlüssel zur gesellschaftlichen Teilhabe. Dies zeigt, dass auch wenn der Wechselkurs des kulturellen Kapitals aus den Herkunftsländern in die deutsche Gesellschaft sehr schlecht zu sein scheint, die inkorporierte Bildung nicht komplett abgewertet ist. Hier tragen vermutlich eine höhere Bildungsaspiration und -erfahrung zur praktischen Integration bei. Dabei kann davon ausgegangen werden, dass gut ausgebildete Flüchtlinge tendenziell bessere Bleibechancen haben, da sie für die Volkswirtschaft einen größeren Nutzen versprechen und weniger Kosten verursachen. Flüchtlinge mit höherer Bildung haben dadurch gegenüber schlechter gebildeten Flüchtlingsgruppen einen Vorteil und können zumindest innerhalb ihrer ethnischen Community die Hierarchien aus dem Heimatland wiederherstellen.

Eng verbunden mit dem Spracherwerb und der Aneignung des zentralen gesellschaftsspezifischen Wissens ist die Arbeitsmarktintegration. Die Integration auf dem Arbeitsmarkt gilt in der Assimilationstheorie als wichtiger Schritt der Integration einer Migrantengruppe und wird als Dimension der strukturellen Integration bezeichnet. Bei Bourdieu und Sayad erscheint der Blick auf diese Integrationsdimension hingegen etwas nüchterner als bspw. bei Esser (2009), da die Arbeitsmarktintegration für Personengruppen aus Ländern mit einem Hierarchiegefälle zum Aufnahmeland zumeist im Hilfsarbeitermilieu erfolgt. Durch die fehlende Anerkennung der Qualifikationsniveaus geschieht dies unabhängig von ihrem tatsächlichen Wissens- und Bildungsstand.

Bedingt durch die Differenzierung der Zugangschancen zu Sprach- und Integrationskursen hat der Staat die Möglichkeit, auf die Arbeitsmarktintegration der Flüchtlingsgruppen einzuwirken. Das Sprachniveau B1 nach dem europäischen Referenzrahmen für Sprachen bildet eine institutionelle Hürde, um auf dem Arbeitsmarkt Fuß fassen zu können. Da Flüchtlingsgruppen mit höherer formaler Integration früher im Integrationsprozess über eine Arbeitserlaubnis verfügen und durch die Sprachkurse im Durchschnitt ebenfalls früher ein angemessenes sprachliches Niveau erreichen, haben sie bessere Chancen, frühzeitig einer Erwerbstätigkeit nachzugehen. Dies ist im Hinblick auf die Ergebnisse von Kosyakova und Brenzel (2020) auch durch die kürzere Dauer des Asylverfahrens zu erklären.

Insgesamt werden in diesem Prozess Personengruppen mit höherer Bildung bevorteilt, da sie in der Regel mehr Bildungserfahrung haben und sich neue Sprachen tendenziell schneller aneignen können. Dies drückt sich im höheren praktischen Integrationsniveau der Gruppen mit höheren Bildungsabschlüssen aus. Zudem ermöglicht eine Arbeitsverhältnis zumeist in Interaktion mit Personen aus der Ursprungsbevölkerung zu treten. Durch die häufigere Anwendung der deutschen Sprache bei der Arbeit verbessern sich die Sprachkenntnisse tendenziell schneller. Besonders prekär ist hingegen die Situation für Analphabeten, die nicht nur eine neue Sprache, sondern auch lesen und schreiben erlernen müssen. Ihre Chancen auf dem deutschen Arbeitsmarkt sind, auch perspektivisch, äußerst gering.

Bei Betrachtung des sozialen Raumes der Flüchtlinge wird deutlich, dass die Variablenausprägung der Erwerbstätigkeit im Bereich einer hohen praktischen Integration verortet ist. Die sozialräumliche Lage im Bereich einer niedrigen formalen Integration konnte bisweilen über Migranten- und Flüchtlingsgruppen erklärt werden, die Arbeit gefunden haben, und daher nicht in ihre Heimatländer zurückgeschickt wurden. Die besondere Lage der Erwerbstätigkeit lässt in der Gesamtschau jedoch noch weitere Interpretationen zu. Besonders auffällig erscheint bei der Verteilung der soziodemographischen Variablen, dass die sozialräumliche Lage der Erwerbstätigen nicht, wie zu erwarten gewesen wäre, mit einem höheren Einkommen einhergeht. Es handelt sich vermutlich zumeist um sehr schlecht bezahlte Arbeitsplätze oder Praktika. Gerade Flüchtlings- und Migrantengruppen, die nur mit einer geringen Legitimität ausgestattet sind, könnten vor dem Hintergrund einer drohenden Abschiebung einen stärkeren Druck empfinden, auch sehr schlecht bezahlte Tätigkeiten anzunehmen, insofern die Berufstätigkeit die Chancen erhöht, in Deutschland bleiben zu dürfen. Insbesondere Geduldete befinden sich in einer Zwangslage, da sie Arbeit finden müssen, um in Deutschland bleiben zu können. Zugleich sind diese Arbeitskräfte weitgehend entrechtet, da bei aktivem Protest gegen die niedrigen Löhne der Verlust der Stelle und damit die Abschiebung droht.

Zudem erscheint den Flüchtlingen nur in sehr geringem Maße zugeschrieben zu werden, dass sie eine wirtschaftliche Bereicherung darstellen. Obwohl zu Beginn der Flüchtlingszuwanderung medial umfangreich darüber berichtet wurde, dass die Flüchtlinge dazu beitragen könnten, den Fachkräftemangel zu beheben, besteht in der autochthonen Bevölkerung nur bei sehr wenigen Klassenfraktionen dieser Eindruck. Vielmehr entspricht es der durchschnittlichen Meinung, dass die Flüchtlinge nicht dazu beitragen können. Diese Zuschreibungen wirken so als selbsterfüllende Prophezeiung, da aufgrund ihrer Vorbehalte viele Arbeitgeber davon absehen könnten, in die Ausbildung der Flüchtlinge zu investieren.

Bei Flüchtlingsgruppen, denen eine höhere Legitimität zugestanden wird, lässt sich der gleiche Mechanismus in abgemilderter Form erwarten. Zwar ist der Aufenthalt bei anerkanntem Schutzstatus für drei Jahre gesichert. Dennoch suchen viele Flüchtlinge zeitnah nach ihrer Ankunft nach (schlecht bezahlter) Arbeit. Die Nicht-Anerkennung von Bildungstiteln ermöglicht es, die Migranten und Flüchtlinge auf einem sehr niedrigen Lohnniveau anzustellen, obwohl sie z.T. durchaus qualifiziert sind. Durch die symbolische Abwertung der ausländischen Bildungstitel sowie der temporären Anerkennung des »legitimen Aufenthalts« werden Motivationen, in eine zusätzliche Qualifikation zu investieren, sowohl für die Flüchtlinge als auch die Arbeitgeber ausgebremst. Strukturell gewinnen Teile der Wirtschaft jedoch durch das gesteigerte Angebot an billiger Arbeitskraft mit nicht durch Institutionen abgesicherten Berufserfahrungen und Bildungstiteln.

»Wirtschaftsflüchtlinge« haben es vor diesem Hintergrund noch schwerer, sich gegen die anderen geringqualifizierten Gruppen durchzusetzen, da sie meistens zu den statusniedrigeren Klassen in ihren Herkunftsländern gehören und keine allzu hohe Bildung genossen haben. Sie sind daher aus einer ökonomischen Perspektive für die Volkswirtschaft der Aufnahmegesellschaft weniger interessant. Das volkswirtschaftliche Risiko immenser Kosten durch Sozialleistungen ist dagegen hoch, sollte keine Arbeit gefunden werden. Dementsprechend hat auch die Administrative ein Interesse daran, die Aufnahme von Wirtschaftsflüchtlingen geringzuhalten. Dies geschah bspw. durch die Deklarierung von sicheren Herkunftsstaaten.

Die Flüchtlinge treten in Konkurrenz zu den Gruppen der Geringverdiener und Sozialleistungsempfänger der autochthonen Bevölkerung. Nicht nur, dass man von nun an um die gleichen Arbeitsplätze für Geringqualifizierte, Wohnungen und Sozialleistungen konkurriert. Das gesteigerte Angebot an Arbeitskräften, deren Existenz und Zukunft noch in einem viel größeren Maße von der Aufnahme einer Arbeit abhängt, mindert das Lohnniveau[1] und steigert die Kosten für preiswerten Wohnraum.

Unter Berücksichtigung dieser Hintergründe beschreibt die Arbeitsmarktintegration entsprechend der klassischen Integrations- bzw. Assimilationstheorien durchaus einen wichtigen Aspekt der Integration. Die Theorie übersieht jedoch die soziale Lage, in die sich ein nicht unerheblicher Teil der Migranten integriert und integriert wird. Die bloße ökonomische Verwertbarkeit von Arbeitskraft steht dabei einer Integration »auf Augenhöhe« entgegen. Die relationale Theorie bietet die Möglichkeit, diese Integration in die untersten Klassen der Gesellschaft zu reflektieren und nicht theorieimmanent zu verdecken, indem »Arbeit um jeden Preis« als Zielgröße einer gelungenen Integration ökonomisch ausgenutzt wird. Zugleich werden die sehr unterschiedlichen Ausgangsbedingungen der Flüchtlingsgruppen im Integrationsprozess deutlich, so dass die Integrationsdimensionen nicht für alle Migranten und Flüchtlinge die gleiche Verbindlichkeit besitzen.

---

1 Vor allem in Bereichen, in denen der Mindestlohn unterlaufen wird, was nach Knabe et al. (2020) relativ häufig geschieht.

8.2.3 Assimilation und der Raum der Ethnien

Der Raum der Ethnien strukturiert zudem die Erwartungen, die von Seiten der autochthonen Bevölkerung an die Migranten gestellt werden. In diesem Sinne ermöglicht der relationale Ansatz auch eine differenziertere Betrachtung der Integrationsdynamik als bspw. die Assimilationstheorien nach Berry (1980, 1997) und Esser (1980, 2009). Diese Ansätze übersehen eine strukturelle Ungleichverteilung der Integrations-/Assimilationswahrscheinlichkeiten, nach denen nicht alle Migrantengruppen die gleichen Möglichkeiten haben, als assimiliert oder integriert anerkannt zu werden. Bei Migranten aus den USA (zumindest aus statushöheren Schichten mit anerkannter Qualifikation) oder aus Österreich stellt sich die Frage nach der Assimilation gar nicht, da sie aufgrund der Herkunft bereits mit der nötigen Legitimität ausgestattet sind. Das japanische Viertel, eine kleinräumige Ansiedlung vorrangig japanischer Unternehmen auf einer Fläche von ca. 30 Hektar um das Deutsch-Japanische-Center in Düsseldorf (Düsseldorf-Wirtschaft 2013), kann als weiteres Beispiel dafür gesehen werden, dass »Segmentation« akzeptiert wird, sofern die ethnische Community aus einem Land mit einem guten Status im Raum der Ethnien erfolgt.

Auch die Flüchtlingsgruppen differenzieren sich nach Herkunft, wobei die zugesprochene Legitimität in weiten Teilen deckungsgleich ist mit dem vergebenen Aufenthaltsstatus. Aufgrund der höheren Legitimität sollten die Anforderungen an z.B. Spracherwerb bei Syrern geringer sein als bei Migranten aus den Balkanstaaten, wobei auch die systemischen Voraussetzungen durch den Anspruch auf einen Sprachkurs für diese Gruppe insgesamt besser sind, die Ansprüche, die an sie gestellt werden, zu erfüllen. Dies gilt in der Folge auch für die strukturelle Integration auf dem Arbeitsmarkt und die Interaktionswahrscheinlichkeiten mit der autochthonen Bevölkerung.

Durch die strukturellen Unterschiede zwischen den Flüchtlingsgruppen, die sich anhand der Lage des Herkunftslandes im Raum der Ethnien ergeben, sind die Ausgangsbedingungen für die Flüchtlingsgruppen hinsichtlich Integration und Assimilation nicht gleich, da gerade bei statusniedriger Herkunft vorrangig die Assimilation verlangt wird, wie auch Sayad beschrieb. In diesem Sinne entscheiden sich die Flüchtlinge und auch andere Migrantengruppen nicht aktiv für Assimilation oder Integration (bzw. Segmentation, Marginalisierung oder Multiple Inklusion). Die Gruppen folgen dabei vielmehr strukturellen Wahrscheinlichkeit, die sozialräumlich vorstrukturiert sind. Die gleichen Unterschiede spiegeln sich auch in den

Phasen der Integration, wobei die Erwartungen an die Flüchtlinge ebenfalls nach Herkunft variieren und z.b. ein gutes Englisch bei statushoher Herkunft die Aneignung von Deutschkenntnissen ausgleichen kann. Auf der Ebene der Flüchtlinge zeigte sich dies empirisch vorrangig an den Gruppen, denen nur sehr wenig Legitimität zugestanden wird, insb. den Migranten aus den Balkanstaaten. Diese Gruppe lag im Bereich der Deutschkenntnisse, der Berufstätigkeit und der Interaktion mit Deutschen im oberen Bereich, dennoch ist sie mit nur sehr wenig Legitimität ausgestattet. Die Anforderungen des Phasenmodells können demnach nicht als alleiniger Gradmesser von Integration/Assimilation herangezogen werden, da die Zuschreibung von Legitimität auch von anderen Kriterien abhängig ist.

8.3 Symbolische Differenzierung von Flüchtlingen nach objektiver und subjektiver sozialer Distanz

Die Differenzierung der Einstellungen nach den Dimensionen der objektiven und subjektiven sozialen Distanz stellt eine der zentralen Erkenntnisse einer sozialräumlich motivierten Integrationssoziologie dar. Einstellungen können so anhand des objektiven Status bzw. der sozialräumlichen Lage erklärt werden, wobei deutlich wird, dass Kontakte und positive Einstellungen häufig aus einem Statusgefälle erwachsen (Schmitz 2006). Im Folgenden sollen daher soziale Kontakte, soziales Engagement und die Bedeutung unterschiedlicher Einstellungsdispositionen weiterführend diskutiert werden.

8.3.1 Soziale Kontakte zu Flüchtlingen

Das Erlernen der Sprache und die Arbeitsmarktintegration sind eng verknüpft mit den Kontaktwahrscheinlichkeiten mit der Ursprungsbevölkerung. Im Rahmen der Assimilationstheorie werden diese Kontakte als Dimensionen der sozialen Integration beschrieben und auch die »Kontakthypothese« basiert auf der Annahme, dass Interaktionen zwischen Minorität und Majorität positive Auswirkungen auf die gegenseitigen Einstellungen haben.

Eine Bourdieusche Perspektive fügt der Betrachtung von Kontakten (mindestens) eine weitere Dimension hinzu. Durch die unterschiedlichen sozialräumlichen Lagen bestehen unterschiedliche Statusrelationen, die sich über abweichende Kontaktwahrscheinlichkeiten zwischen den Akteursklassen in die Praxis übersetzen. Durch die große objektive soziale Distanz zwischen statushohen und statusniedrigen Klassen besteht zwischen der Mittel- und Oberschicht und den Flüchtlingen ein deutlich geringeres objektives Potential von regulären Kontakten im Alltag. Dies liegt nicht zuletzt darin begründet, dass sich die sozialen Distanzen häufig auch in physische Distanzen übersetzen, so dass die statushöheren zumeist nicht in den gleichen Quartieren wie die statusniedrigeren Klassen wohnen.

Da die Flüchtlinge durch die Abwertung ihrer Kapitalia nach ihrer Einreise nach Deutschland meistens den statusniedrigsten Klassen angehören, erfolgt die Unterbringung nach der Gemeinschaftsunterkunft zumeist in Wohngegenden, in denen preiswerter Wohnraum besteht. Dies sind auch die Wohngegenden der statusniedrigen Klassen der autochthonen Bevölkerung, so dass die alltäglichen Kontaktwahrscheinlichkeiten für diese Gruppen mit den Flüchtlingen umso höher sind.

Während die Bedeutung von Kontakten aus der Perspektive der Ursprungsbevölkerung vorrangig über die Kontakthypothese und ihre positive Auswirkung auf die Einstellungen beschrieben wird, stellen Kontakte für Flüchtlinge als »bridging social capital« ein wichtiges Merkmal sozialer Integration und Anerkennung dar. Die Netzwerke in die autochthone Bevölkerung wirken dabei als soziales Kapital, welches für die Flüchtlinge als »Türöffner« in die deutsche Gesellschaft angesehen werden kann. Bei der Wohnungs- und Arbeitssuche, sowie auf Ämtern und im Alltag, können sie vom Kapital ihrer Kontakte profitieren und sich dadurch (hinsichtlich der klassischen Parameter zur Erfassung des Integrationsstandes) schneller in die deutsche Gesellschaft einfügen.

Aufgrund der diskursiven Aufwertung der Flüchtlingshilfe und von Flüchtlingsgruppen hatten es Flüchtlinge besonders in der zweiten Jahreshälfte 2015 leichter als andere Migrantengruppen, direkte Kontakte und Netzwerkstrukturen in die autochthone Bevölkerung aufzubauen. Zu dieser Zeit waren etwa zehn Prozent der Deutschen Bevölkerung in der Flüchtlingshilfe tätig (Ahrens 2017, S. 16; Jacobsen et al. 2017), bspw. in Flüchtlingsunterkünften oder im Rahmen von Patenschaftsprogrammen. Zudem ermöglicht die zentrale Aufnahme in Flüchtlingsunterkünften besonders in der unmittelbaren Zeit nach der Ankunft Kontakte zum dortigen Personal. Mit dem Schritt ins Berufsleben werden die Kontakte zu Deutschen und anderen Migrantengruppen abermals wahrscheinlicher, wie die Analyse zeigen konnte. Die sozialen Relationen prägen die Interaktionen, so dass bei Flüchtlingen das bestehende Statusgefälle zumeist aufrechterhalten wird. Generell werden Interaktionen als eine wichtige Grundlage zur Aneignung des gesellschaftsspezifischen Wissens angesehen, die den Grundstein für die Teilnahme an den »sozialen Spielen« legen. Die Teilhabe selbst verstärkt die zu Grunde liegenden Mechanismen, indem durch sie die Wissensbestände fortwährend angeeignet und verbessert werden, die zur Teilhabe notwendig sind. Dazu gehören insbesondere die Aneignung der Sprache, aber zugleich gesellschafts- und feldspezifische Wissensbestände wie (formelle und informelle) Normen. Die von Schütz beschriebene Unvorhersehbarkeit in den Interaktionen kann dadurch abgebaut werden. Zugleich sei aber darauf verwiesen, dass davon ausgegangen werden muss, dass die vermittelten Wissensbestände stets die soziale Abwertung implizieren. In der Folge kann sich dies an einem relativ geringen Vokabular, einem ausgeprägten Akzent oder allgemeiner an Verhaltensnormen der unteren Klassen ausdrücken. Herrschaftswissen und höhere Wissensbestände bleiben hingegen den höheren sozialen Klassen vorbehalten. Gegenüber Flüchtlingsgruppen, denen das sozial relevante Wissen der Aufnahmegesellschaft fehlt, können jedoch durch deren Erwerb Aufstiege in der sozialen Hierarchie erwartet werden.

Insbesondere die als legitim anerkannten Flüchtlingsgruppen kommen in den Genuss solcher Hilfestrukturen. So wurde z.B. eine Präferenz für syrische Flüchtlinge im Rahmen der Flüchtlingshilfe berichtet (Friedrichs et al. 2019, S. 154). Durch die Kontakte und die gesteigerte Integrationsdynamik erhöht sich durch einen Rückkopplungseffekt die Legitimität dieser Gruppen selbstreferentiell. Sie werden nicht nur als legitime Flüchtlinge angesehen, sondern ihnen wird im Vergleich zu anderen Migrantengruppen eine bessere Integrierbarkeit zugesprochen, wodurch sie abermals aufgewertet werden.

Dabei bleibt zunächst die Frage nach der Qualität der Kontakte unbeantwortet. Handelt es sich nur um dienstliche Kontakte oder kommen private Kontakte hinzu? Und wenn ja, welche Statusentwicklungen haben bis hierhin stattgefunden? Nach Sayad ist davon auszugehen, dass es sich nicht um enge persönliche Kontakte handelt, da der Status, oder vielmehr das Stigma als Migrant die Statusdifferenzen aufrechterhält, so dass enge persönliche Kontakte nur mit einem (objektiven) Statusgefälle denkbar sind (Sayad 2004 [1987], S. 255). In diesem Sinne zeigt auch Schmitz (2006, S. 102), dass geringe subjektive soziale Distanz mit großer objektiver sozialer Distanz korrespondiert und vice versa. Demnach sinkt mit abnehmendem ökonomischen Kapital auch die Wahrscheinlichkeit, in den USA als Weißer einen schwarzen Freund zu haben (Schmitz 2006, S. 97).

Für die autochthone Bevölkerung erscheinen die Kontakte nach den Analysen nur eingeschränkt im Sinne der Kontakthypothese zu wirken. Die Gruppe mit den meisten Kontakten liegt sozialräumlich im Bereich einer mittleren subjektiven sozialen Distanz und korrespondiert mit mittlerer kultureller Bedrohung, was gewisse Vorbehalte gegenüber den Flüchtlingen vermuten lässt. Zudem zeigt diese Gruppe sozialräumlich eine überdurchschnittliche objektive soziale Distanz. Die Kontakte finden somit vornehmlich mit einem Statusgefälle zwischen Flüchtlingen und autochthoner Bevölkerung statt.

Durch die symbolische Abwertung ihrer Herkunft und den Flüchtlingsstatus sind Flüchtlinge in der Interaktion mit Gruppen der Ursprungsgesellschaft ohnehin zumeist schlechtergestellt. Bildungsabschlüsse werden häufig nicht anerkannt, Grundrechte, wie z.b. die Personenfreizügigkeit, sind eingeschränkt und in vielen Fällen wurde ein großer Teil der materiellen Güter für die Flucht aufgewendet. Die Klassenfraktionen in der Mitte des sozialen Raumes können dementsprechend gelassen auf die Flüchtlinge blicken, da für sie kein steigender Konkurrenzdruck durch die Flüchtlinge zu erwarten ist. Dies unterstreichen die passiven Variablen der Kontaktorte sowie das Verhältnis von objektiver und subjektiver sozialer Distanz. Die positiven Einstellungen zu Flüchtlingen, sowie die aktive Unterstützung durch Spenden, wird dadurch (zumeist unbewusst) zu einem Mittel der Distinktion gegenüber den unteren Klassen.

Die vier Allportschen Bedingungen treffen in der Interaktion zwischen Flüchtlingen und autochthoner Bevölkerung nur für bestimmte Gruppen zu. *Statusgleiche Kontakte* erfolgen vorrangig im Milieu der Empfänger von Sozialleistungen und geringer Bildung. Die Vorbehalte dieser Gruppe gegenüber Flüchtlingen sind relativ groß. Auch die *Ziele* sind zwischen den unteren Klassen und den Flüchtlingen in etwa gleich (Konkurrenz um Arbeitsplätze, Wohnungen und Sozialleistungen), sie werden jedoch zumeist *nicht gemeinsam verfolgt*. Ferner erfolgt auf der Ebene geringer objektiver Distanz relativ *wenig institutionelle* Unterstützung.

Obwohl durch die sozialräumliche Nähe Distinktionspraktiken gegenüber den Flüchtlingen wahrscheinlicher werden, handelt es sich bei der Akteursklasse mit der größten objektiven Nähe nicht um jene mit der größten subjektiven Distanz. Vielmehr ist es die Gruppe der unteren Mittelschicht, bei der die Ablehnung der Flüchtlinge am deutlichsten zu Tage tritt und bei der die subjektive soziale Distanz am größten ist.

Die Interaktionen zwischen Flüchtlingen und Ursprungsgesellschaft werden zudem über die staatlich-administrative Ebene geprägt. Die Asylpolitik differenziert die verschiedenen Flüchtlingsgruppen und teilt ihnen unterschiedliche Integrationschancen zu, wodurch auch die Kontaktwahrscheinlichkeiten zur autochthonen Bevölkerung beeinflusst werden. Durch die Zuteilung des Asylstatus wird z.b. die Teilnahme an einem Sprachkurs ermöglicht, der wiederum eine wichtige Grundlage für Interaktionen darstellt. Weitere Faktoren, wie das Recht, eine Arbeit aufzunehmen oder in eine eigene Wohnung umziehen zu können, bevorteilt gegenüber jenen, denen dieses Recht durch einen fehlenden Schutzstatus verwehrt bleibt. Insbesondere geduldete Flüchtlinge und Ausreisepflichtige werden aufgrund ihres zugeschriebenen »illegitimen Aufenthalts« von der Teilnahme an den sozialen Spielen teilweise ausgeschlossen, obwohl sie faktisch z.t. über viele Jahre in Deutschland bleiben. Sie treten daher auch seltener in Kontakt mit der Ursprungsbevölkerung, was zugleich ihre Ausgrenzung legitimiert, da sie als »integrationsunwillig« wahrgenommen werden können. In der Analyse zeigt sich dieser Effekt durch den beschriebenen Auswahleffekt zwar nur begrenzt. Die fehlende Korrelation der beruflichen Tätigkeit mit einem höheren verfügbaren Einkommen spricht jedoch dafür, dass die (scheinbare) Integration vorrangig im Niedriglohnsektor erfolgt und somit sozialen Abwertungen unterliegt.

Folglich bestätigen die vorliegenden Erkenntnisse die Darlegungen von Schmitz (2006, S. 69), so dass die Kontakthypothese aus einer relationalen Perspektive modifiziert werden muss. Es sind nicht die Kontakte, die vorrangig die Vorurteile verringern. Kontakte sind vielmehr selbst Ausdrucksformen der Statustransformationen von (legitimen) Flüchtlingen. Die Flüchtlinge werden von einer »sozialen Blackbox« zu einem Teil der Gesellschaft, mit dem interagiert wird. Die Wahrscheinlichkeit der Interaktion ist dabei abhängig von der symbolischen Zuteilung des Status »(legitimer) Flüchtling« oder »(legitimer) Migrant«. Als illegitim klassifizierte Flüchtlinge haben demgegenüber eine deutlich geringere Kontaktwahrscheinlichkeit mit der autochthonen Bevölkerung.

Doch auch negative Kontakterfahrungen haben Auswirkungen auf die Wahrnehmung der Flüchtlinge. Negative Wahrnehmungen werden z.B. durch deviante Verhaltensweisen verursacht. Als illegitim anerkannte Flüchtlinge oder Migranten haben dabei aufgrund der strukturellen Gegebenheiten eine größere Wahrscheinlichkeit, als deviant angesehene Verhaltensweisen an den Tag zu legen, als dies für legitime Flüchtlinge oder Migranten der Fall ist. Das gilt insbesondere dann, wenn sie nicht die Möglichkeit haben, auf legalem Wege Geld zu verdienen (Scherr und Breit 2021, S. 34).

Hinsichtlich der Interaktionen ist auch von Bedeutung, wo man Flüchtlingen begegnet und unter welchen Statusrelationen. Während die oberen Klassen hauptsächlich bei der Arbeit oder in der Schule (ihrer Kinder) Flüchtlingen begegnen, Situationen also, in denen das Statusgefälle stets aufrechterhalten werden kann, finden die Kontakte von Menschen in den unteren Statusklassen in alltäglichen Situationen und »auf Augenhöhe« statt. Sie haben keine freie Wahl, ob sie mit Flüchtlingen interagieren wollen, sondern sie leben in den gleichen Häusern oder Quartieren, fahren mit den gleichen öffentlichen Verkehrsmitteln, gehen in den gleichen Geschäften einkaufen und haben die gleichen Ärzte. Diese räumliche Nähe, sowohl im physischen als auch im sozialen Raum, ruft stärkere Distinktionsdynamiken der unteren Klassen der Ursprungsbevölkerung hervor. Diese äußern sich in ablehnenden Einstellungen. Die geringe objektive soziale Distanz wird so in eine große subjektive soziale Distanz übersetzt. Im Bereich der größeren objektiven sozialen Distanz herrscht hingegen ein deutliches Statusgefälle in den Interaktionen, was eine geringere subjektive soziale Distanz ermöglicht. Diese wird unterstrichen durch den medialen Diskurs, der insbesondere zu Beginn der Berichterstattung negative Einstellungen gegenüber Flüchtlingen sozial abwertete.

Insgesamt deutet die Analyse darauf hin, dass die Wirkungsweise der Kontakthypothese durchaus komplexer ist, als die bisherige Forschung nahelegt. Dabei steht vor allem die Kontaktsituation im Vordergrund, die sich aus den objektiven Potentialen der sozialräumlichen Lagen ergibt. Während Akteure und Gruppen von niedrigem Status sehr häufig und ohne dies beeinflussen zu können, in ihrem Alltag auf Flüchtlinge treffen, mit denen sie zugleich um soziale Güter konkurrieren, können statushöhere Gruppen ihre Kontakte gezielter wählen und zugleich die Statusdifferenz aufrechterhalten. Insgesamt ist die größte Kontakthäufigkeit sozialräumlich im Bereich von überdurchschnittlich positiven Einstellungen bei großer objektiver sozialer Distanz zu verorten. Statushohe Klassen können gezielt (freundschaftliche) Kontakte zu Flüchtlingen wählen, wodurch sie häufiger persönlichen Kontakt zu Flüchtlingen haben. Aus einer relationalen Perspektive lassen die Analysen den Schluss zu, dass es nicht der Kontakt ist, der positivere Einstellungen bedingt. Vielmehr ist der (als positiv wahrgenommene) persönliche Kontakt für statushöhere Gruppen wahrscheinlicher und ihre sozialräumliche Lage ermöglicht zugleich positive Einstellungsdispositionen, weshalb der Kontakt mit positiveren Einstellungen korreliert (Schmitz 2006, S. 69).

8.3.2 Distinktion und soziales Engagement

Nicht nur die Kontaktchancen lassen sich unter dem Gesichtspunkt von objektiver und subjektiver sozialer Distanz betrachten. Vielmehr ermöglichen diese beiden Dimensionen einen erweiternden Zugriff auf die Verteilungsmuster der verschiedenen Einstellungsdispositionen im sozialen Raum, sowie auf unterschiedliche Distinktionspraktiken.

Die Analyse der Soziodemographie lässt vermuten, dass die subjektive soziale Distanz gegenüber Flüchtlingen bei Gruppen mit niedriger Bildung und aus prekären wirtschaftlichen Verhältnissen besonders groß ist. Diese Erkenntnis stützt zunächst weite Teile der Vorurteilsforschung, nach der Vorurteile mit zunehmender Bildung und höherem Einkommen abnehmen. Die sozialräumliche Betrachtung eröffnet jedoch einen noch weiterführenden Interpretationshorizont. So lassen sich die Einstellungsdispositionen gegenüber Flüchtlingen als (in weiten Teilen unintendierte) Distinktionsinstrumente interpretieren. Sie können so einem (zumeist unbewussten) Klasseninteresse dienen um statusniedrige Gruppen abzuwerten, bzw. die eigene Klassenlage nach unten abzusichern. Davon sind nicht nur Gruppen betroffen, die sozialräumlich in direkter Nähe zu den Flüchtlingsgruppen angesiedelt sind. Durch die Immigration verändert sich der gesamte soziale Raum. Das bedeutet zugleich, dass es nicht nur die unteren Statusklassen sind, die durch die Aufnahme der Flüchtlinge beeinflusst werden. Nahezu alle Klassenfraktionen können auf die Veränderungen des sozialen Gefüges reagieren. Wie diese Reaktionen ausfallen ergibt sich vorrangig aus der sozialräumlichen Position, den damit verbundenen Interessen und den Beziehungen zu anderen sozialen Klassen und ihren Reaktionen auf die Veränderungen.

Da die Aufnahme der Flüchtlinge mit einem nie dagewesenen ehrenamtlichen Engagement einherging, kann das Ehrenamt als besonderes Mittel der Distinktion hervorgehoben werden. Schon bei Bourdieu finden sich einige Gedanken zum »paradoxen Charakter« der Ehrenamtlichkeit in einer Zeit, in der »mit der Verallgemeinerung des Geldverkehrs das Streben nach der Profitmaximierung zum Prinzip der meisten Alltagspraktiken geworden ist« (Bourdieu 2011 [1994], S. 231). Zwar ist den Akteuren der ökonomische Wert ihres Handelns bewusst, das Ehrenamt zeichnet sich aber dadurch aus, dass dieser ökonomische Wert euphemisiert wird, da die »explizite Formulierung eine destruktive Veränderung« (Bourdieu 2011 [1994], S. 232) bewirken würde. Der besondere Charakter des Ehrenamtes liegt folglich darin begründet, dass jedes ökonomische Interesse verschleiert wird, so dass es über Symboliken der Nächstenliebe und der Solidarität zu einem Distinktionsmerkmal werden kann. Gleiches gilt für Geld- und Sachspenden, die ebenfalls der Distinktion dienen können, solange sie als uneigennützig und nicht als (rationales) Kalkül wahrgenommen werden. Die distinguierende Wirkung kann also nur entstehen, wenn die dahinterliegenden Interessen der Distinktion nicht offen zu Tage treten und jeder Anschein von Eigennützigkeit vermieden wird. Diese Motivlage ist darüber hinaus zumeist nicht mal den Akteuren selbst bewusst, sondern findet vornehmlich im Verborgenen statt.

Ehrenamtliches Engagement ist sozialräumlich ungleich verteilt. Sich einem Ehrenamt zu widmen, setzt Ressourcen voraus, z.B. Zeit. Aber auch kulturelles und ökonomisches Kapital sind wichtige Voraussetzungen, um einem Ehrenamt nachzugehen. Zudem muss der »Sinn für das Ehrenamt« in den Wahrnehmungs- und Bewertungskategorien der Habitus angelegt sein. Diese Disposition ist nach der Analyse vorrangig im Bereich der oberen Mittelschicht und Oberschicht zu verorten, da hier die Kontakthäufigkeit und die Spendentätigkeit am größten ist, wobei nicht danach differenziert werden kann, ob Geld oder Zeit gespendet wurde. Diese sozialräumliche Lage korrespondiert zugleich mit einer fast durchschnittlichen subjektiven sozialen Distanz, wobei auch die mittleren Bedrohungsniveaus in diesem Bereich zu verorten sind. Dies lässt darauf schließen, dass es nicht die bloße Zustimmung zur Flüchtlingspolitik und Nächstenliebe ist, die dazu führt, dass Akteure sich ehrenamtlich engagieren. Vielmehr spiegeln sich darin die grundlegenden Mechanismen der Ökonomie der symbolischen Güter, wobei mit der ehrenamtlichen Tätigkeit Distinktionsgewinne erwartbar werden. Die ehrenamtliche Hilfe für Menschen in Not entspricht den sozial anerkannten Narrativen von »Barmherzigkeit« und »Selbstlosigkeit«. Diese Tätigkeiten zahlen sich als soziale Dividende aus, indem die Handlung als besonders positiv wahrgenommen wird. Sie werfen den von Bourdieu postulierten »Nebengewinn ab, nämlich die soziale Anerkennung, die für den Schein der Uneigennützigkeit gewährt wird« (Bourdieu 1993 [1980], S. 116).

Die Ergebnisse der Analyse stützen damit zum einen den bisherigen Forschungsstand, so dass die geäußerten Einstellungen mit zunehmendem Bildungsstand und höherem Einkommen positiver werden. Der sozialräumliche Ansatz erweitert diese Perspektive, indem gezeigt werden kann, dass statusspezifische Eigenschaften die geäußerten und praktizierten Einstellungen prägen. Die ablehnenden Einstellungen ergeben sich nur indirekt aus dem Bildungsstand, sie sind vielmehr über die soziale Wirklichkeit und die sozialräumliche Perspektive zu erklären. Die karitativen Tätigkeiten von statushohen Gruppen sind dabei nicht nur Ausdruck ihrer Barmherzigkeit, sondern spiegeln klassenabhängige Interessen wider. Die Uneigennützigkeit des Ehrenamtes muss man sich leisten können. Die karitativen Tätigkeiten stellen daher die eigene soziale Überlegenheit gegenüber anderen Klassen (zumeist unintendiert) sozialwirksam zur Schau. Dieses Nutzenkalkül ist allerdings den wenigsten Akteuren bewusst, sondern ist Teil der habitusspezifischen Dispositionen, die ihrerseits auf das Interesse der Statusklasse ausgerichtet sind.

Doch nicht nur das Ehrenamt wird durch Dispositionen begünstigt, die den statushöheren Klassen zu eigen sind. Vielmehr strukturieren sich die Einstellungen gegenüber Flüchtlingen entlang der dargestellten Dimensionen von subjektiver und objektiver sozialer Distanz. Die soziale Abgrenzung, die Rassismen und ihre Gegenpositionen sind Produkte der bestehenden Herrschaftsbeziehungen (Bourdieu 2010 [1997], S. 232) und ergeben sich aus den unterschiedlichen sozialräumlichen Lagen der sozialen Klassen. Die subjektive soziale Distanz ist dort am geringsten, wo das kulturelle Kapital hoch, das ökonomische Kapital hingegen eher durchschnittlich oder gering ist. Unter diese Gruppe fallen z.B. Akteursklassen aus dem studentischen Milieu, die ein objektives Potential zum sozialen Aufstieg besitzen, sobald ihr Studium abgeschlossen ist. Eine große subjektive soziale Distanz findet sich hingegen bei Gruppen der unteren Mittelschicht, deren objektive soziale Distanz ebenfalls im mittleren Bereich liegt. Diese sozialräumliche Lage korrespondiert mit einem höheren Alter und einer Bildung im Bereich der mittleren Reife. Hinsichtlich der objektiven sozialen Distanz ist das Kapitalvolumen dieser beiden Gruppen durchaus vergleichbar. Einerseits könnte dies für Alters- und Bildungseffekte sprechen, die diese deutlichen Diskrepanzen zwischen den Einstellungen der beiden Gruppen erklären können. Beide Gruppen scheinen sich aber in ihren klassenspezifischen Strategien im sozialen Raum zu unterscheiden. Die »weltoffene Einstellung« und die geringe subjektive soziale Distanz lässt sich vor diesem Hintergrund als ein Mittel der Distinktion interpretieren. Das vergleichbare Kapitalvolumen, welches sich in einer völlig gegenläufigen Kapitalstruktur manifestiert, sorgt für (unintendierte) Wege der sozialen Abgrenzung, die sich in der Unterscheidung »progressiv vs. konservativ« niederschlägt. Die geringe (und zur Schau gestellte) subjektive soziale Distanz wird so zu einem Mittel der sozialen Abgrenzung gegenüber den unteren Statusklassen und jenen der unteren Mittelschicht. Während die untere Mittelschicht keinen sozialen Aufstieg erwarten kann, sondern vielmehr von sozialem Abstieg bedroht ist, können Studierende aufgrund ihrer guten Aufstiegschancen auch Extrempositionen vertreten, wie die Forderung nach einer uneingeschränkten Aufnahme von Wirtschaftsflüchtlingen, da perspektivisch eine Konkurrenz zu den Flüchtlingen nahezu ausgeschlossen ist. Die soziale Lage ermöglicht eine »doppelte Distinktion« (Bourdieu 2001 [1992], S. 127 ff.). Angesichts einer erwartbaren großen objektiven sozialen Distanz in der Zukunft und dem Privileg, die Kontaktsituation im Alltag frei wählen zu können, ist es diesen Statusgruppen möglich, eine geringe subjektive soziale Distanz empfinden zu können (Schmitz 2006).

In den statushöheren Klassen sind hohe Distinktionsgewinne insbesondere durch Engagement für Flüchtlinge zu erwarten, die als »legitim« anerkannt werden. Aus den Experteninterviews der Kölner Flüchtlings-Studien ging hervor, dass ein besonderes Interesse darin bestand, dass »wenn man dann denkt, man will einem Flüchtling helfen, dann aber einem aus Syrien« (Friedrichs et al. 2019, S. 154). Gerade zur Hochzeit der Flüchtlingsmigration bildeten Syrer die Gruppe von Flüchtlingen mit der höchsten zuerkannten Legitimation, was sich durch die mediale Präsenz des Syrienkonfliktes in den Medien erklären lässt. Die Legitimitätshierarchie unter den Flüchtlingen spiegelt sich somit in der sozialen Dividende, die das Engagement für die unterschiedlichen Flüchtlingsgruppen abwirft. Auch hier sei nochmals betont, dass die Distinktionspraktiken größtenteils im Verborgenen ablaufen. So prägen die (unbewussten) Klasseninteressen die Habitus, wodurch (unbewusste) Dispositionen den Handlungen zu Grunde liegen. Die Ökonomie der Distinktionsgewinne ist somit präreflexiv und zumeist nicht Teil eines bewussten Nutzenkalküls.

Die geringe subjektive soziale Distanz kann vor allem dann einer doppelten Distinktion dienen, wenn die objektive soziale Distanz zu den Flüchtlingen durch eine tolerantere Flüchtlingspolitik nicht in Frage gestellt wird.

Die statushöheren Gruppen verfügen auch hier über Dispositionen, die ihren Interessen dienlich sind. Tritt der Fall ein, dass die Flüchtlingspolitik ihnen schadet, endet auch die Akzeptanz der Flüchtlinge. Aus den Experteninterviews der Kölner Flüchtlings-Studien ging bspw. hervor, dass gerade im schulischen Kontext die Toleranz ende, wenn Eltern sich Sorgen um die Zukunftschancen ihrer Kinder machen würden (Friedrichs et al. 2019, S. 165).

Der Gruppe der Älteren, die sich im Laufe ihres Lebens einen gewissen Wohlstand im Bereich der unteren Mittelschicht erarbeiten konnte, bleibt hingegen vor allem die Abgrenzung zu den unteren Klassen, um Statusabstiege zu vermeiden. Die sozialräumliche Lage zwischen einer mittleren und einer starken wahrgenommenen wirtschaftlichen Bedrohung spricht dafür, dass Abstiegsängste das Verhalten dieser Statusklasse prägen, zumal sie besonders durch die Einwanderung von hoch qualifizierten Migranten und Einwanderern in ihrem Status als untere Mittelschicht gefährdet ist. Zwar zeigt die Gruppe eine sozialräumliche Nähe zum Merkmal, generell gespendet zu haben, dennoch besteht eine starke Ablehnung der Flüchtlinge, besonders auf der abstrakten Ebene der verschiedenen Fluchtursachen. Die Abgrenzung erfolgt gegenüber den untersten Klassen, die noch stärker durch wirtschaftliche Schwäche gekennzeichnet sind und sozialräumlich mit einer starken wahrgenommenen wirtschaftlichen Bedrohung korrespondieren.

Die subjektive soziale Distanz ist dabei im Bereich der unteren Mittelschicht und den Empfängern von Arbeitslosengeld 1 noch größer als in den untersten Klassen, bspw. den Empfängern von Sozialhilfe. Dies kann als Hinweis darauf gewertet werden, dass die Sorge vor (weiterem) sozialem Abstieg in der unteren Mittelschicht die subjektive soziale Distanz eher erhöht als die Lage in den untersten Schichten der Gesellschaft. Es sind somit auch hier die objektiven Potentiale, die die Einstellungen prägen und eine genetische Betrachtung der Auf- und Abstiegsdynamiken im sozialen Raum sinnvoll erscheinen lassen.

Welche Handlungen für welche sozialen Gruppen zur Distinktion gereichen, wird sozial über den Markt symbolischer Güter ausgehandelt. Wichtige Narrative und Typisierungen entspringen dem medialen Diskurs, der die grundlegenden Mechanismen der sozialen Auf- und Abwertungen abbildet und reproduziert. In der frühen Phase der Flüchtlingsmigration um 2015 betonten die Medien insbesondere die humane Einstellung der deutschen Bevölkerung und die »Willkommenskultur«. Zugleich stigmatisierten sie abweichende Einstellungen als rechts und unreflektiert. Die »Willkommenskultur« wurde so zur »moralisch intonierte[n] Verpflichtungsnorm« (Haller 2017, S. 138). Dies ermöglichte es den Gruppen, die eine große objektive und eine geringe subjektive Distanz gegenüber den Flüchtlingen einnahmen, ihren eigenen Standpunkt moralisch zu überhöhen, was die distinguierende Wirkung gegenüber Gruppen mit abweichenden Einstellungen verstärkte. Die Medien sind dadurch selbst ein Vehikel der gesellschaftlichen Distinktionspraktiken, wobei es im Zuge des Diskurses um die Aufnahme von Flüchtlingen auch zu strukturellen Ausgrenzungen von Bevölkerungsgruppen kam, die sich nicht der »Willkommenskultur« anschließen wollten.

8.4 Hysteresis-Effekt, Deprivation und Anomie

Durch Migration und Flucht treten Akteure in einen fremden sozialen Raum ein, in dem die symbolischen Kategorien ihrer Bewertung bereits existieren. Dabei werden zahlreiche Mechanismen symbolischer Herrschaft wirksam, die vorrangig die Abwertungen von Status und Kapital der Flüchtlinge bewirken. Zumeist sind Statusabstiege die Folge, wobei der Status nicht nur relativ zum Herkunftsland sinkt, sondern auch Veränderungen in den Relationen zur eigenen Diaspora und zu anderen Migrantengruppen denkbar sind. Zugleich erfolgt eine doppelte soziale Schließung durch den herkunftsbedingten und den statusbedingten Habitus der Migranten. Dadurch, dass das Leben bisher auf einem höheren Statusniveau und einem anderen nationalen sozialen Raum gelebt wurde, bestehen nun Dispositionen, die dem neuen Status nicht mehr angemessen sind. Zudem erfolgt die Sozialisation an die sozialen Regeln des Aufnahmelandes, so dass grundlegende alltägliche Dispositionen der Herkunftsgesellschaft fortan unpassend erscheinen. Die Zugangschancen zu alltäglichen sozialen Ereignissen und Interaktionen werden dadurch begrenzt. Die soziale »Unbeholfenheit« in der Gesellschaft wird umgedeutet zu negativen Merkmalen und zu einer naturalisierten Unterscheidung. Die sozialen Schließungsmechanismen unterbinden so erfolgreich die Integration, die die Gesellschaft einfordert.

Die Analyse zeigt, dass Flüchtlinge, deren (ökonomischer) Status im Herkunftsland weit oder eher unterdurchschnittlich war, durchaus höhere Hürden zu überwinden haben. Diese Gruppe zeigt tendenziell eine eher unterdurchschnittliche formale Integration. Ab einem durchschnittlichen Status im Herkunftsland wirkt sich dieser vornehmlich auf die Dimension der praktischen Integration aus, so dass mit steigendem Status im Herkunftsland die praktische Integration zunimmt.

Da die praktische Integration im sozialen Raum der Flüchtlinge kaum mit dem monatlichen Einkommen (häufig Sozialleistungen) korrespondiert, viele Flüchtlinge ihr komplettes ökonomisches Kapital für die Flucht aufgewendet haben, Bildungstitel und Berufserfahrungen abgewertet werden und die Flüchtlingspolitik und das Asylrecht mit zahlreichen Einschränkungen im Bereich der Bürgerrechte einhergehen, kann ein deutlicher Statusabstieg angenommen werden, der von den Flüchtlingen bewältigt werden muss. Zudem bedingt die Sozialisation vor einem anderen gesellschaftlichen Hintergrund, dass die Doxa, also die grundlegenden Gewissheiten zur Teilnahme an den sozialen Spielen auf den sozialen Feldern der Aufnahmegesellschaft, z.T. unpassend erscheinen. Beispielsweise hat die Wahrnehmung religiöser Frömmigkeit in Deutschland nur einen geringen oder (insbesondere bei Muslimen) gar negativen Einfluss auf das symbolische Kapital. Zudem können die eigenen Ansprüche nach der Migration teilweise nicht mehr erfüllt werden, wie bspw. bei Familienvätern, die ihre Familien nicht mehr selbst versorgen können.

Solche Erschütterungen der grundlegenden Gewissheiten und des Selbstbildes können die eigene Identität im Rahmen des Integrationsprozesses in Frage stellen. Die Anpassung der Dispositionen an den neuen Zustand braucht einige Zeit, so dass es zu verzögerten Anpassungen der Habitus kommen kann, die als Hysteresis-Effekte bezeichnet werden. Damit wird die Anpassungsphase bezeichnet, in der die alten Dispositionen weiterhin wirksam bleiben, obwohl sie der Situation nicht (mehr) angemessen sind. Sie können durch die Aufnahmegesellschaft als deviante Verhaltensweisen wahrgenommen werden, bspw. als fehlender Integrationswille, und dadurch weitere Abwertungen nach sich ziehen.

In den Experteninterviews der Kölner Flüchtlings-Studien (Friedrichs et al. 2019, S. 143 f.) gaben mehrere Experten an, dass viele Flüchtlinge mit unrealistisch hohen Erwartungen nach Deutschland gekommen sind. Ihre Kinder sollten studieren und sie selbst sahen gute Berufschancen für sich. Nach der Ankunft in Deutschland merkten sie, dass diese Vorstellungen nicht wahr werden und nicht der Realität entsprachen. Besonders wenn den Flüchtlingen klar wird, wie steinig und langwierig der Weg der Integration in die deutsche Gesellschaft werden wird und die Fähigkeiten (also das Kapital), welche man mitbringt, keine Anerkennung finden, bergen solche Abstiege ein großes Potential für Resignation und Frustration.

Das Ziel ist für viele, die Sprache zu erlernen und arbeiten zu gehen. Doch eine Erwerbstätigkeit zu finden, ist eine große Herausforderung, die vielen erst nach geraumer Zeit oder gar nicht gelingt. Dabei unterliegen sie den (doxischen) Vorstellungen und Klassifikationen, die mit ihrer Herkunft verbunden sind und die sie nicht gänzlich durch individuelles Engagement wettmachen können. Die Integration der Flüchtlinge »liegt in verschiedenen Händen« (Friedrichs et al. 2019, S. 144), und setzt in der Regel die Anerkennung als legitimer Flüchtling, sowie im Individualfall sehr viel Glück, voraus (Friedrichs et al. 2019, S. 144 f.).

Die Frustration kann die individuelle Motivation zu aktiven Integrationsbemühungen reduzieren. Eine unsichere Bleibeperspektive senkt den Anreiz, in eine Zukunft in Deutschland und die dafür notwendigen Schritte der Integration zu investieren. Flüchtlinge nutzen die Zeit dann eher dazu, noch möglichst viel Geld zu verdienen, bevor sie wieder in ihr Heimatland zurückkehren müssen, anstatt an Maßnahmen zum Spracherwerb oder Integrationsmaßnahmen teilzunehmen. Auch auf dem Arbeitsmarkt sind jene besonders motiviert, die eine Perspektive haben, in Deutschland bleiben zu können (Friedrichs et al. 2019, S. 145). All diese Faktoren finden ihren Ausdruck in der psychischen und mentalen Stimmungslage der Flüchtlinge und haben Auswirkungen auf ihr individuelles, wie auch gruppenspezifisches Verhalten.

»In einer Unterkunft mit überwiegend Syrern haben sie eine ganz andere Atmosphäre in der Art miteinander umzugehen, als in einer Unterkunft mit überwiegend Kosovaren, Albanern, Mazedoniern, die wissen, dass sie zurückmüssen. Da ist ein eher aggressives Potenzial. Die, die eine Chance haben zu bleiben, geben sich Mühe. Die geben alles, das zu schaffen. Der Kernunterschied ist die Bleibeperspektive« (Friedrichs et al. 2019, S. 145).

Durch die strukturell bedingten Perspektivlosigkeiten werden deviante Verhaltensweise (Merton 1938) wahrscheinlicher, die in der Folge zu weiteren Abwertungen der Gruppen und zu einer Legitimierung der strukturellen Hürden führen können.

Doch nicht nur Statusabstiege und Erschütterungen der Identität können zu abweichendem Verhalten oder (inneren) Konflikten beitragen. Auch wahrgenommene Diskriminierungen und soziale Isolation können deviante Verhaltensweisen wie ein Abrutschen in Kriminalität, fehlende Integrationsmotivation oder allgemeine soziale und kognitive Abgrenzung von der Mehrheitsgesellschaft hervorrufen. Die Analyse hat gezeigt, dass sich vor allem jene Gruppen sozial isoliert und außen vor fühlen, die eine geringe praktische Integration aufweisen. Sozialräumlich korrespondieren diese Wahrnehmungen mit geringer Bildung und schlechten Deutschkenntnissen. Mit zunehmender praktischer Integration und sozialer Teilhabe scheinen diese Wahrnehmungen abzunehmen. Das Gefühl, sich heute nicht willkommen zu fühlen, strukturiert sich hingegen vorrangig über die Dimension der formalen Integration. Dabei sollten insbesondere die institutionellen Mechanismen der Legitimitätszuschreibung diese Gefühlslage beeinflussen. Möglicherweise sind es gerade die Einschränkungen durch einen ungeklärten oder niedrigen Aufenthaltsstatus, wie bspw. die Verweigerung einer Wohnung oder eines Arbeitsplatzes, die ein Gefühl des nicht willkommen seins hervorrufen. Allerdings zeigt sich, dass sich ebenfalls Personengruppen mit geringer praktischer, aber überdurchschnittlicher formaler Integration heute noch kaum willkommen fühlen. Sozialräumlich korrespondiert diese Personengruppen mit sehr geringer Schulbildung (im Bereich der Primärbildung), sehr geringen finanziellen Mitteln, Herkunft aus dem Irak und dem Leben in einer Gemeinschaftsunterkunft. Die Schnittmengen zur deutschen Gesellschaft sind bei dieser Gruppe sehr gering und Kontakte bestehen vorrangig innerhalb der eigenen ethnischen Community. Die »Willkommenskultur« und die Wahrnehmung des willkommen seins kommt demnach vorrangig bei Gruppen an, denen eine höhere Legitimität zugestanden wird, die in Interaktion mit der Ursprungsgesellschaft stehen und vermutlich auch ein höheres Integrationspotential haben, da sie z.B. durch ein höheres Bildungsniveau bessere Berufschancen haben. Praktische Integration hat somit auch einen Einfluss auf die Wahrnehmung des willkommen seins bei Flüchtlingen. Nur Sprachkurse, Bildung und allgemeine soziale Schnittstellen können an dieser Situation etwas verändern. All diese Schritte tragen dazu bei, die bestehenden Dispositionen zu transformieren. Als umfassende Transformationen der Habitus brauchen diese Prozesse jedoch viel Zeit.

Diskriminierungserfahrungen und sich bei Ankunft nicht willkommen gefühlt zu haben liegen eher im Bereich einer höheren praktischen Integration und einer geringen formalen Integration. Dies mag einerseits über einen Zeiteffekt erklärbar sein, da die Personengruppen, die 2015 und 2016 nach Deutschland kamen, mit sehr langen Wartezeiten im Asylverfahren konfrontiert waren. Andererseits korrespondieren diese Items tendenziell mit der Herkunft aus den Balkanstaaten, die sowohl in der öffentlichen Debatte als auch auf institutioneller Ebene mit deutlicher Abwertung belegt ist. Die Deklarierung als »Wirtschaftsflüchtling« schlägt sich somit auf

Akteursebene nieder und wird bereits mit der Ankunft in Deutschland wirksam. Zudem kann angenommen werden, dass insbesondere Gruppen von Diskriminierungen betroffen sind, deren Aufenthalt eine geringere Legitimität zugestanden wird. Die staatlichen und diskursiven Zuschreibungen wirken sich dementsprechend bis auf die Ebene der Individuen und der individuellen Interaktionen aus.

In dieser Gemengelage von normativer Unsicherheit, wahrgenommener Abwertung, Identitätskrisen und einem Gefühl sozialer Exklusion liegen verschiedene Mechanismen verborgen, die die zahlreichen »Missverständnisse« und Konflikte zwischen autochthoner Bevölkerung und den unterschiedlichen Flüchtlingsgruppen erklären können. Darunter sind besonders abweichende Verhaltensweisen zu fassen, die stets dazu herangezogen werden, die Ablehnung von bestimmten Personengruppen zu legitimieren. Die Hysteresis und Anpassungsverzögerungen werfen Schwierigkeiten auf, die im Anschluss an Durkheim (1970 [1895]) und Merton (1938) mit dem Begriff der Anomie beschrieben werden können. In Folge von abrupten Veränderungen werden (Verhaltens-)Normen unklar, besonders im Falle der Flüchtlinge sind diese noch nicht internalisiert. Dadurch werden deviante Verhaltensweisen wahrscheinlicher. Das Spektrum dieser Devianz ist sehr weit gefasst, da es alle abgewerteten Verhaltensweisen umfassen kann. Es reicht von einem als ungewöhnlich oder als ungehörig empfundenen Verhalten bis hin zu schweren Straftaten. Deviantes Verhalten zieht seinerseits wieder Reaktionen der Abwertung nach sich, die die generelle Abwertung und negative Zuschreibungen scheinbar legitimieren. Auf diesem Wege übersetzen sich die globalen Machthierarchien in die soziale Praxis und werden als scheinbar objektive kulturelle Unterschiede naturalisiert. Die relationale Perspektive kann an dieser Stelle somit dazu beitragen, die sozialen Wechselverhältnisse, die im Integrationsprozess entstehen, zu verstehen.

Dabei sollten keinesfalls auch die Auswirkungen der Migration auf den sozialen Raum übersehen werden, die im Diskurs aus Angst, sie könnten Rassismus befördern, häufig vernachlässigt werden. Zahlreiche Flüchtlinge, die nach Deutschland gekommen sind, haben ihre Sozialisation vor einem anderen kulturellen Hintergrund erfahren und tragen abweichende Vorstellungen von Normen und Werten in den sozialen Raum. Dadurch können z.B. auch bestimmte Kriminaldelikte häufiger werden. In einem Gutachten für das Bundesministerium für Familie, Senioren, Frauen und Jugend (BMFSFJ) zeigen Pfeiffer et al. (2018) für Niedersachsen, dass die Kriminalität durch

Flüchtlinge zwischen 2014 und 2016 deutlich zugenommen hat. Dies machen sie, vor allem für Sexual- und Gewaltdelikte, unter anderem an der Alters- und Geschlechtsstruktur der Flüchtlinge fest. Mehr als ein Viertel der 2016 nach Niedersachsen eingereisten Flüchtlinge sind männlich und zwischen 18 und 30 Jahre alt. Weltweit stelle diese Gruppe stets den größten Anteil an Sexual- und Gewaltstraftätern (Pfeiffer et al. 2018, S. 73). Mit der überproportionalen Zuwanderung dieser Gruppe haben sich somit auch die Verhältnisse im sozialen Raum verändert. Diese Gruppe macht fortan einen größeren Anteil an der Gesamtbevölkerung aus. In Kombination mit anderen Merkmalskombinationen, wie bspw. einer tendenziell geringeren Bildung und schlechteren Berufsaussichten steigt das Risiko kriminellen Verhaltens. Diese Dynamik hat nicht nur Auswirkungen auf die Flüchtlingsgruppen selbst, sondern greift auch auf andere Bereiche des sozialen Raumes über. Nehmen bspw. Gewalt- und Sexualdelikte durch Flüchtlinge zu, kann dies allgemeine Abwertungen und Diskriminierungen von Flüchtlingen und Flüchtlingsgruppen zur Folge haben. So veränderten beispielsweise die Vorkommnisse aus der Kölner Silvesternacht 2015/2016 nachweislich den medialen Diskurs über die Flüchtlinge und hoben insbesondere die Gruppe der nordafrikanischen Flüchtlinge in den Fokus der medialen Aufmerksamkeit (Mühe 2017, S. 27; Sander 2016).

Zugleich stehen diese Zuschreibungen jedoch auch in einem dialektischen Verhältnis zueinander. Die kollektive Abwertung einer Flüchtlingsgruppe durch bestimmte Narrative führt zugleich auch zu einer schlechten Bleibeperspektive und verstärkt die Wahrscheinlichkeit abweichenden Verhaltens. Dies deckt sich mit der Erkenntnis, dass sich für die Flüchtlingsgruppen unterschiedliche Kriminalitätswahrscheinlichkeiten ausmachen lassen, wobei die Wahrscheinlichkeit, kriminell zu werden, mit zunehmender Bleibeperspektive abnimmt. Gemessen an ihrem Anteil der Flüchtlinge sind Flüchtlinge aus Nordafrika bei Gewaltdelikten beispielsweise um das 19-fache überrepräsentiert (Pfeiffer et al. 2018, S. 77). Der Diskurs um die Kölner Silvesternacht brachte jedoch zusätzlich auch noch einen Geschlechtsdiskurs hervor, nachdem männliche Flüchtlinge ab- und weibliche Flüchtlinge aufgewertet wurden (Holzberg et al. 2018, S. 546). Dies hängt nicht zuletzt damit zusammen, dass die Flüchtlinge, die um das Jahr 2015 nach Deutschland kamen, häufig aus Ländern stammen, die von männlicher Dominanz geprägt sind, wo sie im Verhältnis zu gleichaltrigen Deutschen in ihrer Sozialisation häufiger »gewaltlegitimierende Männlichkeitsnormen« (Pfeiffer et al. 2018, S. 83) internalisiert haben. Frauen über

14 Jahren machen in der niedersächsischen Flüchtlingspopulation hingegen nur 22,3 % aus und sind damit deutlich unterrepräsentiert, wodurch sich in der großen Gruppe junger Männer eine »gewaltorientierte Eigendynamik entfalten und erheblich zur überproportionalen Zunahme der Gewalt beitragen« könne (Pfeiffer et al. 2018, S. 83). Bezogen auf den sozialen Raum bedeutet dies zudem nicht nur einen höheren Anteil an Akteuren, die ein Weltbild vertreten, nach dem Frauen weniger Rechte im öffentlichen und/oder privaten Raum wahrnehmen sollten, sondern zugleich, dass sich die Geschlechterverhältnisse verschieben. Dies kann in bestimmten Teilbereichen des sozialen Raumes bspw. zu stärkerer Konkurrenz auf dem Heiratsmarkt führen. Zudem werden Gewalt- und Sexualdelikte häufiger, was bspw. wiederum Verhaltensweisen von Frauen im öffentlichen Raum verändern kann. Zugleich zeigt Freytag (2016), dass 43 % der befragten Flüchtlinge ein schwules Paar als Nachbarn ablehnten. Auch dies verweist auf andere Vorstellungen einer liberalen Lebensweise und kann zu einer gesteigerten Diskriminierung oder Gewalt gegen Homosexuelle beitragen.

Insgesamt kann davon ausgegangen werden, dass fehlende (zugeschriebene) Integration und abweichendes Verhalten nicht monokausal erklärt werden können, sondern ebenfalls auf die sozialen Wechselbeziehungen zurückzuführen sind, die einer relational motivierten Integrationstheorie zu Grunde liegen. Die Aufnahme einer großen Gruppe bewirkt Veränderungen des gesamten sozialen Raumes. Die Wahrscheinlichkeit, von diesen Veränderungen relativ stark betroffen zu sein und diese (als negativ) wahrzunehmen, verteilt sich wiederum sozialräumlich und sollte vorrangig jene Gruppen treffen, die eine geringe objektive soziale Distanz zu den Flüchtlingen aufweisen.

9. Schlussbetrachtung

Der relationale Ansatz ermöglicht gegenüber den klassischen Theorien der Migrations- und Integrationsforschung neue Perspektiven, sowohl hinsichtlich der sozialen Mechanismen, die vor und nach der Migration wirksam werden, als auch der unterschiedlichen gesellschaftlichen Akteursgruppen, die in die Prozesse von Migration und Integration involviert sind. Dabei konnten verschiedene Theorietraditionen in den relationalen Ansatz der Bourdieuschen Theorie integriert werden. Während in weiten Teilen der Migrations- und Integrationsforschung einzelne Teilbereiche des Integrationsprozesses sehr gewinnbringend untersucht werden, ermöglicht ein sozialräumlich motivierter Zugang eine integrierte Betrachtung verschiedener Theoriestränge im Kontext einer umfassenden Gesellschaftstheorie.

Im Rahmen der Studie wurden zahlreiche Aspekte der Assimilationstheorie, der Theorie ethnischer Bedrohung, der sozialen Distanz und der Kontakthypothese theoretisch integriert und anschließend im Rahmen der multiplen Korrespondenzanalyse getestet, wobei nicht nur eine sozialräumliche Ausdifferenzierung der wahrgenommenen Bedrohungen, der Kontaktchancen, der subjektiven und objektiven sozialen Distanzen und der Integrations- und Assimilationschancen offenbar wurde, sondern auch Wechselwirkungen der unterschiedlichen Merkmalsausprägungen beschrieben werden konnten.

Aus der sozialräumlichen Perspektive können beispielsweise die Kontaktwahrscheinlichkeiten und die ethnischen Bedrohungen für verschiedene Akteursklassen bestimmt werden. Dabei wurde deutlich, dass beide Faktoren in enger Abhängigkeit von der sozialräumlichen Lage variieren und bestimmte Lebenslagen widerspiegeln, die aus einer theoretischen Perspektive ihren Niederschlag in den klassenspezifischen Habitus finden. Innerhalb dieser bilden sich zugleich jene Dispositionen aus, die als Einstellungen gegenüber Flüchtlingen und Migranten in zahlreichen Studien erhoben wurden. Es erscheint vor diesem Hintergrund wenig verwunderlich, dass es gerade jene Gruppen sind, die durch eine liberale Flüchtlingspolitik in ihrer eigenen Alltagswelt unter Druck geraten, die negative Erfahrungen machen und negative Einstellungen gegenüber Flüchtlingen äußern.

Anhand des Konzeptes der sozialen Distanz können diese Einstellungsdispositionen im Anschluss an Schmitz (2006) nochmals differenzierter dargelegt werden, so dass vor allem eine große objektive soziale Distanz mit einer relativ geringen subjektiven Distanz einhergehen kann, da unter anderem die sozialen Schnittstellen auf freiwillige Interaktionen begrenzt sind, bei denen das soziale Gefälle stets aufrechterhalten werden kann. Da die statushöheren Klassen zudem nicht in Konkurrenz zu den Flüchtlingsgruppen stehen, widersprechen positive Einstellungen ihnen gegenüber nicht dem Klasseninteresse, so dass sich habituell positive Einstellungsdispositionen entwickeln können. Aus den relationalen Beziehungen ergibt sich daraus zugleich das Privileg einer »Doppelten Distinktion«. Die eigene sozialräumliche Lage ermöglicht dabei (unbewusst), eine moralisch erhöhte Einstellung, also bspw. eine breite Auslegung des Asylrechts, zu vertreten, da für diese Gruppen keine negativen Konsequenzen daraus erwachsen. Negative Einstellungen müssen dementsprechend nicht empfunden werden. Zugleich bedingen diese Einstellungen eine soziale Abgrenzung zu unteren Statusklassen, indem die dort herrschenden negativeren Einstellungen sozial abgewertet werden können. Dabei sei betont, dass diese Distinktionsdynamiken kein bewusstes Handeln voraussetzen, sondern aus den sozialräumlich verteilten Klasseninteressen erwachsen und als Teile der Habitus in die Handlungsentscheidungen der Akteure miteinfließen. Anhand der Gruppe der Studierenden konnte zudem gezeigt werden, dass das objektive Potential eines Statusaufstiegs in der Zukunft die subjektive soziale Distanz geringhalten kann.

Bezogen auf die bisherige Forschung zu Migration und Flüchtlingen bedeutet dies, dass sich die unterschiedlichen theoretischen Ansätze im Rahmen einer sozialräumlichen Perspektive reformulieren lassen. Ihre empirische Evidenz wird dabei nicht in Frage gestellt. Dennoch ergeben sich neue Einsichten hinsichtlich der sozialen Mechanismen und Ursachen. Wie bereits Schmitz (2006, S. 31 f.; S. 69) für die Kontakthypothese postuliert, sind die Interaktionswahrscheinlichkeiten sowie die Wahrnehmung von Interaktionen als positiv oder negativ sozialräumlich vorstrukturiert. Die Kontaktwahrscheinlichkeiten unterliegen den grundlegenden soziostrukturellen Gesetzen und Machtrelationen, die sich im sozialen Raum abbilden (Schmitz 2006, S. 33). Die vier Bedingungen nach Allport (gleicher sozialer Status, gemeinsame Ziele, geteilte Interessen und institutionelle Unterstützung) unterliegen dabei ebenfalls sozialräumlich verteilten Wahrscheinlichkeiten, so dass Schmitz daraus schließt, dass sich diese zwar empirisch bewähren, der Zusammenhang aber eher korrelativ als kausal ist (Schmitz 2006, S. 69). Durch das Zusammenspiel von objektiver und subjektiver sozialer Distanz haben Personengruppen mit großer objektiver und geringer subjektiver sozialer Distanz eine höhere Wahrscheinlichkeit, positive Kontakte mit Flüchtlingen zu erleben, da sie die Kontaktsituationen selbst wählen können. Dies trifft für statusniedrige Klassen nicht zu, was durch die empirische Analyse gestützt wird.

Ähnliches lässt sich für die Theorie der ethnischen Bedrohung formulieren. Auch hier ist die Wahrnehmung von Bedrohung durch die sozialräumliche Lage geprägt. Es erscheint wenig verwunderlich, dass sich Klassen, die eine große objektive soziale Distanz zu den Flüchtlingen aufweisen, in geringerem Maße durch ihre Aufnahme bedroht fühlen. Der Status dieser Klassen ist abgesichert und sie haben die nötigen Kapitalressourcen, um nicht mit den Flüchtlingen in Konkurrenz treten zu müssen. Variablen wie Bildungsstatus und Einkommen haben so nicht nur einen positiven Einfluss auf die Einstellungen, da sie mit mehr Wissen über die Minoritäten einhergehen. Vielmehr ist die tatsächliche Bedrohungslage unterschiedlich zwischen den Klassenfraktionen verteilt. Insbesondere die statusniedrigen Klassen treten direkt mit den Flüchtlingen in Konkurrenz um Wohnungen, Arbeitsplätze und Sozialleistungen, während die oberen Klassen nur geringfügige Veränderungen in ihrem Alltag erfahren. Die oberen Klassen profitieren somit einerseits davon, keine negativen Einstellungen erleben zu müssen. Zugleich können sie weitere Distinktionsgewinne durch die Abwertungen von negativen Einstellungen erreichen, indem die Ablehnung von Flüchtlingsmigration diskursiv mit geringer Bildung, niedrigem Einkommen, Sozialneid und anderen negativen Zuschreibung verknüpft werden. Dabei tragen die klassischen Migrations- und Integrationstheorien aus einer Bourdieuschen Perspektive zu diesen sozialen Abwertungsmechanismen bei, indem sie die ursächlichen Machtrelationen verdecken. Die Einstellungsdispositionen der statusniedrigen Gruppen werden abgewertet, indem empirische Studien negative Einstellungen stets im Milieu der niedrig gebildeten und ökonomisch schwachen Klassen verorten, ohne die tatsächlichen sozialen Folgen von Migration nach Klassen zu differenzieren.

Negative Einstellungen gegenüber Migration können so als »kleingeistig« und unbegründet klassifiziert werden, obwohl sich die Lage für die niedrigen Statusklassen im Vergleich zu den mittleren und oberen Klassen objektiv verschlechtern kann.

Der Vorteil einer sozialräumlichen Betrachtung von Migrations- und Integrationsprozessen liegt darin, dass sie eine simultane Betrachtung mehrerer integrationsrelevanter Perspektiven ermöglicht. Die Machthierarchien des sozialen Raums prägen nicht nur die Einstellungsmuster der Akteursklassen der autochthonen Bevölkerung, sondern tragen auch zur Klassifizierung der unterschiedlichen Flüchtlingsgruppen bei. Wie die Analysen zeigen konnten, korrespondiert im sozialen Raum der Flüchtlinge die formale Integration mit der Dimension der praktischen Integration. Es konnte gezeigt werden, dass Gruppen, denen administrativ eine hohe formale Integration zugestanden wird, zumeist auch zu einem höheren Grad praktisch integriert sind. Dies trifft auch dann zu, wenn diese Gruppen, wie bspw. die Flüchtlingsgruppe aus Eritrea, durch ein eher geringes Bildungsniveau charakterisiert werden können.

Innerhalb des Raumes der Flüchtlinge bewährten sich zudem die Darlegungen Sayads, so dass sowohl das Herkunftsland als auch der relative Status im Herkunftsland einen Einfluss auf die sozialräumliche Position im sozialen Raum der deutschen Gesellschaft aufweisen. Die internationale Staatenhierarchie prägt dabei nicht nur die Integrationschancen, indem Flüchtlingen aus bestimmten Staaten eine höhere Legitimität zugestanden wird. Das Merkmal, aus einem Herkunftsland zu kommen, welches in der internationalen Staatenhierarchie weiter unten angesiedelt ist, wird zudem im gesellschaftlichen Diskurs mit sozialer Bedeutung aufgeladen, so dass es als (negatives) symbolisches Kapital einen Einfluss auf die Lage im sozialen Raum nimmt. Dies schlägt sich auch auf Bereiche wie die wahrgenommene Diskriminierung und Deprivation nieder. Neben das Merkmal »Herkunft« treten zudem weitere Zuschreibungen und Nebenmerkmale, die einen Einfluss auf die Integrationschancen haben.

Integration oder Assimilation sind Prozesse, die tiefgreifend durch Relationen geprägt sind, da sie stets auf Interaktion unterschiedlicher Intensität basieren. Dennoch folgen weite Teile der Forschung einer sehr fragmentarischen Betrachtung dieser Prozesse. Während die Kontakthypothese und die Theorie der ethnischen Bedrohung vorrangig die Perspektive der Aufnahmegesellschaft betonen, finden sich mit den Assimilationstheorien auch Ansätze, die sich auf die Rolle der Migranten stützen. Der Integrations-

bzw. Assimilationsprozess wird dabei zumeist aus einer subjektorientierten Perspektive beschrieben. Dabei werden neben unterschiedlichen Outcomes von Migration und Assimilation auch unterschiedliche Phasen des Integrationsprozesses beschrieben, wie die Aneignung spezifischer Fähigkeiten (Sprache), die Aufnahme einer Erwerbstätigkeit, das Knüpfen von Kontakten zur Ursprungsgesellschaft und schlussendlich die Identifikation mit der Aufnahmegesellschaft und ihren Werten (Esser 1980). Die Theorie des sozialen Raumes ermöglicht es, die analytischen Phasen theoretisch zu integrieren und sozialräumlich zu kontrastieren. Im Rahmen der kognitiven Integration, die vorrangig Vermittlungsprozesse von spezifischem kulturellen Kapital beschreibt, konnte gezeigt werden, dass nicht alle Flüchtlingsgruppen den gleichen Zugang zu den Vermittlungsinstitutionen zugestanden bekommen. Während es mit einer hohen formalen Integration (und damit höherer Legitimität) einfacher ist, einen Sprach- und Integrationskurs zu erhalten, sind die Chancen für Gruppen mit einer geringen formalen Integration niedriger. Dies wirkt sich auf den gesamten Integrationsprozess aus, da die folgenden Phasen der Integration das kulturelle Kapital voraussetzen. Die Platzierung auf dem Arbeitsmarkt (strukturelle Integration) ist bspw. in der Regel durch die Zugangsschranke eines ausreichenden Sprachniveaus reguliert, wobei Eliten diese Zugangsschranke z.B. durch gute Englischkenntnisse kompensieren können. Die Anforderungen an die Integration bzw. Assimilation unterscheidet sich demnach je nach Herkunft und sozialem Status. Zudem besteht mit der staatlichen Erteilung der Arbeitserlaubnis eine weitere Zugangsbeschränkung zum Integrationsprozess, die sich direkt aus der formalen Integration und dem Aufenthaltsstatus ableitet.

Die soziale Integration setzt ebenfalls zumeist Sprachkenntnisse voraus, sowie Kenntnisse über die grundlegenden gesellschaftsspezifischen Verhaltensnormen der Interaktion. Zugleich werden die Kontakte zu Deutschen in der Regel mit der Aufnahme einer Beschäftigung häufiger. Die administrative und gesellschaftliche Zuteilung von Legitimation trägt so dazu bei, dass die Integration leichter oder schwerer gelingt oder gar scheitert. Das Niveau der identifikativen Integration hängt dementsprechend eng damit zusammen, wie der Integrations- oder Assimilationsprozess verläuft und basiert dadurch ebenfalls auf der zugeschriebenen Legitimation.

Darüber hinaus erfolgt die Zuschreibung von Legitimität nicht anhand der bloßen Aneignung der Anforderungen der Integrationsdimensionen, wie Esser (1980, 2009) sie postuliert. So zeigte sich in der Analyse, dass die Gruppe der Migranten aus den Balkanstaaten hinsichtlich der Integrationsdimensionen die besten Ausgangsbedingungen hatte, da sie sowohl bzgl. der Sprachkenntnisse, der Berufstätigkeit und der Interaktionen mit der autochthonen Bevölkerung in Relation zu den anderen Gruppen relativ hohe Werte aufwiesen. Dennoch waren sie im Vergleich zu den anderen Flüchtlings- und Migrantengruppen nur mit einer sehr geringen Legitimität ausgestattet, was vermutlich insbesondere anhand der zugeschriebenen wirtschaftlichen Migrationsmotive erklärt werden kann. Die verschiedenen Migrantengruppen sind folglich mit sehr unterschiedlichen Anforderungen im Rahmen der Integration konfrontiert, so dass manche Akteursklassen deutlich höhere Hürden überwinden müssen, um als »integriert« anerkannt zu werden.

Die analytischen Stufen der Integration können zudem nicht in abstracto betrachtet werden, da die Qualität der Integration ansonsten unberücksichtigt bleibt. In Anlehnung an Sayad wird deutlich, dass die strukturelle Assimilation zwar häufig erreicht wird, dies geschieht jedoch zumeist auf einem sehr niedrigen sozialen Niveau. Die staatlichen Mechanismen tragen dazu bei, indem z.B. Berufs- oder Bildungsabschlüsse nicht offiziell anerkannt werden, so dass nur der Arbeitsmarkt für Geringqualifizierte offensteht. Die Integration findet also gerade in jene soziale Kontexte statt, in denen die Abneigung gegenüber Flüchtlingen aufgrund des stärkeren Konkurrenzdrucks am größten ist. Damit erfolgt eine zunehmende Prekarisierung der Verhältnisse der unteren Klassen des sozialen Raumes. Zugleich steigt die Wahrscheinlichkeit von Identitätskrisen und deviantem Verhalten der Flüchtlinge, da sie massive Status- und Kapitalabwertungen erfahren und die Träume und Vorstellungen von einem guten Leben in Deutschland nicht erfüllt werden.

Eine Bourdieusche Perspektive betont besonders die Wechselwirkungen, die im Integrationsprozess entstehen. Es konnte in diesem Licht gezeigt werden, dass den verschiedenen Flüchtlingsgruppen in unterschiedlichem Grade Legitimität zugestanden wird. Dies schlägt sich auf der administrativen Ebene vorrangig in der Vergabe des Schutzstatus nieder. Verbunden mit der Zuteilung eines Schutzstatus lässt sich eine Hierarchie nachzeichnen, durch die bestimmte Flüchtlingsgruppen einen Vorteil erlangen. Die Zuteilung von Privilegien erfolgt dabei auch durch den öffentlichen Diskurs. Hier werden unterschiedliche Legitimitätsgrade der Flüchtlingsgruppen verhandelt und reproduziert. Häufig wird dabei auf Narrative zurückgegriffen, die sich aus der (Migrations-)Historie ergeben. Für die Flüchtlinge muslimischen Glaubens bedeutet dies, dass sie häufig mit Klassifizierungen assoziiert sind, die sich aus Erfahrungen mit früheren muslimischen Migrantengruppen, insbesondere den Gastarbeitern, speisen und zudem eng mit der Last des islamistischen Terrors verknüpft sind. Damit verbunden sind breite Vorbehalte in der deutschen Bevölkerung gegenüber dem Islam. Die Integration scheint dementsprechend für muslimische Flüchtlinge schwieriger zu sein als bspw. für christliche, da ihnen diese Klassifikationen, unabhängig von ihrer tatsächlichen Religion und religiösen Praxis, zugeschrieben werden. Dies drückt sich bspw. darin aus, dass Christen einen höheren Grad praktischer Integration aufweisen als andere Glaubensgemeinschaften.

Mit einer sozialräumlichen Perspektive kann dem Verständnis von Migration und Integration somit ein weiterer Mosaikstein hinzugefügt werden. Dabei werden nicht nur die Differenzierungen zwischen den einzelnen gesellschaftlichen Gruppen und ihre Einstellungsdispositionen gegenüber Flüchtlingen offenbar. Flüchtlinge, die nach Deutschland kommen, sind bereits vor ihrer Ankunft mit mannigfaltigen Zuschreibungen belegt, die nach ihrer Ankunft ihren Alltag und ihre Lebenswelt massiv prägen. Durch zahlreiche Prozesse von Zuschreibung und Klassifizierung spiegeln Flüchtlinge oder andere Migrantengruppen dabei (internationale) Machtrelationen symbolischer Herrschaftsstrukturen. Die gleichen Mechanismen prägen die Ursprungsgesellschaft und führen zu dem dargestellten Gefüge von Auf- und Abwertungen, von positiven und negativen Einstellungen und (wahrgenommenen) Bedrohungen. Einer sozialräumlichen Perspektive gelingt es in der Analyse dieser Prozesse, sich nicht den Verlockungen leichter Antworten hinzugeben und dadurch die grundlegenden (Macht-)Strukturen und die Dialektik der integrationsrelevanten Merkmale zu verdecken.

Abbildungen

Abbildung 1 »Sozialer Raum der Flüchtlinge« – aktive Merkmale 179
Abbildung 2 »Sozialer Raum der Flüchtlinge« – Soziodemographie 183
Abbildung 3 »Sozialer Raum der Flüchtlinge« – Religion, Einfluss
Religionsführer in einer Demokratie und Fluchtursachen 190
Abbildung 4 »Sozialer Raum der Flüchtlinge« – Relative wirtschaftliche
Situation und relatives Einkommen im Heimatland 194
Abbildung 5 »Sozialer Raum der Flüchtlinge« – Deprivation und
Diskriminierung 198
Abbildung 6 »Sozialer Raum der Flüchtlinge« – Hilfen bei der Integration 202
Abbildung 7 »Sozialer Raum der Flüchtlinge« – Kontakte zu Migrantengruppen .. 206
Abbildung 8 »Sozialer Raum der Einstellungen gegenüber Flüchtlingen« –
aktive Merkmale 215
Abbildung 9 »Sozialer Raum der Einstellungen gegenüber Flüchtlingen« –
Soziodemographie 220
Abbildung 10 »Sozialer Raum der Einstellungen gegenüber Flüchtlingen« –
Integrationsperspektive und zugeschriebene Eigenschaften 225
Abbildung 11 »Sozialer Raum der Einstellungen gegenüber Flüchtlingen« – Orte
des Kontaktes 229
Abbildung 12 Orte der Begegnung mit Flüchtlingen und soziale Distanzen 232
Abbildung 13 Einstellungen und soziale Distanzen 233
Abbildung 14 Soziodemographie und soziale Distanzen 234

Tabellen

Tabelle 1 Staatsangehörigkeit und Ankunft in Deutschland in Zeilenprozent 169
Tabelle 2 Staatsangehörigkeit nach Bildungsabschluss in Zeilenprozent 171
Tabelle 3 Staatsangehörigkeit und Religionszugehörigkeit in Zeilenprozent 174
Tabelle 4 Religionszugehörigkeit und Einfluss von Religionsführern in einer
Demokratie in Zeilenprozent 175
Tabelle 5 Bildungsabschluss nach ISCED11 und Staatsangehörigkeit vs. relative
wirtschaftliche Situation im Herkunftsland in Zeilenprozent 176

Literatur

Abrams, Dominic, Julie van de Vyver, Diane M. Houston und Milica Vasiljevic. 2017. Does terror defeat contact?: Intergroup contact and prejudice toward Muslims before and after the London bombings. *Peace and Conflict: Journal of Peace Psychology* 23 (3): 260–268. doi: 10.1037/pac0000167.

Adam, Francesca, Stefanie Föbker, Daniela Imani, Carmella Pfaffenbach, Günther Weiss und Claus-C. Wiegandt. 2019a. *Integration Geflüchteter in nordrhein-westfälischen Städten und Gemeinden.* FGW-Studie – Integrierende Stadtentwicklung 12. Düsseldorf. https://www.fgw-nrw.de/fileadmin/user_upload/FGW-Studie-ISE-12-Wiegandt-2019_01_29-komplett-web.pdf. Zugegriffen: 6. November 2019.

Adam, Francesca, Stefanie Föbker, Daniela Imani, Carmella Pfaffenbach, Günther Weiss und Claus-C. Wiegandt. 2019b. »Lost in transition«?: Integration of refugees into the local housing market in Germany. *Journal of Urban Affairs* 5 (20): 1–20. doi: 10.1080/07352166.2018.1562302.

Ager, Alastair. und Alison Strang. 2008. Understanding Integration: A Conceptual Framework. *Journal of Refugee Studies* 21 (2): 166–191. doi: 10.1093/jrs/fen016.

Ahrens, Petra-Angela. 2017. *Wie blickt Deutschland auf Flüchtlinge? Erwartungen der Bevölkerung zur Aufnahme von Flüchtlingen zwischen November 2015 und April 2017*, Bonn, 12. Mai 2017. Zugegriffen: 24. Oktober 2017.

Aigner, Petra. 2017. *Migrationssoziologie. Eine Einführung.* Studienskripten zur Soziologie. Wiesbaden: Springer VS.

Alba, Richard, J. Handl und W. Müller. 1994. Ethnische Ungleichheit im deutschen Bildungssystem. *Kölner Zeitschrift für Soziologie und Sozialpsychologie* 42 (2): 209–237.

Allport, Gordon W. 1954. *The nature of prejudice.* Cambridge: Addison-Wesley.

Almstadt, Esther. 2017. Flüchtlinge in den Printmedien. In *Flüchtlinge: Multiperspektivische Zugänge*, hrsg. Cinur Ghaderi und Thomas Eppenstein, 185–201. Wiesbaden: Springer VS.

Attia, Iman. 2013. Privilegien sichern, nationale Identität revitalisieren. *Journal für Psychologie* 21.

Aumüller, Jutta. 2018. Die kommunale Integration von Flüchtlingen. In *Handbuch Lokale Integrationspolitik*, hrsg. Frank Gesemann und Roland Roth, 173–198. Wiesbaden: Springer VS.

Babka von Gostomski, Christian. 2007. *Türkische, griechische, italienische und polnische Personen sowie Personen aus den Nachfolgestaaten des ehemaligen Jugoslawien in Deutschland*. Working Paper 11/2007. Nürnberg. https://www.bamf.de/SharedDocs/Anlagen/DE/Publikationen/WorkingPapers/wp11-ram-erste-ergebnisse.pdf?__blob=publicationFile. Zugegriffen: 2. September 2018.

Bade, Klaus und Jochen Oltmer. 2005. Flucht und Asyl seit 1990. https://www.bpb.de/gesellschaft/migration/dossier-migration-ALT/56443/flucht-und-asyl-seit-1990. Zugegriffen: 20. November 2018.

Bahns, Angela J. 2016. Threat as justification of prejudice. *Group Processes & Intergroup Relations* 20 (1): 52–74. doi: 10.1177/1368430215591042.

Barlow, Fiona Kate, Stefania Paolini, Anne Pedersen, Matthew J. Hornsey, Helena R. M. Radke, Jake Harwood, Mark Rubin und Chris G. Sibley. 2012. The contact caveat: Negative contact predicts increased prejudice more than positive contact predicts reduced prejudice. *Personality & social psychology bulletin* 38 (12): 1629–1643. doi: 10.1177/0146167212457953.

Baur, Hanna, Daniel Klein, Julian Seuring, Gina Walcher und Anja Weidner. 2010. Fremdenfeindlichkeit im Ost-Westdeutschen Vergleich: Welchen Erklärungsbeitrag leisten Kontakt- und Konflikthypothese? In *Einstellungen gegenüber ethnischen Minderheiten in Europa*, hrsg. Manuel Siegert und Irena Kogan, 1–34. Bamberg: University of Bamberg Press.

Bedaso, Fenet. 2021. *The Labor Market Integration of Refugees and other Migrants in Germany*. GLO Discussion Paper 884. https://www.econstor.eu/handle/10419/235526. Zugegriffen: 30. September 2022.

Belkin, Dmitrij. 2017. Jüdische Kontingentflüchtlinge und Russlanddeutsche | bpb. https://www.bpb.de/gesellschaft/migration/kurzdossiers/252561/juedische-kontingentfluechtlinge-und-russlanddeutsche. Zugegriffen: 13. August 2020.

Benzécri, Jean-Paul und Mitarbeiter. 1973. *L' analyse des correspondances*. L'analyse des donnèes. Paris: Dunod.

Berger, Peter L. und Thomas Luckmann. 1980. *Die gesellschaftliche Konstruktion der Wirklichkeit. Eine Theorie der Wissenssoziologie*. Fischer-Taschenbücher, Bd. 6623. Frankfurt/M.: Fischer-Taschenbuch-Verl.

Berry, John W. 1980. Acculturation as varieties of adaption. In *Acculturation: Theory, models and some new findings*, hrsg. Amado M. Padilla, 9–25. AAAS selected symposium, Bd. 39. Boulder, Colo.: Westview Press.

Berry, John W. 1997. Immigration, Acculturation, and Adaptation. *Applied Psychology: An International Review* 46 (1): 5–68.

Bettencourt, B.Ann, Marilynn B. Brewer, Marian Rogers Croak und Norman Miller. 1992. Cooperation and the reduction of intergroup bias: The role of reward structure and social orientation. *Journal of Experimental Social Psychology* 28 (4): 301–319. doi: 10.1016/0022-1031(92)90048-O.

Bielefeldt, Heiner. 2013. Muslimfeindlichkeit. Ausgrenzungsmuster und ihre Überwindung. In *Muslimfeindlichkeit – Phänomen und Gegenstrategien: Tagungsband ; Beiträge der*

Fachtagung der Deutschen Islam Konferenz am 4. und 5. Dezember 2012 in Berlin, hrsg. BMI, 23–34. Berlin: Bundesministerium des Innern.

Binder, Jens, Hanna Zagefka, Rupert Brown, Friedrich Funke, Thomas Kessler, Amelie Mummendey, Annemie Maquil, Stephanie Demoulin und Jacques-Philippe Leyens. 2009. Does contact reduce prejudice or does prejudice reduce contact? A longitudinal test of the contact hypothesis among majority and minority groups in three European countries. *Journal of personality and social psychology* 96 (4): 843–856. doi: 10.1037/a0013470.

Blalock, Hubert M. 1967. *Toward a Theory of Minority Group Relations*. New York: Wiley.

Blalock, Hubert M. 1982. *Race and Ethnic Relations*. New York: Prentice-Hall.

Blasius, Jörg. 1994. Correspondence Analysis in Social Science Research. In *Correspondence analysis in the social sciences: Recent developments and applications*, hrsg. Michael Greenacre und Jörg Blasius, 23–52. London, San Diego: Academic Pr.

Blasius, Jörg. 2001. *Korrespondenzanalyse*. Internationale Standardlehrbücher der Wirtschafts- und Sozialwissenschaften. Berlin, Boston: DE GRUYTER.

Blasius, Jörg. 2010. Korrespondenzanalyse. In *Handbuch der sozialwissenschaftlichen Datenanalyse*, hrsg. Christof Wolf und Henning Best, 367–389, 1. Aufl. Wiesbaden: VS Verlag für Sozialwissenschaften / Springer Fachmedien Wiesbaden GmbH Wiesbaden.

Blasius, Jörg und Michael J. Greenacre (Hrsg.). 2006. *Multiple correspondence analysis and related methods*. Statistics in the social and behavioral sciences series. Boca Raton: Chapman & Hall/CRC.

Blasius, Jörg, Frédéric Lebaron, Brigitte Le Roux und Andreas Schmitz. 2019. Investigations of Social Space: Introduction. In *Empirical investigations of social space*, hrsg. Jörg Blasius, Frédéric Lebaron, Brigitte Le Roux und Andreas Schmitz, 1–11. Methodos series, volume 15. Cham: Springer International Publishing.

Blasius, Jörg und Andreas Schmitz. 2012. Die empirische Konstruktion sozialer Räume. In *Transnationale Vergesellschaftungen: Verhandlungen des 35. Kongresses der Deutschen Gesellschaft für Soziologie in Frankfurt am Main 2010*, hrsg. Hans Georg Soeffner, 1. Aufl. Wiesbaden: VS Verl. für Sozialwissenschaften.

Blasius, Jörg und Andreas Schmitz. 2014. Empirical Construction of Bourdieu's Social Space. In *Visualization and Verbalization of Data*, hrsg. Jörg Blasius und Michael Greenacre, 205–222. Chapman & Hall / CRC Computer Science & Data Analysis. Hoboken: Taylor and Francis.

Blasius, Jörg und Joachim Winkler. 1989. Gibt es die »feinen Unterschiede«? Eine empirische Überprüfung der Bourdieuschen Theorie. *Kölner Zeitschrift für Soziologie und Sozialpsychologie* 41 (1): 72–94.

Blommaert, L., M. Coenders und F. van Tubergen. 2014. Discrimination of Arabic-Named Applicants in the Netherlands: An Internet-Based Field Experiment Examining Different Phases in Online Recruitment Procedures. *Social Forces* 92 (3): 957–982. doi: 10.1093/sf/sot124.

Blumer, H. 1958. Race prejudice as a sense of group position. *Pacific Sociological Review* 1 (1): 3–7.

Bobo, Lawrence und Vincent L. Hutchings. 1996. Perceptions of Racial Group Competition: Extending Blumer's Theory of Group Position to a Multiracial Social Context. *American Sociological Review* 61 (6): 951–972.

Bogardus, Emory. 1925. Measuring social distance. *Journal of applied sociology* 9: 299–308.

Bogardus, Emory. 1926. Social distance in the city. *Proceedings and Publications of the American Sociological Society* 20: 40–46.

Boltanski, Luc. 1999. *Distant suffering. Morality, media and politics*. Cambridge cultural social studies. Cambridge: Cambridge Univ. Press.

Borevi, Karin und Bo Bengtsson. 2015. The tension between choice and need in the housing of newcomers: A theoretical framework and an application on Scandinavian settlement policies. *Urban Studies* 52 (14): 2599–2615. doi: 10.1177/0042098014548137.

Bourdieu, Pierre. 1958. *Sociologie de l'Algérie*. Presses universitaires de France., Bd. 802. Paris.

Bourdieu, Pierre. 1974. *Zur Soziologie der symbolischen Formen*, 1. Aufl. Suhrkamp-Taschenbuch Wissenschaft, Bd. 107. Frankfurt am Main: Suhrkamp-Taschenbuch-Verl.

Bourdieu, Pierre. 1979. *Entwurf einer Theorie der Praxis auf der ethnologischen Grundlage der kabylischen Gesellschaft*, 1. Aufl. Suhrkamp-Taschenbuch Wissenschaft, Bd. 291. Frankfurt am Main: Suhrkamp.

Bourdieu, Pierre. 1985. *Sozialer Raum und "Klassen"*, 1. Aufl. Suhrkamp Taschenbuch Wissenschaft, Bd. 500. Frankfurt am Main: Suhrkamp.

Bourdieu, Pierre. 1986. Historische und soziale Voraussetzungen modernen Sports. *MERKUR* 39: 575–590.

Bourdieu, Pierre. 1987 [1979]. *Die feinen Unterschiede. Kritik der gesellschaftlichen Urteilskraft*, 1. Aufl. Suhrkamp-Taschenbuch Wissenschaft, Bd. 658. Frankfurt am Main: Suhrkamp.

Bourdieu, Pierre. 1991. *Language and symbolic power*. Cambridge: Polity.

Bourdieu, Pierre. 1992 [1984]. *Homo academicus*, 1. Aufl. Suhrkamp-Taschenbuch Wissenschaft, Bd. 1002. Frankfurt am Main: Suhrkamp.

Bourdieu, Pierre. 1993 [1980]. *Sozialer Sinn. Kritik der theoretischen Vernunft*, 1. Aufl. Suhrkamp-Taschenbuch Wissenschaft, Bd. 1066. Frankfurt am Main: Suhrkamp.

Bourdieu, Pierre (Hrsg.). 1997 [1993]. *Das Elend der Welt. Zeugnisse und Diagnosen alltäglichen Leidens an der Gesellschaft*. Edition discours, Bd. 9. Konstanz: UVK Verl.-Ges.

Bourdieu, Pierre. 1997. Männliche Herrschaft revisited. *Feministische Studien* 15 (2). doi: 10.1515/fs-1997-0209.

Bourdieu, Pierre. 1998 [1994]. *Praktische Vernunft. Zur Theorie des Handelns*, 1. Aufl. Edition Suhrkamp. Frankfurt am Main: Suhrkamp.

Bourdieu, Pierre. 1998. *Über das Fernsehen*, 1. Aufl. Edition Suhrkamp, Bd. 2054. Frankfurt am Main: Suhrkamp.

Bourdieu, Pierre. 2000. *Les structures sociales de l'économie*. Collection Liber. Paris: Éd. du Seuil.

Bourdieu, Pierre. 2001 [1992]. *Die Regeln der Kunst. Genese und Struktur des literarischen Feldes*, 1. Aufl. Suhrkamp-Taschenbuch Wissenschaft, Bd. 1539. Frankfurt am Main: Suhrkamp.

Bourdieu, Pierre. 2001. *Gegenfeuer 2. Für eine europäische soziale Bewegung.* Raisons d'agir, Bd. 7. Konstanz: UVK-Verl.-Ges.

Bourdieu, Pierre. 2002 [1989]. *La noblesse d'état. Grandes écoles et esprit de corps. Le sens commun.* Paris: Les Éd. de Minuit.

Bourdieu, Pierre. 2003. *Interventionen 1961 – 2001. Sozialwissenschaft und politisches Handeln.* Hamburg: VSA-Verl.

Bourdieu, Pierre. 2004 [1962/1984]. Introduction. In *The suffering of the immigrant*, hrsg. Abdelmalek Sayad, 1–6. Cambridge, UK: Polity Press.

Bourdieu, Pierre. 2004. Preface. In *The suffering of the immigrant*, hrsg. Abdelmalek Sayad, xi–xiv. Cambridge, UK: Polity Press.

Bourdieu, Pierre. 2005. *The social structures of the economy*, 1. Aufl. Cambridge: Polity.

Bourdieu, Pierre. 2010 [1997]. *Meditationen. Zur Kritik der scholastischen Vernunft*, 1. Aufl. Suhrkamp-Taschenbuch Wissenschaft, Bd. 1695. Frankfurt am Main: Suhrkamp.

Bourdieu, Pierre. 2011 [1994]. Das Lachen der Bischöfe. In *Religion*, hrsg. Pierre Bourdieu, 231–242. Suhrkamp-Taschenbuch Wissenschaft, Bd. 1975. Berlin: Suhrkamp.

Bourdieu, Pierre. 2011. Genese und Struktur des religiösen Feldes. In *Religion*, hrsg. Pierre Bourdieu, 30–91. Suhrkamp-Taschenbuch Wissenschaft, Bd. 1975. Berlin: Suhrkamp.

Bourdieu, Pierre. 2012 [1998]. *Die männliche Herrschaft*, 1. Aufl. Suhrkamp Taschenbuch Wissenschaft, Bd. 2031. Frankfurt am Main: Suhrkamp.

Bourdieu, Pierre. 2012 [1992]. Ökonomisches Kapital, kulturelles Kapital, soziales Kapital. In *Handbuch Bildungs- und Erziehungssoziologie*, hrsg. Ullrich Bauer, Uwe H. Bittlingmayer und Albert Scherr, 229–242. Bildung und Gesellschaft. Wiesbaden: Springer VS.

Bourdieu, Pierre. 2018. Social space and the genesis of appropriated physical space. *International Journal of Urban and Regional Research* 42 (1): 106 – 114.

Bourdieu, Pierre und Beate Krais. 1991. »Inzwischen kenne ich alle Krankheiten der soziologischen Vernunft «. Pierre Bourdieu im Gespräch mit Beate Krais. In *Soziologie als Beruf: Wissenschaftstheoretische Voraussetzungen soziologischer Erkenntnis*, hrsg. Jean-Claude Passeron, Beate Krais, Pierre Bourdieu und Jean-Claude Chamboredon, 269–283. Berlin, New York: DE GRUYTER.

Bourdieu, Pierre und Abdelmalek Sayad. 1964. *Le déracinement: la crise de l'agriculture traditionnelle en Algérie.* Les Éditions de Minuit. Paris.

Bourdieu, Pierre und Abdelmalek Sayad. 2004. Colonial rule and cultural sabir. *Ethnography* 5 (4): 445–486. doi: 10.1177/1466138104050692.

Bourdieu, Pierre und Loïc Wacquant. 2000. The organic ethnologist of Algerian migration. *Ethnography* 1 (2): 173–182.

Bourdieu, Pierre und Loïc Wacquant. 2006 [1992]. *Reflexive Anthropologie*, 1. Aufl. Suhrkamp-Taschenbuch Wissenschaft, Bd. 1793. Frankfurt am Main: Suhrkamp.

Brell, Courtney, Christian Dustmann und Ian Preston. 2020. The Labor Market Integration of Refugee Migrants in High-Income Countries. *Journal of Economic Perspectives* 34 (1): 94–121. doi: 10.1257/jep. 34.1.94.

Brophy, Ira N. 1945. The Luxury of Anti-Negro Prejudice. *Public Opinion Quarterly* 9 (4): 456. doi: 10.1086/265762.

Brown, Rupert und Mark Hewstone. 2005. An integrative theory of intergroup contact. In *Advances in Experimental Social Psychology*, hrsg. Mark P. Zanna, 255–343, 1. Aufl., Vol. 37. San Diego: Academic Press.

Brücker, Herbert, Nina Rother und Jürgen Schupp. 2018. *IAB-BAMF-SOEP-Befragung von Geflüchteten 2016. Studiendesign, Feldergebnisse sowie Analysen zu schulischer wie beruflicher Qualifikation, Sprachkenntnissen sowie kognitiven Potenzialen* Forschungsbericht 30. https://www.bamf.de/SharedDocs/Anlagen/DE/Forschung/Forschungsberichte/fb30-iab-bamf-soep-befragung-gefluechtete-2016.pdf?__blob=publicationFile &v=14. Zugegriffen: 7. Mai 2021.

Bundesamt für Migration und Flüchtlinge. *Das Bundesamt in Zahlen 2021 Asyl*. https://www.bamf.de/SharedDocs/Anlagen/DE/Statistik/BundesamtinZahlen/bundesamt-in-zahlen-2021-asyl.html?view=renderPdfViewer&nn=284738. Zugegriffen: 28. April 2022.

Bundesamt für Migration und Flüchtlinge. 2016. *Das Bundesamt in Zahlen 2015. Asyl, Migration und Integration*. https://www.bamf.de/SharedDocs/Anlagen/DE/Statistik/BundesamtinZahlen/bundesamt-in-zahlen-2015.pdf?__blob=publicationFile&v=16. Zugegriffen: 4. Mai 2021.

Bundesamt für Migration und Flüchtlinge. 2017. Sichere Herkunftsländer. http://www.bamf.de/DE/Fluechtlingsschutz/Sonderverfahren/SichereHerkunftsstaaten/sichere-herkunftsstaaten-node.html. Zugegriffen: 6. Dezember 2017.

Bundesamt für Migration und Flüchtlinge. 2019a. Schutzformen. https://www.bamf.de/DE/Themen/AsylFluechtlingsschutz/AblaufAsylverfahrens/Schutzformen/schutzformen-node.html. Zugegriffen: 10. August 2020.

Bundesamt für Migration und Flüchtlinge. 2019b. Abschiebungsverbot. Zugegriffen: 10. August 2020.

Bundesamt für Migration und Flüchtlinge. 2019c. Asylberechtigung. https://www.bamf.de/DE/Themen/AsylFluechtlingsschutz/AblaufAsylverfahrens/Schutzformen/Asylberechtigung/asylberechtigung-node.html;jsessionid= 4D0FAACA7870581535A1DC312F9F3829.internet551. Zugegriffen: 10. August 2020.

Bundesamt für Migration und Flüchtlinge. 2019d. Flüchtlingsschutz. https://www.bamf.de/DE/Themen/AsylFluechtlingsschutz/AblaufAsylverfahrens/Schutzformen/Fluechtlingsschutz/fluechtlingsschutz-node.html;jsessionid= 4D0FAACA7870581535A1DC312F9F3829.internet551. Zugegriffen: 10. August 2020.

Bundesamt für Migration und Flüchtlinge. 2019e. Subsidiärer Schutz. https://www.bamf.de/DE/Themen/AsylFluechtlingsschutz/AblaufAsylverfahrens/Schutzformen/SubsidiaerSchutz/subisidiaerschutz-node.html;jsessionid= 4D0FAACA7870581535A1DC312F9F3829.internet551. Zugegriffen: 10. August 2020.

Bundesamt für Migration und Flüchtlinge. 2020. *Aktuelle Zahlen. Ausgabe: Juli 2020; Tabellen, Diagramme, Erläuterungen*. https://www.bamf.de/SharedDocs/Anlagen/DE/Statistik/AsylinZahlen/aktuelle-zahlen-juli-2020.pdf?__blob=publicationFile&v=2. Zugegriffen: 12. August 2020.

Bundesanstalt für Arbeit. 1973. *Repräsentativuntersuchung '72. Über die Beschäftigung ausländischer Arbeitnehmer im Bundesgebiet und ihre Familien- und Wohnverhältnisse*. Nürnberg.

Bundesministerium der Justiz. 2023a. BVFG – Gesetz über die Angelegenheiten der Vertriebenen und Flüchtlinge. https://www.gesetze-im-internet.de/bvfg/BJNR002010953.html. Zugegriffen: 17. Oktober 2023.

Bundesministerium der Justiz. 2023b. Art 116 GG – Einzelnorm. https://www.gesetze-im-internet.de/gg/art_116.html. Zugegriffen: 17. Oktober 2023.

Bundesministerium der Justiz und Verbraucherschutz. 2020a. Art 16a GG – Einzelnorm. https://www.gesetze-im-internet.de/gg/art_16a.html. Zugegriffen: 22. Juni 2020.

Bundesministerium der Justiz und Verbraucherschutz. 2020b. AsylG – Asylgesetz. https://www.gesetze-im-internet.de/asylvfg_1992/BJNR111260992.html. Zugegriffen: 10. August 2020.

Bundesministerium der Justiz und Verbraucherschutz. 2020c. AufenthG. https://www.gesetze-im-internet.de/aufenthg_2004/index.html. Zugegriffen: 10. August 2020.

Bundesministerium der Justiz und Verbraucherschutz. 2021. Art 4 GG – Einzelnorm. https://www.gesetze-im-internet.de/gg/art_4.html. Zugegriffen: 12. Juli 2021.

Bundesministerium für Bildung und Forschung. 2022. ISCED 2011 – Datenportal des BMBF. https://www.datenportal.bmbf.de/portal/de/G293.html. Zugegriffen: 5. Oktober 2022.

Bundesregierung der Bundesrepublik Deutschland. 2015. Asylverfahrensbeschleunigungsgesetz: Vom 20. Oktober 2015. https://www.bgbl.de/xaver/bgbl/text.xav?SID=&tf=xaver.component.Text_0&tocf=&qmf=&hlf=xaver.component.Hitlist_0&bk=bgbl&start=%2F%2F*%5B%40node_id%3D%27944358%27%5D&skin=pdf&tlevel=-2&nohist=1&sinst=CBE9EB30. Zugegriffen: 4. Mai 2022.

Bundesregierung der Bundesrepublik Deutschland. 2016. *Bundesgesetzblatt Teil I Nr. 39*, Bd. 2016.

Bundesregierung der Bundesrepublik Deutschland. 2020a. Integrationsgesetz setzt auf Fördern und Fordern. https://www.bundesregierung.de/breg-de/aktuelles/integrationsgesetz-setzt-auf-foerdern-und-fordern-222362. Zugegriffen: 11. August 2020.

Bundesregierung der Bundesrepublik Deutschland. 2020b. Sommerpressekonferenz von Bundeskanzlerin Merkel. https://www.bundesregierung.de/breg-de/aktuelles/pressekonferenzen/sommerpressekonferenz-von-bundeskanzlerin-merkel-848300. Zugegriffen: 14. August 2020.

Bundesverwaltungsamt. 2023. Geschichte der Aussiedler- und Spätaussiedleraufnahme: Dr. Jürgen Hensen, Präsident des Bundesverwaltungsamtes von 1995 bis 2010. https://www.bva.bund.de/DE/Services/Buerger/Migration-Integration/Spaetaussiedler/04_Informationen/Historie/Historie_node.html#doc153076bodyText5. Zugegriffen: 17. Oktober 2023.

Bundeszentrale für politische Bildung. 2018. Demografie von Asylsuchenden in Deutschland | bpb. https://www.bpb.de/gesellschaft/migration/flucht/zahlen-zu-asyl/265710/demografie. Zugegriffen: 14. August 2020.

Bundeszentrale für politische Bildung. 2022a. *(Spät-)Aussiedler*. https://www.bpb.de/kurz-knapp/zahlen-und-fakten/soziale-situation-in-deutschland/61643/spaetaussiedler/. Zugegriffen: 17. Oktober 2023.

Bundeszentrale für politische Bildung. 2022b. Abschiebungen in Deutschland. *Bundeszentrale für politische Bildung.* 20 April 2022. Zugegriffen: 2. August 2022.

Connor, Phillip und Matthias Koenig. 2015. Explaining the Muslim employment gap in Western Europe: individual-level effects and ethno-religious penalties. *Social Science Research* 49: 191–201. doi: 10.1016/j.ssresearch.2014.08.001.

Danz, Christian. 2013. Religiöse Identität und gesellschaftliche Integration. Zur Funktion von Religion in gesellschaftlichen Inklusions- und Exklusionsprozessen. In *Religion und Gemeinschaft: Die Frage der Integration aus christlicher und muslimischer Perspektive,* hrsg. Martin Rothgangel, 33–47. Religion and transformation in contemporary European society, Bd. 3. Göttingen: V & R Unipress Vienna Univ. Press.

Decker, Frank. 2017. Bundestagswahl_2017: Aktuelle Entwicklungen in der Parteienlandschaft. *Bürger & Staat* 67 (2 / 3): 98–106.

Deutsche Welle. 2020. Viele Analphabeten in Integrationskursen | DW | 01.02.2020. https://www.dw.com/de/viele-analphabeten-in-integrationskursen/a-52224718. Zugegriffen: 14. Juni 2022.

Deutscher Bundestag. 2018. *Drucksache 19/1371(neu).* https://dserver.bundestag.de/btd/19/013/1901371.pdf. Zugegriffen: 17. Oktober 2023.

Deutscher Bundestag. 2019. *Drucksache 19/7552.* http://dipbt.bundestag.de/dip21/btd/19/075/1907552.pdf. Zugegriffen: 6. Mai 2021.

Deutscher Gewerkschaftsbund. 2016. *Angebote, Verpflichtungen und Sanktionen: Das Integrationsgesetz des Bundes.* MIA-Information. https://www.dgb.de/themen/++co++4ae41cf4-5ece-11e6-b0b1-525400e5a74a.

Die Beauftragten der Bundesregierung für Migration, Flüchtlinge und Integration. 2011. *Zweiter Integrationsindikatorenbericht.* erstellt für die Beauftragte der Bundesregierung für Migration, Flüchtlinge und Integration. Köln/Berlin. https://www.integrationsbeauftragte.de/resource/blob/822390/1511624/b76634bc7e6d0603111d64dbb18b0c26/zweiter-indikatorenbericht-data.pdf?download=1. Zugegriffen: 10. Januar 2019.

Diehr, Anne. 2019. Kollektive Identitätskonstruktionen im Rahmen der Flüchtlingsthematik. *Diskurse – digital – Aktuelle Tendenzen der interdisziplinären Diskursforschung / Diskurse – digital, Bd. 1 Nr. 3 (2019): Aktuelle Tendenzen der interdisziplinären Diskursforschung* 1 (3): 132–149. doi: 10.25521/DISKURSE-DIGITAL.2019.101.

Dolezal, Martin, Marc Helbling und Swen Hutter. 2010. Debating Islam in Austria, Germany and Switzerland: Ethnic Citizenship, Church–State Relations and Right-Wing Populism. *West European Politics* 33 (2): 171–190. doi: 10.1080/01402380903538773.

Durkheim, Émile. 1970 [1895]. *Regeln der soziologischen Methode,* 3. Aufl. Neuwied und Berlin: Luchterhand.

Durkheim, Émile und Marcel Mauss. 1975 [1963]. *Primitive classification,* 5. Aufl. Phoenix books, Bd. 273. Chicago: Univ. of Chicago Pr.

Düsseldorf-Wirtschaft. 2013. Ken Dittrich neuer Direktor des Hotel Nikko Düsseldorf. https://www.duesseldorf-wirtschaft.de/personal/ken-dittrich-neuer-direktor-des-hotel-nikko-dusseldorf/. Zugegriffen: 22. September 2022.

Düvell, Franck. 2011. Soziologische Aspekte: Zur Lage der Flüchtlinge. In *Flüchtlingsschutz als globale und lokale Herausforderung*, hrsg. Markus Ottersbach, 29–49, 1. Aufl. Beiträge zur Regional- und Migrationsforschung. Wiesbaden: VS Verlag für Sozialwissenschaften / Springer Fachmedien Wiesbaden GmbH Wiesbaden.

Eichhorst, Werner, Paul Marx, Tanja Schmidt, Verena Tobsch und Wozny, Florian, Linckh, Carolin. 2019. *Geringqualifizierte in Deutschland. Beschäftigung, Entlohnung und Erwerbsverläufe im Wandel*. Gütersloh. Zugegriffen: 23. September 2022.

Elias, Norbert und John L. Scotson. 2016 [1965]. *Etablierte und Außenseiter*, 8. Aufl. Suhrkamp-Taschenbuch, Bd. 1882. Frankfurt am Main: Suhrkamp.

El-Menouar, Yasemin. 2017. Muslimische Religiosität: Problem oder Ressource? In *Muslime in Deutschland: Historische Bestandsaufnahme, aktuelle Entwicklungen und zukünftige Forschungsfragen*, hrsg. Peter Antes und Rauf Ceylan, 225–264. Islam in der Gesellschaft. Wiesbaden: Springer VS.

El-Menouar, Yasemin. 2019. Befragung von Migranten. In *Handbuch Methoden der empirischen Sozialforschung*, hrsg. Nina Baur und Jörg Blasius, 943–956, 2. Aufl. Wiesbaden: Springer Fachmedien Wiesbaden.

Esser, Hartmut. 1980. *Aspekte der Wanderungssoziologie. Assimilation u. Integration von Wanderern, ethnischen Gruppen und Minderheiten; eine handlungstheoretische Analyse*. Darmstadt, Neuwied: Luchterhand.

Esser, Hartmut. 2000. *Soziologie. Spezielle Grundlagen. Band 2: Die Konstruktion der Gesellschaft*. Soziologie. Spezielle Grundlagen, Bd. 2. Frankfurt am Main, New York: Campus.

Esser, Hartmut. 2008. Assimilation, ethnische Schichtung oder selektive Akkulturation?: Neuere Theorien der Eingliederung von Migranten und das Modell der intergenerationalen Integration. In *Migration und Integration*, hrsg. Frank Kalter, 81–107. Sonderheft 48 der Kölner Zeitschrift für Soziologie und Sozialpsychologie. Wiesbaden: VS Verlag für Sozialwissenschaften.

Esser, Hartmut. 2009. Pluralisierung oder Assimilation?: Effekte der multiplen Inklusion auf die Integration von Migranten. *Zeitschrift für Soziologie* 38 (5): 358–378.

Europäische Union. *Verordnung (EU) Nr. 604/2013 des Europäischen Parlaments und des Rates vom 26. Juni 2013 zur Festlegung der Kriterien und Verfahren zur Bestimmung des Mitgliedstaats, der für die Prüfung eines von einem Drittstaatsangehörigen oder Staatenlosen in einem Mitgliedstaat gestellten Antrags auf internationalen Schutz zuständig ist*. https://eur-lex.europa.eu/LexUriServ/LexUriServ.do?uri=OJ:L:2013:180:0031:0059:de:PDF. Zugegriffen: 30. Juli 2020.

EVS. 2020. *European Values Study 2017: Integrated Dataset (EVS 2017)*.

Farwick, Andreas. 2009. *Segregation und Eingliederung: Zum Einfluss der räumlichen Konzentration von Zuwanderern auf den Eingliederungsprozess*. Wiesbaden: VS Verlag für Sozialwissenschaften.

Fengler, Susanne und Marcus Kreutler. 2020. *Stumme Migranten, laute Politik, gespaltene Medien. Die Berichterstattung über Flucht und Migration in 17 Ländern*. OBS-Arbeitspapier. Frankfurt am Main. https://www.otto-brenner-stiftung.de/fileadmin/

user_data/stiftung/02_Wissenschaftsportal/03_Publikationen/AP39_Migration.pdf. Zugegriffen: 14. September 2020.

Flüchtlingsrat Niedersachsen e.V. 2022. Abschiebungen nach Afghanistan ausgesetzt! – Flüchtlingsrat Niedersachsen. https://www.nds-fluerat.org/50071/aktuelles/abschiebungen-nach-afghanistan-ausgesetzt/. Zugegriffen: 28. April 2022.

Foner, Nancy und Richard Alba. 2008. Immigrant Religion in the U.S. and Western Europe: Bridge or Barrier to Inclusion? *The International Migration Review* 42 (2): 360–392.

Foroutan, Naika. 2013. *Identity and (Muslim) Integration in Germany*. Washington, DC.

Freytag, Ronald. 2016. *Flüchtlinge 2016. Studie der HMKW zu Demokratieverständnis und Integrationsbereitschaft von Flüchtlingen 2016*. Berlin.

Friedrichs, Jürgen, Felix Leßke und Vera Schwarzenberg. 2019. *Fremde Nachbarn. Die sozialräumliche Integration von Flüchtlingen*. Research. Wiesbaden: Springer Fachmedien Wiesbaden.

Friedrichs, Jürgen, Felix Leßke, Vera Schwarzenberg und Kim Elaine Singfield. 2020. »Betreute Integration« – Zur integrationstheoretischen Unterscheidung von Flüchtlingen und regulären Migrant_innen am Beispiel Hamburgs. In *Integration im Sozialraum: Theoretische Konzepte und empirische Bewertungen*, hrsg. Anne van Rießen, Jepkens Katja und Scholten Lisa, 117–133. Wiesbaden, Heidelberg: Springer VS.

Fuchs, Lukas M., Yu Fan und Christian Scheve. 2021. Value Differences between Refugees and German Citizens: Insights from a Representative Survey. *International Migration* 59 (5): 59–81. doi: 10.1111/imig.12795.

Geißler, Ferdinand, Johannes Hartmann, Johannes Kestler, Daniel Raumer und Bettina Schwarzer. 2010. Individuelle und kontextuelle Effekte auf die Einstellungen gegenüber Migranten: Ein europäischer Vergleich. In *Einstellungen gegenüber ethnischen Minderheiten in Europa*, hrsg. Manuel Siegert und Irena Kogan, 35–87. Bamberg: University of Bamberg Press.

Gerhardt, Uta. 2009. Von der Exklusion zur Inklusion: Die Heimatvertriebenen und Flüchtlinge in Westdeutschland zwischen 1944/1945 und den sechziger Jahren. Zur empirischen Geltung des Luhmann-Stichweh'schen Theorems. In *Inklusion und Exklusion: Analysen zur Sozialstruktur und sozialen Ungleichheit*, hrsg. Rudolf Stichweh und Paul Windolf, 177–203. Wiesbaden: Springer VS.

Gericke, Dina, Anne Burmeister, Jil Löwe, Jürgen Deller und Leena Pundt. 2018. How do refugees use their social capital for successful labor market integration? An exploratory analysis in Germany. *Journal of Vocational Behavior* 105: 46–61. doi: 10.1016/j.jvb.2017.12.002.

Giegler, Helmut und Harald Klein. 1994. Correspondence analysis of textual data from personal advertisements. In *Correspondence analysis in the social sciences: Recent developments and applications*, hrsg. Michael Greenacre und Jörg Blasius, 283–301. London, San Diego: Academic Pr.

Goffman, Erving. 2018 [1963]. *Stigma. Über Techniken der Bewältigung beschädigter Identität*, 24. Aufl. Suhrkamp-Taschenbuch Wissenschaft, Bd. 140. Frankfurt am Main: Suhrkamp.

Groß, Eva, Andreas Zick und Daniela Krause. 2012. Von der Ungleichwertigkeit zur Ungleichheit: Gruppenbezogene Menschenfeindlichkeit. *Aus Politik und Zeitgeschichte* 62 (16 – 17).

Hafez, Kai und Sabrina Schmidt. 2015. *Die Wahrnehmung des Islams in Deutschland*. Gütersloh: Verlag Bertelsmann Stiftung.

Haller, Michael. 2017. *Die »Flüchtlingskrise« in den Medien. Tagesaktueller Journalismus zwischen Meinung und Information.* OBS-Arbeitsheft 93. Frankfurt am Main. https://www.otto-brenner-stiftung.de/fileadmin/user_data/stiftung/02_Wissenschaftsportal/03_Publikationen/AH93_Fluechtingskrise_Haller_2017_07_20.pdf. Zugegriffen: 14. September 2020.

Hamann, Ulrike und Serhat Karakayali. 2016. Practicing Willkommenskultur: Migration and Solidarity in Germany. *Intersections* 2 (4). doi: 10.17356/ieejsp.v2i4.296.

Heckmann, Friedrich. 2013. Die Integrationsdebatte in Deutschland. In *2013: Deutschland Einwanderungsland*, hrsg. Karl-Heinz Meier-Braun und Reinhold Weber, 227–229. Stuttgart: Kohlhammer.

Herbert, Ulrich. 2001. *Geschichte der Ausländerpolitik*. München: C.H. Beck.

Hewstone, M. 2004. *Neuere Forschungen über Intergruppenkonflikte. Konsequenzen für den Umgang mit Migration und Integration*. Berlin: WZB.

Hewstone, Miles und Hermann Swart. 2011. Fifty-odd years of inter-group contact: from hypothesis to integrated theory. *The British journal of social psychology* 50 (3): 374–386. doi: 10.1111/j.2044-8309.2011.02047.x.

Hinz, Thomas und Katrin Auspurg. 2017. Diskriminierung auf dem Wohnungsmarkt. In *Handbuch Diskriminierung*, hrsg. Albert Scherr, Aladin el Mafaalani und Emine Gökçen Yüksel, 387–406. Springer Reference Sozialwissenschaften. Wiesbaden: Springer VS.

Höhne, Jutta, Benedikt Linden, Eric Seils und Anne Wiebel. 2014. *Die Gastarbeiter. Geschichte und aktuelle soziale Lage*. WSI-Report 16. https://www.boeckler.de/pdf/p_wsi_report_16_2014.pdf. Zugegriffen: 22. November 2021.

Holzberg, Billy, Kristina Kolbe und Rafal Zaborowski. 2018. Figures of Crisis: The Delineation of (Un)Deserving Refugees in the German Media. *Sociology* 52 (3): 534–550. doi: 10.1177/0038038518759460.

Huhnke, Brigitta. 1993. Intermediale Abhängigkeiten bei der Inszenierung rassistischer Feindbilder seit Mitte der achtziger Jahre am Beispiel der Wochenzeitungen »Bild am Sonntag« und »Der Spiegel«. In *Die vierte Gewalt: Rassismus und die Medien*, hrsg. Siegfried Jäger und Jürgen Link, 213–266. DISS-Studien. Duisburg: DISS.

Informationsverbund Asyl & Migration. 2020. Duldung. https://www.asyl.net/themen/aufenthaltsrecht/sonstiger-aufenthalt/duldung/. Zugegriffen: 11. August 2020.

Infratest Dimap. 2016. ARD-DeutschlandTREND März 2016.

Jackman, Mary R. und Marie Crane. 1986. "Some of My Best Friends Are Black...": Interracial Friendship and Whites' Racial Attitudes. *Public Opinion Quarterly* 50 (4): 459. doi: 10.1086/268998.

Jacobsen, Jannes, Philipp Eisnecker und Jürgen Schupp. 2017. In 2016, around one-third of people in Germany donated for refugees and ten percent helped out on site-: yet concerns are mounting. *DIW Economic Bulletin* (16+17.2017): 165–177.

Jacobsen, Jannes und Lukas Marian Fuchs. 2020. Can We Compare Conceptions of Democracy in Cross-Linguistic and Cross-National Research? Evidence from a Random Sample of Refugees in Germany. *Social Indicators Research* 151 (2): 669–690. doi: 10.1007/s11205-020-02397-6.

Jäger, Margret und Siegfried Jäger. 1993. Verstrickungen – Der rassistische Diskurs und seine Bedeutung für den politischen Gesamt-Diskurs in der Bundesrepublik Deutschland. In *Die vierte Gewalt: Rassismus und die Medien*, hrsg. Siegfried Jäger und Jürgen Link, 49–79. DISS-Studien. Duisburg: DISS.

Jäger, Siegfried und Jürgen Link. 1993. Die vierte Gewalt: Rassismus und die Medien. In *Die vierte Gewalt: Rassismus und die Medien*, hrsg. Siegfried Jäger und Jürgen Link, 7–20. DISS-Studien. Duisburg: DISS.

Kaiser, Markus und Michael Schönhuth. 2015. *Zuhause? Fremd? Migrations- und Beheimatungsstrategien zwischen Deutschland und Eurasien*. Bibliotheca Eurasica, Bd. 8. Bielefeld: transcript-Verl.

Kalter, Frank, Nadia Granato und Cornelia Kristen. 2007. Disentangling recent trends of the second generation's structural assimilation. In *From Origin to Destination*, hrsg. Steffani Scherer, Reinhard Pollack, Gunnar Otte und Markus Gangl, 214–245. Frankfurt/Main, New York: Campus.

Kastner, Bernd. 2018. Fast jeder zweite abgelehnte Flüchtling siegt mit Klage vor Gericht. *Süddeutsche Zeitung (SZ)*. 23 März 2018. https://www.sueddeutsche.de/politik/asyl-fluechtlinge-klage-gericht-1.3918139. Zugegriffen: 17. Dezember 2018.

Kende, Judit, Karen Phalet, Wim van den Noortgate, Aycan Kara und Ronald Fischer. 2017. Equality Revisited. *Social Psychological and Personality Science* 21: 194855061772899. doi: 10.1177/1948550617728993.

Kift, Dagmar (Hrsg.). 2005. *Aufbau West. Neubeginn zwischen Vertreibung und Wirtschaftswunder*. Essen: Klartext.

Knabe, Andreas, Ronnie Schöb und Marcel Thum. 2020. Prognosen und empirische Befunde: Wie groß ist die Kluft beim Mindestlohn wirklich? *Perspektiven der Wirtschaftspolitik* 21 (1): 25–29. doi: 10.1515/pwp-2020-0008.

Knoblauch, Hubert. 2003. Habitus und Habitualisierung: zur Komplementarität von Bourdieu mit dem Sozialkonstruktivismus: 187–201.

Kogan, Irena. 2012. Potenziale nutzen! *KZfSS Kölner Zeitschrift für Soziologie und Sozialpsychologie* 64 (1): 67–89. doi: 10.1007/s11577-012-0157-6.

Kogan, Irena, Eric Fong und Jeffrey G. Reitz. 2020. Religion and integration among immigrant and minority youth. *Journal of Ethnic and Migration Studies* 46 (17): 3543–3558. doi: 10.1080/1369183X.2019.1620408.

Kogan, Irena und Frank Kalter. 2020. An empirical–analytical approach to the study of recent refugee migrants in Germany. *Soziale Welt* 71 (1–2): 3–23. doi: 10.5771/0038-6073-2020-1-2-3.

König, Peter, Günther Schultze und Rita Wessel. 1986. *Situation der ausländischen Arbeitnehmer und ihrer Familienangehörigen in der Bundesrepublik Deutschland. Repräsentativuntersuchung 1985*. Bonn.

Koopmans, Ruud, Susanne Veit und Ruta Yemane. 2018. *Ethnische Hierarchien in der Bewerberauswahl: Ein Feldexperiment zu den Ursachen von Arbeitsmarktdiskriminierung*. Discussion Paper. https://bibliothek.wzb.eu/pdf/2018/vi18-104.pdf. Zugegriffen: 15. Juni 2020.

Kosyakova, Yuliya und Hanna Brenzel. 2020. The role of length of asylum procedure and legal status in the labour market integration of refugees in Germany. *Soziale Welt* 71 (1–2): 123–159. doi: 10.5771/0038-6073-2020-1-2-123.

Kristen, Cornelia und Nadia Granato. 2007. The educational attainment of the second generation in Germany: Social origins and ethnic inequality. *Ethnicities* 7 (3): 343–366. doi: 10.1177/1468796807080233.

Kroh, Martin, Herbert Brücker, Simon Kühne, Elisabeth Liebau, Jürgen Schupp, Mauel Siegert und Parvati Trübswetter. 2016. *Das Studiendesign der IAB-BAMF-SOEP-Befragung von Geflüchteten*. SOEP Survey Papers 365: Series C. http://panel.gsoep.de/soepdocs/surveypapers/diw_ssp0365.pdf. Zugegriffen: 10. Mai 2021.

Lamont, Michèle, Sabrina Pendergrass und Mark Pachucki. 2015. Symbolic Boundaries. In *International encyclopedia of the social & behavioral sciences*, hrsg. James D. Wright, 850–855. Amsterdam, Boston, Heidelberg, London, New York, Oxford, Paris, San Diego, San Francisco, Singapore, Sydney, Tokyo: Elsevier.

Le Roux, Brigitte und Henry Rouanet. 2010. *Multiple Correspondence Analysis*: SAGE Publications.

Lebaron, Frédéric. 2009. How Bourdieu »Quantified« Bourdieu: The Geometric Modelling of Data. In *Quantifying Theory: Pierre Bourdieu*, hrsg. Karen Robson und Chris Sanders, 11–29. Dordrecht: Springer Netherlands.

Lehmann, Julian. 2015. Flucht in die Krise – Ein Rückblick auf die EU-"Flüchtlingskrise" 2015 | APuZ. https://www.bpb.de/apuz/217302/ein-rueckblick-auf-die-eufluechtlingskrise-2015. Zugegriffen: 14. August 2020.

Leibold, Jürgen und Steffen Kühnel. 2006. Islamophobie: Differenzierung tut Not. In *Deutsche Zustände*, hrsg. Wilhelm Heitmeyer, 135–155, Folge 4. Frankfurt am Main: Suhrkamp Verlag.

Lemberg, Eugen und Friedrich Eding (Hrsg.). 1959. *Die Vertriebenen in Westdeutschland*. Kiel: Hirt.

Lemmer, Gunnar und Ulrich Wagner. 2015. Can we really reduce ethnic prejudice outside the lab?: A meta-analysis of direct and indirect interventions. *European Journal of Social Psychology* 45 (2): 152–168. doi: 10.1002/ejsp. 2079.

Lesske, Felix, Jürgen Friedrichs und Vera Schwarzenberg. 2018. Die Klassifizierung von Flüchtlingen im sozialen Raum: Eine empirische Analyse relationaler Beziehungen in der Flüchtlingsmigration. In *Der soziale Raum der postmigrantischen Gesellschaft*, hrsg. Oliver Tewes und Garabet Gül, 217–239, 1. Aufl. Edition Soziologie. Weinheim: Beltz Juventa.

Leßke, Felix, Kim Elaine Singfield und Jörg Blasius. 2019. Übergang von Geflüchteten in regulären Wohnraum. FGW-Studie Integrierende Stadtentwicklung 20. https://www.fgw-nrw.de/fileadmin/user_upload/FGW-Studie-ISE-20-Lesske-2019_12_11-komplett-web.pdf. Zugegriffen: 29. September 2021.

Liebig, Stefan, Herbert Brücker, Jan Goebel, Markus M. Grabka, Carsten Schröder, Sabine Zinn, Charlotte Bartels, Alexandra Fedorets, Andreas Franken, Martin Gerike, Florian Griese, Jannes Jacobsen, Selin Kara, Peter Krause, Hannes Kröger, Elisabeth Liebau, Maria Metzing, Jana Nebelin, Lisa Pagel, Marvin Petrenz, David Richter, Diana Schacht, Paul Schmelzer, Christian Schmitt, Daniel Schnitzlein, Jürgen Schupp, Rainer Siegers, Hans Walter Steinhauer, Parvati Trübswetter, Knut Wenzig, Stefan Zimmermann, Institut für Arbeitsmarkt- und Berufsforschung (IAB) und Deutsches Institut Für Wirtschaftsforschung (DIW Berlin). 2021a. *IAB-SOEP Migrationsstichprobe 2019*.

Liebig, Stefan, Herbert Brücker, Renate Leistner-Rocca, Jan Goebel, Markus M. Grabka, Nina Rother, Carsten Schröder, Sabine Zinn, Charlotte Bartels, Alexandra Fedorets, Andreas Franken, Martin Gerike, Florian Griese, Jannes Jacobsen, Selin Kara, Peter Krause, Hannes Kröger, Elisabeth Liebau, Maria Metzing, Jana Nebelin, Lisa Pagel, Marvin Petrenz, David Richter, Diana Schacht, Paul Schmelzer, Christian Schmitt, Daniel Schnitzlein, Jürgen Schupp, Rainer Siegers, Manuel Siegert, Hans Walter Steinhauer, Parvati Trübswetter, Ehsan Vallizadeh, Knut Wenzig, Stefan Zimmermann, Institut für Arbeitsmarkt- und Berufsforschung (IAB), Bundesamt für Migration und Flüchtlinge (BAMF) und Deutsches Institut Für Wirtschaftsforschung (DIW Berlin). 2021b. *IAB-BAMF-SOEP-Befragung Geflüchteter 2019*.

Loyal, Steven. 2009. The French in Algeria, Algerians in France: Bourdieu, Colonialism, and Migration. *The Sociological Review* 57 (3): 406–427. doi: 10.1111/j.1467-954X.2009.01847.x.

Mansel, Jürgen und Kirsten Endrikat. 2007. Die Abwertung von "Überflüssigen" und "Nutzlosen" als Folge der Ökonomisierung der Lebenswelt: Langzeitarbeitslose, Behinderte und Obdachlose als Störfaktor. *Soziale Probleme* 18 (2): 163–185.

Massey, Douglas S. 2006. Long Day's Journey into Night: One Person's Reflections on International Migration. *Qualitative Sociology* 29 (1): 111–116. doi: 10.1007/s11133-005-9000-y.

Maurer, Marcus, Pablo Jost, Simon Kruschinski und Jörg Haßler. 2021. *Fünf Jahre Medienberichterstattung über Flucht und Migration*. Mainz. https://www.stiftung-mercator.de/content/uploads/2021/07/Medienanalyse_Flucht_Migration.pdf. Zugegriffen: 26. April 2022.

Mautz, Christoph. 2015. The Refugee in Europe. *International and Multidisciplinary Journal of Social Sciences* 4 (3): 293. doi: 10.17583/rimcis.2015.1803.

Mayring, Philipp. 2015. *Qualitative Inhaltsanalyse. Grundlagen und Techniken*, 12. Aufl. Beltz Pädagogik. Weinheim: Beltz.

Mehrländer, Ursula, Roland Hofmann und Peter König. 1981. *Situation der ausländischen Arbeitnehmer und ihrer Familienangehörigen in der Bundesrepublik Deutschland. Repräsentativuntersuchung '80*. Bonn.

Merton, Robert K. 1938. Social Structure and Anomie. *American Sociological Review*: 672–682.

Michaelis, Sandra. 2016. *Wann wird aus räumlicher Nähe Kontakt? Einstellungen von Anwohnern Kölner Flüchtlingsunterkünfte zu Flüchtlingen*. Bachelorarbeit. Köln.

Mühe, Marieluise. 2017. *Rassistische Diskurse im Einwanderungsland Deutschland – Das Aushandeln von Flucht und Asyl über soziale Medien im lokalen Raum*. https://refubium.fu-berlin.de/bitstream/handle/fub188/22009/WP15_Marieluise_05.pdf?sequence=1 &isAllowed=y. Zugegriffen: 30. September 2022.

Murdie, Robert A. 2008. Pathways to Housing: The Experiences of Sponsored Refugees and Refugee Claimants in Accessing Permanent Housing in Toronto. *Journal of International Migration and Integration / Revue de l'integration et de la migration internationale* 9 (1): 81–101. doi: 10.1007/s12134-008-0045-0.

Neumann, Katharina und Florian Arendt. 2016.»Der Pranger der Schande«: Eine inhaltsanalytische Untersuchung der Wirkung des Bild-Prangers auf das Postingverhalten von Facebook-Nutzern zur Flüchtlingsdebatte. *Publizistik* 61 (3): 247–265. doi: 10.1007/s11616-016-0283-7.

Noiriel, Gérard. 1996. *The French melting pot. Immigration, citizenship, and national identity*. Contradictions of modernity, Bd. 5. Minneapolis: University of Minnesota Press.

Noiriel, Gérard. 2006. Colonialism, Immigration, and Power Relations. *Qualitative Sociology* 29 (1): 105–110. doi: 10.1007/s11133-005-9001-x.

Noll, Heinz-Herbert und Stefan Weick. 2011. *Schichtzugehörigkeit nicht nur vom Einkommen bestimmt: Analysen zur subjektiven Schichteinstufung in Deutschland*. https://www.ssoar.info/ssoar/bitstream/handle/document/21642/ssoar-isi-2011-45-noll_et_al-schichtzugehorigkeit_nicht_nur_vom_einkommen.pdf?sequence=1&isAllowed=y&lnkname=ssoar-isi-2011-45-noll_et_al-schichtzugehorigkeit_nicht_nur_vom_einkommen.pdf. Zugegriffen: 2. Mai 2022.

Oboler, Suzanne. 2006. History on the Move ... Revisiting. The Suffering of the Immigrants From the Latino/a Perspective. *Qualitative Sociology* 29 (1): 117–126. doi: 10.1007/s11133-005-9007-4.

Oltmer, Jochen, Axel Kreienbrink und Carlos Sanz Díaz (Hrsg.). 2012. *Das "Gastarbeiter"-System. Arbeitsmigration und ihre Folgen in der Bundesrepublik Deutschland und Westeuropa*. Schriftenreihe der Vierteljahrshefte für Zeitgeschichte, Bd. 104. München: Oldenbourg.

Panagiotidis, Jannis. 2021. *Spätaussiedler, Heimkehrer, Vertriebene*. https://www.bpb.de/themen/migration-integration/russlanddeutsche/274597/spaetaussiedler-heimkehrer-vertriebene/. Zugegriffen: 17. Oktober 2023.

Paolini, Stefania, Miles Hewstone und Ed Cairns. 2007. Direct and indirect intergroup friendship effects: Testing the moderating role of the affective-cognitive bases of prejudice. *Personality and Social Psychology Bulletin* 33 (10): 1406–1420. doi: 10.1177/0146167207304788.

Park, Robert. 1924. The concept of social distance: As applied to the study of racial relations. *Journal of applied sociology* (8): 339–344.

Pereira, Cícero, Jorge Vala und Rui Costa-Lopes. 2010. From prejudice to discrimination: The legitimizing role of perceived threat in discrimination against immigrants. *European Journal of Social Psychology* 40 (7): 1231–1250. doi: 10.1002/ejsp. 718.

Pettigrew, Thomas F. 1997. Generalized Intergroup Contact Effects on Prejudice. *Personality and Social Psychology Bulletin* 23 (2): 173–185. doi: 10.1177/0146167297232006.

Pettigrew, Thomas F. und Linda R. Tropp. 2006. A Meta-Analytic Test of Intergroup Contact Theory. *Journal of personality and social psychology* 90 (5): 751–783.
Pettigrew, Thomas F. und Linda R. Tropp. 2008. How does intergroup contact reduce prejudice?: Meta-analytic tests of three mediators. *European Journal of Social Psychology* 38 (6): 922–934. doi: 10.1002/ejsp. 504.
Pettigrew, Thomas F. und Linda R. Tropp. 2011. *When Groups meet: The Dynamics of Intergroup Contact.* New York: Psychology Press.
Pettigrew, Thomas. F. 1998. Intergroup contact theory. *Annual review of psychology* 49: 65–85. doi: 10.1146/annurev.psych.49.1.65.
Pfeiffer, Christian, Dirk Baier und Sören Kliem. 2018. *Zur Entwicklung der Gewalt in Deutschland Schwerpunkte: Jugendliche und Flüchtlinge als Täter und Opfer. Zentrale Befunde eines Gutachtens im Auftrag des Bundesministeriums für Familie, Senioren, Frauen und Jugend (BMFSFJ).* https://digitalcollection.zhaw.ch/bitstream/11475/12570/1/Gutachten_Entwicklung_Gewalt_end.pdf. Zugegriffen: 1. September 2022.
Pfündel, Katrin, Anja Stichs und Kersin Tanis. 2021. *Muslimisches Leben in Deutschland 2020.* Forschungsbericht 38:. Zugegriffen: 27. Oktober 2021.
Pickel, Gert. 2019. *Weltanschauliche Vielfalt und Demokratie.* https://www.bertelsmann-stiftung.de/fileadmin/files/BSt/Publikationen/GrauePublikationen/Religionsmonitor_Vielfalt_und_Demokratie_7_2019.pdf. Zugegriffen: 21. September 2021.
Plato, Alexander von. 2005. Integration und »Modernisierung«. In *Aufbau West: Neubeginn zwischen Vertreibung und Wirtschaftswunder,* hrsg. Dagmar Kift, 26–33. Essen: Klartext.
Powers, D. A. und C. G. Ellison. 1995. Interracial Contact and Black Racial Attitudes: The Contact Hypothesis and Selectivity Bias. *Social Forces* 74 (1): 205–226. doi: 10.1093/sf/74.1.205.
Putnam, Robert D. 2000. *Bowling alone. The collapse and revival of American community,* 1. Aufl. New York, NY: Simon & Schuster.
Rapp, Carolin (Hrsg.). 2014. *Toleranz gegenüber Immigranten in der Schweiz und in Europa. Empirische Analysen zum Bestand und den Entstehungsbedingungen im Vergleich.* Zugl.: Bern, Univ., Diss., 2013. Wiesbaden: Springer VS.
Räthzel, Nora. 2012. 30 Jahre Rassismusforschung. Begriffe, Erklärungen, Methoden, Perspektiven. In *Skandal und doch normal: Impulse für eine antirassistische Praxis,* hrsg. Heiko Kauffmann und Margarete Jäger, 190–220. Münster: Unrast Verlag.
Reeh, Martin. 2017. Pro & Contra Sichere Herkunftsländer: Dein Asyl, kein Asyl. http://www.taz.de/!5230370/. Zugegriffen: 6. Dezember 2017.
Reichling, Gerhard. 1989. *Die deutschen Vertriebenen in Zahlen. Teil II.* Bonn: Kulturstiftung der deutschen Vertriebenen.
Richter, Hedwig. 2015. Die Komplexität von Integration: Arbeitsmigration in die Bundesrepublik Deutschland von den fünfziger bis in die siebziger Jahre. https://zeitgeschichte-online.de/thema/die-komplexitaet-von-integration. Zugegriffen: 4. September 2018.

Riedel, Lisa und Gerald Schneider. 2017. Dezentraler Asylvollzug diskriminiert: Anerkennungsquoten von Flüchtlingen im bundesdeutschen Vergleich, 2010–2015. *Politische Vierteljahresschrift* 58 (1): 23–50. doi: 10.5771/0032-3470-2017-1-23.

Rohmann, Anette, Arnd Florack und Ursula Piontkowski. 2006. The role of discordant acculturation attitudes in perceived threat: An analysis of host and immigrant attitudes in Germany. *International Journal of Intercultural Relations* 30 (6): 683–702. doi: 10.1016/j.ijintrel.2006.06.006.

Rouanet, Henry. 2006. The geometric analysis of structured Individuals x Variables tables. In *Multiple correspondence analysis and related methods*, hrsg. Jörg Blasius und Michael J. Greenacre, 137–160. Statistics in the social and behavioral sciences series. Boca Raton: Chapman & Hall/CRC.

Rouanet, Henry, Wemer Ackermann und Brigitte Le Roux. 2000. The Geometric Analysis of Questionnaires: the Lesson of Bourdieu's La Distinction. *Bulletin of Sociological Methodology/Bulletin de Méthodologie Sociologique* 65 (1): 5–18. doi: 10.1177/075910630006500103.

Saada, Emmanuelle. 2000. Abdelmalek Sayad and the Double Absence. *French Politics, Culture & Society* 18 (1). doi: 10.3167/153763700782378193.

Sachverständigenrat Deutscher Stiftungen für Integration und Migration. 2021. *Normalfall Diversität? Wie das Einwanderungsland Deutschland mit Vielfalt umgeht. Jahresgutachten 2021*. Berlin. https://www.svr-migration.de/wp-content/uploads/2021/05/SVR_Jahresgutachten_2021_barrierefrei-1.pdf. Zugegriffen: 12. April 2022.

Saif, Mohamed. 2018. *»Islam« im öffentlichen Diskurs. Zur sprachlichen Konstituierung einer Religion*. Inauguraldissertation zur Erlangung des akademischen Grades eines Doktors der Philosophie der Universität Mannheim. Mannheim. https://link.springer.com/content/pdf/10.1007%2F978-3-658-27711-6_12.pdf. Zugegriffen: 14. September 2020.

Sander, Lalon. 2016. Kommentar Rassismus nach Köln: Die Erfindung des Nordafrikaners. https://taz.de/Kommentar-Rassismus-nach-Koeln/!5269221/. Zugegriffen: 19. August 2022.

Savelkoul, M., P. Scheepers, J. Tolsma und L. Hagendoorn. 2010. Anti-Muslim Attitudes in The Netherlands: Tests of Contradictory Hypotheses Derived from Ethnic Competition Theory and Intergroup Contact Theory. *European Sociological Review* 27 (6): 741–758. doi: 10.1093/esr/jcq035.

Sayad, Abdelmalek. 2004a [1981]. A Relationship of Domination. In *The suffering of the immigrant*, hrsg. Abdelmalek Sayad, 118–136. Cambridge, UK: Polity Press.

Sayad, Abdelmalek. 2004 [1985/1986]. An Exemplary Immigration. In *The suffering of the immigrant*, hrsg. Abdelmalek Sayad, 63–87. Cambridge, UK: Polity Press.

Sayad, Abdelmalek. 2004b [1981]. Illness, Suffering and the Body. In *The suffering of the immigrant*, hrsg. Abdelmalek Sayad, 177–215. Cambridge, UK: Polity Press.

Sayad, Abdelmalek. 2004 [1996]. Immigration and 'State Thought'. In *The suffering of the immigrant*, hrsg. Abdelmalek Sayad, 278–293. Cambridge, UK: Polity Press.

Sayad, Abdelmalek. 2004 [1993]. Nationalism and Emigration. In *The suffering of the immigrant*, hrsg. Abdelmalek Sayad, 88–109. Cambridge, UK: Polity Press.

Sayad, Abdelmalek. 2004 [1987]. Naturalization. In *The suffering of the immigrant*, hrsg. Abdelmalek Sayad, 225–263. Cambridge, UK: Polity Press.
Sayad, Abdelmalek. 2004a. Recapitulation. In *The suffering of the immigrant*, hrsg. Abdelmalek Sayad, 294–302. Cambridge, UK: Polity Press.
Sayad, Abdelmalek. 2004 [1984]. The Backlash on the Society of Origin. In *The suffering of the immigrant*, hrsg. Abdelmalek Sayad, 110–117. Cambridge, UK: Polity Press.
Sayad, Abdelmalek. 2004 [1995]. The Immigrant: 'OS for Life'. In *The suffering of the immigrant*, hrsg. Abdelmalek Sayad, 162–176. Cambridge, UK: Polity Press.
Sayad, Abdelmalek. 2004 [1975]. The original Sin and the Collective Lie. In *The suffering of the immigrant*, hrsg. Abdelmalek Sayad, 7–27. Cambridge, UK: Polity Press.
Sayad, Abdelmalek (Hrsg.). 2004b. *The suffering of the immigrant*. Cambridge, UK: Polity Press.
Sayad, Abdelmalek. 2004 [1977]. The three Ages of Emigration. In *The suffering of the immigrant*, hrsg. Abdelmalek Sayad, 28–62. Cambridge, UK: Polity Press.
Sayad, Abdelmalek. 2004 [1994]. The weight of words. In *The suffering of the immigrant*, hrsg. Abdelmalek Sayad, 216–224. Cambridge, UK: Polity Press.
Scherr, Albert. 2015. Wer soll deportiert werden?: Wie die folgenreiche Unterscheidung zwischen den »wirklichen« Flüchtlingen, den zu Duldenden und den Abzuschiebenden hergestellt wird. *Soziale Probleme* 26 (2): 151–170. doi: 10.1007/s41059-015-0010-z.
Scherr, Albert und Helen Breit. 2021. *Gescheiterte junge Flüchtlinge? Abschlussbericht des Forschungsprojekts zu Problemlagen und zum Unterstützungsbedarf junger männlicher Geflüchteter in Baden-Württemberg*.
Schlueter, Elmar und Peer Scheepers. 2010. The relationship between outgroup size and anti-outgroup attitudes: A theoretical synthesis and empirical test of group threat- and intergroup contact theory. *Social Science Research* 39 (2): 285–295. doi: 10.1016/j.ssresearch.2009.07.006.
Schmid, Laura Elisabeth. 2015. Ethnische Diskriminierung bei der Wohnungssuche. Feldexperimente in sechs deutschen Großstädten: Dissertation zur Erlangung des akademischen Grades eines Doktors der Sozialwissenschaften. https://kops.uni-konstanz.de/bitstream/handle/123456789/31349/Schmid_0-295831.pdf?sequence=3&isAllowed=y.
Schmidt, Hans-Jürgen. 2018. *Volljährige Asylantragsteller in Deutschland im Jahr 2017. Sozialstruktur, Schulbesuch und Berufstätigkeit im Herkunftsland*. Kurzanalysen des Forschungszentrums Migration, Integration und Asyl des Bundesamtes für Migration und Flüchtlinge 03|2018. Nürnberg. https://www.bamf.de/SharedDocs/Anlagen/DE/Publikationen/Kurzanalysen/kurzanalyse_soko_03-2018.pdf?__blob=publicationFile. Zugegriffen: 12. Dezember 2018.
Schmidt, Peter und Stefan Weick. 2017. Kontakte und die Wahrnehmung von Bedrohungen besonders wichtig für die Einschätzung von Migranten: Einstellungen der deutschen Bevölkerung zu Zuwanderern von 1980 bis 2016. *Informationsdienst Soziale Indikatoren* 57: 1–7. doi: 10.15464/isi.57.2017.1-7.
Schmidt, Peter, Stefan Weick und Daniel Gloris. 2019. *Wann wirken Kontakte zwischen Migranten und Mehrheitsgesellschaft? Längsschnittanalysen zu Erfahrungen mit Kontak-*

ten und zur Bewertung von Flüchtlingen und Muslimen durch die deutsche Bevölkerung. https://www.ssoar.info/ssoar/bitstream/handle/document/61164/ssoar-isi-2019-61-schmidt_et_al-Wann_wirken_Kontakte_zwischen_Migranten.pdf?sequence=1 &isAllowed=y&lnkname=ssoar-isi-2019-61-schmidt_et_al-Wann_wirken_Kontakte_ zwischen_Migranten.pdf. Zugegriffen: 29. Juni 2021.

Schmitz, Andreas. 2006. *Modellierung Sozialer Distanz*. Magisterarbeit zur Erlangung des Grades eines Magister Artium M.A.: unveröffentlicht.

Schmitz, Andreas, Daniel Witte und Christian Schneickert. 2018. Im Westen nichts Neues: Zur Kritik der post-migrantischen Vernunft. In *Der soziale Raum der postmigrantischen Gesellschaft*, hrsg. Oliver Tewes und Garabet Gül, 16–31, 1. Aufl. Edition Soziologie. Weinheim: Beltz Juventa.

Schneickert, Christian, Andreas Schmitz und Daniel Witte. 2020. Das Feld der Macht in der Soziologie Bourdieus. In *Das Feld der Macht: Eliten – Differenzierung – Globalisierung*, hrsg. Christian Schneickert, Andreas Schmitz und Daniel Witte, 15–35. Research. Wiesbaden: Springer VS.

Schütz, Alfred. 1944. The Stranger: An Essay in Social Psychology. *American Journal of Sociology* 49 (6): 499–507. doi: 10.1086/219472.

Schütz, Alfred. 1972. Der Gut Informierte Bürger. In *Gesammelte Aufsätze*, 85–101: Springer, Dordrecht.

Schütz, Alfred und Thomas Luckmann. 2017. *Strukturen der Lebenswelt*, 2. Aufl. UTB Sozialwissenschaften, Philosophie, Bd. 2412. Konstanz, München: UVK Verlagsgesellschaft mbH; UVK/Lucius.

Schwitter, Nicole und Ulf Liebe. 2022. Does living in districts with higher levels of ethnic violence affect refugees' attitudes towards the host country? Empirical evidence from Germany. *Ethnic and Racial Studies*: 1–29. doi: 10.1080/01419870.2022.2052141.

Siegert, Manuel. 2008. *Schulische Bildung von Migranten in Deutschland*. Nürnberg. https://www.ssoar.info/ssoar/bitstream/handle/document/38255/ssoar-2008-siegert-Schulische_Bildung_von_Migranten_in.pdf?sequence=1&isAllowed=y&lnkname=ssoar-2008-siegert-Schulische_Bildung_von_Migranten_in.pdf. Zugegriffen: 5. Juli 2021.

Siegert, Manuel. 2021. Beeinflussen Gemeinschaftsunterkünfte die soziale Integration Geflüchteter? Eine empirische Analyse anhand der IAB-BAMF-SOEP-Befragung von Geflüchteten. *SozW Soziale Welt* 72 (2): 206–236. doi: 10.5771/0038-6073-2021-2-206.

Simmel, Georg. 1992a [1908]. Exkurs über den Fremden. In *Soziologie: Untersuchungen über die Formen der Vergesellschaftung*, hrsg. Georg Simmel, 764–771, 1. Aufl. Suhrkamp-Taschenbuch Wissenschaft, Bd. 811. Frankfurt am Main: Suhrkamp.

Simmel, Georg (Hrsg.). 1992b [1908]. *Soziologie. Untersuchungen über die Formen der Vergesellschaftung*, 1. Aufl. Suhrkamp-Taschenbuch Wissenschaft, Bd. 811. Frankfurt am Main: Suhrkamp.

Sola, Alessandro. 2018. The 2015 Refugee Crisis in Germany: Concerns About Immigration and Populism. *SSRN Electronic Journal*. doi: 10.2139/ssrn.3169243.

Statista. 2021a. Ausreisepflichtige Ausländer in Deutschland nach Bundesländern 2020 | Statista. https://de.statista.com/statistik/daten/studie/671465/umfrage/

ausreisepflichtige-auslaender-in-deutschland-nach-bundeslaendern/. Zugegriffen: 4. Mai 2022.

Statista. 2021b. *Verteilung der Asylbewerber in Deutschland nach Religionszugehörigkeit im Jahr 2020.* https://de.statista.com/statistik/daten/studie/452202/umfrage/asylbewerber-in-deutschland-nach-religionszugehoerigkeit/. Zugegriffen: 4. Mai 2021.

Statistisches Bundesamt. 2017. Herkunftsländer von Flüchtlingen 2017. https://de.statista.com/statistik/daten/studie/154287/umfrage/hauptherkunftslaender-von-asylbewerbern/. Zugegriffen: 21. Dezember 2017.

Steinbach, Anja. 2004. *Soziale Distanz. Ethnische Grenzziehung und die Eingliederung von Zuwanderern in Deutschland.* Zugl.: Chemnitz, Techn. Univ., Diss., 2003, 1. Aufl. Wiesbaden: Verl. für Sozialwissenschaften.

Stephan, W. G., O. Ybarra und K. R. Morrison. 2009. Intergroup threat theory. In *Handbook of prejudice, stereotyping, and discrimination*, hrsg. T. D. Nelson, 43–59. New York.

Stephan, Walter, Oscar Ybarra und Kimberly Rios. 2016. Intergroup Threat Theory. In *Handbook of prejudice, stereotyping, and discrimination*, hrsg. Todd D. Nelson, 255–278. New York, London: Psychology Press.

Stephan, Walter G. und John C. Brigham. 1985. Intergroup Contact: Introduction. *Journal of Social Issues* 41 (3): 1–8. doi: 10.1111/j.1540-4560.1985.tb01125.x.

Stephan, Walter G., Rolando Diaz-Loving und Anne Duran. 2000. Integrated Threat Theory and Intercultural Attitudes. *Journal of Cross-Cultural Psychology* 31 (2): 240–249. doi: 10.1177/0022022100031002006.

Stephan, Walter G. und Lausanne C. Renfro. 2002. The Role of Threat in Intergroup Relations. In *From prejudice to intergroup emotions: Differentiated reactions to social groups*, hrsg. Diane M. Mackie und Eliot R. Smith, 191–208. London: Routledge Taylor & Francis Group.

Stephan, Walter G. und Cookie White Stephan. 1985. Intergroup Anxiety. *Journal of Social Issues* 41 (3): 157–175. doi: 10.1111/j.1540-4560.1985.tb01134.x.

Stephan, Walter G. und Cookie White Stephan. 2000. An Integrated Threat Theory of Prejudice. In *Reducing prejudice and discrimination: The Claremont Symposium on Applied Social Psychology*, hrsg. Stuart Oskamp, 23–45. Mahwah, NJ: Erlbaum.

Stephan, Walter G., Oscar Ybarra und Guy Bachman. 1999. Prejudice Toward Immigrants. *Journal of Applied Social Psychology* 29 (11): 2221–2237. doi: 10.1111/j.1559-1816.1999.tb00107.x.

Stoewe, Kristina. 2017. *Bildungsstand von Geflüchteten: Bildung und Ausbildung in den Hauptherkunftsländern.* IW-Report 37. Köln. https://www.iwkoeln.de/fileadmin/user_upload/Studien/Report/PDF/2017/IW-Report_2017_37_Bildungssysteme_in_den_Herkunftslaendern_Gefluechteter.pdf. Zugegriffen: 7. Dezember 2021.

Stouffer, S. 1949. *Studies in World War II: The American Soldier.* Princeton: Princeton University Press.

Strabac, Zan und Ola Listhaug. 2008. Anti-Muslim prejudice in Europe: A multilevel analysis of survey data from 30 countries. *Social Science Research* 37 (1): 268–286.

Strobel, Bernadette und Julian Seuring. 2016. Spracherwerb oder Sprachverlagerung?: Erstsprachgebrauch und Zeitsprachkompetenz bei Jugendlichen mit Migrationshintergrund. *Kölner Zeitschrift für Soziologie und Sozialpsychologie* 68 (2): 309–339.

Sundsbø, Astrid Ouahyb. 2014. *Grenzziehungen in der Stadt. Ethnische Kategorien und die Wahrnehmung und Bewertung von Wohnorten*. Zugl.: Berlin, Humboldt-Univ., Diss., 2012. Wiesbaden: Springer VS.

Tagesschau.de. 2020. *ARD-DeutschlandTrend: Flüchtlingspolitik bleibt umstritten*. https://www.tagesschau.de/inland/deutschlandtrend/deutschlandtrend-2073.html. Zugegriffen: 12. Januar 2022.

Tagesschau.de. 2021. Afghanistan-Studie: Die meisten Abgeschobenen flüchten wieder. *tagesschau.de*. 4 Juni 2021. Zugegriffen: 8. Juli 2021.

Tropp, Linda R. und Thomas F. Pettigrew. 2005. Relationships between intergroup contact and prejudice among minority and majority status groups. *Psychological science* 16 (12): 951–957. doi: 10.1111/j.1467-9280.2005.01643.x.

Tröster, Irene. 2013a. Jüdische Kontingentflüchtlinge. In *2013: Deutschland Einwanderungsland*, hrsg. Karl-Heinz Meier-Braun und Reinhold Weber, 81–83. Stuttgart: Kohlhammer.

Tröster, Irene. 2013b. (Spät-)Aussiedler – »neue, alte Deutsche«. In *2013: Deutschland Einwanderungsland*, hrsg. Karl-Heinz Meier-Braun und Reinhold Weber, 78–81. Stuttgart: Kohlhammer.

Turner, George. 2020. Einheimische und Flüchtlinge nach 1945: Bloß nicht in die gute Stube – Wissen – Tagesspiegel. https://www.tagesspiegel.de/wissen/einheimische-und-fluechtlinge-nach-1945-bloss-nicht-in-die-gute-stube/25849810.html. Zugegriffen: 22. November 2021.

UNESCO Institute for Statistics. 2012. *International Standard Classification of Education (ISCED) 2011*. Montreal, Quebec. http://uis.unesco.org/sites/default/files/documents/international-standard-classification-of-education-isced-2011-en.pdf. Zugegriffen: 16. September 2021.

UNHCR. 2004 [1951/1967]. *Abkommen über die Rechtsstellung der Flüchtlinge vom 28. Juli 1951 und Protokoll über die Rechtsstellung der Flüchtlinge vom 31. Januar 1967*. http://www.unhcr.org/dach/wp-content/uploads/sites/27/2017/03/Genfer_Fluechtlingskonvention_und_New_Yorker_Protokoll.pdf. Zugegriffen: 4. August 2017.

UNHCR. 2020. *UNHCR – Refugee Statistics*. https://www.unhcr.org/refugee-statistics/download/?url=zK9z. Zugegriffen: 13. August 2020.

van Dijk, Teun A. 1993. Eliten, Rassismus und die Presse. In *Die vierte Gewalt: Rassismus und die Medien*, hrsg. Siegfried Jäger und Jürgen Link, 80–130. DISS-Studien. Duisburg: DISS.

Vollmer, Bastian und Serhat Karakayali. 2018. The Volatility of the Discourse on Refugees in Germany. *Journal of Immigrant & Refugee Studies* 16 (1–2): 118–139. doi: 10.1080/15562948.2017.1288284.

Vopel, Stephan und Yasemin El-Menouar. 2015. *Religionsmonitor verstehen was verbindet. Sonderauswertung Islam 2015. Die wichtigsten Ergebnisse im Überblick*. Gütersloh.

Wacquant, Loïc. 2016. Bestrafen der Armen. In *Kriminologische Grundlagentexte*, hrsg. Daniela Klimke und Aldo Legnaro, 1. Aufl. Wiesbaden: Springer VS.

Wacquant, Loïc. 2017. Mit Bourdieu in die Stadt: Relevanz, Prinzipien, Anwendungen. *sub/urban* 5 (1/2): 173–196.

Wacquant, Loïc (Hrsg.). 2018. *Die Verdammten der Stadt. Eine vergleichende Soziologie fortgeschrittener der Marginalität. Interkulturelle Studien*. Wiesbaden: Springer VS.

Weber, Max. 2005 [1921]. *Wirtschaft und Gesellschaft. Grundriss der verstehenden Soziologie; zwei Teile in einem Band*, 1. Aufl. Frankfurt am Main: Zweitausendeins.

Weiß, Anja. 2013. *Rassismus wider Willen. Ein anderer Blick auf eine Struktur sozialer Ungleichheit*, 2. Aufl. Wiesbaden: Springer VS.

Weiß, Anja. 2017. *Soziologie globaler Ungleichheiten*. Suhrkamp Taschenbuch Wissenschaft, Bd. 2220. Berlin: Suhrkamp.

Winke, Tim. 2016. Menschen mit Migrationshintergrund zahlen elf Euro mehr Miete pro Monat. DIW Wochenbericht 47. https://www.diw.de/documents/publikationen/73/diw_01.c.547530.de/16-47-3.pdf. Zugegriffen: 19. November 2021.

Winther, Esther, Goran Jordanoski und Viola K. Deutscher. 2018. Zum Umgang mit fehlenden formalen Qualifikationen. *Unterrichtswissenschaft* 46 (1): 7–20. doi:10.1007/s42010-018-0012-1.

Wissenschaftlicher Dienst des Deutschen Bundestages. *Sachstand – Familiennachzug zu subsidiär Schutzberechtigten in ausgewählten EU-Staaten. (Aktualisierung des Sachstands WD 3– 3000– 231/16 vom 21. November 2016)*. https://www.bundestag.de/resource/blob/497892/11d982388f8157ebd62dead6f1bcfb86/wd-3-021-17-pdf-data.pdf. Zugegriffen: 11. August 2020.

Wissenschaftlicher Dienst des Deutschen Bundestages. 2018. *Sachstand– Zur Aufnahme sog. Kontingentflüchtlinge*. https://www.bundestag.de/resource/blob/590012/844e6e8894d726cf9d8932f66631abd3/WD-3-388-18-pdf-data.pdf. Zugegriffen: 13. August 2020.

Woellert, Franziska, Steffen Kröhnert, Lilli Sippel und Reiner Klingholz. 2009. *Ungenutzte Potentiale*. Berlin: Berlin-Institut für Bevölkerung und Entwicklung.

Wright, Stephen C., Arthur Aron, Tracy McLaughlin-Volpe und Stacy A. Ropp. 1997. The extended contact effect: Knowledge of cross-group friendships and prejudice. *Journal of personality and social psychology* 73 (1): 73–90. doi:10.1037/0022-3514.73.1.73.

Zárate, Michael A., Berenice Garcia, Azenett A. Garza und Robert T. Hitlan. 2004. Cultural threat and perceived realistic group conflict as dual predictors of prejudice. *Journal of Experimental Social Psychology* 40 (1): 99–105. doi:10.1016/S0022-1031(03)00067-2.

Zeit Online. 2019. Asylverfahren dauern kürzer. https://www.zeit.de/politik/deutschland/2019-02/bamf-asylverfahren-fluechtlinge-migration-dauer?utm_referrer=https%3A%2F%2Fwww.google.de%2F.

Zick, Andreas. 2017. Das Vorurteil über Muslime. In *Muslime in Deutschland: Historische Bestandsaufnahme, aktuelle Entwicklungen und zukünftige Forschungsfragen*, hrsg. Peter Antes und Rauf Ceylan, 39–57. Islam in der Gesellschaft. Wiesbaden: Springer VS.

Zick, Andreas, Beate Küpper und Andreas Hövermann. 2011. *Intolerance, Prejudice and Discrimination. A European Report.* Bonn. http://www.fes.de/cgi-bin/gbv.cgi?id=07908&ty=pdf. Zugegriffen: 30. September 2022.